本书属于2017年"中央财政支持地方高校发展专项资金项目——财经类专业教育教学质量提升（藏财教指〔2018〕8号）"阶段性成果、2020年西藏大学"一流本科课程——财政学（XZDXYLKC-202018）"阶段性成果、2020年西藏大学财经学院"财政学一流本科专业建设"阶段性成果、西藏自治区教育科学研究2021年度一般课题"新文科建设背景下财政学类专业课程思政内容嵌入设计及实施路径探讨（XZJYKT321004）"阶段性成果、2021年西藏大学"财税专业人才教学科研能力提升计划"项目阶段性成果。

财政学习题与案例分析

申苗锋 尹芳霞 吕翠苹 张治强 / 编著

图书在版编目(CIP)数据

财政学习题与案例分析 / 申苗锋等编著. —上海：立信会计出版社，2021.12

ISBN 978-7-5429-6884-5

Ⅰ.①财… Ⅱ.①申… Ⅲ.①财政学－高等学校－教学参考资料 Ⅳ.①F810

中国版本图书馆 CIP 数据核字(2021)第 229170 号

策划编辑　张巧玲　毕芸芸
责任编辑　张巧玲

财政学习题与案例分析
CAIZHENGXUE XITI YU ANLI FENXI

出版发行	立信会计出版社			
地　　址	上海市中山西路 2230 号		邮政编码	200235
电　　话	(021)64411389		传　真	(021)64411325
网　　址	www.lixinaph.com		电子邮箱	lixinaph2019@126.com
网上书店	http://lixin.jd.com		http://lxkjcbs.tmall.com	
经　　销	各地新华书店			
印　　刷	浙江临安曙光印务有限公司			
开　　本	787 毫米×1092 毫米		1/16	
印　　张	20.5		插　页	1
字　　数	512 千字			
版　　次	2021 年 12 月第 1 版			
印　　次	2021 年 12 月第 1 次			
印　　数	1—1100			
书　　号	ISBN 978-7-5429-6884-5/F			
定　　价	59.00 元			

如有印订差错，请与本社联系调换

前　言

《财政学习题与案例分析》一书是适应财政学教材建设的需要而出版的。本书是陈共先生主编的《财政学》教科书配套的辅助教材，所提供的习题与案例，覆盖了教材的大部分内容。其主要作用在于：①建立习题集，使学生较好掌握财政学的理论与知识体系，有利于考查学生对财政学知识的掌握程度；②推广案例教学改革，通过教师与学生、学生与学生之间的互动和深入讨论，激发学生的学习兴趣和热情；③介绍我国财政体制改革的最新成果，以及不断涌现的财政新问题、新现象，处理财政学教材与现实财政经济问题之间的互补关系，增强学生分析问题和解决问题的能力；④引入西藏案例，阐述西藏发展取得的巨大成就，介绍西藏地区特殊税收优惠政策以及发展壮大的西藏财政，坚信在习近平新时代中国特色社会主义思想指引下，西藏的明天将更加光辉灿烂。

本书内容主要由两个部分组成：第一部分，习题。该部分根据财政学的理论框架、基本原理而编写，用以检查和评估教师授课质量、学生学习情况。第二部分，案例分析。财政学案例的数量和质量是支撑财政学案例教学的基本条件。案例包括说明性案例、介绍性案例和分析性案例。当然，有些案例可能兼而有之。在选用案例时，我们广泛吸收和采用国内外有价值的经典案例，尽可能反映我国财政体制改革中出现的新变化，既典型又较为新颖。每个案例后都附有点评和讨论题。

本书由申苗锋、尹芳霞、吕翠苹、张治强编著而成，具体分工如下：申苗锋负责对教材整体框架进行设计、拟订提纲、统稿、校对，并完成了本书的第九章、第十章、第十一章、第十二章，约125 000字；吕翠苹老师完成了本书的第一章、第二章、第十三章、第十四章、第十五章、第十六章、第十七章，约140 000字；尹芳霞老师完成了本书的第三章、第四章、第五章、第六章、第七章、第八章，约120 000字；张治强老师对本书进行了校对、修改、内容完善，完成约82 000字。

本书在编写和出版过程中，得到了西藏大学财经学院领导、立信会计出版社老师们的大力支持，相关编辑在本书修改、校订工作中付出了辛勤劳动。同时，为了使学生更好地学习财政学，我们还参考了国内外专家、学者的教材、著作和最新研究成果，是他们的研究成果使本书的内容更加丰富。本书所收录的案例都列明了出处，由于涉及的作者众多，我们无法一一联系，在此一并表示衷心感谢。最后，谨以此书缅怀并纪念财政理论的开拓者和主要奠基人——陈共先生。

尽管我们付出了很大努力，但由于时间仓促，经验不足，加上水平所限，疏漏在所难免，欢迎广大读者批评、指正。

编　者

2021年11月

目 录

第一章 财政学对象和财政职能 1
    一、习题 1
    二、习题解答 2
    三、案例分析 3

第二章 财政学的基本理论问题 20
    一、习题 20
    二、习题解答 22
    三、案例分析 23

第三章 国家预算和预算管理 42
    一、习题 42
    二、习题解答 44
    三、案例分析 45

第四章 财政支出概论 59
    一、习题 59
    二、习题解答 61
    三、案例分析 61

第五章 公共财政支出规模与结构分析 76
    一、习题 76
    二、习题解答 79
    三、案例分析 79

第六章 经常性支出——财政购买性支出之一 94
    一、习题 94
    二、习题解答 96
    三、案例分析 97

第七章 财政投资性支出——财政购买性支出之二 110
    一、习题 110
    二、习题解答 112
    三、案例分析 113

第八章 财政转移性支出 130
    一、习题 130
    二、习题解答 133
    三、案例分析 133

第九章 财政收入规模与构成分析 146
    一、习题 146
    二、习题解答 147
    三、案例分析 148

第十章 税收原理 159
    一、习题 159
    二、习题解答 160
    三、案例分析 161

第十一章 税收的经济效应 172
    一、习题 172
    二、习题解答 173
    三、案例分析 174

第十二章 税收制度的演进和我国税制改革 190
    一、习题 190
    二、习题解答 192
    三、案例分析 193

第十三章 预算收支管理体制——中央与地方财政关系 246
    一、习题 246
    二、习题解答 248
    三、案例分析 248

第十四章 国债和国债市场 263
    一、习题 263

二、习题解答 ··· 266
　　三、案例分析 ··· 266

第十五章　财政平衡和财政赤字 ·· 273
　　一、习题 ·· 273
　　二、习题解答 ··· 275
　　三、案例分析 ··· 275

第十六章　财政政策 ·· 283
　　一、习题 ·· 283
　　二、习题解答 ··· 284
　　三、案例分析 ··· 285

第十七章　开放经济下的财政问题 ·· 295
　　一、习题 ·· 295
　　二、习题解答 ··· 298
　　三、案例分析 ··· 298

第一章

财政学对象和财政职能

一、习　题

（一）单项选择题

1. 财政是一种以（　　）为主体的经济行为。
   A. 企业　　　　B. 个人　　　　C. 国家或政府　　　D. 市场
2. 下列属于财政现象的是（　　）。
   A. 企业引进外资　　　　　　　B. 企业发行股票
   C. 政府发行公债　　　　　　　D. 企业购买金融债券
3. （　　）不是财政的共性或一般特征。
   A. 国家主体性　　　　　　　　B. 公共性
   C. 强制性　　　　　　　　　　D. 有偿性
4. 下列不属于财政现象的是（　　）。
   A. 2016年，营业税全面改征增值税
   B. 2015年，财政部在我国香港地区分两次发行共280亿元人民币国债
   C. 2015年，中国国防预算增加10%
   D. 2015年5月，中国人民银行决定下调金融机构人民币存贷款基准利率
5. 财政资源配置职能主要是为了取得（　　）。
   A. 经济效益　　　　　　　　　B. 社会效益
   C. 经济与社会效益　　　　　　D. 企业效益

（二）多项选择题

1. 财政学的目标包括（　　）。
   A. 效率　　　　B. 稳定　　　　C. 公平　　　　D. 安全
2. 财政的基本特征有（　　）。
   A. 阶级性与公共性　　　　　　B. 强制性与非直接偿还性
   C. 收入与支出的对称性　　　　D. 收大于支
3. 经济稳定包括（　　）。
   A. 充分就业　　　　　　　　　B. 物价稳定
   C. 国际收支平衡　　　　　　　D. 物价冻结
4. 财政的基本职能包括（　　）。

A. 优化资源配置职能   B. 维护市场统一职能
C. 促进社会公平职能   D. 实现国家长治久安职能

(三) 判断题

1. 财政是伴随着国家的产生而产生的。   ( )
2. 我国现行的财政体制是公共财政制度。   ( )
3. 财政学只研究中央政府的相关收支行为，县、乡政府的收支行为不属于财政学的研究范围。   ( )
4. 财政是经济与政治的"二元"结合体。   ( )
5. 财政收支是财政运行的主线，全部财政运行都是围绕财政收支运行的。 ( )
6. 国家可以制定和执行不同的财政政策，因此国家决定财政规律。   ( )

(四) 名词解释

1. 财政
2. 社会公平

(五) 简答题

1. 财政运行的主要特征有哪些？
2. 什么是财政职能？包括哪些内容？

(六) 论述题

1. 试述财政的职能及各职能实现的机制和手段。
2. 谈谈你对"财政是国家治理的基础和重要支柱"的理解。

二、习 题 解 答

(一) 单项选择题

1. C   2. C   3. D   4. D   5. C

(二) 多项选择题

1. AC   2. ABC   3. ABC   4. ABCD

(三) 判断题

1. √   2. ×   3. ×   4. √   5. √   6. ×

(四) 名词解释

略。

(五) 简答题

略。

(六) 论述题

略。

三、案例分析

案例 1-1　关于财政学的学科属性与定位问题

（一）引言：财政学是否属于经济学科

教育部在高等学校的学科分类中，一直将财政学列入经济学科（应用经济学），这曾为大家所接受。但目前在财政学界，许多专家学者对此提出了质疑。陈共教授（2015）认为："财政这个范畴是经济与政治共同作用下的产物，在财政诞生那一刻就注入了两种因素，即经济因素和政治因素，因而财政概念是二元的，是经济和政治的结合体"；"财政学是一门综合性很强的学科，不仅是经济学和政治学的交叉，而且也是和不少的相关学科相互的交叉，例如，法学、管理学、社会学等"；"财政学既要研究财政收支运行规律，又要研究财政政策和财政制度，前者属于经济基础范畴，后者属于上层建筑范畴，是两个有机组成部分。"高培勇教授（2014）指出："财政绝不仅仅是一个经济范畴……从根本上说来，财政是一个跨越经济、政治、社会、文化和生态文明等多个学科和多个领域的综合性范畴。"马骁教授提出："财政学是经济学、管理学、法学、社会学的融合，不能单纯地将财政学归属于经济学，相反，财政学应摆脱传统学科架构的束缚，要从多学科融合的角度来构建'新财政学'。"

（二）财政学的学科属性与定位取决于财政的性质（本质）

那么，什么是财政？如何概括财政的概念？

陈共教授在《财政学》教材中，曾将财政简略概括为："财政作为一个经济范畴，是以国家为主体的分配活动。"（陈共，2004，第 25—26 页）

20 世纪 40 年代中华书局出版的《辞海》的财政概念为："财政谓理财之政，即国家或公共团体以维持其生存发达之目的，而获得收入、支出经费行为也。"

1979 年上海辞书出版社出版的《辞海》的财政概念为："财政是国家为实现其职能，在参与一部分社会产品的分配和再分配过程中，与有关各方面所发生的经济关系。"

这些对财政概念的概括，都表明财政属于经济范畴。

我国学术界对财政概念问题曾进行过长期的讨论与争鸣，形成了不同的界说，主要有"国家分配论""剩余产品论""社会共同需要论""价值分配论""社会再生产论"等。这些界说，各有不同论点，但也有共同处，即都承认财政是一种国家的经济行为，是一个分配范畴，必须从社会再生产角度进行研究。

"财政"也称"公共财政"，其对应的是同一个英文词汇"public finance"，其中，finance 是个多义词，可翻译为"金融""融资""财政""财务""资金"等，为了使词义明确，只有加上 public 进行修饰、限制，才能成为"财政"，否则会含混不清。但就 finance 一词来看，其属于经济学词汇，黄达教授（2001，第 6 页）对此曾进行过专门考证，认为："简言之，凡是与钱有关系的事情都可用 finance 这个词。"显然，这与政治、社会、管理、法律等概念无关。

财政学的发展出现了"公共经济学"，即当代财政学。那么，什么是公共经济和公共经济学？一般认为，市场经济的主体有三个：企业、居民和政府。作为市场经济主体的政府，指的是政府的经济活动，即政府经济，又称公共经济（public economy）或公共部门经济（public sector economics)。而与之相对应的以企业和居民为主体的经济活动,则被称为私人经济。公共经济为社会提供公共产品,私人经济为社会提供私人产品。显然,这里公共经济与私人经济的区分不是以所有制为标准,而是以不同经济主体的经济活动的不同特征为标准。这表明,私人经济与公共经济(政府经济)共同组成了市场经济,缺一不可,它们都属于经济范畴。

在市场经济条件下,经济活动都是围绕着资金运动即资金的筹集与运用展开的。具体地说,企业的经济活动主要表现为企业的收支活动,居民的经济活动主要表现为居民的收支活动,政府的经济活动主要表现为政府的收支活动。政府的收支活动就是财政。因此,财政(即公共财政)是政府经济即公共经济的主要内容。

公共经济学是研究公共经济的学科。20世纪初逐渐发展起来的福利经济学和随后的凯恩斯主义,为公共经济学的创立提供了理论和方法论基础。1959年出版的马斯格雷夫的《财政学原理:公共经济研究》,首次引入公共经济学概念。随后,冠以公共经济学之名的著作陆续出版,其中较为著名的有阿特金森与斯蒂格里茨(1992)合著的《公共经济学》、鲍德威与威迪逊(2000)合著的《公共部门经济学》。但就实际来看,目前的公共部门经济学,名不副实,它的内容并没有超越财政学研究的范围,最多也只能算是对财政学的研究做了一些深化和发展。因为财政部门不过是诸多公共部门中的一个公共部门,而公共经济学的内容并没有论及其他公共部门的经济和管理问题,实际上是给财政学冠上一个"大帽子"。

在财政学与公共经济学的关系上,政府的财政收支行为仍然是公共部门的主体,因此,财政学依然是公共经济学的核心内容。事实上,当代财政学研究的内容与传统财政学相比,已经有很大的不同,而与公共经济学的内容则大同小异。正因为如此,瓦格纳和罗森曾指出,公共经济学是财政学的另一名称。我国台湾地区出版的林华德(1986)所著《当代财政学》的前言中也指出:"由于当代财政学之研究,系站在社会福利的立场,以政府的角色来探讨社会资源之运用,从而把'财政学'视为'公共经济学'亦无不可。"因为"当代财政学探讨的内容以公共经济事务为核心"。

综上分析,公共经济属于经济范畴,公共经济学属于经济学科,不可能认为公共经济不是经济,公共经济学不是经济学,否则就会陷入"白马非马"的谬论。

至于"财政学既要研究财政收支运行规律,又要研究财政政策和财政制度,前者属于经济基础范畴,后者属于上层建筑范畴,是两个有机组成部分"之说(陈共,2015),应当承认"财政政策和财政制度,属于上层建筑范畴",但它们反映的是财政经济关系,而不是政治关系或其他关系。其实,这种情况并非财政学特有,比如,与财政学关系非常密切的金融学(货币银行学),也必然要研究金融(货币)政策与金融制度,能因此认为金融学不只属于经济学,还属于政治学与社会学吗?实际上,整个经济学都要研究经济政策与经济制度,这可以从下面西方经典经济学研究的内容中得到进一步印证,但人们并未因此把经济学看成是既属于经济基础又属于上层建筑的"两个有机组成部分"。

党的十八届三中全会做出的《中共中央关于全面深化改革若干重大问题的决定》(以下简称《决定》)提出了"财政是国家治理的基础和重要支柱"的重要判断,从而把财政在国民经济中的地位和作用提到了一个新的高度。财政属于宏观经济,与国民经济各个部门都有着密切关系,其重要性是毋庸置疑的,但这不能成为财政(学)从经济(学)中独立出来的依据。考虑到财政学与其他学科的关系,可以从不同角度,如政治学、社会学、管理学、法学等学科角度研究财政问题,并形成相应的专著,如政治财政学、社会财政学、管理财政学等,但不可能写出包括上述诸学科的综合财政学。从学科分类来看,目前在我国,财政学科属经济类学科,而财政学的许多专家学者希望提高该学科的地位,将其从经济类学科中独立出来,成为一级学科甚至超一级学科,显然这是不太可能的。在西方国家,财政学甚至不是一门专业和学科,仅是一门课程,但财政(学)的地位绝不低于我国。

总之,研究财政问题,不能就财政论财政,应从多角度进行研究,但不能因此否定财政(学)的经济(学)属性。

(三) 财政学从来都是经济学的重要组成部分

财政学从来都是经济学的重要组成部分,可以从西方经典经济学专著中得到证明,例如:

(1) 亚当·斯密(1974)的《国民财富的性质和原因研究》被恩格斯誉为是创立了财政学的著作。该书专门论述财政问题的第五篇冠之以"论君主或国家的收入"的标题,把"廉价政府"作为财政追求的最高目标,相应提出"公平、确定、简便和征收费用最小"的税收四原则与厉行节约、"量入为出"的财政支出原则,从而勾画出了财政学的基本框架。

(2) 约翰·穆勒(2009)的《政治经济学原理》被誉为是具有里程碑意义的著作。该书专门论述财政问题的第五篇则冠之以"政府的影响"的标题,专门论述财政与政府的关系问题。

(3) 凯恩斯(1999)的代表作《就业、利息和货币通论》。该书是形成凯恩斯主义的力作,首次系统地论证了赤字的经济合理性,冲击了古典的"量入为出"原则。在税收方面,该书着重分析了税收调节收入分配,从而调节经济运行的作用,并拟议一套以直接税为主和以累进税率为特色的租税体系。关于财政支出,论证了政府投资具有"倍数"扩张社会总需求的作用,力主政府负起直接投资之责。由于凯恩斯主义强调财政的作用,人们通常对他及其信奉者的理论冠以"财政学派"的名称。

(4) 斯蒂格利茨(2000)的《经济学》。该书的大量篇章详细论证了财政问题:第1章,在关于什么是经济学的"导论"中,论证了市场与政府的职能问题;第7章"公共部门",专门分析了政府的作用、政府与再分配、政府失灵、政府选择等;第16章"政府对待竞争的政策";第22章"税收、转移支付与再分配";第23章"公共决策";第32章"财政政策与货币政策";第37章"赤字与赤字的减少";等等。

(5) 萨缪尔森和诺德豪斯(1999)的《经济学》。该书第2章"市场与政府之间界限的划分",专门论述了"政府的经济职能"。而第四篇的标题即是"政府在经济中的作用",包括4章内容,其中,第16章"政府税收和支出",全面论述了"政府对经济的控制""政府的职能""政府的政策工具""公共选择理论""政府支出""税收的经济方面"等。在宏观经济政策的篇章中,详细论证了财政政策与货币政策及其配合问题。

(6) 曼昆(1999)的《经济学》。该书第6章专门论述了税收如何影响市场,弹性与税收归宿。第8章"应用:税收的代价"。第12章"税制的设计"。第30章专门论述了"政府预算赤字"问题。第32章分析了"财政政策如何影响总需求"等。

从以上经典经济学专著的内容看,财政学是经济学不可分割的重要组成部分。

（四）如何认识不同学科之间的交叉

随着经济社会的发展，学科之间的交叉越来越频繁和深化，而交叉学科的属性是由主体学科的性质所决定。例如：

（1）现代经济学，广泛运用数学和计量模型进行经济活动的定量分析，使分析的结果更加准确，从而形成了数理经济学和计量经济学。这是自然科学与社会科学之间的交叉，但在这里，数学、计量模型只是分析经济问题的方法和工具，其本体（主体）是经济，因此，数理经济学和计量经济学的学科属性是经济学，而不是数学。

（2）经济学是一个范围广泛的学科，它可以与许多学科相交叉从而形成不同门类的经济学。例如，教育经济学、劳动经济学、环境经济学、民族经济学、房地产经济学等。

（3）财政学，由于财政分配的主体是国家，所以财政学被称为典型的"政治经济学"，但它的本体是经济学，因而，政治经济学仍属于经济学范畴。约翰·穆勒所著的《政治经济学原理》，应是经济学名著，而不是政治学著作。

（4）财政学与法学、管理学、社会学等之间存在着密切关系，应采用多角度、多学科交叉的方法来研究财政问题，但这不能成为否定财政学属于经济学科的根据。

从财政学与法学的关系来看，因为市场经济是法制经济，所有经济活动都受法律的规范和制约。例如，经济法（商法）中有预算法和税法，此外还有银行法、证券法、投资法、保险法、信托法等。在这里，法律是用来规范预算、税收和银行、证券、投资、保险、信托等财政金融行为的，但其实体仍然是预算、税收和银行、证券、投资、保险、信托等财政金融本身的内容。比如，最有代表性的是税法。汤贡亮（2004）主编的《税法》是财政部"十五"规划教材和全国高等院校财经类专业教材，该书共有十七章，其中除第一章"税法概论"和第十五章"税收征收管理法"外，其余章节都是我国现行税种法，其内容与财政学和税收学介绍的"税收制度"的内容是完全一样的。

财政与管理的交叉更为广泛，如财政管理、预算管理、税收管理、国有资产管理、国有基金管理等。这里是用管理的理论和方法，对财政、国家预算、税收、国有资产和国有基金等进行管理，但管理的实体和内容属于财政学研究的范围，而不属于管理学。

（五）财政学研究财政政策与财政制度，并不能以此否定财政学的经济学科属性

（1）所有的经济学著作，既要研究经济运行规律，又要研究经济政策与制度，它们之间的关系是：经济规律是制定经济政策的理论基础，而经济政策使经济规律得以实现，并且可以推动经济理论的发展。因此，经济学著作不可能不研究经济政策与制度，如上述亚当·斯密所著的《国民财富的性质和原因研究》、穆勒所著的《政治经济学原理》、凯恩斯的代表作《就业、利息和货币通论》、斯蒂格利茨的《经济学》、萨缪尔森和诺德豪斯的《经济学》和曼昆的《经济学》中都包括经济政策和经济制度的内容，但这不能否定其经济学科属性。

（2）马斯格雷夫（2003）的《美国财政理论与实践》是作为经典的财政学教科书被广泛采用，其中除讲授财政职能、财政与税收原则等理论问题外，大量的是关于财政政策、财政体制、财政制度和税收结构、税收制度方面的内容，并且两者结合得非常紧密。

（3）罗森（2003）的《财政学》也是被广泛采用的教科书，其中除介绍分析工具和财税理论外，第4篇用了5章篇幅详细介绍美国的收入制度，包括个人所得税、公司税、消费税和财富税。第5篇是关于联邦制财政和财产税方面的内容。另外，在其他章节中还有"扶贫支出

计划""社会保障改革"、美国对外部性的对策等内容,这些也都属于政策、制度和措施方面的问题。

(4)陈共(2012)编著的《财政学》是普通高等教育"十一五"国家级规划教材和教育部经济管理类核心课程教材,在国内使用广泛。该书第一章至第三章讲述"财政概念和财政职能""财政支出的基本理论问题"和"财政支出规模与结构分析",属于理论部分;第四、五、六章介绍财政支出的各项具体内容,属于财政制度范围;第七、八、九章讲述"财政收入规模与构成分析""税收原理"和"税收的经济效应",这应属于理论范畴;第十章至第十六章则是介绍税收制度、我国现行税制、国债市场、预算管理和预算管理体制、财政赤字和财政政策等内容,这些当属于税收制度和财政政策、财政体制方面的内容。目前,国内财政学教材的版本很多,但都同陈共编著的《财政学》教材大同小异。

从上述对经济学和国内外财政学的内容介绍看,其都包括两部分:财政经济理论和财政经济方面的政策、制度。既不能因经济学中包括经济政策和经济制度的内容,而否定其经济学科属性;同理,也不能因财政学研究财政政策与财政制度,而否定财政学的经济学科属性。

(六)关于"财政是经济基础还是上层建筑"的争论

关于财政(学)的属性问题,早在20世纪五六十年代就讨论过,这集中反映在《财政是经济基础还是上层建筑》(邓子基,1964)一书中,该书由中国财政经济出版社委托厦门大学邓子基教授就"财政是经济基础还是上层建筑"问题,组织一部分关心这个问题的同志撰文讨论,并汇编出版。"财政是经济基础还是上层建筑",这一问题同如何理解经济基础与上层建筑之间的关系、财政的性质(本质)、财政学的对象等问题密切相关,最早大约从1954年就开始讨论,其中,关于"财政是经济基础还是上层建筑"的问题,争论相当激烈,当时一些著名学者,像邓子基、姜维壮、王绍飞、何振一、叶振鹏、陈明鑑、赵春新、王传曾、蔡次薛等都参与了讨论。最终收编入《财政是经济基础还是上层建筑》这本书的论文共9篇,有三种观点:财政是经济基础;财政是上层建筑;财政既属于经济基础,又从属于上层建筑。其中,主张财政属于经济基础范畴的占大多数。

当时我的论文"财政是一种特殊的经济范畴",也被收入该书。该文在马克思再生产理论的基础上探讨了财政的本质属性是经济范畴,但由于它与国家又有本质联系,因而是"特殊的经济范畴"。该文的贡献,主要有以下两点:

第一,该文从财政分配的社会产品的价值形态运动中,将财政资金运动公式纳入社会总资本的运动公式之中,从而证明财政属于经济范畴,这在当时,曾得到李成瑞等专家学者的赞赏。

通过对财政分配与一般经济分配异同的分析,得出了如下两点基本结论:①财政本身属于经济范畴,财政分配关系包括在整个社会经济关系之中,不过,在国家产生以前,它是融合于一般经济分配之中的。②国家的产生,是财政从一般经济分配中独立出来的原因。当财政独立出来以后,它就具有区别于一般经济分配的新特征,成为一个特殊的经济范畴。这种特殊性是由国家决定的,表现为财政分配的主体、手段和目的等都是以国家为转移,听从于国家的意志。不过财政的特殊性并不能改变它本身属于经济范畴的本质。

第二,该文分析了为何不少人把财政看作是附属于国家的上层建筑,这主要是由于把不相同的问题混淆了。

一是混淆了"财政本身是什么"和"财政产生的原因是什么"这样两个问题。财政本身是分配关系,属于经济范畴。而财政产生的原因,即财政这种分配关系为什么会从一般经济分配关系中独立出来,则是由于国家产生的缘故。这是两个问题,两回事情。

二是混淆了"财政形成的手段是什么"和"财政本身是什么"这样两个问题。财政形成的手段,不是依靠对生产要素(生产资料和劳动力)的占有,而是凭借国家的政治强力。但是,财政本身并不就是政治强力,而只是国家政治强力的结果。财政本身回答的问题是:凭借国家政治强力形成的是什么关系。而财政形成的手段所回答的问题是:国家依据什么取得财政收入并形成财政关系。

三是混淆了"财政本身是什么"和"财政服务的对象是什么"这样两个问题。大家知道,财政服务的对象是国家机器及其"实体的附属物"。但是,财政本身并不就是国家机器,也不是军队、警察、监狱和法庭等国家机器的附属物。财政只是保证国家及其附属物存在的物质基础。如像马克思所说的,"赋税是政府机器的经济基础"。显然,"政府机器"和"政府机器的经济基础"是不同的两种东西。

四是混淆了"财政分配关系本身是什么关系"和"透过财政分配关系反映了什么关系"这样两个问题。诚然,透过财政分配关系可以反映出国家的政治关系,即反映出国家的阶级性质、活动范围和方向。但是,财政分配关系本身毕竟还是一种分配关系,是经济关系的一部分。

现在看来,用上述观点来分析当今的财政学的学科属性与定位问题,仍具有重要意义。

(七)如何理解"财政是国家治理的基础"

2013年《决定》做出"财政是国家治理的基础和重要支柱"的结论,从而把财政的地位和作用提高到了一个新的高度。那么,如何理解"财政是国家治理的基础",这应将其放在《决定》提出的"全面深化改革的总目标"中来认识。

《决定》提出:"全面深化改革的总目标是完善和发展中国特色社会主义制度,推进国家治理体系和治理能力现代化。"应当看到,这两句话是密不可分的,其中,完善制度,即"完善和发展中国特色社会主义制度",是"国家治理体系和治理能力现代化"的前提条件和核心内容,同时,制度完善的程度是衡量"国家治理现代化"程度的标尺。总之,把"国家治理体系和治理能力现代化"作为全面深化改革的总目标,从而,第一次将其上升到了国家战略高度,这是改革理论和改革战略的一次重大突破。这有一个发展过程。

"治理"原本是个学术概念,是指"统治与管理",国家的存在必然要对社会进行统治与管理。中国古代文献中的治理,首先是指完善、良好的管理和统治的状态。新中国成立后,最初治理的含义主要是治国理政,随后又把治理用在经济环境治理、社会环境治理等方面,之后把治理扩展到了国家和政府层面。党的十六大提出治党、治国、治军以及党要管党、从严治党等概念,直至2013年在党的十八届三中全会的文件中治理成为位居核心的关键概念之一,治理概念的地位提到了战略高度。

国家治理体系和治理能力现代化关键是要建章立制,不断完善制度,要把权力关进笼子里,并且要扎紧笼子。这里的"笼子",指的就是制度、法律、法规。近一段时期以来,反贪腐、"抓老虎""打苍蝇"所暴露出的过去体制造成的一些问题,令人发指、触目惊心。这反映出我们制度不完善、有漏洞,治本的办法就是完善制度,实现国家治理的现代化。在《决定》公布后,习近平同志对国家治理体系和治理能力还进一步做出了阐释:国家治理体系是在党领导下管理国家的制度体系,包括经济、政治、文化、社会、生态文明和党的建设等各领域体制机制、法律法规安排,也就是一整套紧密相连、相互协调的国家制度;国家治理能力则是运用国家制度管理社会各方面事务的能力,包括改革发展稳定、内政外交国防、治党治国治军等各个方面。国家治理体系和治理能力是一个有机整体,相辅相成,有了好的国家治理体系才能提高国家治理能力,提高国家治理能力才能充分发挥国家治理体系的效能。这突出表明,完善国家制度是国家治理的核心内容和实现国家治理现代化的关键。

根据上述对"全面深化改革的总目标"的简略分析,对"财政是国家治理的基础",可作如下几方面理解。

1. 财政是国家治理的财力保障,是其经济基础

国家的存在及其治理活动离不开财政提供的财力保障。国家这种"公共权力"的存在不是抽象的,它是由军队、警察、监狱、法庭、官吏等统治机构所组成。国家为了维持这一套权力机构的存在和实现其职能,就需要有财力保障,能够提供这种财力保障的,只有财政。正像恩格斯所说:"为了维持这种公共权力,就需要公民缴纳费用——捐税,捐税是以前的氏族社会完全没有的。但是现在我们却十分熟悉它了。"捐税是历史上最早出现的,也是最典型的财政范畴。"随着文明时代的向前发展,甚至捐税也不够了,国家就发行期票,借债,即发行公债。"马克思对财税与国家之间的关系有过深刻的论述,指出:"赋税是喂养政府的娘奶""国家存在的经济体现就是捐税""赋税是政府机器的经济基础,而不是其他任何东西。"这表明,财税是喂养政府的奶汁;国家与财税的关系是身影相随,结伴而行,永不分离,财税作为经济范畴体现着国家在经济上的存在;财税是国家存在的物质基础。可见,关于"财政是国家治理的基础",这里的"基础",只能是"经济基础",而不可能是其他"基础"。

古今中外,国家的兴衰和朝代的更迭,都与财税状况密不可分。这说明,如果没有财政,不仅国家各项治理活动无法开展,国家本身的存在都成了问题。例如,美国联邦政府因为两党争斗而影响预算拨款,致使出现或长或短的政府关门现象,近30多年来,在1977年、1978年、1980年、1996年等十余个年份,曾出现过政府有关部门"停摆"现象,最近一次是2013年,17年后政府再次"停摆"。这从一个侧面反映出财政的经济基础作用。

就国家与政府治理来看,国家与政府是既相联系又相区别的两个概念。国家是政治权力机构和公共服务机构,而政府是国家的执行机构和行政机关,国家是通过政府这一行政机关来实施并实现其职能的。因此,国家治理主要由政府治理来实现,而国家或政府的治理活动,是由其所属的各个部门来实施和实现的。目前我国政府(国务院)由25个部门和15个直属机构组成,它们具有不同的性质和活动(治理)范围。例如:外交部、国防部、公安部、国家安全部、监察部、司法部等,属于履行政治治理职能方面的部门;国家发展和改革委员会、科学技术部、工业和信息化部、财政部、中国人民银行、国土资源部、水利部、交通运输部、农业部、商务部等,属于履行经济治理职能方面的部门;民政部、文化部、教育部、国家卫生和计划生育委员会等,属于履行社会治理职能方面的部门。政府的上述各个部门和机构,从不同角度进行国家的治理活动,但要成为"国家治理的经济基础",必须具备两个基本条件:①该部门必须是经济部门,从事经济活动。很难想象,政治部门或社会部门会成为国家治理的经

济基础,比如说,国防部、司法部或民政部、文化部等在国家治理中都很重要,但它们都不可能成为国家治理的经济基础,因为它们本身不是经济部门,与经济无直接关系;反之,财政是国家治理的经济基础,而不可能是国家治理的政治基础或社会基础,因为财政属于经济范畴,财政部门属于经济部门。②国家治理的经济基础只能是财政及其财政部门,这具有唯一性,因为只有财政能为政府各个部门的治理活动提供财力保障,其他任何政治部门、社会部门以及除财政部门之外的所有经济部门都做不到这一点。

《决定》关于"财政是国家治理的基础"中,并没有在"基础"前加任何修饰词,但根据前面的分析,这里的"基础",只能是"经济基础"。

2. 财政是国家治理的功能保障

国家治理作为一个综合系统,需要多种手段的协同使用。这主要包括经济、行政、法律、道德、教育、协商等手段。其中,经济手段主要是宏观调控体系手段,包括财政政策、货币政策、产业政策和价格政策等政策手段。在宏观调控中,最重要的手段是财政政策与货币政策,及其相互配合,而最后兜底的是财政政策手段。例如,在经济结构(包括产业结构、城乡结构、地区结构、投资与消费结构等)调整中,由于银行贷款利率难于区别对待,货币政策的调控作用会受到限制,而财税政策则不受此影响,可以根据需要灵活运用。又如,在经济萧条甚至危机时,需要用宽松的货币政策进行调控,办法是通过降低存款准备金率和降低利息率来扩大贷款规模,增加货币供给。但是,在大量企业亏损和破产的情况下,即使采取零利率甚至负利率,贷款也难于发放出去;而财政则可以通过减税、发债和扩大财政支出的赤字财政政策发挥调控作用,促进经济的恢复与增长。再如,当社会保障基金收不抵支出现缺口时,为了保障离退休人员的生活不受影响,最后能兜底的也只有财政。在这里,财政发挥的是国家治理的"重要支柱"的功能。这种功能是财政职能的表现,是由财政的本质是经济范畴所决定的。这进一步证明,财政是国家治理的经济基础。

3. 财政是国家治理的制度保障

《决定》规定的"全面深化改革"包括深化经济体制改革、政治体制改革、文化体制改革、社会体制改革、生态文明体制改革和党的建设制度改革。在深化经济体制改革中,对财政体制改革的要求是:"建立现代财政制度"。

财政体制改革和财政制度建设,反映着政府与市场、政府与社会、中央与地方之间的关系,涉及政治、经济、社会、文化和生态文明等各个方面,其重要性是显而易见的。由于财政是个分配范畴,涉及各方面的经济利益,而改革就是进行利益的调整,因此,国家的每次改革都是从财政改革开始,成了改革的突破口。

新中国成立以来,我国财税体制经历多次调整,经历了从"统收统支"到"分灶吃饭"的包干制,再到"分税制"的改革历程。其中,1994 年的分税制改革是我国财政制度建设的里程碑,为建立现代财政制度奠定了良好基础。经过这次改革和随后的调整、完善,调动了地方、企业的积极性和创造性,实现了政府财力的大幅增加和经济的高速增长,增强了中央宏观调控能力,对推进建立社会主义市场经济体制发挥了重要作用。可以说,这一时期经济改革和经济发展中的成就,都与财政体制改革分不开。

当前,我国进入了经济发展新常态阶段,面临着许多新的问题与挑战。例如,在经济领域,转变发展方式进展缓慢,重复建设和产能过剩矛盾突出;在社会领域,收入分配差距过大,公共服务滞后、均等化程度不高,教育、医疗、社保等问题较多;在资源环保领域,资源浪费、环境污染、生态退化等问题十分严重等。这些问题,从制度上看,都与现行财政体制存在漏洞、改革不到位、不适应有关。

可以说,财政体制与制度同经济社会的关系,是一荣俱荣、一损俱损,密不可分的。财政制度在国家治理中,发挥着制度保障作用。

建立现代财政制度的主要内容包括:建立完整、规范、透明、高效的现代财政预算管理制度;建设有利于科学发展、社会公平、市场统一的税收制度体系;健全中央和地方财力与事权相匹配的财政体制。如前所述,政策、制度属于上层建筑范畴,但财政政策和制度反映的是财政经济关系,属于财政学、经济学研究的内容。

财政作为国家治理的财力保障、功能保障和制度保障,从不同角度表明,财政是国家治理的经济基础。

综合以上分析,结论是:财政是经济范畴,财政学属于经济学科。

参考资料来源:安体富:《关于财政学的学科属性与定位问题》,《财贸经济》2016年第12期,第17-27页。

▶ **案例点评**

研究财政学的学科属性与定位问题,对财政学的学科建设具有重要意义。教育部在高等学校的学科分类中,一直将财政学列入经济学科(应用经济学),这曾为大家所接受。但目前在财政学界,许多专家学者对此提出了质疑。本案例从财政的性质(本质)、财政学在西方经典经济学中的地位、如何认识不同学科之间的交叉、如何看待财政政策与财政制度问题、关于"财政是经济基础还是上层建筑"的争论以及如何理解"财政是国家治理的基础"等,多角度论证了财政属于经济范畴,财政学属于经济学,是其重要组成部分。

▶ **讨论题**

1. 财政的性质(本质)是什么?
2. 如何认识财政学与其他学科之间的交叉?
3. 财政是经济基础还是上层建筑?
4. 如何理解"财政是国家治理的基础"?
5. 财政学是否属于经济学科?

案例1-2 新时代财政职能的国家化和财政学的政治学转向

党的十八届三中全会提出"财政是国家治理的基础和重要支柱",首次将财政的研究对象从"适应市场转向匹配国家治理",开启了现代财政制度研究的新篇章。5年来,理论学界对财政在国家治理中的地位和作用做了大量研究。这些文献试图建立反映和适应国家治理视角下财政学的新框架,但还远未达成共识。财政学必须构建新的分析框架,从根本上推动财政学基础理论创新。本文在梳理国家治理为核心的财政学文献的基础上,试图从学科属性入手,探讨国家治理视角下的财政职能转变和财政学学科属性问题,试图为财政学研究指明方向。

本文可能的学术贡献有两个：一是明确财政学的创新与发展应当以财政职能为基础，而国家治理下的财政学研究应以国家为核心展开。经济学只研究市场和市场视角下的政府，而国家是政治学的核心范畴。财政从适应市场到匹配国家治理的转换过程是财政体制从注重经济职能转向注重国家职能的过程，特别是从经济领域再分配职能向政治领域基础性职能的转变。二是在财政学学科发展方向上，考虑到财政天然的治国之术地位和多学科属性，新时代财政学应当逐步从经济学主导转向政治学主导，更加关注财政对国家认同、国家治理、市场统一、社会公平和国家安全等国家主题的影响机制。

(一) 财政的市场职能和财政学的经济学视角

自 Musgrave 的开创性贡献以来，财政学走上了现代经济学的研究轨道，财政学的经济学化是 20 世纪财政学发展的主流。刘晓路和郭庆旺从 1928 年 Pigou 发表的 "*Study in Public Finance*"开始计算财政学的经济学时代；杨志勇和张馨认为，阿兰和布朗 1947 年出版的《公共财政经济学》首次采用了意大利学者马尔科《公共财政学基本原理》中"财政学是经济学"的观点；张晋武则认为，以斯密为代表的古典经济学派确立了"财政的经济范畴属性"，而经济学的兴起则对应财政学政治观的退化。如果不是对财政和政府职能的强调，那么一切财税(和政府)活动都会变成市场原教旨主义者眼中的市场效率损失，从而一切政府也就失去了存在的必要。在这样一种传统财政学的视野下，财政是一种特殊的经济范畴。从经济学体系的内在理论逻辑看，在消费者、生产者等代表性行为人的优化结构下，政府在市场中的第一角色是克服由于垄断、外部性、公共产品和信息不完全等种种市场内在缺陷所造成的市场失灵。潜台词就是政府通过修正或者弥补市场失灵来改善市场主体决策的环境和优化经济人的行为，间接提高市场资源配置的效率。经济学以市场为研究对象，所以经济学强调政府通过财政来弥补市场失灵的逻辑。如果市场失灵的表现也包括收入差距过大，那么政府的第二个角色就是改善收入分配。经济学本身很少提到公平，至多是客观描述分配，在这样一个经济学框架下，尽管与企业和家庭等私人部门理财的主体不同——财政的主体是政府，但"公共财政学(Public Finance)"一词的出现，也意味着政府、企业和家庭在很大程度上只是研究对象不同而已，至少在融资(finance)这一点上存在着巨大的相同之处。

财政学的学科体系基本建立在财政职能的基础上，财政职能是财政活动安身立命之本。符合经济学逻辑的马斯格雷夫传统的财政学，把以财政所代表的政府收支构建于以公共品供给来调节市场资源配置、以累进税制和对低收入群体的财政支持来改善收入分配、以逆周期的财政政策来稳定宏观经济三大职能之上。实际上，公共品由于其具有非排他性和非竞争性，也会产生重要的收入分配效果。考虑到财政学的经济学学科属性问题，不妨把马斯格雷夫传统的上述财政三大市场职能视为财政的经济学职能。在经济学的视域内，以财政代表的政府职能主要是弥补市场的不足，所以传统财政学会自然地陷入政府与市场关系讨论之中。李俊生和姚东旻对此类问题进行了讨论，强调财政的市场功能，客观上就是强调财政学的经济学特征。进一步地，在经济学的真实经济周期理论(RBC)框架下，宏观调控的作用是让经济尽快复苏，从而具有明确的效率含义，如希瑞克斯和迈尔斯将上述三大职能进一步简化为公平和效率两大职能。公平与效率之间的折中关系，意味着每一个公平增进，基本都对应效率损失。

经济学以市场为研究对象，适应市场代表了财政学的经济学导向。纵观中华人民共和国财政改革的历史，适应市场是改革开放，特别是 1994 年分税制的基本价值导向。分税制改革的三大纲领性文件就明确强调了财税体制改革以适应市场经济为制度导向,其中,《国务院关于实行分税制财政管理体制的决定》中提到"分税制改革是发展社会主义市场经济的客观要求",《国务院批转国家税务总局工商税制改革实施方案的通知》提出工商税制改革的目的是"为了适应建立社会主义市场经济体制的需要",《国务院办公厅转发国家税务总局关于组建在各地的直属税务机构和地方税务局实施意见的通知》提出两套税务机构分设是为了"加强国家宏观调控和促进社会主义市场经济体制的建立"。值得注意的是,在经济学领域内,财政及其对应的税收和支出属于经济再分配的范畴。从理论上看,劳动者在以市场为核心的初次分配环节通过边际产出(边际劳动生产率)来确定边际收入,从而确定了初次分配的基本格局。经济学上所说的通过财税体制来促进公平,基本上局限在改善(而不是决定)收入分配的范围之内,通常是采用累进所得税税制和财政支出手段,通过财税体制的消高补低作用来衡量财税制度对收入分配的改善效果。如普遍采用的MT(Musgrave-Thin)指数就是税前和税后的基尼系数之差,衡量的是税制对收入差距的改善作用,而非决定性作用。用标准的经济学术语来说,就是以财政为代表的政府承担的是对市场的补充性角色(complemental role)。

正是在这样一种公共财政学隶属于经济学的定位和理论背景下,财政学甚至退化成与家庭理财和公司理财类似的政府理财学。能够说明现阶段财政学属于经济学范围之内的,除了财政学在学科属性上属于经济学门类下属的一级学科——应用经济学,还有更加明确的财政经济学、公共经济学和公共部门经济学等财政学在经济学中的代名词。在公共财政学的传统内容之外,大多数版本的公共经济学或者公共部门经济学都增加了公共选择传统的个人政治行为经济学分析,试图以此弥合公共财政理论与公共选择理论之间的鸿沟。代表性较强的是斯蒂格利茨的《公共部门经济学》。

经济学以市场效率为核心,所有的行为人优化框架和均衡都是在证明市场主体的自由选择具有效率。出于经济学逻辑一致性的需要,经济学视角下的财政也必须以市场和市场失灵所带来的效率损失为出发点。正是这个经济学体系的内在逻辑,导致经济学视角下的财政很难跳出"如何以政府来弥补市场失灵"的逻辑圈子,从而"只研究政府、不研究国家"成为一种经济学的潜在共识。尽管2013年以来有财政学的种种创新尝试,但是中外财政思想史的发展表明,在经济学范围内的财政学也就只能是公共经济学和公共部门经济学,或者经济学研究的公共部门版,现实价值大幅降低,因为其必须以经济学研究的市场运行为基础。财政学学科的创新和发展,必须跳出经济学范围,另辟蹊径。

(二)财政的国家治理新定位和国家职能

"财政是国家治理的基础和重要支柱,科学的财税体制是优化资源配置、维护市场统一、促进社会公平、实现国家长治久安的制度保障"。党的十八届三中全会对财政的全新定位,是五年来财政学研究的全新指引。国内学者以此为起点,开始了大量创新性研究。如高培勇的基础和支柱说率先分析了财政改革的国家治理新定位,吕冰洋的国家治理财政论强调了财政的制度供给职能和公共秩序的公共品含义。国家并不是一个传统的经济学范畴,与经济学关注市场相比,国家是政治学的核心范畴。与财政的市场职能或者经济学职能相对应,财政的现代国家职能本质上是财政的政治学职能,用于强调财政学的政治学导向。从柏拉图、亚里士多德对古希腊城邦政治的论述开始,直到现代政治学关于国别政治和比较政治的研究,国家都处于政治学的皇冠地位。唯一的例外可能是公共选择理论对官僚个人行为的分析和对于国家的重新认识。而20世纪70年代以来政治学国家学派的回归,把国家重新视为政治学的基本范畴,尤其是近年来盛行的国家能力理论。

以国家能力理论为例来分析财政的政治学职能。国家治理的核心是提高国家能力。不同学者对国家能力的理解不同,但对国家能力的理论研究大多使用了一个制衡性框架,即政府行政能力的增强和对政府制衡的增强。把国家能力理解为政府实现既定政策目标的能力,这一点也是国家学派的核心观点。如斯考切波将国家能力归结为政府有效管理的能力。Mann认为,国家能力是国家穿透市民社会,在全领域理性实施政治决策的基础性权力。Fukuyama把国家能力引申为国家制度能力。从国家能力的外延看,Migdal把国家能力分为渗入社会能力、调节社会关系能力、从社会中提取资源能力和配置与运用资源能力四个部分。Besley和Persson的国家能力模型和实证指标只包括互补性的财政能力和司法能力两个部分。王绍光把国家能力分为国家的汲取能力、调控能力、合法化能力和强制能力四个部分。王绍光和胡鞍钢把基础性国家能力划分为国家的强制能力、汲取能力、濡化能力、国家认证能力、规管能力、统领能力、再分配能力和吸纳与整合能力八个部分。考虑到中国经济发展的基本经验和改革方向,适用于全面深化改革阶段的国家能力可以分为财政能力、司法能力、发展能力和安全能力四个部分。

《决定》提出"科学的财税体制是优化资源配置、维护市场统一、促进社会公平、实现国家长治久安的制度保障",是对财政现代国家职能的新概括。这就把财政体制的职能置于资源配置、市场统一、社会公平和国家安全等国家治理视角下,突破了经济学传统财政三大职能的范围。这意味着以国家治理为核心、以国家为研究对象的财政学必须要突破传统经济学视野下财政学"只研究政府、不研究国家"的限制,发展到研究对象涵盖经济、政治、文化、生态、精神文明"五位一体"的新范围。

具体来看,从经济学理论出发,在优化资源配置方面,财政只能起到辅助的补充性作用,因为在资源配置中起决定性作用的是市场。政治学对优化资源配置的理解与经济学有共同之处,但却不在一个层面。在中国特有的政府管理体制和政府激励型发展模式下,至少在政治发展层面上,财政制度所定义的"(中央和地方)两个积极性"对经济发展具有特别重要的长期制度性作用。这一点已经被大量的经济增长和经济发展文献所证实。解释中国经济发展的代表性文献都强调了政府激励和政府行为对增长奇迹的作用,如政治激励的晋升竞标赛和强调财政激励的中国式财政联邦主义以及政府间的激励相容才是中国改革成功的原因。现代财政制度国家职能强调的优化资源配置意味着现代财政制度的国家职能发挥必须以现代化经济体系为基础(国家强,经济必须强)。现代财政制度中对于财政优化资源配置的强调,首先应该是公共资源配置效率的提升,其次是在公共资源配置效率基础上的整个市场资源配置效率的提高。这是财政国家职能试图涵盖市场职能,或者政治学职能试图兼顾经济学职能的表现。从这个意义上讲,强调财政的政治学职能不应该、也不会否认财政的经济学职能,学科意义上的财政学也不会完全转变为政治学,而是成为政治学的分支。经济学对维护市场统一的主要注解是市场的规模效应,即市场分割会严重限制创新收益递增效应的实现,继而影响技术进步和长期增长。相比经济学,政治学对市场统一的解释要更加生动和真实。许多国家的著名内战都是出于打破地区割据,建立全国统一市场和全国性政权的需要，如林肯时期的美国南北战争。

社会公平正义是政治追求的终极价值。各个政权、各种政权形式都在追求某种形式的公平正义，对公平和正义定义的改进是政治学家和哲学家的重要历史贡献。相比经济学强调财政通过现代税制和财政支出来改善收入分配的职能，特别是对群体差距、区域差距影响的定量化测度来说，在一个拥有长达两千多年封建阶级社会历史的民族面向现代化强国的建设之路上，社会公平至少包含了等级公平、官民公平、种族公平、性别公平等更高层面的国家制度和社会终极价值。这一点可以从马克思主义关于人类社会的演进规律、人的全面自由发展或社会主义核心价值观上体现出来。就财政而言，促进社会公平最重要的是在公共财政强调的基本公共服务均等化基础上，进一步实现公共服务无差别化，让任何个人不会因为民族、种族、性别、职业、出身、宗教信仰、教育程度和财产状况而受到公共服务的歧视性待遇，并以此作为政府和国家促进整个社会公平的基石。发达国家《宪法》中大多包含了强调公共服务无差别化的非歧视性条款。值得注意的是，公平也不是瓦尔拉斯——萨缪尔森传统的边际革命后的纯粹经济学的研究范围，至多属于市场运行的环境。现代经济学家对公平的研究，基本都属于政治经济学，这已经超越了边际革命以来的现代经济学。

长治久安是发达国家的基本特征，也是建立现代国家制度的重要目标。Besley 和 Persson 发现，按照宾州世界表 PWT6.3（2005 年不变价国际元）的数据，和平国家的人均收入为 9 412 美元，而内战国家的人均收入为 3 612 美元，内战国家要比和平国家贫穷得多。能够避免内部动乱和外部战争是国家能力的重要表现，这一点远远超越了经济学强调的、以逆周期总量调控政策为核心的财政宏观稳定职能（也远远超过了时间期限上从短期转向长期的含义）。实现国家长治久安，必须增强国家安全能力。关于中国历史长期以来的王朝更替、低税率和低国家能力的研究也证实了这一点。Perkins 认为，整个帝制时期的政府收入从未超过 GDP 的 4%。Dincecco 提到，1776 年左右，清王朝统治期间的中国人均财政能力不到同期英国的 1/12。王绍光认为，国民政府时期政府预算占 GDP 比重的最高值是 1936 年的 8.8%。付敏杰提供了关于封建社会国家能力低水平长期锁定的初步判断和简要综述。从政治学来看，维护国家长治久安就是通过现代财政制度的汲取能力来维护国家安全，尤其是政权安全。现实中最极端的国家安全问题是：如果政府因为财政资金不足而不得不关门，哪些才是必须运转保证整个国家运转的部门？在广泛的国家利益之中，哪些利益才是国家的核心利益所在？要解决政权合法性问题，首先就要在中国立法至上的政治制度下，通过全国人民代表大会以人民同意的最高政治形式批准国家预算，实现税收法定；其次是增强国家安全能力，避免内部动乱和外部战争，切实保护产权。有恒产者有恒心，如何合理设置一般财产税，既能强化地方政府对保护财产的激励，又能保证整个社会财产的持久增长？这些都已经超出了经济学研究的范围。

作为国家从社会中获取资源的基本能力，国家财政抽取能力始终是国家总体能力的基础性和决定性因素，也是国家其他能力得以实施的前提条件。以国家能力理论为代表的政治学派将财政代表的国家抽取能力视为整个国家运转和国家职能得以发挥的前提和基础。国家抽取能力的强弱直接决定了其他方面的国家能力和国家整体能力，财政因而成为一切国家行为的基础。基于此，Kaldor 认为，政府通过提取公共收入来促进经济发展的角色"无论怎么强调都不过分"。税收与发展的核心问题是：一个政府如何才能把税收占 GDP 的比重从 10%提高到 40%。

与财政在经济中所处的再分配职能地位不同,本文认为财政不仅具有政治学职能,而且在以国家为核心的政治学职能体系中处于基础性、决定性地位。正是从市场中的再分配职能向国家治理中的基础性和决定性职能的转变,才产生了财政学从经济学主导向政治学主导转变的学科需求。

(三)财政从以市场为中心转向以国家为中心

政治学没有像经济学那样建立统一标准的现代化理论框架,无法采用标准的通用模型来分析财政的政治学职能。国家范畴散见于历代政治学家的隔空呼应式、甚至是矛盾性的辩论著作之中。如基于契约论"国家是想象中的共同体"的理解与马克思主义关于"国家是阶级暴力统治工具"的理解完全不同。为了分析财政从以市场为中心转向以国家为中心的含义,我们构建了一个简单模型来系统理解财政的市场职能与国家职能,也就是经济学职能与政治学职能及其之间的关系,如图1-1所示。

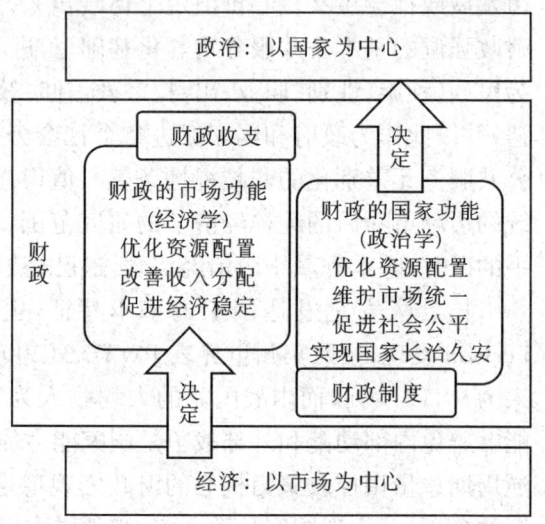

图 1-1 财政的市场职能与国家职能

从图 1-1 可以看出:

第一,财政的市场职能和国家职能是同时客观存在的,只是认识视角不同。财政的市场职能首先存在于财政收支之间,通过税收可以矫正外部性、支出可以提供公平品,收支都具有改善特定群体收入的能力,而逆周期的周期性财政收支差额(赤字)政策又适度熨平经济波动,这是经济学传统的马斯格雷夫财政经典三职能。从现代财政制度和国家治理的角度看,除了通过总量和个体的政策来改善资源配置和促进社会公平外,科学统一的财政制度和统一执法是全国统一市场的重要标志,也是资源在全国范围内自由流动和市场配置能力深化的基本保障。财产税等特定税种的开征,有助于增强地方政府的产权保护激励。国家安全能力和司法能力的增强又有助于避免内乱外患,使全民享受和平红利,促进经济发展、社会稳定、政治民主和国家长治久安。

第二,财政在市场领域只能具有补充性作用,而在国家领域则具有决定性作用。在任何一个市场经济国家,资源配置的决定性力量都掌握在市场一方,政府在资源配置中只能起到补充性作用,主要补充方式是弥补市场失灵带来的效率损失。中国全面深化改革的重要目标也是让市场在资源配置中起决定性作用,从而把市场的效率发挥到极致。这就意味着,以财政收支为核心的政府行为只能在资源配置中起到辅助性和补充性作用。但从国家治理的角度看,财政收入的多少、财政支出的覆盖以及国家预算的规模直接决定了各项国家职能的发挥程度,国家抽取能力是一切自主性国家行为的基础。在现代国家学派中,国家自主性是国家能力和国家行为的重要基础。在政治学的视域内,回归国家学派将国家自主性理解为国家是特定行为的出发点,而不是像公共选择理论那样把国家理解为个人主义政治选择的结果(公共选择更多是经济学方法在政治学研究领域的应用,属于典型的"经济政治学")。

作为国家能力最好、最常用的指标,财政能力很大程度上决定了国家能力的上限,财政是国家治理的基础和重要支柱。

第三,财政制度是作为经济基础的市场与作为上层建筑的国家之间的天然屏障,不同的国家形式可以具有相同的国家能力。正是因为能够从市场中抽取到足够的财政资金,各个国家的政府政治职能才拥有基本保障,独立的国家自主行为才能展开,各国政治发展路径的差别也由此开始。也就是说,因为有现代财政制度的存在,经济基础与上层建筑的实现形式之间已经不再是一一对应的关系,财政成为政治模式、政治制度多样化的基本保证。这一点在多样化资本主义的研究中已经得到了充分体现:发达国家的经济基础和国家治理基本上都是现代化的,但相对而言,各国的国家治理模式和国家治理体系差别巨大,不同国家的国家行为和国家能力的差别已经远远超过其经济基础的差距。

(四) 财政的多职能性与财政学的天然多学科特征

财政问题具有很强的复杂性和综合性。作为"治国之术",财政学产生的时间至少可以追溯到古典政治经济学时期。这就意味着,财政学的历史远远超过了从马歇尔开始的现代经济学,经济学只能算是财政学的近代史。20世纪现代经济学学科化的快速发展,客观上为财政问题搭乘经济学的便车创造了条件。但经济学以市场为研究对象,客观上要求经济学体系下的财政研究必须以市场为中心,围绕政府和财政的一切经济学分析都以是否补充和增进市场资源配置能力,特别是有助于完善价格机制为导向,这就从根本上排斥了财政学在市场之外研究的创新空间。自20世纪中叶经济学中的新古典综合出现之后,关于税收、支出、债务和财政政策规则等财政运行层面的问题可以在新古典的代表性行为人框架(尤其是动态一般均衡框架或者动态随机一般均衡框架)中得到形式化的科学表述,这促进了财政研究结果的定量化、规范化和形式科学化,也使财政学在一定程度上进一步摆脱了炼金术的身份。但采用新古典经济学分析框架也会带来很多问题,特别是以一般均衡框架为代表的经济学模型进一步限制了财政问题表述范围。在经济学的大旗下,20世纪财政学的研究范围经过从经济学到新古典经济学连续两次压缩,从而经济学框架内的财政只能从市场的视角去研究政府运行的特定问题,而且主要是资源配置效率问题,距离现实的国家研究需要越来越远。要研究国家治理问题,就必须突破经济学的限制。

财政问题的复杂性和综合性决定了财政学天然具备多学科、跨学科特征。仅就"财政"二字而言,"财"与"政"意味着经济和政治两种角色,从而财政学天然涵盖了经济学和政治学两个学科。张晋武认为,经济与政治的关系是构建财政学体系的核心问题。陈共提出,财政这个范畴是经济与政治共同作用下的产物,在财政诞生那一刻就注入了两种因素,即经济因素和政治因素,因而财政范畴是二元的学科,应当从经济学与政治学结合和交叉的角度考察财政学对象。经济学绝非财政学的全貌,也绝非财政学的全部属性,财政学在此基础上还可以延伸到法学、管理学、社会学、历史学等学科。李炜光和任晓兰强调了财政的社会学视角。傅志华和陈龙认为,财政具有经济、政治、社会、生态以及文化与伦理道德等多重属性。从学科发展的角度看,新时代财政创新中复杂性和紧迫性交织,最有效率的方式是寻找跨学科、多学科财政研究的最小公约数,如果经济学研究范围内的财政学不足以涵盖国家治理的财政研究,那么转向政治学无疑是最明确的。

与多学科背景下财政学创新的其他文献对财政学未来研究方向的探讨不同,本文明确强调财政学的政治学转向,而不是转向其他未知的学科或领域。将财政学界定为经济学与政治学相互交叉和综合的特殊性学科是由财政活动所特有的客观属性决定的。无论将财政学只视为经济学还是财政学都不能形成真正科学的财政理论体系。只有同时兼顾财政的经济学和政治学研究,才能解释国家治理的客观财政规律。

(五)从经济学主导转向政治学主导的财政学科:一个思路

第一,从内容上看,财政学的创新必须从财政职能入手。财政原有的三大市场职能已经被公共经济学和主流财政学进行了很好的刻画,这是今天财政学创新的基本理论基础。国家治理对财政四大国家职能的强调,意味着必须在财政学原有的经济学分析框架下增加政治学内容、强化政治学导向,力求同时体现财政在市场中的再分配作用与国家治理的基础性地位,从而形成一个完整的财政学的政治经济框架。这就是说,国家治理视角下的财政学研究和学科建设,首先要在经济学的基础上做加法,尝试涵盖国家治理的财政制度分析。这不仅是一个财政学扩ँ、加厚的问题,或者是如何以中国发展实践为基础来创新财政学理论的问题,而是去匹配国家治理的推进对于财政学创新提出的新需求。

第二,从方法论上看,国家治理新时代财政的政治学职能:资源配置、市场统一、社会公平和国家安全,并没有否认原有财政的三大经济学职能——资源配置、收入分配和稳定经济,因为两者并不在同一个层次上。新时代的财政研究要求在国家治理层次上认识财政的新职能,尤其是财政对政治的基础性作用。所以,对于财政国家职能的研究必须要以现有的主流财政学为基础,通过扩展现有财政学的研究范围来实现,尤其是在资源配置效率之外,更加关注财政制度对国家认同、国家治理、社会公平、市场统一和国家安全等政治主题的影响。这样一来,新时代的财政学创新表现为财政学扩展了研究对象和研究范围,将革命性和创新性寄托在延续性和一致性之中,通过符合政治学传统的国家视角来补充和完善,而不是替代和挑战原有基于经济学学科的财政学。

第三,从学科和人才培养看,国家治理视角下的财政学学科应当逐步从经济学学科中独立出来。现有的学科门类目录下,财政学只是经济学学科下属应用经济学的二级学科。授予的是应用经济学学科的经济学学位,集中反映了现阶段财政学隶属于经济学的定位。随着财政学逐步从经济学主导转向政治学主导,财政学的学科属性应当尽早上提。若上提两级,与作为门类的经济学并列,成为经济学和政治学之外的独立学科;或至少上提一级,依然位列在经济学门类之中,向传统财政学时代回归,但与法学门类的一级学科的政治学基本对应,而留在经济学门类下的财政学应当变更为公共经济学,防止学科名称滥用。使学生能够尽早接受现代经济学和政治学的专业知识教育,适应新时代繁荣中国特色哲学社会科学和培养新时代财政学人才的需要。

综上所述,强调财政学的政治学转向,很大程度上是一个问题导向和现实导向的时代需要,首先是为了满足新时代国家治理的现实需要。现实和问题提出了新时代财政学创新的基本需要,表明了新时代中国财政学创新的问题导向,而不是哪一种财政基本问题的更新或者财政学方法论的革命。这符合中国长期以来经济发展政策和体制改革中的问题导向传统,更符合财政自诞生之日起"治国之术"的基本定位。

参考资料来源:付敏杰:《新时代财政职能的国家化和财政学的政治学转向》,《财经问题研究》2019年第2期,第71-78页。

案例点评

本案例围绕"财政是国家治理的基础和重要支柱"展开,说明了国家治理视角下的财政研究要从以市场为核心转向以国家为核心,意味着财政学要逐步从经济学主导转变为政治学主导,将财政的研究对象从"适应市场转向匹配国家治理"。

因为传统的经济学只研究市场和市场视角下的政府,不研究国家,为构建新时代的财政体系,本案例作者呼吁我们要从市场中的补充性职能转向国家治理中的基础性职能,从而改变以往经济学视域的财政学"只研究政府,不研究国家"的状况。具体而言,明确财政学的创新与发展应当以财政职能为基础,而国家治理下的财政学研究应以国家为中心展开。经济学只研究市场和市场视角下的政府,而国家是政治学的核心范畴。财政从适应市场到匹配国家治理的转换过程是财政体制从注重经济职能转向注重国家职能的过程,特别是从经济领域再分配职能向政治领域基础性职能的转变。同时,在财政学学科发展方向上,考虑到财政天然的治国之术地位和多学科属性,新时代财政学应当逐步从经济学主导转向政治学主导,更加关注财政对国家认同、国家治理、市场统一、社会公平和国家安全等国家主题的影响机制。

本案例作者认为,强调财政学的政治学转向,很大程度上是一个问题导向和现实导向的时代需要,首先是为了满足新时代国家治理的现实需要。现实和问题提出了新时代财政学创新的基本需要,表明了新时代中国财政学创新的问题导向,而不是哪一种财政基本问题的更新或者财政学方法论的革命。这符合中国长期以来经济发展政策和体制改革中的问题导向传统,更符合财政自诞生之日起"治国之术"的基本定位。

讨论题

1. 如何理解财政的市场职能和财政的国家职能?两者之间有什么关系?
2. 本案例提出的将财政学从经济学主导转向政治学主导的转变思路,从内容、方法论、学科和人才培养上各有什么核心观点?
3. 谈谈你对新时代财政职能的国家化以及财政学的政治学转向的认识。

第二章

财政学的基本理论问题

一、习　题

(一) 单项选择题

1. 用来满足社会共同需要的产品和服务被称为(　　)。
　　A. 公共商品　　　B. 公共物品　　　C. 社会物品　　　D. 社会产品

2. 若资源配置达到了这样的状态,即没有一种状态的改变能使一些人的境况变好而不同时使另一些人的境况变坏,则这种状态被称为(　　)。
　　A. "免费搭车"现象　　　　　　　B. 边际效用递减
　　C. 市场失灵　　　　　　　　　　D. 帕累托最优

3. 当存在负的外部效应时,该物品或服务的个体边际成本(　　)其社会边际成本。
　　A. 大于　　　　　B. 等于　　　　　C. 小于　　　　　D. 没有固定关系

4. 以下不符合纯公共物品特征表述的是(　　)。
　　A. 增加一个消费者就会引起生产成本的增加
　　B. 增加一个消费者不会引起生产成本的增加
　　C. 提供公共物品的边际成本为零
　　D. 公共物品带来的好处不可分割

5. 为了使负外部性内在化,适当的公共政策反应应是(　　)。
　　A. 政府控制引起外部性的物品的生产
　　B. 禁止所有引起负外部性的物品的生产
　　C. 补贴这种物品
　　D. 对这种物品征税

6. 外部性是(　　)。
　　A. 归于市场上买者的利益
　　B. 归于市场上卖者的利益
　　C. 一个人的行为对其他人福利无补偿的影响
　　D. 对企业外部顾问支付的报酬

7. (　　)为政府介入或干预提供了必要性和合理性的依据。
　　A. 经济波动　　　B. 公共产品　　　C. 公平分配　　　D. 市场失灵

8. 亚当·斯密在《国民财富的性质和原因的研究》一书中所说的"看不见的手"指的

是( )。
　　A. 市场　　　　B. 市场行为　　C. 政府　　　　D. 政府行为

9. ( )不是反映的公共产品消费的非排他性。
　　A. 在技术上不可行
　　B. 技术上可行,经济上不合理
　　C. 技术进步使小部分产品的排他性消失
　　D. 供给方面通常由政府垄断

10. 公共物品与私人物品是社会产品中典型的两极,但也有些物品兼备公共物品与私人物品的特征,因而被称为( )。
　　A. 混合物品　　B. 固定资产　　C. 消费品　　　D. 准私人物品

11. 一些人享用公共物品带来的利益而不能排除其他一些人同时从公共物品中获得利益,是为( )。
　　A. 非排他性　　B. 排他性　　　C. 非竞争性　　D. 竞争性

12. 党的十八届三中全会提出,"使市场在资源配置中起( )和更好发挥政府作用。"
　　A. 基础性作用　B. 决定性作用　C. 辅助性作用　D. 指导性作用

13. 公共物品的( )特征意味着可能形成"免费搭车"现象,即免费享用公共物品的利益。
　　A. 非排他性　　B. 排他性　　　C. 非竞争性　　D. 竞争性

(二)多项选择题

1. 属于公共资源的社会产品有( )。
　　A. 海洋渔场　　B. 菜市场　　　C. 公共道路　　D. 公共牧场

2. 下列关于公共需要的表述正确的有( )。
　　A. 公共需要是从需求方面表达的
　　B. 公共需要涵盖范围广
　　C. 社会的公共需要是共同的,但又是历史的、特殊的
　　D. 满足公共需要是政府的职责

3. 市场的资源配置功能不是万能的,市场失灵主要体现在( )。
　　A. 垄断　　　　B. 信息不对称　C. 收入分配不公　D. 经济波动

4. 政府干预失效的原因和表现有( )。
　　A. 政府决策失误
　　B. 政府提供信息不及时甚至失真
　　C. 寻租行为
　　D. 政府职能的"越位"和"缺位"

5. 下列属于准公共物品的有( )。
　　A. 国防　　　　B. 花园　　　　C. 教育　　　　D. 桥梁

6. 政府干预经济的手段包括( )。
　　A. 政府的宏观调控
　　B. 立法和行政手段

C. 组织公共生产和提供公共物品

D. 财政手段

7. 区分或辨别公共物品和私人物品通常应用（　　）两个基本标准。

A. 排他性和非排他性　　　　B. 竞争性和非竞争性

C. 私人性和非私人性　　　　D. 垄断性和非垄断性

8. 公共物品的基本特征包括（　　）。

A. 历史性　　　B. 非排他性　　　C. 非竞争性　　　D. 单一性

（三）判断题

1. 公共需要是相对于私人需要而言的，因而公共需要和私人需要相矛盾。（　　）

2. 公共物品只能由政府来提供和生产。（　　）

3. 由于市场失灵的存在，政府对经济的干预越多越好。（　　）

4. 国防作为公共物品主要体现在它的非竞争性上。（　　）

5. 财政学的核心问题是政府与市场的关系问题。（　　）

6. 公共需要是人人有份的个人需要或个别需要的数学加总。（　　）

（四）名词解释

1. 市场失灵

2. 公共物品

3. 公共需要

4. 非排他性

5. 非竞争性

6. 外部效应

7. 混合物品

8. 帕累托最优

（五）简答题

1. 什么是市场失灵？市场失灵的表现有哪些？

2. 政府干预的渠道和手段有哪些？政府干预失效的表现有哪些？

3. 公共需要的特征有哪些？

（六）论述题

1. 试述2015年1月1日起施行的新修订的《中华人民共和国预算法》的亮点。

2. 谈谈你对现代财政制度的认识。

二、习 题 解 答

（一）单项选择题

1. B　2. D　3. C　4. A　5. D　6. C　7. D　8. A　9. D　10. A
11. A　12. B　13. A

(二) 多项选择题

1．AD 2．ABCD 3．ABCD 4．ABCD 5．BCD 6．ABCD 7．AB 8．BC

(三) 判断题

1．× 2．× 3．× 4．× 5．√ 6．×

(四) 名词解释

略。

(五) 简答题

略。

(六) 论述题

略。

三、案 例 分 析

案例 2-1 财政与国家治理：基于不确定性与风险社会的逻辑

长久以来，学术思想一直被确定性世界观所统治。经典力学思维的确定性世界观主导着自然科学领域，同时也占据着哲学社会科学领域，传统的自然和哲学社会科学无一不接纳经典力学思维的确定性世界观。这种情况正在改变，自然和哲学社会科学都在发生革命性变革，不确定性的世界观逐渐树立。财政学是哲学社会科学的重要组成部分，从不确定性视角进行分析，财政作为国家治理的基础和重要支柱能得到更好的阐释。

(一) 从确定性到不确定性：世界观的嬗变

爱因斯坦曾经说过，一种理论前提越为简练，涉及的内容越为复杂，使用的领域越为广泛，那这种理论就越为伟大（里夫金等，1987）。当今时代，不确定性观念已不再被自然科学的意识所驱逐，而是被广泛接受，且日益成为广泛普适性理论的世界观基础。不确定性虽然脱胎于自然科学研究，但如今已横扫自然与社会科学领域。

1. "黑天鹅"事件是对确定性世界观的颠覆

20 世纪前，由牛顿创立，拉普拉斯等进一步开拓的经典力学被认为是整个自然科学的基础，自然科学的规律最终会归纳到力学定律中几乎成为共识。从认识论上看，经典力学将各种现象描述为一个复杂的钟表结构，拥有对过去和未来的完整、客观的描述。这种世界观对人类的影响是巨大的，人们往往将科学思维与经典力学思维等同起来。

在社会领域，经典力学思维世界观认为社会发展进程是线性、连续性的，它的每个发展阶段有迹可循、一环扣着一环，可以轻易地判断逻辑因果。在确定的规律下，社会的发展、演变、前景是精心编排的戏剧，按既定剧本向前演绎，犹如经典物理运动一般有序、简明，符合我们现有的思维逻辑。但是现实却总是有"剧本"以外的"黑天鹅"事件发生。例如，疯牛病、金融危机、恐怖袭击等突发事件让我们措手不及，自认为早已掌握的社会规律一再被打破，客观的、独立于观察者的和决定论的经典力学思维在科学研究中乃至日常生活中已不再适用。量子力学中不确定性原理，非线性动力学的混沌概念，混沌学科的奇异吸引子等证据，表明世界本质上是不确定性的。

2. 不确定性思想在自然科学研究中的体现

自然科学研究中较早体现不确定性概念是量子力学。1925—1926 年,德国物理学家海森伯和奥地利物理学家薛定谔分别从不同的方向建立了量子力学的基本方程,海森伯提出的不确定性原理成为量子力学的基本定理。对于系统基本观测量坐标 q 与动量 p,算子 $\hat{p}$ 与算子 $\hat{q}$ 满足对易关系,坐标表象中动量算子满足公式:$\hat{p} = -\dfrac{i\hbar \partial}{\partial q}$。

单纯数学形式未免繁琐,罗伯森证明的定理提供了更加直观的理解,该定理表明,如存在两个可观测对象,在系统任意态 $|\varphi\rangle$ 中同时测量,其测量结果方差满足公式:$\overline{(\Delta \hat{A})^2} \, \overline{(\Delta \hat{B})^2} \geqslant \dfrac{1}{4} \overline{\dfrac{1}{i}[A,B]}^2$。

若微观客体的任何一对互为共轭的物理观测量,如坐标和动量,则他们就不能同时测准,这种不确定性的大小用约化普朗克常量 $\hbar$ 来表示。$\hbar$ 的引入导致"量子化"这一新概念的诞生,成为连接经典力学与量子力学的桥梁。如果 $\hbar \to 0$,则表明不存在不确定性,整个理论过渡到经典力学,反之亦然。

不确定性思想体现比较充分的另一个重要领域是复杂性科学。作为 20 世纪后半叶系统科学的新兴学科和前沿领域,复杂性科学揭示了复杂系统中存在的不确定性,其分支学科耗散结构理论和混沌学对不确定性研究尤为深入。耗散结构创立者普里高津认为,以经典物理学根本特征的确定性为基础的自然法则已经走到尽头,新的自然法则将为可能性、不确定性和概率留下空间。在完全确定性与纯粹机遇性之间需要一种"必要的张力",建立起关于从不确定性走向确定性的以概率为基础的新的自然法则(李坚,2006)。混沌学科更是对经典力学决定论观点的根本颠覆,认为"确定性的随机性"思想是真实世界运动体系的反应,为我们更加完全地反映世界的本质提供了一个新的基础。美国气象学家兼数学家洛伦兹于 1963 年发表的经典文献《确定性的非周期流》为混沌学科树立了崭新的标志,也是我们熟知的"蝴蝶效应"的理论来源。洛伦兹将关于大气热对流问题冗杂的偏微分方程组简化为三元常微分方程组,即 Lorenz 方程(Lorenz,2004)。

Lorenz 方程的参数决定系统的行为和运动轨道。当参数不同时,方程组所代表的系统行为变动飘忽不定。在一定参数值下,方程组出现奇怪的输出,输出数据描绘的是一条怪异的连续的光滑曲线——它在三维空间里似乎无序地左右回转,而又并不自我相交,呈现莫比乌斯环状,又像拍动翅膀的蝴蝶(李坚,2006)。这种现象被称为"洛伦兹吸引子"(见图 2-1)。洛伦兹在进行计算机数值计算时,曾经发现了这样一种情况:当把上一次的输出结果作为下一次的输入时,如果输入数据因四舍五入等原因出

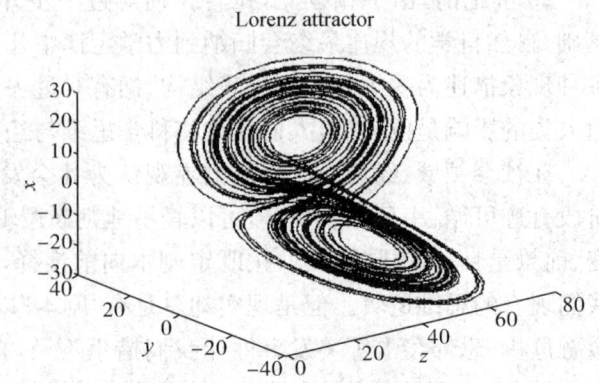

图 2-1 洛伦兹吸引子

现微小的误差,那么,计算机的连续运算将会使最终的输出结果出现迥然不同的巨大差异,这和"近似准确的输入导致近似准确的输出"的经典科学"近似假定"根本对立(Gleick 等,2014),出现了"失之毫厘,差之千里"的结局。

3. 不确定性世界观进入社会科学领域

长久以来,哲学社会科学的世界观与自然科学的世界观是一样的,认为人类社会实践是客观的,人虽然有主观能动性,可以有目的地去影响人类社会实践,但社会发展与自然界一样,是有规律可循的。这一点在经济学领域表现特别突出,经典力学确定性世界观一度支配经济理论的发展,李嘉图之后的绝大多数经济学理论总是有一个确定的前提,而经济分析只有排除不确定性和变动才能进行(汪浩瀚,2002)。直到奈特在1921年出版的《风险、不确定性和利润》中引入不确定性后经济学界才开始正视不确定性,就此开启不确定性在经济学中的理论拓展。奈特就不确定性和风险做出明确的界定,并讨论了人们就不确定性可能产生的反应及处理方式进行讨论,推动了1950年以后对不确定性的经济学研究。凯恩斯则在奈特之后系统研究了不确定性,并认为经济行为是受不确定性和不可决定性支配的。凯恩斯在《就业、利息和货币通论》中对新古典经济理论进行批判时强调指出:"人类行为影响着未来,不管是个人行为、经济行为还是政治行为。但是,人类行为不可能依赖于严格的数学预期,因为这种计算的基础并不存在"(凯恩斯,2015)。过去的半个世纪里,不确定性对经济学影响尤为强烈,不确定性世界观比确定性的假设更加符合经济现实。

过去几十年中自然学科中的不确定性思想一直在向社会科学领域渗透。爱因斯坦提出的随机游走概念直接推动投机市场期权定价模型诞生;马约拉纳发表关于物理和社会科学统计法的基本类比的论文后,大量与经济学相关的论文在物理、数学期刊上发表;混沌学作为一门新兴科学甚至进入了音乐、美术等艺术领域,取得了一些价值很高的应用成果(周金勇,2009)。在这里,不确定性思想不仅是描述微观世界的一种方式,它成为替代人类直觉,能够洞察世界的理论工具。正如埃德加·莫兰所言,"没有思想的变革就没有其他的变革。思想的变革是发生于思想结构本身中的革命"(Morin E,2001)。不确定性世界观不仅可以使许多复杂的自然科学现象得到合理解释,同样也使人们加强对社会问题的认识。

(二) 应对不确定性应有治理思维:风险社会的逻辑

世界是不确定性的,在风险社会之前这一命题还不是很突出,但进入风险社会之后则变得明显。

1. 人类进入风险社会

美国学者丹尼尔·贝尔把人类历史分为三个发展阶段:前工业社会、工业社会和后工业社会。丹尼尔·贝尔对后工业社会的特征进行了描述,但并未从风险社会的角度做思考。德国社会学家乌尔里希·贝克则根据观察和研究,对所生活的时代社会性质进行了全新理解和阐释,提出了风险社会的概念。英国著名学者安东尼·吉登斯从反思现代性的角度进一步发展了贝克的风险社会理论。他认为,"我们今天生活于其中的世界是一个可怕而危险的世界"(郎友兴,2000)。现代社会暴露在风险威胁下,适用"风险环境"的领域不断扩大,危机强度空前加剧。风险在吉登斯的理论中被区分为"外部风险"和"被制造出来的风险","外部风险"是"来自外部的、因为传统的或者自然的不变性和固定性所带来的风险",如干旱、洪涝等,这类风险可以按照时间序列为依据做出估计和预防。后者是"被制造出来的风险",是

"由于我们不断发展的知识对这个世界的影响所产生的风险,是我们没有多少历史经验的情况下所产生的风险"(刘军和蔡春,2007)。该风险往往是人的行为经时空演化对自然甚至环境的失控影响而导致的。因此某种意义上说,在开拓更多新的活动领域的同时,我们在不断创造出新类型的风险:极端的干旱与人类过度抽取地下水,频繁使用人工降雨;土地的沙化与砍伐森林、过度放牧;超级病毒的传播与抗生素的滥用;人民的贫困与国家政权的腐败。自然的野兽关进了笼子,人自身却创造了"恶魔"。

工业社会追求齿轮与齿轮间的严丝合缝,人们各司其职占据相应的社会地位。从一个主导工业延伸到上下游相关领域,主导工业发展吸引工人再到各种生产生活设施不断完善,进而吸引更多的服务辅助人员,整个社会的一切都是为工业生产服务,包括人。在风险社会面前,传统工业发展规律不再适用,社会不再是线性、渐进式的发展,而是非线性、突变式的发展。作为一个广义的有机体,风险社会是以非线性方式运动变化和发展的,它的运动方式相比水的无机相变远要复杂,在一定程度上往往超乎人类想象。非线性相互作用的存在,社会系统有可能随某一参数的改变而由一个失去平衡的状态分支出若干个新的平衡状态。

2. 风险社会的不确定性

风险社会的不确定性体现为:首先,社会系统内生的不确定性占据主导。在风险社会,人成为社会的中心所在,不再像工业时代那样为了社会生产而服务,而是为了人自己而服务。同时,风险不再全部是受自然影响的、外源的,社会发展进程中滋生的风险已远远超过自然带来的威胁。如何应对社会系统的不确定性是风险社会的主题。其次,局部风险可能迅速蔓延为整体风险。在风险社会中,人与人之间的联系更加紧密,不可分割。风险因社会群体的高度关联性而升级,局部风险演化为全局风险的速度和威胁程度在上升。社会越来越发达,个体做出某些举动,都会在一瞬间影响和传递到世界每一个角落。信息化与网络化将每个人距离无限拉近,个体的行为产生层层波澜向社会各面传开,这些因果链中的一部分将反馈到他人身上,最终波及自身,你中有我,我中有你,局部的风险足够导致系统性瘫痪。

3. 风险社会的风险源于治理结构的脆弱性

从风险社会角度来看,风险是"经济、社会的稳定与发展受到损害的一种可能性"(刘尚希,2003),它与危机发生的可能性相关,是不确定的事件。防范风险即防止不确定的事件转化为确定的负面结果。

社会治理结构是为社会生产与生存服务,当制度无法满足生产力与生产关系的良性互动与足够的张力时,就具有产生风险的可能。风险社会治理结构的脆弱性使得风险不可避免,甚至孕育更为复杂和更加严重的制度性风险。从社会治理结构与风险的关系的角度,我们认为风险社会的不确定性是社会治理结构内生的不确定性。

风险社会治理结构的脆弱性体现为社会治理结构与不确定性存在不匹配关系:一是社会系统的管理与制度不足,无法提供足够的力量来应对本应可以解决的风险;二是社会机构因被迫吸收和承担不断增加的风险,变得臃肿低效,产生新的风险;三是复杂的社会制度削弱了集体行为应对风险的努力,这意味着现代化风险的来源不再是无知而是已知,不再是因为对自然缺乏控制而是控制太完善了。就如2013年诺贝尔经济学奖得主彼得·汉森所说的那样,"设计的规则越是复杂而难以理解,它越可能会成为新的不确定性的来源。这对我们的经济可能造成新的伤害"(王宇,2016)。

4. 治理的作用在于向风险社会注入确定性

近几十年来,人类社会所面临的不确定性和突发的风险都在加剧,正如德国社会学家乌尔里希·贝克所提出的"风险社会",如何治理风险成了社会永恒的话题。在风险社会,科技水平提升给予人类面对风险更多的处置能力与容忍程度。但当社会形态快速演进,社会治理结构仍在艰难转身,不仅无法实现以往的风险治理效果,制度本身产生了更具威胁的制度风险。这些风险不断吞噬人类文明的努力成果,已掌握的力量落后于不断膨胀的风险。

风险是社会系统因突发行为而产生的变动。它的形成、酝酿、爆发同时由社会的不确定性程度所决定。不确定性是风险社会的本质所在,就如量子力学的根基是建立在不确定性上一样,社会是非线性、非因果决定论的,这决定了我们不可能预料到社会所有的突发因素。取暖器不当使用可能导致火灾,也可能导致人烧伤;反过来说,导致火灾的原因可能是取暖器不当使用,也可能是乱扔烟头。不同的突发因素可能带来的风险并非一一对应,不能一概而论,这一特点使得风险与突发因素的情况变得复杂。在此情况下,扑灭取暖器上的火源是有必要的,但以更宽的时间跨度来看,难以保证每次都能及时且有效地扑灭火源,唯一能够长久的措施是通过强化和创新制度实行动态的"不变应万变",即通过制度创新注入确定性。在一个复杂、不确定的环境中,防止系统性风险的唯一的安全方式是对整个社会系统的结构治理,而不是在单个时间点采取行动。就如在避免沙堆崩塌的风险时,对每粒沙的尺寸和形状设置限制没有意义,而采取措施重塑沙堆本身的结构,才有可能在一定程度上为沙堆注入确定性。社会应对风险确实要面对诸多突发因素的挑战,也要正确及时地处理各种风险,这仅仅是"治标"。但唯有强化治理结构,不断注入确定性,才能有效避免突发因素形成风险,在一定范围保持稳定。

5. 应对不确定性应持续推动治理制度创新

社会治理结构为集体行动不断创造着可能性,通过集体努力向社会注入确定性,对冲不确定性,化解风险。随着外部环境变迁,社会机构和制度日益庞大与复杂,运用制度对抗自然的副作用开始显现,社会成员的集体努力被制度本身剥夺。社会系统因接连迸发的危机而无序滋长,应对危机的能力愈发地下降,以致威胁到部分或整个社会的正常运转。复杂升级的体系应对风险的反应能力和效率降低,维护体系吞噬了巨大的集体努力,系统内部利益冲突激化到无法腾出足够的精力应付风险。古代埃及、美索不达米亚、罗马以及远东各河流哺育下成长起来的文明皆是这种发展历程的牺牲品(里夫金等,1987)。

随工业社会以来的科技进步,急速提升的集体力量为整个社会系统注入新的确定性,在某种程度上掩盖了社会治理体系劣化带来的风险。我们沉溺在以往治理的手段已足够应付未来一切风险的乐观中。然而,这种乐观的看法正在被打破,风险社会的不确定性高涨盖过确定性的集体努力,让世人见证了诸如金融危机、超级病毒、政权腐败等社会风险的威力。历史学家认为在社会文明发展的不同阶段,会出现一个普通化的过程。人们会借助制度与治理手段相互协调,共同应对各种突发风险。直到现有社会治理体系无法再平息错综复杂的危机,这个社会就开始走上分崩离析的道路。迈入新阶段的社会,唯有不断适应、更新治理思维与手段,才能应对每一次所面临的新危机。

(三)财政发挥国家治理的基础作用:注入确定性

不确定性是风险社会的本质所在,即国家治理所面临的问题本身是不确定的。风险社会中风险的复杂程度与影响范围决定其必须从国家层面来解决,国家治理的本质是公共风险治理。国家治理的逻辑是"改善社会治理结构——注入确定性——治理公共风险"。在这一过程中,财政本身特点决定它位于经济、政治制度发挥作用、自我更替的中枢。从这个角度看,国家治理的本质得到揭示,财政作为国家治理的基础和重要支柱的地位也不言而喻。

1. 风险社会背景下的国家治理本质是公共风险治理

党的十八届三中全会将国家治理作为总目标提出,却未作出明确的解释,特别是国家治理的本质,学术界就此问题进行了不同角度的研究。俞可平认为,国家治理体系是一个制度体系,国家治理体系的三大要素,即治理主体、治理机制和治理效果。现代国家治理体系是一个有机、协调、动态和整体的制度运行系统(俞可平,2014)。王浦劬主张,国家治理的基本含义就是在中国特色社会主义道路的既定方向上,在中国特色社会主义理论的话语语境和话语系统中,在中国特色社会主义制度的完善和发展的改革意义上,中国共产党领导人民科学、民主、依法和有效地治国理政(王浦劬,2014)。徐湘林从政治系统论的角度研究国家治理,强调国家治理的价值目标是国家的基本秩序和稳定,发展国民经济和提供公共服务(徐湘林,2014)。包刚升则认为,国家治理体系的核心同样是设计一组激励相容的合约,来确保政治家和官员要基于公民共同体的利益行事(包刚升,2014)。

以上从宏观、微观层面对国家治理给出不同的看法。不同观点之间遵循理论基础不同,分析方式也各有差异,最终得出的国家治理目的殊途同归。无论是"引导、组织、协调的活动""维护政治秩序……提供公共服务"还是"实现社会管理规则和政策的良善性"都显露出对秩序的追求,而追求秩序是追求确定性的理性化表达。

在风险社会,任何一个社会领域都有引发公共风险的可能,各种风险交织、联系,涉及的层面与影响程度大大超过传统意义上的灾难。而这一风险往往是个人无法应对的,人与人相互关联,无人能置身事外。因此,运用集体的力量,在国家的层面统筹治理,通过优化和完善国家治理结构,不断注入确定性,防范和化解公共风险,实现国家进步和长治久安以及人民和谐幸福,这是国家治理的本质所在。

2. 国家治理的路径:认知不确定性和注入确定性

国家治理面临复杂多变的社会环境,实现善治与良治离不开对国家治理本质上的把握。国家治理的本质是公共风险治理,而治理风险通过注入确定性实现,为社会注入确定性等同于治理风险。完善国家治理结构为社会注入确定性,从而降低社会的不确定性,实现治理公共风险的目标。

从这个角度来看,国家治理的路径应为:认知不确定性——注入确定性——再次认知不确定性。国家治理的起点应是认知不确定性。认知不确定性不可能消除不确定性,但可以增进不确定性的认知,可能减小不确定性,重点在于解释而非预测。

国家治理的核心是通过注入确定性以实现社会制度体制改善。这个过程有四个关键的阶段:认知改变——政策制定者在微观和宏观层面的变化观念,通过认知不确定性来达到,创造了一个有利于改变的环境;政策结合——对不确定性认知与社会状态的理性化表达,分析不同领域的不确定性,并准备向实际政策措施推进;制度变迁——实施政策措施改善社会制度,改善不确定性;社会变化——制度变革逐渐从程序变革阶段转向实质性变革阶段,带来实质性的社会变化,如图 2-2 所示。以上四个阶段实现了从观察、探索到实践的结合,由社会机制体制的改变推动社会变化,从而达到注入确定性的效果。

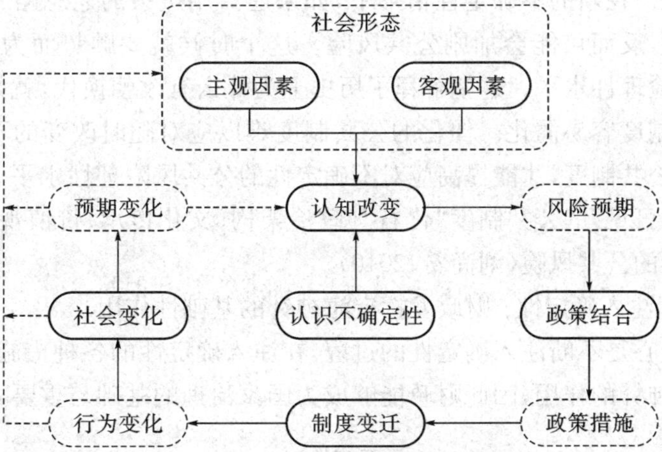

图 2-2 注入确定性

国家治理注入确定性的关键是再次认知不确定性,认知不确定性——注入确定性不是一个线性过程,而是一个循环过程,不断受到主观和客观的反馈和适应。这一进程受到宏观和个人两个层面因素的重要干预作用的影响。这些因素包括风险预期、政策措施,以及行为变化和预期变化等。认知不确定性是在"原有"社会形态基础上的认知,制度变迁会导致社会形态在循环过程中的改变,这种变化会在人的行为抉择、资源分配、心理预期方面发挥强大的作用。这些因素作用于社会形态的主观与客观因素,使社会走向新的状态,也为社会带来了新的不确定性,这意味着新风险的可能。新的不确定性需要再一次进行研究,通过认知不确定性步入新一轮的循环。这需要突出认知不确定性的核心作用,突破原有路径依赖,驱动循环过程持续为社会治理结构优化带来新的需求。

3. 国家治理注入确定性的前提:提高公共风险理性水平

不确定性以及由此引发的公共风险既是人类社会发展的天敌,又是人类社会发展的原动力。人类社会在与不确定性和公共风险竞赛过程中,自身应对和防御不确定性和公共风险的风险理性水平也在不断提高,表现为知识的进步、技术提升、公共制度的改进以及公共创新能力和公共风险意识的提高,这些都是注入确定性的过程,如图 2-3 所示。

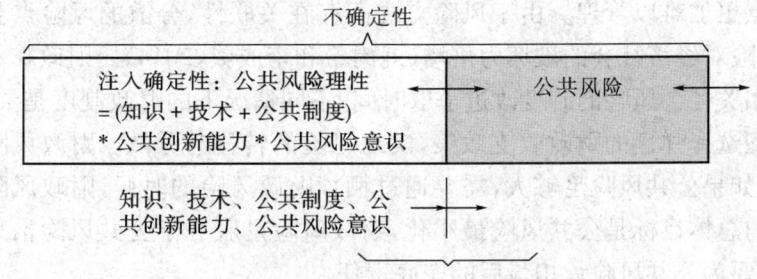

图 2-3 提高公共风险理性可以注入确定性

当不确定性发生改变时,公共风险理性也要发生变化,原来的应对不确定性的公共制度不能适应新的情况。在新的不确定性情形下,如果还沿用过去的老思路、老制度应对,不但不能防范公共风险,反而可能会加剧公共风险。这个时候就要顺势而为,进行公共制度创新,以提高公共风险理性水平。这就解释了历史上为什么有改朝换代,就是因为一个朝代统治时间长了,公共制度容易僵化。僵化的公共制度难以应对随时改变的不确定性。只有善于学习,不断创新公共制度,才能提高应对不确定性的公共风险理性水平。从历史的角度来观察,我们只能从"可见"的公共制度"化石"(政治架构、文化传承、价值观念等)来了解当时曾经发生了什么样的公共风险(刘尚希,2010)。

4. 为国家治理注入确定性:财政发挥定海神针的基础性作用

国家治理的核心是不断注入确定性的过程,在注入确定性的各种措施中,区别于其他措施,财政具有定海神针的作用,因此财政能够成为国家治理的基础与重要支柱(见图2-4)。

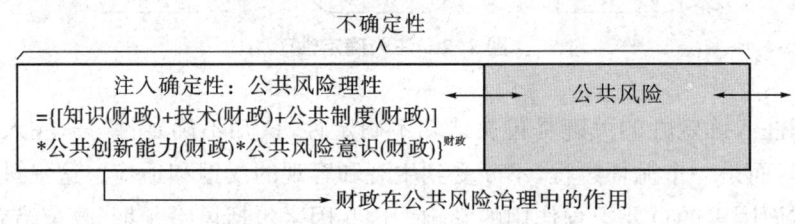

图 2-4　财政在提高公共风险理性中的作用

第一,财政为提升公共风险理性水平提供基础。知识、技术、公共制度、公共创新能力和公共风险意识等公共风险理性每个要素都有相应成本,这些成本都需要财政承担。应对公共风险,需要对公共风险进行研究,加强对公共风险的预警,这有赖于知识水平的提高,而这必须付出成本。为了抵御各种公共风险,人们需要创造和改进各类技术,这些都要付出成本。所有的公共制度,不管是显形制度,还是隐形制度,其形成和运行都是有成本的,这些成本都需要财政来支撑(刘尚希,2004)。而国家本身作为最大的一项制度,以财政为经济基础,须臾不能离开财政的支撑。公共风险导致了制度结构的产生,那么,这种制度成本亦可看作是防范公共风险的代价(刘尚希,2010)。

第二,财政是公共风险的"蓄水池"。现代财政制度发展出的信用制度、投融资制度等,为既定的制度框架内的社会风险找到暂时的安置点。从风险管理的角度看,分散的风险点比单一的风险点更加难以管理。由于风险点之间存在关联性,分散的风险点会产生系统性风险,使公共风险对经济社会的破坏力倍增(刘尚希和李成威,2014)。财政作为"蓄水池"的意义是为应对相关社会风险的制度改进争取时间,不同情况下的财政制度是灵活的,能迅速地依据风险类型选择弹性的财政收支政策,实现风险的转移与分散。财政风险虽然也有自身的限度,但是如果公共风险足够大,需要通过牺牲财政风险的时候,财政风险也必须做出让步。全社会的总体目标是公共风险最小化,财政风险是服务于公共风险治理的。这也就说明,财政风险要为公共风险承担最后的兜底责任。

第三,财政是国家治理变革的"发动机"。历史已经证明,影响统治政府盛衰更替的往往是改革引起的,每一次财政改革都是由社会风险爆发引发,成功的财政改革能够很大程度上化解社会风险,给国家带来长治久安。历史上的财政变革,所要直接解决的问题是当时的政府财政危机,但财政危机背后是经济、政治制度无法与当时社会相匹配,而非单纯的财政问题。因此财政改革应是社会制度变迁的起点,逐渐向其他引发财政问题的根源领域延伸,与社会其他方面的改革配合,实现整体改善。

第四,财政是调动各方面力量共同化解公共风险的总中枢。化解公共风险,仅靠政府或某一方面的力量是不够的,必须发挥多元主体的积极性,这也是我们讨论"治理"常有的题中之义。财政在调节各种关系中发挥着基础性作用。财政调节的关系包括政府与市场的关系、政府与社会的关系以及政府部门和政府层级之间的关系。财政通过预算、税收和财政政策,可以调节政府与市场以及政府与社会的关系;通过财政体制,可以调节政府部门和政府层级之间的关系。财政通过这些关系的调节,可以将各种力量的作用发挥最大,从而形成应对不确定性和公共风险的治理结构。

(四) 结论和建议:善于用风险治理思维考虑财政问题

基于上述分析,发挥财政在国家治理中的作用,应从不确定性和风险社会的逻辑出发,制定财政政策需要首先充分认知政策环境不确定性,关注社会环境变化,不断认知社会不确定性变化情况,做到财政政策与社会变化的互动以及反馈,如图 2-5 所示。

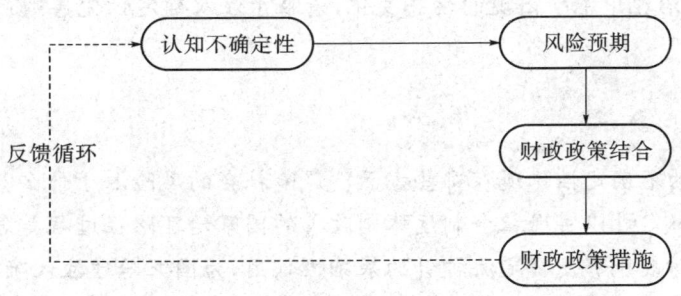

图 2-5 治理角度的财政政策逻辑

第一,对未来不确定性作预期评价,提高风险理性水平。风险预期使人们对复杂的政策环境进行深反省,从而使可能的变化及不确定性程度认识更加清晰,其作用在于能够对未来有一个宽泛的评价,而不是猜测(或预测)下一个阶段的困境是什么。从这种意义上讲,风险预期能够给决策提前思考的意识,为应对突发事件做好准备。

第二,密切关注国家治理中不断出现的动态变化。许多线性的(或渐进性的)变化在短期内可以预期,但长期而言这种变化或有很大的差别。这些变化是相互影响循环的,变量之间的因果关系有可能颠倒反应甚至被终止。财政政策在某个时间点上理解现有的社会状态,依据手中尽可能多的现时信息,预期未来的社会状态"坍缩"状态,制定应对措施。决策时间点上做出的判断可能无需怀疑合理性与恰当性。但随时间推移,面对复杂且时刻处于动态变化的风险社会,决策者需要思考每个阶段的财政政策是否仍能实现政策目标,政策目标恰当与否。

第三,着眼于注入确定性完善财政制度和实施财政政策。这需要一定的灵活性与适应性,每一步制订计划的过程需要创造性,不能拘泥于严谨的、缺乏灵活性的组织过程。在过程中需要主动认知、探索冲突与张力,对变化进行实际规划不可能减少所有的不确定性。社会的不断发展都会伴随着大量的张力,决策者的首要认识就是在重重不确定的前景中寻找一条前进的道路,实施举措从而使整个社会对冲不确定性,增进确定性。

参考资料来源：刘尚希,李成威,杨德威:《财政与国家治理：基于不确定性与风险社会的逻辑》,《财政研究》2018年第1期,第10-19+52页。

▶ 案例点评

本案例以不确定性世界观为基础,从风险社会的逻辑视角出发,对财政与国家治理的关系进行分析。我们观察到,不确定性思维已经深入到各个领域,颠覆了确定性的世界观。与此同时,人类也迈入了风险社会。以治理思维通过注入确定性来应对不确定性,是风险社会的基本逻辑,也是风险社会人类生存和发展的根本出路。国家治理的本质是公共风险的治理,是通过注入确定性化解国家发展中的不确定性和公共风险,从而实现国家进步、人民和谐。提高公共理性水平是注入确定性的前提,而财政则是提高公共理性水平的基础,同时财政还发挥着公共风险"蓄水池"、国家治理变革的"发动机"、协调各方关系的总中枢等作用,因而成为国家治理的基础与重要支柱。基于此,我们必须善于用风险治理思维考虑财政问题,发挥财政在国家治理中的定海神针作用：对未来不确定性作预期评价,提高风险理性水平；密切关注国家治理中不断出现的动态变化；着眼于注入确定性完善财政制度和实施财政政策。

▶ 讨论题

1. 风险社会的不确定性体现在哪些方面？风险社会的风险源于什么？
2. 通过注入确定性以实现社会制度体制改善的国家治理路径过程是怎样的？
3. 为什么说财政能够发挥定海神针的基础性作用,为国家治理注入确定性？
4. 如何用风险治理思维考虑财政问题？

案例2-2 新市场财政学：旨在增强财政学解释力的新范式

（一）引言

"新市场财政学"不是作为一个新概念,而是作为一个新的财政理论框架、新的财政学分析与研究范式提出来的。2016年8月,笔者与中央财经大学财政发展协同创新中心姚东旻博士尝试用新市场财政学的范式就互联网搜索服务的市场供给方式与性质问题进行了探索,意在以对现实财政问题的研究为切入点验证"新市场财政学"范式的解释力与预测力,该文发表后在学术界引起了热烈反响,《新华文摘》2017年第一期和中国人民大学报刊复印资料均全文转载了这篇论文。这是"新市场财政学"首次正式公开发表的论文。2016年11月12日,中央财经大学中国公共财政与政策研究院和中国财政发展协同创新中心联合举办了"新市场财政学理论创新学术研讨会暨新市场财政学研究所成立大会",在这次会议上,笔者正式向来自包括中国社会科学院财经战略研究院、财政部中国财政科学研究院以及北京大学、中国人民大学、美国佐治亚州立大学等国内外高校、科研院所、学术期刊编辑部的学术界同仁介绍了"新市场财政学"理论框架的构想,这可以认为是新市场财政学理论框架建设的宣言或者开工仪式。

探索新市场财政学范式的主要目的是针对目前主流财政学所存在的一系列致命问题提出解决之道。我国当代的主流财政学理论实质上就是英美财政学理论,即盎格鲁-撒克逊学派的财政学理论,而不是本土产生的财政理论——诚然,这并不是当代"主流"财政学理论的问题所在,因为财政学作为一门研究政府以及公共部门财政活动的科学是不应当有国界的,学术界也不应当以极端的民族主义视角观察和研究财政理论与财政实践。不过,当代主流财政学的"出身"确实也决定了该学派必然存在"先天"不足和"后天"缺陷:从盎格鲁-撒克逊学派开始,西方主流财政学界抛弃了财政学自身的基本范式进而采用经济学范式研究财政问题,把财政学变成了财政经济学(更有甚者,部分当代主流学派财政学者还要把财政学变成公共部门经济学和公共经济学),把市场失灵作为财政活动的起点,进而把市场失灵理论作为财政学的理论基础;这些先天的不足导致了当代主流财政学对现实和历史财政现象解释乏力,对未来财政活动预测无术。一门科学如果不具备对其研究对象的起码解释力的话,这门科学就不能被称为"科学",也就不可能对其研究对象的未来走向提出准确合理的预测。

作为一种新的财政理论范式,新市场财政学并不是要彻底推翻现有的财政理论,不是要"重打鼓另开张",而是力图在继承和借鉴包括主流学派财政理论在内的古今中外财政学的理论研究成果和各个学派财政理论合理内核的基础上,构建具有强大解释能力和预测能力的财政基础理论——这个财政基础理论必然要在紧密联系中国财政实践和其他国家财政实践的前提下构建,必然要充分考虑中国文化和中国思维方式对理论框架建设的影响,从这个意义上看,也可以把新市场财政学视为财政学的"中国学派"。但是新市场财政学的这些"中国元素"并不会妨碍其实现建立具有"普世意义"财政科学理论的目标。在新市场财政学理论体系的构建过程中,继承、借鉴与中国元素都不可偏废——本文正是基于这样的原则阐述构建新市场财政学的基本思路,求教于学术界同仁。

(二)从"国家"暴力论到"市场失灵"理论,再到新市场模型——新市场财政学范式的探索轨迹

批判的目的是借鉴乃至继承。笔者研究新市场财政学理论的直接起因之一是对市场失灵理论的反思。

自从20世纪80年代初期实施改革开放到20世纪90年代中期,我国的主流财政学就是"国家分配论"学派的财政理论。国家分配论学派的财政理论从国家作为财政本源和国家的暴力性质出发阐述财政学的基本原理,其中虽然贯穿了马克思的社会总产品分配理论和社会再生产理论,但是由于该理论对市场经济关注不够,甚至整个研究范式都是脱胎于计划经济体制,因而无法适应自20世纪90年代中期以来我国推行的市场经济体制,难以解释市场经济制度下的财政行为规律,从而被来自西方国家的财政理论,特别是以盎格鲁-撒克逊学派为主导的财政理论所取代——这个学派的财政理论很快就成为我国的主流财政学派,并且被冠以"公共财政学"的名称以示其与国家分配论学派财政理论的区别。在这个财政理论范式大转换的过程中,当时的许多财政学术界同仁发表了大量的学术论文,试图改造以国家分配论为主导的主流财政学,笔者也曾经力图在计划经济向市场经济的转换过程中,依照市场经济的运行规律和要求探索重新确定财政职能范围的理论依据,进而实现财政学研究范式的更新,但是,我国学术界的这些努力都失败了,来自西方国家盎格鲁-撒克逊学派的

"公共财政学"理论最终还是取代了"国家分配论"学派的财政理论,变成了我国"主流"财政学理论。

与"国家分配论"学派财政理论的分析范式不同,盎格鲁-撒克逊学派财政学分析范式首先是以"市场失灵"为起点分析政府及其财政存在的必要性,市场失灵理论实际上构成了盎格鲁-撒克逊学派财政学的重要理论基础。盎格鲁-撒克逊学派财政理论的这个分析范式与"国家分配论"学派财政理论分析范式之间的根本性区别是:后者强调财政的分配属性,强调"国家"作为阶级社会暴力工具的分配主体作用,而前者强调的则是市场失灵导致政府及其财政对市场的干预。对于正在从计划经济向市场经济过渡的我国政府以及财政学术界来说,盎格鲁-撒克逊学派财政学的分析范式显然更具有说服力,特别是马斯格雷夫提出的政府财政三个职能的理论所具有的针对性、实用性特征更是迎合了刚刚走出计划经济体制、需要重新定位政府在市场经济体制下财政职能的需要。因此,"公共财政学"在短时间内就流行于国内学术界和政府部门,并且很快就取代了国家分配论学派的财政理论而成为主流财政理论。但市场失灵理论本身就是一个悖论,它存在着许多缺陷和问题,与此同时,市场失灵也并非政府干预的充分必要条件,将财政学构建在市场失灵理论的基础上,在逻辑上既不充分也无必要。尤其是市场失灵理论认为公共部门与私人部门是一个二元对立的关系,进而把私人部门与市场等同起来,把政府与市场对立起来,这种理论与实践严重背离、逻辑与历史严重错位的理论基础损害了财政学对现实财政活动规律与问题的解释力及其对未来的预测力。

如果依据财政学研究对象分类甄别,当代主流财政学实际上属于以研究市场经济条件下政府财政活动规律为主要对象的"狭义"财政学,即属于"市场财政学"。作为这种市场财政学的理论基础——市场失灵理论的"失灵"以及其对公共部门、私人部门和市场之间关系认识的偏差,让我们重新回归到对财政学的有关公共部门、私人部门、市场关系的探讨——"新市场财政学"就是在这个探索过程中产生的。新市场财政学"新"在:在对市场失灵理论的批判和解剖的基础上,借鉴欧洲大陆学派财政理论的合理内核,重新定位公共部门、私人部门和市场之间的关系,探寻重构与完善财政理论的新的分析与研究范式。毫无疑问,"新市场财政学"也属于以研究市场经济条件下政府财政活动规律为主要对象的"狭义"财政学。为了便于读者区分这两种财政理论范式,在"财政学"的前面加上了限定词"新市场"。

"新市场模型"是新市场财政学的重要理论基础。新市场财政学通过"新市场模型"重新树立了市场"平台观"和"参与型"的政府观,将以公共价值最大化为组织目标的公共部门和以私人价值最大化为组织目标的私人部门都视为市场平台的参与者,并归纳了公共部门和私人部门满足社会共同需要和私人个别需要的多种广义的市场交互关系。在放弃了"市场失灵理论"的前提下,新市场财政学一方面为财政学的基础理论建设开辟了全新的研究视角;另一方面新市场财政学从国家治理需求的角度出发,为政府以及经济社会其他有关需求者研究与探索财政问题提供了更具解释力和预测力的理论方法与工具。

(三)新市场财政学的核心概念体系概述

财政学的核心概念体系构成了财政学的基本架构和解释元素,是财政学能否,以及在多大程度上具有解释力和预测力的决定性因素。

国家分配论学派财政理论的核心概念体系是以国家作为暴力工具所具有的强制力作为核心概念,由此展开了核心概念体系的建设——这样的核心概念体系决定了国家分配论学派的财政理论对市场经济条件下的财政活动难以形成强大的解释能力,因为这样的概念体系不能客观反映市场经济条件下的财政现象与特征;盎格鲁-撒克逊学派财政理论以市场失灵为核心建立的概念体系,首先在起点上就产生了逻辑和历史的错位,由此构成的核心概念体系必然会出现对现实和历史财政现象解释乏力、对未来预测乏术的问题。由此可见,核心概念及其核心概念体系作为财政学的基本架构和基本的解释元素对于财政学的解释力和预测力的形成具有基础性和决定性的作用。新市场财政学则将"社会共同需要"作为财政理论的核心概念,作为贯穿整个财政理论体系的中枢环节,并且认为只有围绕"社会共同需要"这个核心概念展开,财政学才能够形成一系列具有科学解释力的核心概念体系。这是因为"社会共同需要"作为财政理论体系的核心概念首先回答了财政的来源问题,即从历史和逻辑的角度回答了财政是人类社会为了满足一定范围的"社会共同需要"而由社会集中性地支配一部分社会资源(在当代社会表现为"财政")的现象,社会共同需要是导致财政活动产生的根本原因,明确了"财政"是用于满足社会共同需要的经济手段,而不是用来满足私人的个别需要的经济手段。所以,"社会共同需要"作为财政学的核心概念,既回答了财政"范畴"和财政"活动"本身的来源问题,也回答了财政活动的目标问题,进而为科学地解决"财政本源"问题和财政学科的属性问题开辟了客观可行的路径,为增强财政科学对客观世界的解释力和预测力奠定了基础。

以社会共同需要为核心概念,新市场财政学理论框架的核心概念体系的构建遵循了"理论体系型核心概念与概念体系"的构建模式,目的在于从新的研究视角出发,探索新的研究方法、新的财政学研究范式,进而重建财政学的解释能力和预测能力。新市场财政学的核心概念体系如图2-6所示。

在图2-6中,以社会共同需要为核心概念,即位于图的中心位置的概念,形成了新市场财政学的核心概念体系。这个核心概念体系既解释了财政范畴的本源,又解释了市场的本质——一种在不确定环境下进行有规则的竞争以满足人的需要的过程。市场的本质就是通过资源的配置与交换满足人的需要的,这里的"需要"包括人的"个体"的个别需要,也包括人的"群体"的社会共同需要——这实质上也是财政的本源在市场经济条件下的具体实现形式。以市场的本质问题为起点,财政科学必须回答一系列的问题:市场满足人的需要的基本方式是什么?谁来满足人的需要?通过什么方式来满足人的需要?如何确定人们的需要的类型?满足社会共同需要财政活动和满足社会个别需要的经济活动各自在市场上的表现形式如何,相互关系如何?等等。财政学的核心概念应当能够对这些问题做出基本的解释。

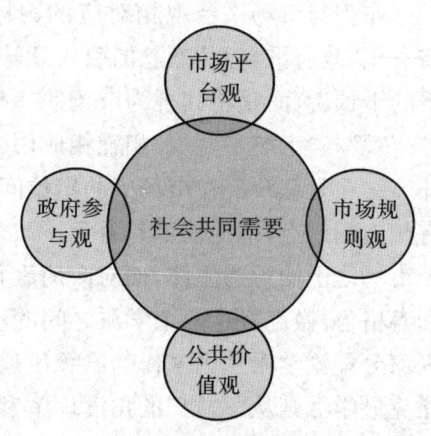

图2-6 新市场财政学的核心概念体系

1. 关于市场平台观

新市场财政学首先从物理学的角度出发,将市场视为一个"平台",进而将市场上的一切行为主体(包括政府以及以政府为代表的公共部门)都视为"市场地位"相同的客体,这样的

"市场平台观"符合我国以及其他国家市场经济的客观实际,在逻辑上是合理的,在实践上也是可行的。自20世纪70年代中期以来,西方国家在政府与公共管理领域大规模引入"市场化"的公共物品与公共服务供给模式,进而引发了旷日持久的"新公共管理运动(NPM)"。新公共管理运动的过程和结果均表明,政府及其所代表的公共部门在市场这个平台上与企业、自然人等私人部门行为主体都是遵循相同的市场规则,按照市场通行的方式实现各自的目标,进而在实践上证明了它们实际上是地位"平等"的市场行为主体。我国目前正在兴起的PPP(即公私伙伴关系)"运动"实际上也是一种政府与私人部门在市场这个平台上为了实现各自的目标所进行的"同台竞技"。对于上述的新公共管理运动和PPP运动中政府及其公共部门所扮演的角色,用盎格鲁-撒克逊学派的财政理论是无法解释的——这也是盎格鲁-撒克逊学派财政理论对现实和历史财政现象缺乏解释力的典型表现。"市场平台观"作为新市场财政学核心概念体系中的基础性概念环节,对上述财政现象给予了直观合理的描述,因而构成了新市场财政学强大解释力的重要因子——笔者在2016年与姚东旻博士在《管理世界》第8期联署发表的论文《互联网搜索服务的性质与其市场供给方式初探——基于新市场财政学的分析》中就是运用新市场财政学的范式对政府与私人部门在市场上的合作伙伴关系所进行的一个尝试性质的分析,笔者自以为这个尝试还是成功的。公共部门和私人部门作为市场行为主体,以平等的身份在这个市场平台上活动并创造价值——这样的市场平台观的更深层次含义是:市场同时也是由相关制度构成的有机体,政府和以政府为代表的公共部门以及企业和以企业为代表的私人部门都是这个有机体的组成部分,两者遵循共同的法律与制度,服务于各自的组织目标。

2. 政府参与观

作为与市场平台观相对应的、具有逻辑上承上启下功能的另一个基础性核心概念环节——"政府平台观"概念的引入意味着财政学不再将政府视为站在市场对立面的、居高临下的干预者,而是将其视为市场的参与者,视为市场平台上的有机构成部分之一,因而"政府参与观"与"市场平台观"相辅相成,共同构成了新市场财政学核心概念体系中的基础性概念环节。在处理政府在市场中的定位问题上,盎格鲁-撒克逊学派与我国的国家分配论学派具有相似的观点,即他们都只看到了政府具有"强权"的一面,把政府视为市场之外、甚至凌驾于市场之上的行为主体,而对政府在市场中作为行为客体的特征却视而不见。国家分配论和盎格鲁-撒克逊这两个学派之间的不同点只在于各自对政府具有的"强权"理解程度不同:国家分配论学派从国家作为阶级压迫的暴力工具角度解读和理解政府的"强权",而盎格鲁-撒克逊学派则从"公权"的角度理解和理解政府的"强权";但是两个学派都是将政府视为市场的对立面,视为市场之外的、对市场具有强制力的"强权"机构,并且基于各个学派所给出的不同理由对市场进行干预。不言而喻,两个学派如此定位政府与市场的关系是无法解释新公共管理运动中政府财政的行为规律,也无法解释PPP运动中政府财政的运行模式的。而新市场财政学的政府参与观则基于市场平台观的内涵,将政府放在与其他市场行为者在市场中处于同等地位的参与者的位置上,进而为以企业为代表的私人部门作为市场行为主体的一部分与政府合作提供了重要的理论依据。

3. 市场规则观

在财政理论与实践中,长期困扰各个国家政府领导人和学术界的重要问题之一是政府与市场的关系问题,即如何划分政府和市场之间的界线问题。新市场财政学的市场平台观与政府参与观在理论上已经证明了这个问题实际上是"伪命题",是人为的主观臆断,但是这似乎并没有解除人们的疑虑,这些疑虑主要集中在对政府在市场中的"身份"的识别上,即当政府作为市场平台上的行为主体之一时如何避免出现政府集"运动员与裁判员"于一身的问题。"市场规则观"则回答了这个问题。我国和世界上其他国家的经济与社会发展实践证明,任何市场规则的确立首先都是由市场行为者基于各自在市场中的利益与竞争对手和生意伙伴相互博弈、相互妥协的结果。政府作为市场行为主体之一,同样也要基于自身的利益诉求(理论上,政府的利益应当属于公共利益的性质,以满足社会共同需要为目标)与市场上的其他合作伙伴和竞争对手相互博弈,相互妥协,共同建立市场行为规则;一旦需要订立在一定范围内具有"普世"意义的规则,就需要上升到立法机构层面,由立法机构订立法律层面的规则。市场规则观认为,立法机构是市场规则的最高层次制定者,但不是市场规则的唯一制定者,而是将所有市场活动参与者都视为立规者,同时这些市场活动参与者也会基于各自的目标与利益诉求而成为规则的扭曲者。从"市场规则观"来看,关于所谓"政府与市场之间边界"问题的实质是在市场规则的制定过程中如何处理政府自身既作为市场行为者又作为"公权"执掌者之间的矛盾问题,这个问题的解决更需要规则——基本的规则应当是:将"公权"剥离出来纳入公众视野,通过提高"财政透明度"约束政府财政公权;将政府的市场行为纳入市场规则管控之下,把政府与市场上的合作伙伴与竞争对手置于相同的市场行为规则之下。

4. 公共价值观

新市场财政学与盎格鲁-撒克逊学派财政理论相似,都是以市场经济条件下政府以及公共部门的财政活动作为研究对象,同属于狭义财政学的范畴。但是,盎格鲁-撒克逊学派财政理论并没有给出市场经济条件下政府以及公共部门财政活动结果的市场表现方式,这也是该学派财政理论解释能力弱的重要原因之一。新市场财政学将公私部门在市场中的互动作为一种广义的交易:公共部门以创造公共价值、满足社会共同需要作为组织目标和财政活动的市场表现形式;私人部门以实现私人价值、满足私人或者企业个别需要作为目标和经济活动的市场表现形式。新市场财政学力图通过引入"公共价值"概念来解释和描述在市场经济条件下政府以及公共部门财政活动。在这里,公共价值并不是各类使用价值的集合体,而是市场经济条件下政府以及公共部门财政活动结果的理论表现形式。

新市场财政学的核心概念体系表明,新市场财政学的"新"主要体现在对市场和政府关系的重新认识上,在当代主流财政学中,政府在市场的外部、与市场之间形成一种对立和补充的关系,新市场财政学的观点则截然不同。但这个"新"并不是标新立异,不是自己重打鼓另开张,笔者希望对现有的财政理论成果进行深入研究,并吸收它合理的内核,这是笔者和笔者的团队研究新市场财政学理论的初衷。也是从这个角度来说,笔者和笔者的财政基础理论研究团队考虑使用 neo-public Finance 作为新市场财政学的英文名称,而不是用"new"作为财政学的限定词,因为"neo"比较恰当地反映了新市场财政学对欧洲大陆学派的传承和对当代主流财政学理论的反思;笔者理解,在经济学的传统用法中,"new"强调了政府对经济进行广泛干预的政治经济立场,而"neo"则更重视市场的作用,它反映了更为自由的政治经济主张,也更契合新市场财政学的理论观点。

(四) 新市场财政学的理论渊源概述

1. 盎格鲁-撒克逊学派和欧洲大陆学派

西方财政学说史存在两种体系比较完整的财政学派,其一是目前处于"主流"地位的盎格鲁-撒克逊学派,他们将市场失灵当作政府干预市场的逻辑起点,认为市场和政府是配置资源的两个对立主体,政府主要扮演市场干预者和监管者的角色。其二则是几乎被财政学界忘却的欧洲大陆学派,该学派主张"参与型政府模式",认为政府只是"经济社会"中各种错综复杂的、相互作用实体的一个组成部分。欧洲大陆学派的思想传承于德国官房学派,他们认为政府像企业一样,是社会经济中的一个内在的成员,只不过政府是有别于普通企业的一个特殊的企业组织。欧洲大陆学派财政理论构成了新市场财政学的重要理论渊源,与此同时,盎格鲁-撒克逊学派财政理论也是新市场财政学理论框架体系设计的重要参照系。

2. 国家分配论与社会共同需要论

我国自改革开放至20世纪90年代中期是财政学研究"百花齐放"的繁荣时期。在此期间,我国财政学术界主要是围绕着对"财政本质"与"财政起源"等问题(笔者在本文中把"财政本质"问题和"财政起源"问题均视为"财政本源"问题)的探索,形成了"国家分配论"财政学派、"社会共同需要论"财政学派、"剩余产品分配论"财政学派等具有较大影响的财政学派。其中,"国家分配论"学派财政理论在20世纪90年代中期以前甚至成了我国财政学领域的主流学派,而"社会共同需要论"财政学派的理论在我国进入21世纪以来的影响力则越来越大,学术界在反思当代主流财政理论的时候开始意识到社会共同需要论财政理论相对其他学派财政理论来说具有较强的解释力,因而越来越重视对社会共同需要论财政学派理论的研究——这大概也是何振一先生的代表作《理论财政学》作为一部纯理论的学术著作被多次再版的主要原因吧。上述财政学流派在理论上的共同特征是都从市场以外的领域寻找财政起源问题的答案,都承认"国家财政"在人类史的特定时期是客观存在——这些都表明这些财政学派的财政理论都是以马克思主义理论为基础的,特别是都把马克思的社会再生产理论以及社会总产品分配理论作为财政学的理论基础。"从市场以外的领域寻找财政起源"的研究思路是新市场财政学在研究借鉴我国上述各个财政学派财政理论和反思当代主流财政学派财政理论过程中所得到的重要启示。马克思的社会再生产理论对新市场财政学理论体系的探索也具有重要理论意义,因为马克思的社会再生产理论实质上就是对人类社会生产活动的一般规律所进行抽象、归纳进而总结和构建的理论,具有超经济形态的解释力;而社会共同需要论财政学则很好地回答了财政本源问题,同马克思的社会再生产理论一样具有超经济形态的解释力。尽管新市场财政学与当代主流财政学派(即盎格鲁-撒克逊学派的公共财政学)的财政理论一样都是以市场经济形态下的财政活动作为主要的研究对象,但是,新市场财政学的理论范式与盎格鲁-撒克逊学派财政理论的范式截然不同,后者对财政本源问题的解释是错误的、不科学的;同样道理,国家分配论和剩余产品分配论学派的财政理论对财政起源问题的回答都是不能令人信服的,因而不具备基本的解释力。笔者认为,作为一门科学,财政学首先必须对基本的财政活动、财政范畴具有解释力,例如,必须回答财政范畴在市场经济出现以前是如何产生的,而在这个方面,社会共同需要论学派财政理论给出的解释是令人信服的。

3. 跨学科研究的成果

在有关的跨学科研究成果中对市场的定位也为新市场财政学理论体系的建设提供了重

要的佐证与参考。营销学把市场看作一个平台,企业、政府在此平台上进行各自的经济活动进而创造价值。产业组织学也强调市场平台观,在这个市场上,政府和企业具有平等的关系。社会学中使用 field 这个英文词定义市场,企业和政府在 field 中各自完成自己的任务——笔者理解,field 也有"平台"的意思,只不过 field 这个词的内涵实际上已经超出了"平台"的"物理"意义,涵盖了社会组织、制度等更加丰富的内容,这也是新市场财政学的"市场平台观"力图借鉴的应有之义。

4. 新公共管理运动

20 世纪 70 年代中期发端于西方国家的"新公共管理运动"(NPM,在美国被称为"改造政府运动")对新市场财政学理论构建也具有重要的启发性意义。新公共管理运动的核心是把市场因素引入包括财政领域在内的政府公共管理当中,遗憾的是主流财政学迄今为止没有对这场"革命"给出合理的解释——主流财政学如此回避人类财政发展进程中这样具有革命性质的事件也导致我对主流财政学理论的科学性与解释力产生质疑。

5. 公共选择理论

学术界把公共选择理论视为介于经济学和政治学之间的新的交叉学科门类。公共选择理论的重要代表人物之一图洛克(Gordon Tullock)认为公共选择理论是以经济学的分析工具来研究和刻画传统的政治学问题的一门科学。公共选择理论的另一位主要代表人物布坎南(James Buchannan)认为政治市场与经济市场具有高度的相似性,公共部门内的个人也是追逐个人利益最大化的理性的"经济人",这样就可能出现公共部门不能代表全社会整体利益的情况(这是政府失灵的重要原因之一)。可以说,布坎南提出的公共选择理论为财政科学提供了研究财政决策模式的一般方法论,也为财政学研究与分析范式的构建奠定了"工具"基础。

6. 公共价值理论

公共价值是政府通过提供产品、服务、制度等活动创造出来的公民对政府期望的合集。借鉴马克·摩尔的公共价值管理理论,新市场财政学把公共价值视为市场经济条件下公共服务、公共物品乃至制度的市场表现形式。

在笔者看来,公共价值理论、公共选择理论在很大程度上属于政治科学的范畴,笔者在新市场财政学中引入这两个理论意在将行政管理、政治科学的思想与方法引入到财政学的研究中,解决主流财政学用经济学方法难以解决的问题,解释主流财政学根本无法解释的财政现象。新市场财政学将从跨学科的视角拓宽财政学外延,为财政学的基础理论研究开辟一个全新视角。

(五)新市场财政学力图解决现实问题——财政学的解释力与预测力

当代主流财政学的入门课程一般都是从定义和区分公共物品、私人物品、准公共物品、俱乐部产品等概念开始的。主流学派的财政理论这样区分和界定财政学基础概念的逻辑在于,通过区分产品来清晰界定政府与市场的边界,从而明确不同产品的提供方是谁,进而由政府提供那些"市场"无法有效地提供的公共物品和公共服务——主流学派的财政理论似乎找到了解决问题的方法,但是在实践上却总是被所谓的"政府与市场的边界"问题所困扰;一方面,政府及其财政本身就在市场上"游走",通过市场筹集财政资金(包括各种税收收入、债务收入等),通过市场购买"劳务"和"生产资料"以便"生产"公共物品和公共服务,甚至直接在市场上购买公共物品和公共服务用于满足社会共同需要(包括政府本身的需要);另一方面,学术界却竭尽全力要划分政府与市场的界线,力图把政府从市场中"剥离"出来,让政府只履行"宏观经济稳定、收入再分配和资源配置(macroeconomic stabilization, income redistribution and resource allocation)"三个方面的职能。不难想象,深陷这个矛盾漩涡之中的主流学派财政理论很难对现实财政现象做出合理的解释,也很难对财政活动的未来做出准确的预测,因为这个理论存在着常识性的错误,即把私人部门与市场混为一谈,把政府置于市场的对立面。新市场财政学则通过市场平台观的确立重新定义了公共部门与私人部门的关系,重新定义了政府与市场的关系,认为两者都是市场交易平台中的平等主体。新市场财政学进而把研究重点放在公共部门与私人部门在互动中存在的各种交易形式上,即广泛交易问题,而不是仅仅限于用若干个模型来描述和解释政府财政与私人部门之间的复杂关系问题。

主流学派财政理论以"市场失灵理论"为基础进而产生的上述常识性错误,使其无力解释当前的许多财政现象,因而也不可能提出符合我国实际需要的政策建议。以政府部门当前推广的 PPP 模式(公共部门与私人企业伙伴关系,借助市场中的私人部门及其市场资源,以公私合作的方式完成公共项目)为例,主流学派财政理论认为这是发挥政府和市场的各自优势、合力弥补传统政府投资领域的"政府失灵"的有效渠道,殊不知,这个政策建议与当代主流财政学派的理论是相互矛盾的。新市场财政学认为 PPP 模式是广义交易中的一种非常"自然的"交易形式,本身就蕴含在新市场财政学的基本模型之中,并不是一种"特殊"的财政形态。

同样,主流学派的财政理论基于将政府与市场对立的基本观点,在解释政府购买服务、政府采购、寻租,以及非营利组织和个人自愿提供慈善服务等现象时会更加力不从心。例如,主流财政学将寻租行为的产生解释为"政府失灵"与道德风险下个人追求私利的结果;将非营利组织提供公共物品及慈善事业的存在归因于市场营利组织与政府部门的"市场失灵"与"政府失灵";将政府购买服务与政府采购理所当然地解释为当市场无力提供公共产品时,政府应进行干预的结果。由此可见,主流财政学只是基于"市场失灵"与"政府失灵"的理论来解释这些财政现象,其本身就不具有说服力;同时在整体理论的逻辑关系构建过程中,理论自身的逻辑关系不清晰,针对理论与现实问题所给出的解释,其前提不断转化,或是政府有为,或是政府失灵,或是市场失灵,或是市场有效配置……这种理论的非自洽性值得我们反思。而新市场财政学摒弃了传统的市场与政府的对立、政府与市场之间存在边界等财政理论观点,确定公共部门与私人部门在市场平台的互动中广泛存在多种交易形式,明确地定义了上述财政现象的存在是公共部门与私人部门中不同主体之间在市场中从事的旨在满足私人个别需要或者满足社会共同需要的不同交易方式,并且在广义交易的范围内定义这些不同的交易方式,这样就使得定义更清晰,更具有解释力,在理论的自洽性方面更为一致。

财政学属于应用性极强的一门社会科学,财政学的解释力与预测力主要体现在这门科学对政府政策的分析能力上。主流学派财政理论在方法论上需要改进的一个重要方面就是过度依赖模型,以模型作为政策分析的基础——这是当代主流财政学在分析范式上被严重经济学化的必然结果。至少从财政科学的角度看,过度、甚至完全依赖模型作为政策分析的基础是导致财政学解释力和预测力弱化的重要原因。因为财政学的研究对象看似简单(与经济学的研究对象相比较而言),实则极为复杂。美国著名财政学家、2009年诺贝尔经济学奖获得者埃莉诺·奥斯特罗姆(Elinor Ostrom)教授甚至把那种完全依赖模型作为政策分析基础的做法视为"认知陷阱"(the intellectual trap),即由于财政学家们完全依赖模型对政策问题展开分析,使得他们自我感觉就像是无所不知的观察家,在依赖模型为政府提供政策建议时感觉得心应手,而政府也相信学者们所使用的模型是科学的、万能的,能够解决他们所要解决的问题,但是实践的结果往往事与愿违。新市场财政学希望在借鉴当代主流学派财政理论的科学模型的同时,在财政理论中更多地引入制度性的研究方法与思想,引入包括马克思政治经济学理论、公共选择理论、交易成本理论、新制度经济学理论、法学思维和博弈论等理论、思想和方法,完善乃至重新构建财政学的理论体系,使财政学成为一门具有科学解释力、精准预测力,有着自身的研究与分析范式的、相对独立的社会科学。

参考资料来源:李俊生:《新市场财政学:旨在增强财政学解释力的新范式》,《中央财经大学学报》2017年第5期,第3-11页。

案例点评

"公共财政学"作为当代主流财政理论存在的最为突出的问题就是解释力和预测力严重弱化。"新市场财政学"就是针对当代主流财政理论的这个问题所构建的一个新范式。在本案例中,作者主要运用规范研究方法,以政府和市场之间的关系作为切入点,深入剖析了当代主流财政理论存在的致命缺陷,阐述了新市场财政学通过重新定义市场模型,重新解释政府(以及以政府为代表的公共部门)、企业(以及以企业为代表的私人部门)和市场之间的关系,进而为重构具有强大解释力和精准预测力的财政学范式开辟了一个全新的研究路径。本案例以对我国改革开放以来财政理论建设与发展的历程为线索介绍了新市场财政学范式形成的简要过程,同时从核心概念体系、理论渊源以及理论与实践的关系等三个维度描述了新市场财政学范式的基本特征,初步阐释了探索构建新市场财政学范式的目的是要增强财政科学的解释力和预测力。

讨论题

1. 新市场财政学"新"在哪里?
2. 新市场财政学为什么将社会共同需要作为其理论的核心概念?
3. 新市场财政学的核心概念体系是怎样的?
4. 新市场财政学的理论渊源是怎样的?
5. 新市场财政学增强了财政科学的解释力与预测力,主要体现在哪些方面?

第三章

国家预算和预算管理

一、习　　题

（一）单项选择题

1. 目前我国预算年度的起始期限为（　　）。
   A. 当年的1月1日至12月31日
   B. 当年的4月1日至次年的3月31日
   C. 当年的10月1日至次年的9月30日
   D. 当年的7月1日至次年的6月30日

2. 政府预算是政府的（　　）财政收支计划。
   A. 多年度　　　　B. 年度　　　　C. 季度　　　　D. 月度

3. 按照（　　）通过的政府预算是控制和约束政府财政行为、政府财政资金收支活动的行为规范。
   A. 法定程序　　　B. 行政程序　　　C. 民主程序　　　D. 公共程序

4. 我国政府预算的最终审批权归于（　　）。
   A. 中国人民银行　　　　　　　　B. 国务院
   C. 全国人民代表大会　　　　　　D. 全国人民代表大会常务委员会

5. 关于零基预算，下列表述中正确的是（　　）。
   A. 零基预算是从零开始的预算
   B. 在预算编制时，不考虑该指标以前年度收支的状况或基数
   C. 编制预算时，只对年内新增的任务进行审核，不对以前年度形成的基数进行审核
   D. 零基预算受现行预算执行情况的约束

6. 按照（　　）分类，政府预算收入可以分为一般预算收入、基金预算收入和债务预算收入。
   A. 预算级次　　　　　　　　　　B. 预算收入的形式
   C. 预算收入的性质　　　　　　　D. 预算科目

7. 我国一般公共预算收入以（　　）为主体。
   A. 基金　　　　B. 税收　　　　C. 收费　　　　D. 国有资产收入

8. 在我国，土地出让金收入属于（　　）的内容。
   A. 公共预算　　　　　　　　　　B. 政府性基金预算

C. 国有资本经营预算　　　　　　D. 社会保险基金预算
9. 中央政府须承担的支出责任是(　　)。
　　A. 国际贸易　　B. 市政建设　　C. 公共绿地　　D. 地方性公共交通
10.《中华人民共和国预算法》规定,(　　)。
　　A. 地方各级预算列赤字　　　　　B. 中央预算中的资本预算列赤字
　　C. 中央政府公共预算不列赤字　　D. 中央预算列赤字
11. 预算赤字是指(　　)。
　　A. 编制预算时列有赤字　　　　　B. 预算执行过程中出现赤字
　　C. 国家有意识地用赤字来调节经济　D. 年终决算有赤字

(二) 多项选择题

1. 根据预算编制的形式范围不同,财政预算分为(　　)。
　　A. 单式预算　　B. 复式预算　　C. 总预算　　D. 单位预算
2. 按预算方法不同,财政预算分为(　　)。
　　A. 零基预算　　B. 增量预算　　C. 单式预算　　D. 复式预算
3. 政府采购需要的条件包括(　　)。
　　A. 专门的机构及人员　　　　　　B. 明确规范的采购原则
　　C. 法定的采购程序　　　　　　　D. 权威的仲裁机构
4. 国家预算的原则主要有(　　)。
　　A. 公开性　　B. 统一性　　C. 可靠性　　D. 年度性
5. 政府间转移支付的基本方式一般包括(　　)。
　　A. 上级补助　　B. 体制补助　　C. 无条件均衡拨款　　D. 专项拨款
6. 国家预算是国家进行宏观调控的重要手段,其调控功能主要表现在(　　)。
　　A. 筹集财政收入
　　B. 调节社会总供给与总需求的平衡
　　C. 调节国民经济和社会发展中的各种比例关系
　　D. 公平社会分配
7. 目前,我国的预算外资金主要包括(　　)。
　　A. 地方财政部门管理的预算外资金
　　B. 行政事业单位管理的预算外资金
　　C. 国有企业主管部门管理的预算外资金
　　D. 未列入预算的企业收入
8. 政府预算支出按与市场交换的关系可以分类为(　　)。
　　A. 债务支出　　B. 经济建设支出　　C. 购买性支出　　D. 转移性支出
9. 政府间收入划分应遵循的基本要求有(　　)。
　　A. 效率原则　　B. 经济原则　　C. 技术原则　　D. 恰当原则
10. 地方政府预算编制的基本要求有(　　)。
　　A. 服从中央政府的统一领导
　　B. 坚持地方预算的收支平衡

C. 根据需要可自行增加收入
D. 执行国家统一的财政方针和财政制度

(三) 判断题

1. 复式预算是把全部财政收支按经济性质分别列入两个或两个以上表格中。（   ）
2. 中国的预算年度采用跨年制。（   ）
3. 在我国分税制预算管理体制中,属于共享税的税种有增值税、资源税、证券交易税等。（   ）
4. 分税制改革内容明确规定:按照行政隶属划分中央与地方收入。（   ）
5. 调整国民经济结构、协调经济发展、实施宏观调控所必需的支出应由地方财政负担。（   ）
6. 以预算分项支出的安排方式的差别为依据,国家预算可以分为增量预算和零基预算。（   ）
7. 预算管理体制的核心是各项预算主体的独立自主程度以及集权和分权的关系问题。（   ）
8. 《中华人民共和国预算法》明确规定,国家实行一级政府一级预算,目前,我国实行五级预算。（   ）

(四) 名词解释

1. 增量预算
2. 零基预算
3. 复式预算
4. 政府采购
5. 国库集中支付制度

(五) 简答题

1. 何谓国家预算？国家预算有哪些类别？
2. 简述政府采购及政府采购的职能。
3. 简述国家预算的编制原则。

(六) 论述题

1. 试述政府转移支付制度的四个功能。
2. 试述深化预算管理制度改革的指导思想和基本原则。
3. 试述加强预算执行管理,提高财政支出绩效的措施。

二、习 题 解 答

(一) 单项选择题

1. A   2. B   3. A   4. C   5. B   6. D   7. B   8. B   9. A   10. C   11. A

(二) 多项选择题

1. AB   2. AB   3. ABCD   4. ABCD   5. CD

6. BCD 7. AB 8. CD 9. ABCD 10. ACD

(三) 判断题

1. √ 2. × 3. √ 4. × 5. × 6. √ 7. √ 8. √

(四) 名词解释

略。

(五) 简答题

略。

(六) 论述题

略。

三、案例分析

案例3-1　花钱必问效、无效必问责——聚焦全面实施预算绩效管理三大看点

全面实施预算绩效管理是优化财政资源配置、提升公共服务质量的关键举措，也是深化财税体制改革、建立现代财政制度的重要内容。《中共中央国务院关于全面实施预算绩效管理的意见》(以下简称《意见》)于2018年9月25日正式公布，提出加快建成全方位、全过程、全覆盖的预算绩效管理体系。这一顶层设计旨在破解当前预算绩效管理存在的突出问题，以全面实施预算绩效管理为关键点和突破口，推动财政资金聚力增效，提高公共服务供给质量，增强政府公信力和执行力。

《意见》提出要构建全方位预算绩效管理格局，实施政府预算绩效管理，将各级政府收支预算全面纳入绩效管理，提高保障和改善民生水平，确保财政资源高效配置，增强财政可持续性；实施部门和单位预算绩效管理，将部门和单位预算收支全面纳入绩效管理，推动提高部门和单位整体绩效水平；实施政策和项目预算绩效管理，将政策和项目全面纳入绩效管理，综合衡量政策和项目预算资金使用效果，并对实施期超过一年的重大政策和项目实行全周期跟踪问效，建立动态评价调整机制。

《意见》要求建立全过程预算绩效管理链条，建立绩效评估机制，强化绩效目标管理，做好绩效运行监控，并开展绩效评价和结果应用。还要完善全覆盖预算绩效管理体系，各级政府将一般公共预算、政府性基金预算、国有资本经营预算、社会保险基金预算全部纳入绩效管理。

全面实施预算绩效管理，将解决什么问题？有哪些新看点？中华人民共和国财政部有关负责人和业内专家，对此进行了深入解读。

(一) 全方位、全过程、全覆盖三维度推动预算绩效管理实施

财政部有关负责人介绍说，党的十八大以来，财政部积极深化预算绩效管理改革，财政资金使用绩效不断提升，中央财政已经初步构建起以项目支出为主的一般公共预算绩效管理体系，部分地方也结合实际作出有益探索，为全面实施预算绩效管理奠定了良好基础。

但也要看到，现行预算绩效管理中仍然存在一些突出问题，如绩效理念尚未牢固树立，

绩效管理广度和深度不足,绩效激励约束作用不强,预算绩效管理对提高财政资源配置效率和使用效益的作用没有充分发挥。

在此背景下,《意见》部署推动预算绩效管理全面实施,力争用3~5年时间基本建成全方位、全过程、全覆盖的预算绩效管理体系。将各级政府收支预算、部门和单位预算收支、政策和项目全面纳入绩效管理,并建立绩效评估机制,强化绩效目标管理,做好绩效运行监控,并开展绩效评价和结果应用。

不仅如此,各级政府要将一般公共预算、政府性基金预算、国有资本经营预算、社会保险基金预算全部纳入绩效管理。同时,积极开展涉及一般公共预算等财政资金的政府投资基金、主权财富基金、政府和社会资本合作、政府采购、政府购买服务、政府债务项目绩效管理。

中国财政科学研究院研究员王泽彩说,《意见》构成了一个全方位的预算绩效管理格局,不仅注重财政支出绩效,而且也注重财政收入绩效、财政政策绩效。首次提出预算绩效管理要覆盖"四本预算",完善了预算绩效管理的覆盖面,较过去有了重大突破。

(二)健全长效机制,从整体上提高财政资源配置效率

如何建立长效机制,从整体上提高财政资源配置效率?《意见》将绩效管理关口前移,提出建立重大政策和项目事前绩效评估机制。财政部门要加强新增重大政策和项目预算审核,必要时可以组织第三方机构独立开展绩效评估,审核和评估结果作为预算安排的重要参考依据。

为了保障绩效目标如期保质保量实现,《意见》明确将实施预算和绩效"双监控",即各级政府和各部门各单位对绩效目标实现程度和预算执行进度实行"双监控",发现问题要及时纠正。

"通过开展'双监控',不仅有利于及时调整预算执行过程中的偏差,避免出现资金闲置沉淀和损失浪费,而且有利于及时纠正政策和项目实施中存在的问题,堵塞管理漏洞,确保财政资金使用安全高效。"财政部有关负责人解释说。

不仅如此,对于预算执行情况以及政策、项目实施效果,还将建立绩效自评和外部评价相结合的多层次绩效评价体系。对此,财政部有关负责人表示,通过建立多层次绩效评价体系,不仅能够落实部门和资金使用单位的预算绩效管理主体责任,推动提高预算绩效管理水平,而且能够全方位、多维度反映财政资金使用绩效和政策实施效果,促进提高财政资源配置效率和使用效益。

(三)花钱必问效,硬化预算绩效管理约束

有效发挥预算绩效管理激励约束作用是此次改革成功实施的关键。为使绩效真正有用和有约束力,《意见》明确提出硬化预算绩效管理约束。

具体措施包括明确责任约束和激励约束。财政部要完善绩效管理的责任约束机制,地方各级政府和各部门各单位是预算绩效管理的责任主体。项目责任人对项目预算绩效负责,对重大项目的责任人实行绩效终身责任追究制,切实做到花钱必问效、无效必追责。

在激励约束方面,要求各级财政部门抓紧建立绩效评价结果与预算安排和政策调整挂钩机制,将本级部门整体绩效与部门预算安排挂钩,将下级政府财政运行综合绩效与转移支付分配挂钩。对绩效好的政策和项目原则上优先保障,对绩效一般的政策和项目要督促改进,对低效无效资金一律削减或取消,对长期沉淀的资金一律收回并按照有关规定统筹用于

亟需支持的领域。

"这将进一步倒逼各级党委、政府和部门单位牢固树立绩效意识、责任意识,端正决策者'当家理财'的政绩观,增强其使命感、责任感。"王泽彩说。

(四)规范中央对地方专项转移支付绩效目标管理

为了规范中央对地方专项转移支付绩效目标管理,提高财政资金使用效益,根据《中华人民共和国预算法》《国务院关于深化预算管理制度改革的决定》和《国务院关于改革和完善中央对地方转移支付制度的意见》等有关规定,制定了《中央对地方专项转移支付绩效目标管理暂行办法》。专项转移支付绩效目标是指中央财政设立的专项转移支付资金在一定期限内预期达到的产出和效果。

按照专项转移支付的涉及范围划分,可分为整体绩效目标、区域绩效目标和项目绩效目标。整体绩效目标是指某项专项转移支付的全部资金在一定期限内预期达到的总体产出和效果。区域绩效目标是指在省级行政区域内,某项专项转移支付的全部资金在一定期限内预期达到的产出和效果。项目绩效目标是指通过专项转移支付预算安排的某个具体项目资金在一定期限内预期达到的产出和效果。

各级财政部门、主管部门和实施单位应按照下达的绩效目标组织预算执行,并依据绩效目标开展绩效监控、绩效自评和绩效评价。其中:

(1)绩效监控。预算执行中,各级财政部门和主管部门应对资金运行状况和绩效目标预期实现程度开展绩效监控,及时发现并纠正绩效运行中存在的问题,力保绩效目标如期实现。

(2)绩效自评。预算执行结束后,中央主管部门、省级财政部门和主管部门以及实施单位等应对照确定的绩效目标开展绩效自评,填写"中央对地方专项转移支付绩效自评表",形成相应的自评结果,并根据工作要求和实际需要形成绩效报告[具体格式可参考《财政支出绩效评价管理暂行办法》(财预〔2011〕285 号)],作为专项转移支付预算执行情况的重要内容予以反映。相关财政部门和主管部门应对相应的绩效自评情况进行审核,并将其作为绩效评价的重要基础和以后年度预算申请、安排、分配的前置条件和重要因素。

(3)绩效评价。各级财政部门和主管部门应按要求及时开展专项转移支付年度或中期(实施期)绩效评价,客观反映绩效目标实现程度,形成相应的评价结果,按要求形成绩效评价报告(具体格式可参考《财政支出绩效评价管理暂行办法》),并将评价结果作为完善相关专项转移支付政策和以后年度预算申请、安排、分配的重要依据。

参考资料来源:《中共中央国务院关于全面实施预算绩效管理的意见》(http://www.gov.cn/zhengce/2018-09/25/content_5325315.htm);《花钱必问效、无效必问责——聚焦全面实施预算绩效管理三大看点》(http://www.gov.cn/zhengce/2018-09/25/content_5325322.htm);《我国将全面实施预算绩效管理》(http://www.gov.cn/zhengce/2018-09/25/content_5325307.htm);《关于印发〈中央对地方专项转移支付绩效目标管理暂行办法〉的通知》(http://www.gov.cn/xinwen/2015-11/06/content_2961579.htm)。

附 3-1：
中央对地方专项转移支付绩效目标管理流程图

整体绩效目标管理

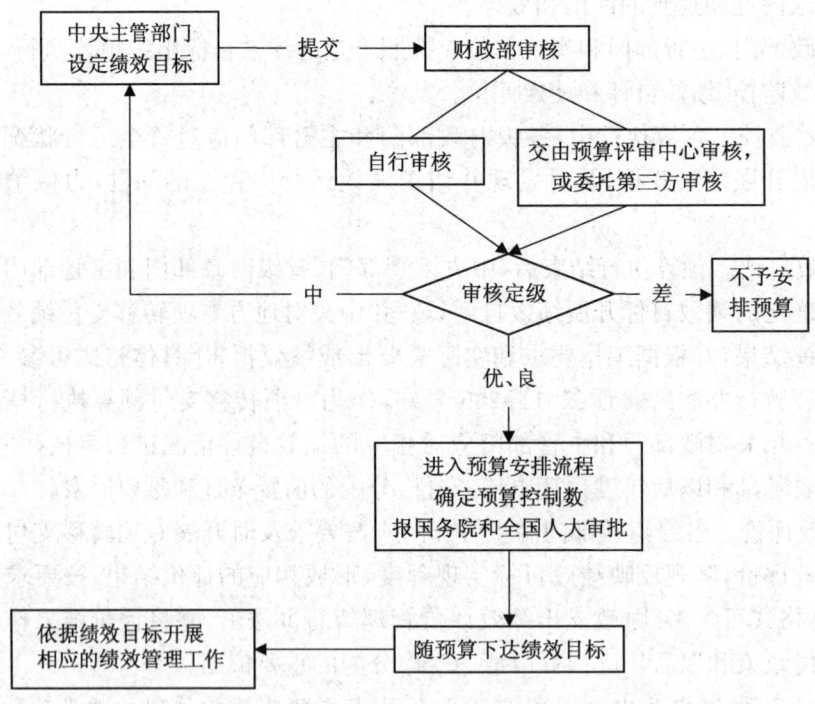

区域绩效目标管理

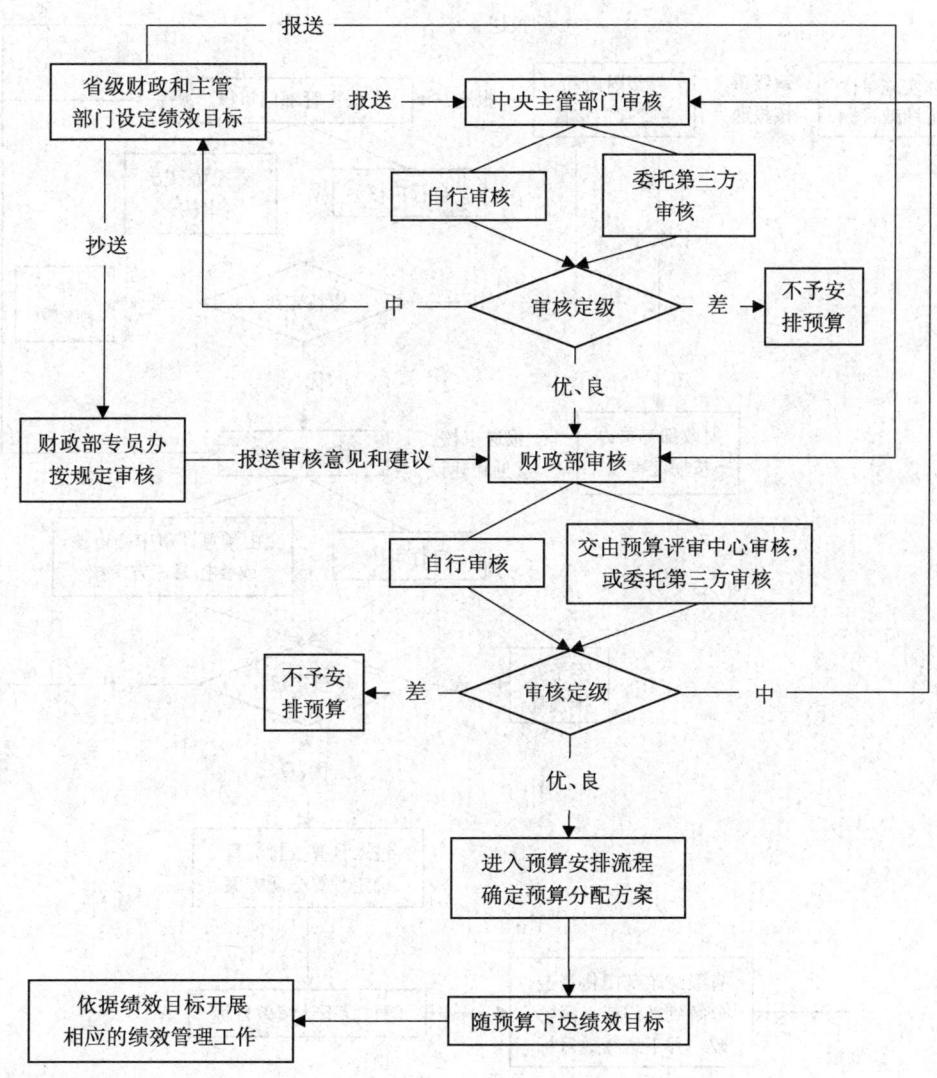

项目绩效目标管理

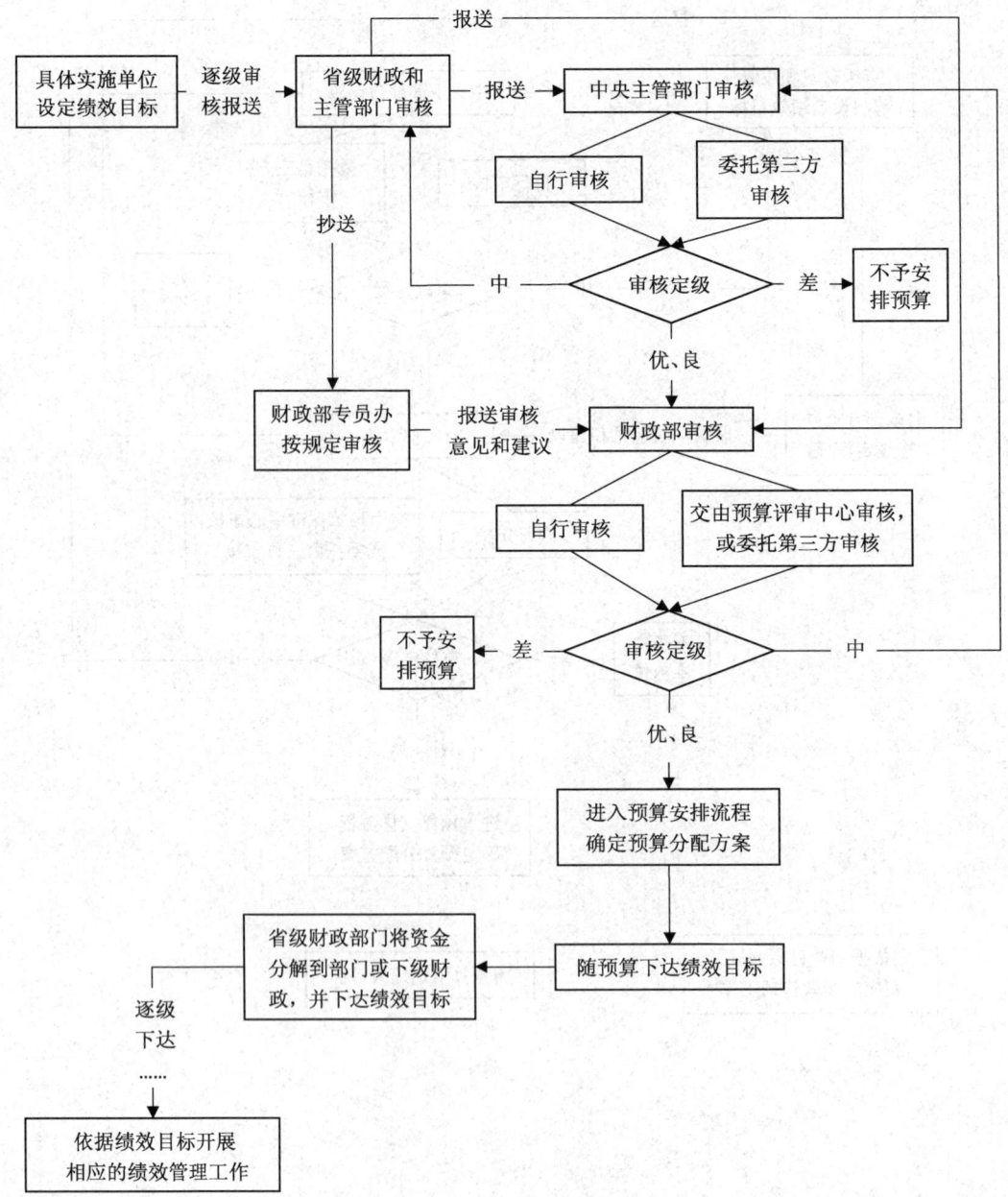

>> 案例点评

全面实施预算绩效管理是推进国家治理体系和治理能力现代化的内在要求,是深化财税体制改革、建立现代财政制度的重要内容,是优化财政资源配置、提升公共服务质量的关键举措。

《意见》旨在破解当前预算绩效管理存在的突出问题,以全面实施预算绩效管理为关键点和突破口,提出我国力争用3～5年时间基本建成全方位、全过程、全覆盖的预算绩效管理体系。

当前,我国经济已由高速增长阶段转向高质量发展阶段,正处在转变发展方式、优化经济结构、转换增长动力的攻关期。同时,我国正在加快建成预算绩效管理体系,积极推动预算绩效管理改革,通过构建全方位预算绩效管理格局,如何发挥好财政职能作用,如何将财政资金更聚力增效,引起了广大财政工作者和专家学者的思考。

《意见》为我们进一步指明了方向,《意见》要求加快建立现代财政制度,建立全面规范透明、标准科学、约束有力的预算制度,以全面实施预算绩效管理为关键点和突破口,解决好预算管理中存在的突出问题,改变政府理财方式,更好地提高公共服务供给质量,增强政府公信力和执行力。根据《意见》要求,结合当前的预算绩效管理工作,可以从以下三个方面着手,探求进一步落实全面实施预算绩效管理的方法。

(一)预算绩效管理中存在的问题

通过近几年的摸索和实践,各级政府预算绩效管理工作已取得了一定的进展,绩效管理工作的质量也逐年提高,预算管理逐步由"投入型"向"绩效型"转变,财政资金从"要钱难"向"花钱难"转变,但是"花钱必问效,无效必问责""谁花钱,谁负责"的理念尚未真正形成,预算绩效管理工作仍然存在诸多问题。

1. 对预算绩效管理理念的认识不足

预算绩效管理作为一种新的管理理念和方法,在我国的实践时间短、起步迟,大部分预算部门(单位)对预算绩效管理的认识不充分,对预算绩效管理的意义认识不清,尤其是对"绩效"的理解不够,还停留在是否按计划完成任务上,而没有将工作重点放在效益和效果方面;同时,认为此项工作与财政预算安排关联不大,并且涉及面广,工作量大,要求又高,存在畏难情绪。预算绩效管理是政府绩效管理的重要组成部分,是公共财政科学化、精细化管理的重要内容和结果诉求。加强预算绩效管理对提高预算管理的科学性、优化财政资源配置、提高公共产品和服务质量意义重大。落实全面实施绩效管理的要求急需提高预算部门(单位)对绩效管理工作的认识,转变重投入、轻结果的惯性思维。

2. 部门事权和支出责任不匹配

预算编制和绩效目标编制的第一个要求是指向明确,即项目安排与社会发展规划相符,与部门的职能和职责相匹配,与部门的发展规划相一致,与部门工作计划相衔接。但目前部分预算部门(单位)未考虑部门事权和支出责任相匹配的问题,部门对事权和支出责任应匹配的意识尚未建立,安排的预算资金明显超出了单位的自身职责,同时存在资金转拨或分配的情况,某种程度上替代了财政职能。部分资金下拨基层或其他单位后,也未作进一步监督和跟踪,在实际使用时也未按规定用途使用。

3. 以财务牵头的绩效工作力量薄弱

预算绩效管理是系统工程,涉及面广,不仅包含财政管理,还包含预算管理、项目管理、业务管理等内容,目前是由财政部门牵头落实,财政部门对应的是各部门的财务人员,让财务人员指挥和协调其他部门和科室开展相关工作,难度较大且效果不佳。

4. 绩效评价结论不直观

绩效评价结果采用综合评分,以优、良、合格、不合格定级,结果不直观,一定程度上制约了评价结果的应用。很多项目虽然实施了绩效评价工作,但因评价结果中没有突出预算管理和资金使用方面量化的结论,最终结论无法与部门预算支出相挂钩,影响了绩效评价实际效力。

(二)产生问题的根源

1. 问责机制不到位,警示作用未显现

虽然我国很早就提出了"花钱必问效,无效必问责"的概念,在此次《意见》中又进一步强调了问责机制,但是在实际处理的案例中尚未因绩效方面无效和低效问题而问责的情况。对于基层领导来说,项目资金未流入自己的腰包,所有的责任与自己没有任何关系,这种想法普遍存在。口号式问责机制没有任何警示作用,问责是绩效管理结果应用的一部分,问责机制流于形式,势必会影响预算绩效管理的进一步深入贯彻落实。

2. 预算源头未把控,标准依据未统一

绩效目标与预算之间有着紧密的逻辑关系,绩效目标某种程度上是部门预算的补充,预算编制粗糙未细化就会导致绩效目标的不清晰。预算部门(单位)以老观念、老办法编制预算,在既定的预算额度内随意编制目标,反正不会影响自己的部门预算总额,在这种想法驱动下,预算部门(单位)在编制预算时不落实三级编制的要求,特别是第三级上数量和单价未进行细化,预算编制粗糙模糊。未细化的专项,其实施的合理性、可行性、充分性存在诸多的欠缺。预算编制是项目开展的源头,应从严把控和把关。同时部分项目尚未形成定额、标准等依据,作为预算部门(单位)也无据可依,因此财政部门和相关部门对成本分析应作更多的分析和挖掘,以形成行业规范和指导。

(三)针对上述问题的改进措施和建议

1. 修订管理办法,引领实施方向

在《意见》的基础上,各市财政应对不能适应目前管理情况的实施办法作修订,特别是在预算绩效管理覆盖面、实施环节、绩效评价结论、部分定义等方面作修改。预算绩效管理覆盖面增加基本建设、信息化等由行业主管部门审批的项目;实施环节突出绩效目标评审和预算评审的融合,绩效目标是以预算为载体,以资金为落脚点,单纯绩效目标评审无太大的意义;绩效评价结论必须包含量化的预算管理和资金管理方面的结论,便于绩效评价结果的直观应用;部分定义应进一步完善,精确体现相关特性,提高其合理性和实用性。如绩效目标的定义,应设定在论证项目可行的前提下再进行预算的安排,在此基础上对目标进行细化,而不应是先有预算再排项目。

2. 监督结果应用,落实管理实效

预算绩效管理结果应用是绩效管理中的最后环节,结果应用决定了绩效管理最终的实效,因此应在财政监督中增加绩效管理结果应用的专项检查工作,检查预算部门(单位)是否已将预算绩效管理结果进行应用,包括事前、事中、事后各环节实施的绩效管理结果,对未进行结果应用的部门(单位)进行通报。财政部门应将绩效管理结果应用检查列入财政监督的常规工作,作为贯彻全面实施绩效管理的长效机制。

3. 梳理部门职责,增加预算匹配性

预算部门(单位)各自的职责在方案中已明确,预算部门(单位)应各自对照预算组成内容,对与本部门不相关的项目作进一步清理,先形成自查,再由上级部门或相关部门认定,在2~3年形成权责清晰的事权与支出职责相匹配的关系,为全面实施预算绩效管理创造条件。

4. 着眼全盘,构建管理格局

要实施全国预算绩效管理,就必须加快预算绩效相关立法,健全完善预算绩效管理制度框架体系,推动提高财政绩效管理水平,科学设定绩效指标体系,并积极培育独立的第三方绩效评价机构,总结更多地方实践经验,推动全面实施绩效预算管理改革走深走实。构建全方位预算绩效管理格局,可以从以下三点入手:

第一,实施政府预算绩效管理,将各级政府收支预算全面纳入绩效管理,各级政府预算收入要实事求是、积极稳妥、讲求质量,必须与经济社会发展水平相适应,严格落实各项减税降费政策,确保财政资源高效配置,增强财政可持续性。

第二,实施部门和单位预算绩效管理,将部门和单位预算收支全面纳入绩效管理,赋予部门和资金使用单位更多的管理自主权,从运行成本、管理效率、履职效能、社会效应、可持续发展能力和服务对象满意度等方面,衡量部门和单位整体及核心业务实施效果,推动提高部门和单位整体绩效水平。

第三,实施政策和项目预算绩效管理,将政策和项目全面纳入绩效管理,从数量、质量、时效、成本、效益等方面,综合衡量政策和项目预算资金使用效果。对实施期超过一年的重大政策和项目实行全周期跟踪问效,建立动态评价调整机制,政策到期、绩效低下的政策和项目要及时清理退出。

5. 夯实基础,提升管理手段

1) 做好宣传推广,理念深入人心

一是组织开展业务培训。财政部门应制定年度培训计划,做到分层次、分内容、分阶段实施培训,培养预算部门(单位)负责人责任担当意识,总协调总牵头绩效管理工作,推动业务部门和财务部门的工作融合,促进预算部门(单位)关于绩效管理的组织保障工作进一步到位,确保各项工作有序开展。二是开设专题讲座,宣传绩效理念。财政部门可以利用自身资源由内部专业人员或聘请专家开设专题讲座,以预算绩效管理内容为主,同时结合相关评价和跟踪案例为相关部门进行讲解和授课,通过讲座有效扩大预算绩效管理的认知度,取得相关部门的认同和支持。

2) 利用信息平台,实现资源共享

首先,做好金财工程(即政府财政管理信息系统)与绩效管理信息系统的对接,预算部门(单位)编制部门预算专项时,填报相应的绩效目标,确保绩效目标100%申报。未编报绩效目标的预算部门(单位)在金财工程中无法提交部门预算,通过一些限制条件,确保绩效目标与部门预算编制时间同步,发挥绩效目标的核心和基础作用。其次,充分利用绩效管理信息系统,进一步完善操作系统,简化操作流程,增加共性案例,设定共性指标,方便预算部门(单位)使用。最后,全面推广综合服务平台试点,综合服务平台打通了与预算绩效管理信息系统之间的数据通道,实现线上评价和评审,达到进一步规范流程、提高质量和提升效率的目的,实现多主体、全流程的绩效信息的集成和共享,提升绩效信息应用的效果。

3) 借助行业力量,提高报告质量

首先,实施奖惩制度,严控报告质量。制定对第三方机构的管理办法,对第三方机构的报告质量进行评分并对评分结果实施奖惩制度。通过对第三方机构绩效管理工作的质量考核,切实提高绩效跟踪、评价报告的质量。其次,与人大、政协、纪检委、审计等相关部门形成工作合力,促进绩效管理水平的提高。挑选有代表性的重点项目,请相关单位协助参与,以不同的视角提出他们的想法和建议,促进预算部门(单位)绩效管理能力。最后,进一步培育第三方机构,形成一批对财政管理、预算管理、绩效管理、财务分析等方面业务熟悉的第三方机构,在如今的大背景下,这一点显得尤为重要。在第三方机构实际工作开展中,财政部门的引导和协同作用是不可或缺的,财政部门可以通过参与调研的方式深入了解项目开展情况,为第三方机构提供指导意见,完善相关工作。目前的独立评价方式不能满足现有的管理要求,在第三方机构的业务能力完全达到财政部门的要求之前还需要以这种方式进行补充。

6. 以效为抓手,推进绩效管理

1) 完善考核机制,树立责任意识

市政府对各区的绩效管理工作有明确的考核办法,各区政府对预算部门(单位)也应制定相应的考核办法,将预算部门(单位)实施绩效管理情况纳入政府绩效考核范围,根据实际情况制定个性化考核指标。考核机制的建立有效提高预算部门(单位)的责任意识,提高预算部门(单位)对绩效管理工作的重视度和自觉性。

2) 建立问责标准,强化问效意识

此次《意见》进一步明确了责任约束机制,部门负责人对本部门的预算绩效负责,项目负责人对项目预算绩效负责,对重大项目实行终身追究制。那么哪些属于有效的,哪些属于低效和无效的,区分的标准是什么,急需明确和建立。设想通过评价结论的分值进行判断,划分标准线,低于标准线即为低效或无效,通过划定绩效责任的红线,使问责机制真正落地。

3) 梳理标准定额,形成行业规范

逐步解决预算部门(单位)在编制预算时的随意性,加大力度进行成本效益分析,为后续预算编制提供依据和标准。一方面可以借助审计部门和第三方机构的力量,通过连续几年的跟踪和测算,形成常规性项目的成本效益分析。另一方面在委托第三方实施绩效评价时,要求加入成本效益类指标,取得绩效评价和成本分析两种收益,探索形成绩效评价新模式。

绩效管理覆盖财政资金的各个领域和各个环节,是确保财政资金使用效率、提升发展质量的重要举措,有助于实现经济从高速增长向高质量发展的转变。将绩效理念和方法深度融入预算编制、执行、监督全过程,构建事前、事中、事后绩效管理闭环系统,确保各类活动始终围绕初衷,取得预期成效。通过发挥不同的预算绩效管理主体作用,形成全面实施绩效管理的基础,推动预算绩效管理工作的不断完善。

> **讨论题**

1. 如何建立长效机制,从整体上提高财政资源配置效率?
2. 如何提高财政绩效管理水平,科学设定绩效考核体系?
3. 在推进实施全国预算绩效管理过程中,各级地方政府应该做出哪些努力?

案例3-2　广东省韶关市财政局:积极探索　提早谋划　推动预算绩效管理改革见实效

为确保全面实施预算绩效管理改革稳步推进,使积极财政政策更加积极有为,切实提高财政资金使用效益,2020年,广东省韶关市财政局积极探索绩效管理新模式,做到预算绩效评价工作早起步、早谋划、早部署,努力构建全过程绩效管理体系,推动预算绩效管理落地见效。

(一)建制度,完善绩效管理机制

先后印发了《韶关市市级全面实施预算绩效管理工作方案(2019—2022年)》《韶关市财政局关于开展2020年市级财政重点评价工作的通知》《关于开展2019年度市级财政支出项目绩效自评工作的通知》《韶关市县级财政预算绩效管理工作考核实施细则(试行)》《韶关市财政资金"双监控"实施细则(试行)》和《韶关市新型冠状病毒感染的肺炎疫情防控资金使用管理办法》等一系列文件,进一步拓展绩效评价范围,完善绩效评价指标体系,建立自评结果抽查复核机制,从预算绩效目标管理、绩效自评复核、重点评价和工作考核等方面,积极促进预算绩效管理改革全面向市直各部门、各县(市、区)推进。

(二)早谋划,明确绩效评价任务

围绕推进改革发展、三大攻坚战、乡村振兴战略等重点领域支出,韶关市财政局提早谋划年度绩效评价任务,选取了扶贫开发、科技创新、社会保险、工业发展、疫情防控等市委市政府关注重点领域的10个项目、8个部门,列入年度重点绩效评价计划。评价对象涵盖部门整体、重点项目、专项债资金、省转移支付资金、市本级和市对下资金等多个维度和类型,绩效评价资金实现"四本预算"全覆盖,并拓展到专项债资金。同时,将新冠肺炎疫情防控资金列入工作重点,加强对疫情防控资金支出进度和使用效益的监管。

(三)抓进度,做实财政资金"双监控"

针对疫情防控出台的有关经费保障、财政补助、税收优惠、金融支持、政府采购等相关政策措施,加强对疫情资金监管,积极开展疫情资金"双监控",密切跟踪相关财税政策落地实施情况,做到对政策实施中遇到的困难和问题早了解、早解决,重点关注与疫情防控有关的患者救助费用补助、临时性工作补助、财政贴息、物资采购等有关财政资金的审核、拨付、管理使用等情况,督促指导相关部门规范疫情防控资金财务管理和会计核算,切实保障资金使用安全合规有效。

(四)减负担,简化优化绩效自评

韶关市财政局广泛听取各部门各单位的意见建议,简化2019年度绩效自评表格,优化填报流程和内容,部门进行绩效自评填报时只需填报项目资金概况和绩效目标完成情况,切实减轻年度绩效自评工作量,提高工作效率。其中,对新冠肺炎疫情防控专项资金采取特殊的绩效管理方式,以"不增加基层人员负担"为目标,推迟绩效自评报送时间,简化了绩效自评表格,通过日常管理相关数据收取资料,突出疫情专项资金的使用和管理,降低自评填报难度。

(五)强内力,发挥财政管理合力

对照《韶关市市级全面实施预算绩效管理工作方案(2019—2022年)》,韶关市财政局积极落实全面实施预算绩效管理的各项任务和工作举措,制定了《韶关市财政局推进全面实施预算绩效管理工作方案》,重点抓好重大政策项目预算评审及绩效评估、预算绩效目标管理、预算绩效监控、绩效评价扩面提质、绩效结果运用、预算绩效指标体系建设、第三方机构参与机制、绩效信息化建设和预算绩效管理考评机制等9项预算绩效管理重点环节工作,加强组织,注重协调,形成了主要责任科室牵头、其他科室参与的全局联动工作机制,细化各项工作计划完成时间节点,将责任层层落实到人,确保全面实施预算绩效管理工作取得实效。

(六)借外力,提高绩效管理实效

促进预算绩效管理工作与人大监督有机结合,加强协同、发挥合力,韶关市财政局积极邀请3位韶关市人大代表全程参与了韶关市教育局、生态环境局、自然资源局和供销社等四个部门的整体支出绩效评价现场座谈工作。在座谈会上,市人大代表对韶关青少年引导、志愿者服务、城市环境改善等工作给予了肯定,同时就市民关心的校外培训管理、空气扬尘和城市建设等方面从社会效益角度提出了问题和建议。通过借助人大监督力量,倒逼预算单位主动提高预算编制科学性,提高财政资金的使用效益。

参考资料来源:《广东省韶关市财政局:积极探索 提早谋划 推动预算绩效管理改革见实效》(http://www.mof.gov.cn/zhengwuxinxi/xinwenlianbo/guangdongcaizhengxinxilianbo/202006/t20200603_3525670.htm)。

▶▶▶ 案例点评

本案例在我国全面实施预算绩效管理背景下,聚焦广东省韶关市财政局探索绩效管理新模式,在财政管理工作中落实预算绩效管理,结合本地公共预算情况,积极落实中央文件精神和要求。

预算体现着国家的战略和政策,反映政府的活动范围和方向,是国家治理的重要支撑。党的十九届四中全会重要决定从坚持和完善中国特色社会主义制度、推进国家治理体系和治理能力现代化的高度,明确要求完善标准科学、规范透明、约束有力的预算制度。

首先,完善预算绩效管理模式,广东省韶关市财政局从制度、文件和实施细则,为预算管理确立方向和制定原则,出台了一系列指导文件,不仅有针对财政常态化工作的预算管理办法,还有针对新型冠状病毒感染的肺炎疫情防控资金使用管理办法,财政预算常态工作和应急工作两手抓,预算绩效评价范围广,绩效评价指标体系健全。

其次,广东省韶关市财政局围绕乡村振兴战略、改革发展、三大攻坚战等重要领域,多维度、多类型地实现预算管理绩效评价资金全覆盖,并将新冠肺炎疫情防控资金作为本年度特殊的工作重点,加强对疫情防控资金运行成本、管理效率的监管。

再次,在预算绩效管理实践工作中,广东省韶关市财政局不断优化填报绩效评价的流程和内容，本着以人出发的原则，采取目标导向简化表格填写和延迟报送时间，减轻自评工作量，降低填报难度，不仅提高了基层各部门的工作效率，也可以更好地专注特殊时期对疫情专项资金的使用和管理。

最后，为了将预算绩效管理工作和人大监督有机结合，加强协同、发挥合力，广东省韶关市财政局通过借助人大监督力量，联合相关部门开展座谈会，面对面讨论部门之间的整体支出绩效评价工作，利用人大监督力量主动提高预算编制的科学性和全面性，进一步提高财政资金的使用效益。

基于以上对广东省韶关市财政推动预算绩效管理改革的分析，还可以围绕实施全面预算绩效管理做几点思考和延伸。习近平总书记在党的十九大报告中指出要"全面实施绩效管理"，将绩效管理作为加强现代预算管理制度和现代财政制度建设、推动国家治理体系和治理能力现代化的一项重要举措，具有重大的现实意义。全面实施绩效管理已经形成共识，但具体到实施预算绩效管理还有很多理论和实践问题需要深入思考、研究和探索。例如：

准确把握全面实施预算绩效管理的目的。预算是政府活动和宏观政策的集中反映，全面实施预算绩效管理，就是将绩效理念和方法深度融入预算编制、执行和监督全过程，将绩效管理范围覆盖所有预算单位和所有财政资金，通过绩效目标管理和绩效评价成果应用，实现政策的贯彻落实和优化完善、政府职能有效履行和优化调整、公共财政资源优化配置和效率提高。因此要准确理解"全"的含义。通过预算绩效目标的设定及动态监控、预算绩效的评价，评估党和国家方针政策在每一层面的贯彻落实情况，最终推动党和国家大政方针政策以及国家发展战略的贯彻落实，推动公共财政资源优化配置，尽量做到少花钱、多办事、办好事。

明确预算绩效管理指标体系设计的原则。实施预算绩效管理的指标体系包括目标指标体系和绩效评价指标体系两个方面，而绩效评价指标体系是为目标指标体系的实现服务的。因此，指标体系的设计必须围绕政策的贯彻落实、职能职责有效履行、公共财政资源优化配置效率来进行。

完善预算绩效管理流程。建立以顶层规划、管理办法、实施细则为主体的层级分明、相互协调的制度体系。研究制定符合各省市特点的预算绩效管理三年至五年发展规划，统筹规划全面实施预算绩效改革任务、节奏、内容和重点；建立健全涵盖绩效目标管理、绩效运行监控、绩效评价管理、评价结果应用等各环节的管理办法和管理流程。建立专家咨询机制，完善第三方参与绩效管理的制度，引导和规范第三方机构参与预算绩效管理，严格执业质量监督管理，建立多方联动的绩效管理合作机制。加强预算绩效管理信息化建设，加快实现预算编制、预算绩效、项目支出、预算执行、资产管理等信息的互联互通，促进各级政府和各部门各单位的业务、财务、资产等信息互联互通。

强化绩效管理激励约束。各级财政部门要建立绩效评价结果与预算安排和政策调整挂钩机制，将本级部门整体绩效与部门预算安排量化挂钩，将下级政府财政运行综合绩效与转移支付分配挂钩。对绩效好的政策和项目原则上优先保障，对绩效一般的政策和项目要督促改进，对交叉重复、碎片化的政策和项目予以调整，对低效无效资金一律削减或取消，对长期沉淀的资金一律收回并按照有关规定统筹用于亟需支持的领域。

有效应用预算绩效评价结果。预算绩效管理通过对部门预算、项目预算以及重大政策项目进行定性定量评价,其得出的结果应该反映出三个方面的情况,政策是否得到有效贯彻落实、政府及其职能部门是否有效履职、公共财政资源是否有效配置。因此,有效应用预算绩效评价结果不能简单局限在预算支出增减和相关预算项目是否取消这个层次上,而要向更深更广推进。

我国实施预算绩效管理时间不长,尚在探索之中。因此,要突出重点、循序渐进推进全面绩效管理,逐步在制度层面和操作层面建立符合中国国情的广覆盖、多层次、全过程的预算绩效管理体系,统一思想,强化绩效管理观念,形成各部门、各层级、各方面绩效管理的共识和氛围,推动全面实施绩效管理不断深入、深化。

▶ 讨论题

1. 如何完善绩效管理常态机制和特殊时期的应急预算管理机制?
2. 如何提高基层部门的绩效管理水平,科学"减负"?
3. 政府推进预算绩效管理过程中提高财政资金的使用效益时,如何发挥新闻媒介和公众对公共财政资源决策和配置权力的制衡和监督作用?

第四章

财政支出概论

一、习　题

（一）单项选择题

1. 私人物品可以通过市场进行有效率地分配，而（　　）的有效供给通常需要政府配置。
   A. 公共物品　　　B. 私人物品　　　C. 消费品　　　D. 固定资产
2. 政府对公共物品使用者收取费用时，是依据使用者的（　　）。
   A. 纳税状况　　　B. 能力状况　　　C. 受益状况　　　D. 财产状况
3. 财政职能的体现都是更直接地通过（　　）执行的。
   A. 财政支出　　　B. 财政收入　　　C. 财政分配　　　D. 国家补偿
4. 如果学校是政府办的，且办学成本全部通过向学生收费来补偿，则这类学校和教育符合以下（　　）组合。
   A. 公共提供，公共生产　　　B. 公共提供，私人生产
   C. 市场提供，公共生产　　　D. 市场提供，私人生产
5. 在电力、煤气、自来水等行业可采用的公共定价方法是（　　）。
   A. 平均成本定价法　　　　　B. 二部定价法
   C. 边际成本定价法　　　　　D. 负荷定价法
6. 下列有关政府收费的表述正确的是（　　）。
   A. 对"拥挤"的收费，本质上说是对外部成本的一种弥补
   B. 政府收费具有普遍性和强制性
   C. 政府收费标准是通过市场机制确定的
   D. 政府收费所取得的收入主要用于一般性财政支出
7. 解决自然垄断的有效措施是（　　）。
   A. 征税　　　　　　　　　　B. 采取反垄断措施
   C. 公共定价　　　　　　　　D. 收费
8. 政府对产品实行收费，依据的是（　　）。
   A. 产品消费中的外部效益　　B. 产品消费中的内部效益
   C. 产品消费中的内部成本　　D. 产品消费中的外部成本

（二）多项选择题

1. 准公共物品的提供方式包括（　　）。

A. 政府授权经营　　B. 政府参股　　C. 政府补助　　D. 市场流通
2. 政府直接制定的( )行业的价格,称为纯公共定价。
　　A. 能源　　　　　B. 通信　　　　C. 石油　　　　D. 原子能
3. 政府规定的( )行业的价格,称为管制定价或价格管制。
　　A. 金融　　　　　B. 农业　　　　C. 高等教育　　D. 医药
4. 公共定价体系包含的定价要素有( )。
　　A. 费用结构　　　B. 需求结构　　C. 负荷情况　　D. 总成本
5. 财政支出效益内涵包含的三个层次内容是( )。
　　A. 内源性效益　　B. 外源性效益　C. 部门绩效　　D. 单位绩效
6. 公共定价的一般方法包括( )。
　　A. 平均成本定价法　　　　　　　B. 二部定价法
　　C. 负荷定价法　　　　　　　　　D. 市场定价法
7. 私人提供的公共物品有( )。
　　A. 国防　　　　　　　　　　　　B. 慈善事业
　　C. 城市污水处理　　　　　　　　D. 采取BOT方式的公共项目
8. 财政支出效率着重包括( )。
　　A. 财政资源配置效率　　　　　　B. 纯公共物品的生产效率
　　C. 准公共物品的生产效率　　　　D. 收入分配效率
9. 下列行业普遍采用二部定价法计价的有( )。
　　A. 电力　　　　　B. 天然气　　　C. 电话　　　　D. 自来水

(三) 判断题

1. 税收是保证纯公共物品供给成本得到补偿的最好途径。　　　　　　　　( )
2. 准公共物品最终选择哪种提供方式,取决于税收成本和税收效率损失同收费成本和收费效率损失的对比。　　　　　　　　　　　　　　　　　　　　　　( )
3. 公共物品的私人提供问题可以通过明晰经济资源的产权关系的办法来解决。( )
4. 公共提供等于公共生产。　　　　　　　　　　　　　　　　　　　　　( )
5. 提高财政支出的使用效益是财政支出管理的核心问题。　　　　　　　　( )
6. 若某一产品具有非竞争性和非排他性,则该产品只能由政府来提供和生产。( )
7. 公共定价的对象不仅包括国家机关和公共部门提供的公共物品,而且包括私人部门提供的公共物品。　　　　　　　　　　　　　　　　　　　　　　　　( )
8. 公共定价主要包括纯公共定价和管制定价。　　　　　　　　　　　　　( )
9. 如果一种产品具有非竞争性和排他性,则它不会由私人部门来生产,而必须由政府部门负责生产。　　　　　　　　　　　　　　　　　　　　　　　　( )

(四) 名词解释

1. 免费搭车
2. 公共提供
3. 公共定价
4. 影子价格

5. BOT 方式和 PPP 方式

(五) 简答题

1. 简述准公共物品的两种不同类型和有效提供方式。

2. 什么是外部效应？请举例说明。

3. 一般来说，纯公共物品只能由政府来提供，请解释其理由。

(六) 论述题

1. 试述准公共物品的有效提供方式。

2. 试述公共定价的方法及其实用性。

3. 试述财政支出的配置效率。

二、习题解答

(一) 单项选择题

1. A **2**. C **3**. A **4**. C **5**. D **6**. A **7**. C **8**. B

(二) 多项选择题

1. ABC **2**. ABCD **3**. ABCD **4**. ABC **5**. ACD

6. ABC **7**. BCD **8**. ABC **9**. ABCD

(三) 判断题

1. √ **2**. √ **3**. √ **4**. × **5**. √

6. × **7**. √ **8**. √ **9**. ×

(四) 名词解释

略。

(五) 简答题

略。

(六) 论述题

略。

三、案例分析

案例 4-1　全方位　全过程　全覆盖——开展 PPP 项目全生命周期绩效管理

2020 年 3 月 31 日，政府和社会资本合作（下文统称 PPP）市场翘首以盼的文件发布了。《政府与社会资本合作项目绩效管理操作指引》（以下简称 PPP 绩效管理政策）终于千呼万唤始出来。

此前，在《中共中央国务院关于全面实施预算绩效管理的意见》里曾提及，应完善全方位、全过程、全覆盖的 PPP 绩效管理政策。财政部预算司绩效管理处相关负责人表示:"PPP 绩效管理政策对政府和社会资本合作项目绩效管理提出明确要求,其出台为 PPP 项目提质增效、维护合作方合法权益提供了制度保障,具有里程碑意义。"

(一)促进 PPP 项目提质增效

据了解,PPP 绩效管理政策共分为六章二十七节,规范了 PPP 项目全生命周期绩效管理工作,明确了参与主体、内容要求、工作程序等要素,统一了实施机构、项目公司、社会资本各方绩效评价管理的指标体系和制度标准。同时,全面梳理了绩效管理全过程各环节工作内容和程序,推动了 PPP 项目的提质增效。

PPP 项目的提质增效,有助于各地政府进一步推动 PPP 模式高质量发展,规范了政府与社会资本合作项目全生命周期绩效管理,提高公共服务供给质量和效率,保障合作各方合法权益,有助于整个财政的绩效管理、公共服务的长远发展。

河北省财政厅党组成员、副厅长靳海增说:"PPP 绩效管理政策非常及时,非常重要,对地方开展 PPP 项目绩效管理具有很强的指导性和可操作性。科学完整有效的绩效管理体系是高质量 PPP 项目的最核心特征,是项目顺利成功实施的重要保障。"靳海增认为,随着大量 PPP 项目进入运营期,PPP 绩效管理政策可以更好地指导地方进一步落实 PPP 按效付费原则,完善项目全生命周期绩效管理机制,确保项目规范运作实施。有利于各地用好"绩效评价"指挥棒,推动社会资本持续加强项目管理和创新,提高投资建设运营效率,促进公共服务供给质量和效率的提升。

广西壮族自治区财政厅党组成员、副厅长王代玉表示,PPP 绩效管理政策为各地实施 PPP 项目全生命周期绩效管理提供了明确的政策指导,符合当前全面实施预算绩效管理的要求,是完善 PPP 管理制度体系、推动 PPP 规范发展的一项重要举措。王代玉表示,广西将积极践行项目绩效管理,强化"花钱必问效"导向,将有限的财力用在刀刃上,提高财政资金使用效益,为百姓提供高质量的公共产品和服务。

山西省财政厅地方金融处处长刘振龙告诉记者,2019 年山西省先行先试,在全国率先发布了 PPP 绩效管理政策,山西省 PPP 促进会配合编制了绩效评价操作手册,为全省绩效评价提供了行业参考。PPP 绩效管理政策的出台,将进一步促进全国 PPP 项目绩效管理各项工作的规范化建设,提高公共服务供给的质量和效率,保护各方合法权益,为 PPP 事业的行稳致远保驾护航。

山东省财政厅 PPP 管理中心负责人唐宁认为,PPP 绩效管理政策对推进 PPP 在新形势下高质量可持续发展提供了制度遵循。山东将紧紧围绕该绩效管理指引及相关文件,着力推动 PPP 项目绩效管理标准科学、程序规范、方法合理、评价客观、举证公平、结果可信,不断提高公共服务供给质量和效率,切实维护合作各方合法权益,保障 PPP 模式在山东行稳致远。

云南省 PPP 中心主任杨捷认为,PPP 绩效管理政策为 PPP 项目绩效评价和管理工作提出了规范要求和具体指导,有利于提高财政资金的精准和效益,发挥更积极的财政政策作用,充分体现 PPP 按效付费、风险共担的初心,对于促进 PPP 项目规范高质运行,不断提高公共服务供给质量和效率,推进 PPP 规范持续健康发展具有重大的现实意义和深远的历史意义。

上海市财政局金融处副处长纪鑫华认为,PPP模式始终强调按效付费,是财政资金加力提效的重要手段。PPP绩效管理政策进一步明确了PPP项目全生命周期内在目标设定、监控评价和按效付费等各环节的绩效管理要求,细化了评价流程、规范了指标体系、夯实了管理基础,将有利于PPP模式体制机制优势的充分发挥。

除了地方政府外,PPP市场中的各咨询机构纷纷表示PPP绩效管理政策实现了PPP激励相容和按效付费的精髓,是完成PPP项目"服务生产—产出物交付与验收—按效付费"基本循环的重要内容。

北京中泽融信管理咨询有限公司董事总经理赵仕坤认为,PPP绩效管理政策具有真正的实操指导作用,对我国PPP事业的行稳致远具有里程碑式的意义。通过PPP绩效管理,政府真正实现产出与绩效挂钩,切实做到按效付费,进而推动公共服务提质增效。

济邦咨询公司董事长张燎分析,PPP绩效管理政策首次对这一管理过程做了规范。张燎认为,正确的理解和操作是:PPP项目绩效管理必须以PPP合同条款为载体,以约定绩效指标为准据,及时考核达效付(收)费,实现PPP监管的针对性和轻量化。

北京市中伦(上海)律师事务所合伙人周兰萍坦言:作为PPP项目的核心内容,一直以来绩效考核都是项目参与各方关注的重点,也是实操中的难点。PPP绩效管理政策强调了对于PPP项目全生命周期内绩效目标的管理和评价,从绩效目标和指标管理、绩效监控、绩效评价到结果应用全方位建立了完整的PPP绩效考核体系,有利于PPP项目的整体规范,也可避免实践中因缺少实施细则而导致的争议。

中央财经大学PPP治理研究院院长曹富国总结了PPP绩效管理政策出台的背景和意义。他表示,全面实施预算绩效管理,在公共服务领域推广社会资本合作模式改革都是国家治理体系和治理能力现代化的里程碑式改革,其中后者的一个典型特征是"按效付费",因而是前者的先行军和试验田。PPP绩效管理政策的发布,将这两项重大改革进一步有效结合起来,对进一步推动我国全面高质量发展和法治进步有深远的重大。

(二)视社会资本为平等主体,政府按绩效付费

PPP绩效管理政策的第二大亮点是视社会资本为平等主体,政府按绩效付费。云南云岭工程造价咨询有限公司董事长杨宝昆认为,PPP绩效管理政策覆盖了PPP参与各方,并适用于所有类型的PPP项目。这是财政部构建"法律+政策+操作指引+合同"四位一体的PPP制度体系,完善PPP底层治理,通过建立标准体系,打通PPP最后一公里,实现PPP激励相容、按效付费精髓,提高PPP项目运行成效和可持续发展目标的重要文件。

北京大学PPP研究中心执行主任兼秘书长邓冰表示,PPP是长周期的政社合作模式,其核心理念之一是真运营,运营的重要保障就是全生命周期绩效管理。"此次财政部发布的PPP绩效管理政策,将有效巩固PPP运营理念的基础,提升项目运营期的服务质量,加强社会资本方在运营中的信心,规范各PPP服务机构对项目绩效管理的标准,对中国PPP事业的健康发展具有重要的意义。"邓冰说。

PPP资产交易和管理平台副主任、天津金融资产交易所总裁丁化美表示,PPP绩效管理政策除了为PPP项目持续有效运营提供了标准外,还为PPP项目再融资和再融资市场深化奠定了坚实基础。同时对于项目进入运营期之后的绩效评价指标等框架设计,为项目后续实现PPP资产交易、交易后项目运营效益,以及PPP资产通过证券化等进入标准化资产交易市场提供了连续性、统一性和更加具象且多维的评价指标。

谈及 PPP 绩效管理政策如何约束与保障各 PPP 项目参与方权利时,上海交通大学 PPP 研究中心咨询部主任赵国华认为,PPP 绩效管理政策强化了 PPP 项目绩效管理中政府机构、社会资本方等各参与方的组织保障与双向考核约束,提升了项目运行的质量、效率、公平与透明度。该指引为 PPP 行业的科学规范化管理注入了强心剂,相信对 PPP 行业的高质量、可持续发展有很强的积极推进作用。北控水务集团水环境投资中心负责人徐东升也认为,PPP 绩效管理政策的发布,必将进一步提升 PPP 项目全生命周期绩效管理和服务产出水平,有利于 PPP 的长远发展。

此外,随着大量 PPP 项目进入实施阶段,尤其是很多项目已进入付费周期,PPP 绩效管理政策为政府和社会资本双方正常履行合同提供支持。大岳咨询有限公司总经理金永祥认为,PPP 绩效管理政策起到为 PPP 保驾护航的作用,避免 PPP 作为一项经济政策虎头蛇尾和烂尾现象发生,同时也传递了政府继续推进 PPP 的政策信号,有利于坚定地方政府推动 PPP 的信心和有关各方参与 PPP 的信心,在受疫情影响实现六稳目标方面具有极其重要的现实意义。

PPP 绩效管理政策还规定了项目实施机构应及时公开绩效评价结果,对发现的自身问题及时整改,将绩效评价结果纳入其工作考核范畴等一系列管理和监管措施。锦天城律师事务所合伙人刘飞认为,将实施机构纳入 PPP 项目绩效考核的范畴,将大大提升政府方在 PPP 项目实施过程中的履约信誉,并督促实施机构对 PPP 项目进行主动管理和严格监督。

(三) 长效创新机制的里程碑

不少专家坦言,此次发布的 PPP 绩效管理政策可称为 PPP 市场建立长效创新机制的里程碑,尤其凸显了奖惩机制和争议解决机制。当然,在实施过程中考虑到 PPP 项目类型较多且合作期较长,中建集团投资部总经理谢建辉建议,绩效指标体系应分类型、分专业进行细化,并探索合作期内的调整机制。

财政部政府与社会资本合作政策咨询专家,中国财政科学研究院政府绩效研究中心主任、研究员王泽彩认为 PPP 绩效管理政策在落实新基建计划、适当提高财政赤字率,发行特别国债等方面,预期将进一步激发或扩大政府与社会资本合作积极性,有利于践行积极财政政策更加积极有为目标取向,成为后疫情时代经济社会复苏中不可或缺的内生动力。

同时,王泽彩认为 PPP 绩效管理政策可以有效对冲或降低 PPP 项目各参与主体的公共风险。"PPP 绩效管理政策通过定期绩效评价和问责,强化了提高政府与社会资本合作项目落地率的可行性,将有效释放社会资本积极参与基础设施、公共产品、公共服务等供给的潜在效能。"王泽彩说。

北京明树数据科技有限公司总裁肖光睿认为 PPP 绩效管理政策给实践中许多模糊不清的操作有了清晰的指引,在组织保障中强调了 PPP 综合信息平台的作用。针对 PPP 绩效管理长周期、多角色的特点,绩效管理软件等信息化工具可以在提升管理效率,促进各方监督方面发挥更大作用,并可通过实践积累反哺优化行业绩效指标体系。

同时,不少专家从金融的角度解读 PPP 绩效管理政策如何助推长效创新机制发展。上海浦东发展银行股份有限公司 PPP 中心副主任郑大卫认为,由于相对缺乏行业背景、项目管理、专业技术方面能力,过去对 PPP 绩效管理不够关注。他建议,一是在选择项目时,要关注社会资本,确保其具备PPP合同约定的相关项目建设和运营履约能力;二是在融资前项目评估时,应针对不同绩效考核结果对付费影响进行财务敏感性分析,分析项目的收入和偿债现金流的保障能力,确保财务可行性;三是在融资后管理中,应该借助PPP综合信息平台等大数据平台跟踪绩效考核和按效付费的结果,确保项目融资的安全性。

中国农业银行总行信用管理部陈佳炜认为,随着PPP项目的持续落地,大量建设期和运营期的PPP项目面临绩效考核,PPP绩效管理政策在如何建立项目绩效目标、绩效指标体系,如何开展项目绩效评价等关键领域进行了科学、专业的规范,是PPP项目参与各方在绩效管理方面的重要指导文件,对推动PPP项目发展具有重要作用。

中国银行绩效管理部门相关负责人表示,在PPP项目绩效管理中,中国银行注重贯彻落实绿色信贷理念,积极响应国家对重点区域和重点领域的战略要求,针对不同地区、不同行业分类施策。在项目和客户准入上坚持合规和商业可持续的底线,在过程管理中综合考虑工程建设进度及使用情况,坚持审慎评估风险、加强穿透式审查,注重项目的全生命周期的管理。

此外,PPP绩效管理政策第二章节《PPP项目绩效目标与绩效指标管理》中提道:"绩效目标应符合区域经济、社会与行业发展规划,与当地财政收支状况相适应,以结果为导向,反映项目应当提供的公共服务,体现环境-社会-公司治理责任(ESG)理念。"ESG,即环境、社会和公司治理。相关专家预期,ESG指标与PPP模式相契合,这为我国PPP模式未来的发展提供更多可能性。

参考资料来源:《全方位 全过程 全覆盖——开展PPP项目全生命周期绩效管理》(http://www.cpppc.org/PPPyw/1642.jhtml);《政府和社会资本合作(PPP)项目 绩效管理操作指引》(http://czj.pds.gov.cn/contents/12713/280706.html);《独家|PPP项目全生命周期绩效管理体系的构建与思考——PPP绩效管理系列专题(二)》(https://zhuanlan.zhihu.com/p/37778246)。

附 4-1：PPP 项目全生命周期绩效管理导图

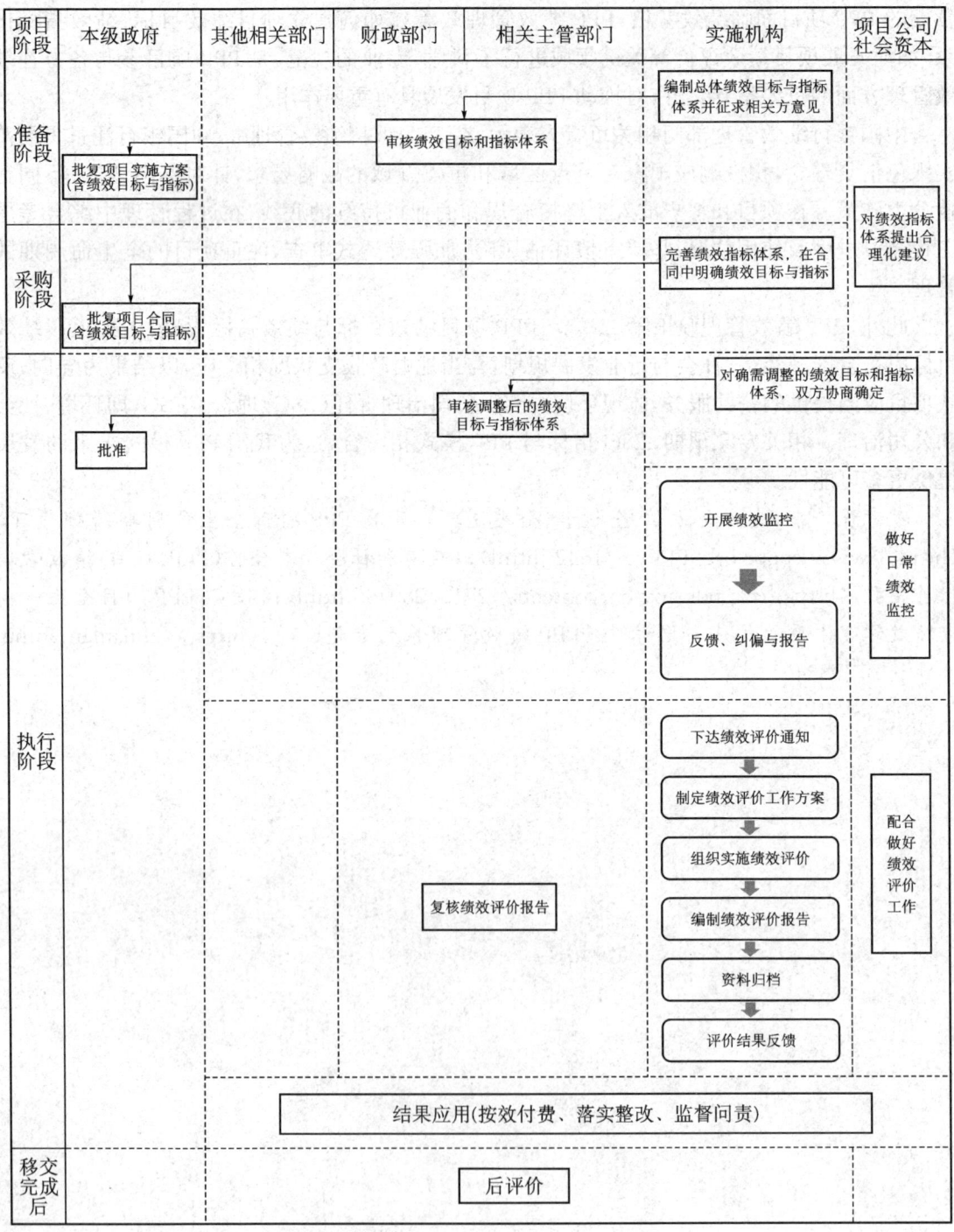

附 4-2：
PPP 项目绩效评价工作方案（参考）

PPP 项目绩效评价工作方案

（参考）

一、项目基本情况

（一）项目概况。

（二）项目产出说明。

（三）绩效目标和指标体系。

PPP 项目合同约定的绩效目标与指标体系、年度绩效目标与指标体系及调整情况。

（四）项目主要参与方。

说明项目主要参与方职责及参与情况，主要参与方通常包括项目公司（社会资本）、项目实施机构、相关主管部门及其他相关政府部门，项目服务对象及社会公众等其他相关方。

（五）项目实施情况。

项目实施进展情况、实施内容调整及变更情况等。

二、绩效评价思路

（一）绩效评价目的和依据。

确定评价工作基本导向，明确绩效评价工作开展所要达到的目标和结果。

评价依据通常包括 PPP 项目合同，项目相关法律、法规和规章制度，相关行业标准及专业技术规范等。

（二）绩效评价对象和范围。

评价对象为 PPP 项目，评价范围包括项目产出、项目实施效果和项目管理等。

（三）绩效评价时段。

项目本次被评价的时间范围，应明确具体的起止时间。

（四）绩效评价方法。

明确开展绩效评价所选用的相关评价方法及原因。

三、绩效评价组织与实施

（一）明确项目负责人及项目团队的职责与分工。

（二）明确各个环节及各项工作的时间节点及工作计划。

（三）明确绩效评价工作质量控制措施。

四、资料收集与调查

明确开展绩效评价工作所需的资料收集与调查方案，包括资料收集内容与途径、数据资料来源以及具体的调查方法。

调查方法通常包括案卷研究、实地调研、座谈会及问卷调查等，应当尽可能明确调查对象、调查方法、调查内容、调查时间及地点等。如果调查对象涉及抽样，应当说明调查对象总体情况、样本总数、抽样方法及抽样比例。

五、相关附件

通常包括资料清单、数据填报格式、访谈提纲及调查问卷等。

附 4-3：
PPP 项目绩效评价报告（参考）

PPP 项目绩效评价报告
（参考）

一、项目基本情况

（一）项目概况。

简述项目背景、PPP 模式基本安排，包括基本信息、运作模式、回报机制、交易结构等内容。

（二）项目绩效目标。

（三）项目主要参与方。

（四）项目实施情况。

其包括项目实施的具体内容、范围、计划及进展情况等。如果项目内容在实施期内发生变更，应当说明变更的内容、依据及变更程序。

（五）资金来源和使用情况。

项目资金来源与使用情况、投融资管理情况、财务管理状况、预算情况等。

二、绩效评价工作情况

（一）绩效评价目的。

（二）绩效评价对象、范围与时段。

（三）绩效评价工作方案制定过程。

（四）绩效评价原则与方法。

（五）绩效评价实施过程。

（六）数据收集方法。

（七）绩效评价的局限性（如有）。

三、评价结论和绩效分析

（一）评价结论。

（二）绩效分析。

对项目产出、效果和管理指标进行分析和评价。

在对绩效指标进行分析和评价时，要充分利用评价工作中所收集的数据，做到定量分析和定性分析相结合。绩效指标评分应当依据充分、数据使用合理恰当，确保绩效评价结果的公正性、客观性、合理性。

四、存在问题及原因分析

通过分析各指标的评价结果，总结项目存在的不足及原因，明确责任主体，为提出相关建议奠定基础。

五、相关建议

通过综合考虑各指标的评价结果，有针对性地对项目存在的不足提出改进措施和建议。措施或建议应当具有较强的可行性、前瞻性及科学性，有利于促进和提高项目绩效水平。

六、绩效评价报告使用限制等其他需要说明的问题。

七、评价主体签章

绩效评价报告应当由评价主体加盖公章。

八、相关附件

通常包括主要评价依据、实地调研和座谈会相关资料、调查问卷汇总信息及其他支持评价结论的相关资料。

附 4-4：
PPP 项目建设期绩效评价共性指标框架（参考）

PPP 项目绩效评价共性指标框架（参考）——建设期

一级指标		二级指标	指标解释
项目公司（社会资本）绩效评价（100 分）	产出	竣工验收	评价项目是否通过竣工验收及竣工验收情况
	效果	社会影响	评价项目建设活动对社会发展所带来的直接或间接的正负面影响情况。如新增就业、社会荣誉、重大诉讼、公众舆情与群体性事件等
		生态影响	评价项目建设期间对生态环境所带来的直接或间接的正负面影响情况。如节能减排、环保处罚等
		可持续性	评价项目公司或社会资本是否做好项目运营准备工作。如资源配置、潜在风险及沟通协调机制等
		满意度	政府相关部门、项目实施机构、社会公众（服务对象）对项目公司或社会资本建设期间相关工作的满意程度
	管理	组织管理	评价项目公司组织架构是否健全、人员配置是否合理，能否满足项目日常运作需求
		资金管理	评价社会资本项目资本金及项目公司融资资金的到位率和及时性
		档案管理	评价项目建设相关资料的完整性、真实性以及归集整理的及时性
		信息公开	评价项目公司或社会资本履行信息公开义务的及时性与准确性
项目实施机构绩效评价（100 分）	产出	履约情况	评价项目实施机构是否及时、有效履行 PPP 项目合同约定的义务
		成本控制	评价项目实施机构履行项目建设成本监督管控责任的情况。（注：PPP 项目合同对建设成本进行固定总价约定的不适用本指标）
	效果	满意度	社会公众、项目公司或社会资本对项目实施机构工作开展的满意程度
		可持续性	评价项目实施机构是否为项目可持续性建立有效的工作保障和沟通协调机制
	管理	前期工作	评价项目实施机构应承担的项目前期手续及各项工作的落实情况
		资金（资产）管理	评价项目实施机构股权投入、配套投入等到位率和及时性

(续表)

	一级指标	二级指标	指标解释
项目实施机构绩效评价（100分）	管理	监督管理	评价项目实施机构是否按照PPP项目合同约定履行监督管理职能。如质量监督、财务监督及日常管理等
		信息公开	评价项目实施机构是否按照信息公开相关要求及时、准确公开信息

备注：可根据项目行业特点与实际情况等适当调整二级指标，细化形成三级指标。

案例点评

PPP绩效管理政策对政府和社会资本合作项目绩效管理提出明确要求，为PPP项目提质增效、维护合作方合法权益提供了制度保障，具有里程碑意义。

绩效考核是PPP项目中政府向项目公司（社会资本）付费的主要依据。现阶段，部分PPP项目缺乏独立的PPP绩效评价主体、考核内容较为单一，考核阶段相对零散、没有覆盖项目的全生命周期，没有形成统一的考核体系，无法有效地衡量项目是否取得成效。近年来，政府有关部门出台了一系列的政策文件要求建立PPP项目的绩效考核机制，如财金〔2016〕92号文、发改投资〔2016〕2231号文、财金〔2017〕76号文，财办经〔2017〕92号文等，进一步强调了建立PPP项目绩效考核机制的重要性。建立PPP项目全生命周期绩效管理体系，不仅符合政府的政策要求，而且符合PPP项目的发展现状，有利于全面客观的评价项目公司（社会资本）提供服务的质量及效率，是PPP项目中利益与风险分配的关键所在。

PPP绩效评价，是指项目实施机构会同行业主管部门，根据PPP项目合同约定，定期对项目建设、运营服务进行绩效评价，绩效评价结果作为项目公司或社会资本方取得项目回报的依据。根据项目所处的不同阶段和特点，考核小组依据事先设定的评价指标，对项目公司的组织管理、经营情况、财务情况、项目实施情况、环境保护及安全管理等进行考核与评价。

PPP项目绩效评价目的是加强对项目公共产品的服务质量和价格的监管，保障所提供公共产品的质量和效率；同时，根据评价结果，依据合同约定对价格或补贴等进行调整，激励社会资本通过管理创新、技术创新提高公共服务质量。PPP项目绩效评价应遵循4E原则：经济性（Economy）、效率性（Effectiveness）、效果性（Efficiency）、社会公平（Equity）。

PPP项目的绩效管理是一个庞大的系统工程，可以通过借鉴全面质量管理的PDCA循环原理搭建PPP项目绩效管理的基本框架。PDCA循环原理，是一个持续改进模型，它包括持续改进与不断学习的四个循环反复的步骤，即计划（Plan）、执行（Do）、检查（Check/Study）、处理（Act）。实践已经证明其对PPP项目绩效管理能起到非常好的作用。

基于PDCA循环原理，PPP项目绩效管理从纵向可以分为四个步骤：

P—绩效计划；D—绩效实施/辅导；C—绩效评价；A—绩效反馈与应用。

四个步骤有序推进，一个PPP项目绩效管理结束，下一个周期开始，如此循环，形成一种绩效改进的惯性力量并建立起一个完整的闭环系统，以保证PPP项目绩效的持续改善。

1. P(Plan)——PPP项目绩效计划

制定PPP项目绩效计划,是执行PPP项目绩效评价首要环节,是PPP项目管理者和其他利益相关方共同讨论以确立考核期内该完成的工作和达成预期成果目标的过程,其主要工作包括PPP项目绩效指标的选取、绩效标准的制定或绩效目标的制定。

根据实际情况,对于绩效评价的标准,项目可以选择该项目所在领域的示范项目作为标准,也可以根据行业内平均运行水平以及绩效水平作为参考。

PPP项目的绩效计划不是静态的概念,而是随着项目的实施动态调整的,尤其是对于各个考核方面的主要负责人而言,绩效的考核是随着项目的实施动态跟进,并朝着目标绩效方向不断接近。

2. D(Do)——绩效管理实施/辅导

绩效管理实施控制的好坏直接影响到绩效计划是否能够顺利执行,在整个PPP项目绩效管理过程中绩效实施贯穿整个绩效管理周期,耗时最长。这个阶段,主要的工作是PPP项目绩效沟通和数据的收集与记录。通过过程考核台账记录、设施现场维养状况考评、调查问卷等获得绩效考评依据,对于绩效整个过程的数据收集,需要事先落实部门责任,加强参与各方的沟通,才能够使获得的数据和记录真实和客观,对于一些带有主观的判断,如公众满意度考评,数据的收集要尽量地加大取样量,使要反映的指标定量、客观。

3. C(Check)——绩效评价

绩效评价是PPP项目绩效管理的核心环节,是绩效管理过程中最富有挑战性和难度最大的阶段。PPP项目绩效计划的实施成效如何,只能通过绩效评价才能表现。绩效评价的步骤包括制定绩效评价的关键指标、选择评价主体与方法以及对评价活动的开展与评价数据的处理。

4. A(Act)——绩效反馈与应用

绩效考核具体来说就是绩效评价结果的反馈与应用。它是一个绩效管理周期的终点和下一个周期的起点,在绩效周期结束的时候,依据预先制定好的关键绩效指标,评价主体或者委托外部专家对PPP项目的绩效目标的完成情况进行考核。绩效考核即是根据绩效计划阶段的关键绩效指标、绩效实施过程中所记录的实际绩效数据(如过程台账、经营指数、财务指数等),对评价结果进行如实的反馈,并采取相应的激励和惩罚措施,以此来提高下一阶段PPP项目的绩效考核结果。政府财政部门,根据绩效评价结果,按效付费。

讨论题

1. PPP项目绩效评价主体为委托的第三方绩效评价服务机构时,如何保证第三方机构具备足够的公信力和较高的专业水准,能够提供政府方和社会资本方认可的公正公平绩效结果?

2. PPP项目绩效评价在不同的项目阶段和时点,应该分别侧重哪些考核依据和考核要求?

3. PPP项目绩效评价如何加强对项目公共产品的服务质量和价格的监管,保障所提供公共产品的质量和效率?

案例 4-2　碧海蓝天也是金山银山——浙江省温州市洞头区 PPP 模式打造海洋生态廊道

PPP 已成为我国推动基础设施建设的主要模式之一。2013 年以来，我国 PPP 发展经历了试点探索、推广规范、普及应用的发展历程，截至 2019 年年底，财政部 PPP 中心的全国 PPP 综合信息平台管理库入库项目总投资规模达到 14.39 万亿元，是 2014—2019 年全社会基础设施投资（74.27 万亿元）的 19.38%。

在各方努力之下，PPP 市场营商环境在不断优化。2019 年党中央、国务院对国内营商环境进行了大规模整治，推进政府职能转变和深化"放管服"改革，为 PPP 的发展营造了良好的市场环境。2019 年我国发布首部针对营商环境优化的行政法规《优化营商环境条例》，把优化营商环境纳入法治化轨道。

作为优化营商环境的重要内容之一，2019 年多地推进建设项目审批制度改革，国务院发布《关于全面开展工程建设项目审批制度改革的实施意见》（国办发〔2019〕11 号），对工程建设项目审批制度实施全流程、全覆盖改革，压缩全国工程建设项目审批时间至 120 个工作日以内。

同时，社会信用体系建设提速，推进全过程信用监管。住建部深入推进建筑业"放管服"改革，承诺制升级；加快推行投标担保、履约担保、工程质量保证担保和农民工工资支付担保。发改委推送并应用市场主体公共信用综合评价结果，将评价结果纳入地方信用信息平台作为共享信息进行管理。此外，国务院全面加大政府信息公开力度，制定《政府信息公开条例》，要求积极扩大、主动公开。2019 年末，发改委发布《中华人民共和国招标投标法（修订草案公开征求意见稿）》，推进招投标领域简政放权，提高招投标公开透明度和规范化水平，解决低质低价中标问题，着手优化招标投标市场营商环境。

近期，国务院办公厅发布《关于对 2017 年落实有关重大政策措施真抓实干成效明显地方予以督查激励的通报》（国办发〔2018〕28 号），对推广政府和社会资本合作（PPP）模式工作有力、社会资本参与度较高的 27 个市、县（市、区、旗）予以督查奖励。2018 年对表彰市、县（市、区、旗）在 PPP 项目以奖代补政策评审时予以优先支持，对于进入中央财政 PPP 示范项目名单且通过评审的新建项目，投资规模 3 亿元以下的项目奖励 300 万元，3 亿元（含 3 亿元）至 10 亿元的项目奖励 500 万元，10 亿元以上（含 10 亿元）项目奖励 800 万元；对表彰市、县（市、区、旗）在 2019 年安排中央预算内投资 PPP 项目前期工作专项补助时给予优先倾斜和支持。中国财经报社 PPP 版对表彰市、县经验做法进行"国务院表彰的推广 PPP 模式有力市县"专题宣传。

2018 年，在国务院表彰的推广 PPP 工作有力、社会资本参与度较高的市、县（市、区、旗）中，浙江省温州市洞头区榜上有名，成为浙江省内唯一入选地区。从立项到建设短短 3 年时间，洞头生态廊道已呈现"海上廊道"美景，昔日脏乱的洞头东岙（音奥，四声）沙滩成了游客们争相拍照的"网红"之地。洞头区这场改善生态环境、造福百姓的海洋生态廊道整治修复战役，是如何打赢的？

"靠海吃海"不能竭泽而渔

"洞天福地，从此开头。"这是中国台湾诗人余光中在洞头游览时留下的佳句。黄昏时分,记者在洞头区东沙村看到,整洁的沙滩被阳光涂抹上了一层金黄色,海浪拍打着岸边的礁石,晚风和煦、空气清新令人心旷神怡。

洞头县素有"百岛县"之称,大大小小的岛屿撒播在万顷碧波之中,资源丰富景色宜人。但在过去几年里,洞头区近岸海域环境问题突出,陆源污染严重,滨海湿地面积缩减,自然岸线减少,海岛岛体受损……

让人难以想象的是,在2016年之前,这里的海岸却是光秃秃一片,满地都是污泥和乱石。"那时候为了建房子方便,村民都从海边挖沙子、搬石头,海岸上只剩下一片乱石子,走路都很难。"东沙村村民说。

不仅如此,光秃秃的岸滩不仅无法阻挡台风携来的海浪,还对村民的生产生活造成了很大威胁。村民刘用元说:"台风季节,海水经常灌进屋子里,冰箱等家电都能浮起来。"

除了出海捕鱼,洞头的村民竟然想出了依靠变卖礁石和沙子获取收入的办法。长此以往,1.84万平方米的沙滩将消失殆尽。原本靠海吃海的洞头县百姓,被人笑称"竭泽而渔"。"那时的沙滩已经变成了一片杂乱无章的砂砾质滩,污水横流,环境很差。"忆起当年,东沙村党支部书记陈华良感慨不已。

痛定思痛,当地政府开始意识到,只有搞好生态文明建设,合理开发利用自然资源,才能让百姓真正得实惠。

2016年,总投入8亿元的洞头区海洋生态廊道整治修复工程开工。短短3年时间,人们欣喜地发现,赤潮减少了、海水变清了、不仅沙滩又回到了最初的模样,还增设了不少生态廊道,景观照明、绿化苗木等,扮美了东海海岸,扮靓了海岛渔村,更让沿海环境步入生态友好的良性循环。"环境好了,大家便舍不得把它破坏掉。"陈华良见证着这一变化。

当然,东沙村的变化只是洞头全力海洋生态廊道整治修复工程的一个缩影。洞头区财政局副局长邱蔡芬芬告诉记者,洞头区本岛海洋生态廊道整治修复工程包括六大类共26个子项目,其中道路工程类2个、道路工程绿化提升类2个、村落环境类10个、节点打造类10个、矿山边坡治理类2个。包括一环一轴慢道以及一环一轴慢道周边绿化提升、2个湿地公园、大王殿村、东沙村、双垄村村落改造、梅花礁和旭日礁公园等。

通过海陆并进的岸线资源整治修复以及沿线村居改造升级,目前洞头已经打造了包括东沙村在内的一批具有浓郁地域特色的海洋生态村庄。

"能在家门口吹海风、玩沙子,仿佛回到了小时候的样子。"在村里经营渔家乐的村民王军说。生态廊道修复好之后,引来众多游客,更带动了渔家乐民宿产业的红火发展。不少原本离去的村民,再度回到村里,办起了民宿。"生态廊道修复后,今年营业额至少翻一倍。"对于今后的发展,王军满怀信心。

探索"PPP + 海洋生态修复"新路径

海岸线变靓了、村容村貌变净了、海岛变美了。美丽海岛轮廓逐步呈现,引来大批客商投资,渔民逐步实现转产转业,不少沿海地区都想来学习"洞头经验"。如何将"洞头经验"变得可复制、可推广? 温州市财政局副局长张国光告诉记者,洞头的经验,不只是那些看得见摸得着的,其背后更是转变思维方式。洞头成功的一个重要原因,就是开辟了社会资本参与海洋生态修复的新路径。

自2015年底首个投资额16亿元的PPP项目签约以来,洞头区目前已累计签约7个项目,总投资达 48.8 亿元,已签约 PPP 项目数约占温州全市总数的三分之一。而海洋生态修复项目,则成为全国首个入财政部 PPP 项目库的示范项目。

谈及为什么要采用 PPP 模式修复海洋生态,邱蔡芬芬说:"PPP 项目的签约落地,一是有利于区域经济的发展,现阶段我区财力有限,通过社会资本的参与可以加速区域经济的发展。二是有利于政府职能的转变,将政府由公共产品的提供者变成了监管者。三是有利于深化财政体制改革,因为 PPP 项目的合作期限都比较长,一般都是 10 到 30 年之间。可以通过在一定期限内分摊公共资源的投入,减缓财政的压力,有效地防范和化解地方性政府债务的风险。"

此外,洞头人的变通还体现在项目实施的灵活性上。邱蔡芬芬告诉记者,海洋生态廊道整治修复工程会根据子项目实施的成熟程度划分为 A、B 类,其中 A 类为近期必须实施的子项目,B 类为未来可能实施的子项目,B 类项目成熟一个建一个,既为今后 PPP 项目实施提供了快速通道,又解决了当前财政承受能力问题。

PPP 项目的最终推广是在项目落地上,洞头区领导班子非常重视 PPP 项目实施方案的编制工作。邱蔡芬芬告诉记者,"我们采用 1+N 的模式,以实施机构为主体,同时联合相关参与项目的单位,比如社会投资人、金融机构,让他们都参与其中。如此一来,在项目实施阶段,就会提高项目实施方案的认可度和项目签约落地率。"邱蔡芬芬说。

碧海蓝天也是金山银山

以海为美,拥海而兴,生态护海。洞头成功入选了全国十大"美丽国家海洋保护区"、国家级海洋牧场示范区、全国平安建设先进区,荣获浙江省首批平安金鼎、浙江省首批无违建区、浙江省首批生态文明建设示范区、浙江省美丽乡村示范区……一项项成绩和一张张金名片,生动诠释努力和收获的真谛。

生态环境的不断改善,也给当地乡村振兴带来了机遇,释放着旅游产业发展带来的红利。洞头人通过实施海洋生态廊道整治修复工程,利用生态杠杆来撬动产业崛起、海岛振兴,让海岛群众换了一种方式靠海吃海,走出一条既彰显海韵,又留得住乡愁的绿色发展道路。

碧海蓝天也是金山银山。作为全国海岛生态修复的样板,洞头模式正在带动着全国越来越多的沿海城市转型升级。今后,随着海洋生态廊道整治修复工程的深入推进,浙江沿海地区乃至中国整个海岸线,将会出现更多的"碧海连天"。

记者一行人离开时正值黄昏,海风清凉而温柔,山脚下白浪逐沙而来,夕阳掩映着海边踏浪的孩子,我们已经看见,一个生态美丽、经济充满活力的洞头正以傲人之姿踏浪而来。

参考资料来源:《碧海蓝天也是金山银山——浙江省温州市洞头区海洋生态廊道整治修复工程见闻》(http://www.cpppc.org/gwybz/998813.jhtml);《生态环境治理仍是 PPP 优先领域》(https://www.h2o-china.com/news/312099.html)。

▶ 案例点评

政府和社会资本合作模式是在基础设施及公共服务领域建立的一种长期合作关系,通常是由社会资本承担设计、建设、运营、维护基础设施的大部分工作,并通过"使用者付费"及必要的"政府付费"获得合理投资回报;政府部门负责基础设施及公共服务价格和质量监管,以保证公共利益最大化。

立足国内实践,借鉴国际成功经验,未来几年,随着我国实施经济逆周期调节,加快推进基础设施"补短板"和"新基建"项目,PPP已成为我国推动基础设施建设的主要模式之一,PPP市场将进一步发展壮大,推广运用政府和社会资本合作模式,对我国加快城镇基础设施建设、提升国家治理能力、构建现代财政制度具有重要意义。

良好的生态环境是最公平的公共产品,是最普惠的民生福祉,生态环境治理项目符合推行PPP模式的基本要求,所以生态环境治理领域一直是PPP重点和优先领域。

针对生态环境治理,政府先后出台了一系列精准政策,包括《关于推进水污染防治领域PPP的实施意见》(财建〔2015〕90号)、《培育发展农业面源污染治理、农村污水垃圾处理市场主体方案》(环规财〔2016〕195号)、《关于政府参与的污水、垃圾处理项目全面实施PPP项目的通知》(财建〔2017〕445号)等。

PPP入库项目投资规模生态环境治理类占到13.69%;采用PPP模式实施的生态环境治理项目投资规模(1.97万亿元),接近3年来全国财政生态环保支出规模(2016—2018年全国财政生态环保相关支出规模累计安排2.45万亿元)。2019年7月1日起施行的《政府投资条例》,明确生态环境保护是政府投资资金投向的重点领域,并提出发挥政府投资资金的引导和带动作用,鼓励社会资金投入。疫情冲击之下,启动新一轮"补短板"投资,PPP将成为推进生态环保等基建补短板领域项目落地实施的主要模式。

2019年中央及各部委出台的与PPP直接相关的政策超过50个,进一步强调对PPP的规范管理,也传达出了中央部门对于规范的PPP项目正面激励的信号。2019年3月,财政部印发《关于推进政府和社会资本合作规范发展的实施意见》(财金〔2019〕10号),旨在在公共服务领域推广运用政府和社会资本合作(PPP)模式,引入社会力量参与公共服务供给,提升供给质量和效率,有效防控地方政府隐性债务风险,充分发挥PPP模式积极作用,落实好"六稳"工作要求,补齐基础设施短板,推动经济高质量发展。

而5月出台、7月实施的《政府投资条例》,是我国在政府投资领域一个最重要、最全面、也最权威的制度规范,政府行为纳入法治化。发改委依托《政府投资条例》发布了《关于依法依规加强PPP项目投资和建设管理的通知》,对于PPP项目在项目可行性论证和审查、项目决策程序、实施方案审核、项目资本金制度、在线审批监管平台、违规失信行为惩戒这6个方面做出明确要求,规范了PPP项目的投资管理程序。

《政府和社会资本合作(PPP)项目绩效管理操作指引(征求意见稿)》《政府和社会资本合作模式操作指南(修订稿)》两大征求意见稿公布。《最高人民法院关于审理行政协议案件若干问题的规定》《政府会计准则第10号——政府和社会资本合作项目合同》,进一步明确PPP协议、支出责任的性质。随着政策的落地实施,我国PPP发展将更加规范,也为生态环境PPP发展营造了良好的政策和市场环境。

讨论题

1. 财政如何建立长效机制,在生态文明建设中,继续鼓励推进PPP模式?
2. 如何提速PPP模式的社会信用体系建设,加强政府在全过程中的信用监管?
3. 为了督查和激励PPP模式实施过程中工作有力、社会资本参与度较高的项目和地方,各级地方政府需要做出哪些努力?

第五章

公共财政支出规模与结构分析

一、习　题

(一) 单项选择题

1. 以下关于财政支出结构的说法,正确的有(　　)。
   A. 财政支出结构与政府职能没有关系
   B. 我国行政管理费用的增加趋势是符合瓦格纳法则的
   C. 随着社会主义经济的确立,我国经济建设支出占财政支出总额的比重大幅下降,不利于财政履行资源配置职能
   D. 在经济发达国家,转移性支出占总支出的比重较小

2. 在公共支出结构中,消耗性支出占较大比重,说明政府注重履行(　　)的职能。
   A. 调节收入分配　　　　　　　　B. 资源配置
   C. 促进经济稳定发展　　　　　　D. 保证社会安定

3. 根据经济发展的变化来解释公共支出增长现象的模型和理论是(　　)。
   A. 公共收入增长引致说　　　　　B. 政府活动扩张法则
   C. 非均衡增长模型　　　　　　　D. 经济发展阶段论

4. 财政支出增长的替代—规模效应理论由经济学家(　　)提出。
   A. 阿道夫·瓦格纳　　　　　　　B. 马斯格雷夫
   C. 皮科克和威斯曼　　　　　　　D. 马斯格雷夫和罗斯托

5. 下列关于瓦格纳法则的说法正确的是(　　)。
   A. 它是德国经济学家阿道夫·瓦格纳和英国经济学家皮科克共同提出的一种财政支出扩张论
   B. 美国财政学家马斯格雷夫将其阐述为财政支出的绝对增长
   C. 这是一个经验法则,但能描述包括我国在内的大部分国家半个世纪以来的财政支出变化趋势
   D. 它把导致财政支出增长的因素分为政治因素和经济因素

6. 皮科克和威斯曼的替代—规模效应理论的含义是(　　)。
   A. 随着人均收入的提高,财政支出站 GDP 的比重会相应降低
   B. 随着人均收入的提高,财政支出站 GDP 的比重会相应提高
   C. 当社会发生危机时,政府被迫提高税率,危机后公众也会接受提高了的税率

D. 当社会发生危机时,政府会用收费取代税收

(二) 多项选择题

1. 财政支出分析的主题大致可以分为(　　)。
   A. 结构分析　　B. 总量分析　　C. 效益分析　　D. 资金分析

2. 影响财政支出规模的因素有(　　)。
   A. 经济性因素　　B. 环境性因素　　C. 政治性因素　　D. 社会性因素

3. 衡量财政活动的规模,通常可以使用以下两个指标(　　)。
   A. 财政收入占 GDP 的比重　　　　B. 财政支出占 GDP 的比重
   C. 财政收入占 GNP 的比重　　　　D. 财政支出占 GNP 的比重

4. 影响财政支出增长的主要因素有(　　)。
   A. 财政收入的增长　　　　　　　B. 经济发展的需要
   C. 社会福利的改善　　　　　　　D. 物价影响

5. 用财政支出占国民生产总值的比重来衡量财政支出的规模,主要原因是(　　)。
   A. 产业结构的调整　　　　　　　B. 世界经济一体化
   C. 技术进步　　　　　　　　　　D. 分配结构的调整

6. 国家在安排财政支出结构优化时,相应地要遵循的原则有(　　)。
   A. 效益性原则　　　　　　　　　B. 平均性原则
   C. 公平性原则　　　　　　　　　D. 适应性原则

7. 从不同角度说明财政支出规模增长变化的学说有(　　)。
   A. 瓦格纳法则
   B. 皮科克和威斯曼的替代-规模效应理论
   C. 马斯格雷夫的经济发展阶段论
   D. 拉弗曲线

8. 下列关于财政支出的经济发展阶段论,说法正确的有(　　)。
   A. 经济发展阶段论是由著名经济学家马斯格雷夫和罗斯托提出来的
   B. 经济发展阶段论认为在不同的经济发展阶段,政府支出的规模和结构也应该有所不同
   C. 经济发展阶段论认为在经济发展的初期阶段,政府投资只是对私人投资的补充
   D. 经济发展阶段论认为在经济发展的成熟阶段,政府投资在社会总投资中占有较高的比重,侧重于为经济社会发展提供社会基础设施

9. 在世界范围内,财政支出的变化趋势是(　　)。
   A. 绝对量上升　　　　　　　　　B. 绝对量下降
   C. 绝对量和相对量都上升　　　　D. 绝对量和相对量都下降

10. 购买性支出和转移性支出的区别可以归纳为(　　)。
    A. 购买性支出主要履行的是财政的资源配置职能,转移性支出主要履行的是财政的收入分配职能
    B. 购买性支出直接地影响生产和就业,转移性支出间接地影响生产
    C. 购买性支出主要履行的是财政的收入分配职能,转移性支出主要履行的是财政

的资源配置职能

D. 购买性支出间接地影响生产和就业,转移性支出直接地影响生产

11. 下列观点属于瓦格纳法则的有( )。

A. 随着经济的工业化,需要把更多的资源用于提供治安和法律设施
B. 工业化的发展推动力都市化的进程,由此产生的外部性问题需要政府进行管理和调节
C. 随着人均收入的提高,财政支出占GDP的比重也相应提高
D. 在经济发展的不同阶段,都有增加财政支出的客观要求

(三) 判断题

1. 随着社会主义市场经济体制的确立,我国财政支出占GDP的比重不断提高。( )
2. 衡量财政支出增长边际倾向是指财政支出增长率与GDP增长率之比。( )
3. 衡量财政活动的规模,通常可以使用财政收入(财政支出)占GNP的比重作为指标。( )
4. 在国家危急时期,公共支出会替代私人支出,财政支出的比重上升,这就是所谓的"替代效应"。( )
5. 公共选择理论是将经济分析工具和方法应用到政治决策过程中,深入研究政府决策程序和选举制度,寻求财政政策的最佳途径。( )
6. 财政支出增长弹性系数大于1,表明财政支出增长速度快于GDP增长速度。( )
7. 根据马斯格雷夫和罗斯托的经济发展阶段论,经济达到成熟阶段后,财政支出增长应当放缓,并逐渐慢于GDP的增长。( )
8. 梯度渐进理论认为:在社会经济发展的非正常时期,财政支出会猛增,而恢复正常后,财政支出还会退回到原来的正常水平。( )

(四) 名词解释

1. 财政支出增长弹性系数
2. 财政支出增长边际倾向
3. 政治决策程序
4. 人力资本
5. 供给侧结构性改革

(五) 简答题

1. 简述瓦格纳如何解释财政支出规模增长的原因。
2. 简述影响财政支出规模的影响因素。
3. 简述皮科克和威斯曼的替代-规模效应理论。

(六) 论述题

1. 试述当前我国财政支出规模保持适度增长的政策措施有哪些。
2. 如何按照供给侧结构性改革的要求,调整和优化我国财政支出结构?
3. 试述近年来我国财政支出管理在提质增效方面,进行了哪些制度创新和措施创新。

二、习题解答

（一）单项选择题

1．B 2．B 3．D 4．C 5．D 6．C

（二）多项选择题

1．ABC 2．ACD 3．AB 4．BCD 5．ABC 6．ACD

7．AB 8．AB 9．C 10．AB 11．ABC

（三）判断题

1．× 2．× 3．× 4．√ 5．√ 6．√ 7．× 8．×

（四）名词解释

略。

（五）简答题

略。

（六）论述题

略。

三、案例分析

案例 5-1 治大国如烹小鲜——大国细账背后的国计民生和优化财政支出结构

"国家账本"今年又厚了。

2020 年 5 月 28 日，十三届全国人民代表大会第三次会议闭幕。会议批准关于 2019 年中央和地方预算执行情况与 2020 年中央和地方预算草案的报告，批准 2020 年中央预算。政府每年的预算报告被形象地称作"国家账本"，全国两会期间，财政部将账本提交全国人大审议，政府工作报告中的绝大部分内容都将以数字的形式在账本里得以体现。面对新冠疫情席卷全球的特殊年份，被称为"国家账本"的预算报告备受关注。

近 2 000 页的账本记录着 2019 年全国预算的执行情况和 2020 年的预算安排，尤其是后者，占到了 2 000 页中的绝大部分篇幅，根据预算安排，2020 年预计全国财政总支出超过 43 万亿元，比去年增加了近 5 万亿元，创历史新高，而收入中占比超过一半的全国一般公共预算收入却只有 18 万亿元左右，下降 5.3%。政府试图向人们解释——2020 年超 43 万亿元的钱将怎么花。

比如 2020 年政府工作报告中的"保就业"，在"国家账本"里就有了更明确的措施——中央财政安排就业补助资金 539 亿元，用好从失业保险基金结余中提取的超过 1 000 亿元职业技能提升行动专账资金，以及工业企业结构调整专项奖补资金，促进地方落实各项就业创业政策……

每一笔资金的往来背后都是国计民生,读懂数字后面的故事尤为重要。全国人大代表、上海财经大学公共经济与管理学院院长刘小兵拿着账本反复核算,遇到疑问处,他就在旁边写上自己的建议。他说,这不是吹毛求疵,而是希望每一笔账都能让百姓看得清清楚楚,让钱花得明明白白。

财政部部长刘昆日前表示,今年将从质和量两方面下功夫,既做加法、也做减法,调整结构、有保有压,坚决落实财政政策更加积极有为的要求。

在这些讨论的背后,则是现代财政制度的体现——大国细账,依法理财。

一收一支释放财政资金

2020年是特殊之年,这从"国家账本"的收支上就能看出来。

我国政府预算由四本账构成——一般公共预算、政府性基金预算、国有资本经营预算和社会保险基金预算。财政预算报告也是由全国一般公共预算、全国政府性基金预算、全国国有资本经营预算和全国社会保险基金预算四部分组成。其中,最大的一本账是全国一般公共预算。

收入方面,根据国务院提出的2020年中央和地方预算草案,全国一般公共预算收入180 270亿元,比2019年预算执行数下降5.3%;支出247 850亿元,增长3.8%;加上调入资金和使用结转结余,全国财政赤字37 600亿元,增加10 000亿元。

其他三本账的收入也有所下滑。根据预算草案,全国政府性基金预算收入81 446亿元,下降3.6%。全国国有资本经营预算收入3 638亿元,下降8.1%。全国社会保险基金预算收入77 287亿元,下降4.4%。

支出方面,全国政府性基金预算支出126 123亿元,增长38%。全国国有资本经营预算支出2 615亿元,增长14.3%。全国社会保险基金预算支出82 284亿元,增长9.7%;本年收支缺口4 997亿元,年末滚存结余89 030亿元。

目前,"国家账本"上显示,2020年四本账的增幅都有不同程度的下降。这是极不寻常的。在多位代表的记忆中,以往账本中出现这种情况的很少,出现一个,有人还会特意画个圈看看怎么回事,更别说现在是收入下降了。国务院总理李克强的表述是:当前和今后一个时期,我国发展面临风险挑战前所未有。

"这是比较实事求是的安排。"中央财经大学财政税务学院教授温来成说,目前我国经济下行压力比较大,疫情仍在全球蔓延,如果将收入设定成正值,他心里反而会大大打上一个问号。

收入减少,支出增加,钱从哪里来?刘昆在2020年5月22日的两会"部长通道"上表示,一收一支,多出来的逾6.7万亿元就是释放出的财政资金,比去年加大了力度,做好了对冲,实现了"积极"。

刘昆表示,财政赤字率计划提高到3.6%以上,比去年提高0.8个百分点,增加了1万亿元的财政资金;中央财政还将发行1万亿元抗疫特别国债,并从国有资本经营预算等方面调入近万亿元资金。此外,还将增加地方政府专项债券规模1.6万亿元。

民生领域是支出大头

2020年四本预算合计的支出规模高达43万亿元,较去年增加近13%,尤其值得关注的是这是在减税降费的前提下实现的。除了总量变化,今年的预算在结构上也有所不同。从支出方向看,支出结构在优化,这反映在教育、社保、医疗、扶贫等基本民生支出只增不减。

刘昆表示,"一是压本级、增地方。二是压一般、保重点。三是直达基层、直达民生。"

247 850亿元的全国一般公共预算支出中,教育支出约占14.8%、社会保障和就业支出13%、文化旅游体育与传媒、灾害防治及应急管理等其他支出11.4%、城乡社区支出10.6%、农林水支出9.5%、一般公共服务支出8.2%、公共安全支出5.7%……民生等相关领域的支出占了大头。

在民生支出方面,中央财政继续加大对地方教育领域转移支付,持续加大教育支持力度。今年城乡义务教育经费补助经费增长8.3%、支持学前教育发展资金增长11.8%、学生资助补助经费增长9.6%、改善普通高中学校办学条件补助资金增长9.2%。

居民医保人均财政补助标准提高30元,达到每人每年550元,同步提高个人缴费标准。基本公共卫生服务经费人均财政补助标准提高5元,达到每人每年74元,新增基本公共卫生服务财政补助经费全部用于城乡社区。退休人员基本养老金上调5%,并适度提高城乡居民基础养老金最低标准。

继续加大脱贫投入力度。今年中央财政补助地方专项扶贫资金安排1 461亿元,连续5年每年增加200亿元,并通过结转结余资金再一次性增加300亿元。

继续增强减税降费力度。预计全年为企业新增减负超过2.5万亿元,将重点支持中小微企业和交通运输、餐饮住宿、旅游娱乐等受疫情冲击较大的行业。

"当前还要严控非急需支出,把该花的钱花在刀刃上,做好基层'三保'工作,落实'六保'资金安排,兜牢民生底线。"刘昆说。

总体上看,今年"国家账本"体现了特殊时期全力保民生的意图。

中央对地方转移支付增加

"加强对地方的财力保障,是今年预算安排的重点。"刘昆介绍,中央财政今年提高赤字率增加的资金全部安排给地方,中央财政发行抗疫特别国债的收入全部用于支持地方基础设施建设和抗疫相关支出,这是对地方财政运转的强大支撑。

根据预算报告,今年中央一般公共预算支出规模预计为114 950亿元,增长9.1%。其中,用在中央本级的支出只有约3.5万亿元,下降0.2%。中央对地方转移支付资金为8.39万亿元,增长高达12.8%。

值得注意的是,中央对地方转移支付中新增设立了6 050亿元的特殊转移支付。根据预算报告,这笔资金将作为一次性财力安排,用于支持地方落实"六保"任务,重点用于保基本民生、保基层运转、公共卫生体系建设、应急物资保障体系建设以及应对下半年不确定因素等。这笔资金直达市县基层,直接惠企利民,决不允许截留挪用。

特殊之年要有特殊举措

无论是赤字率突破3%还是发行1万亿元抗疫特别国债,都显示出政府稳经济的决心。做好"六稳""六保"工作需要大量资金,因此积极的财政政策要更加积极有为。

恒大研究院原助理院长罗志恒告诉记者,2020年的"国家账本"体现了政府全面落实"六稳""六保"的意志,政府过紧日子,更多让利给市场主体,让受疫情冲击的宏观经济和微观主体重回基本轨道。在当前形势下,全面建成小康社会、对冲疫情冲击扩大总需求、缓解企业和居民负担、缓解地方财政的紧张状况,必须扩大赤字、债务,发挥财政作为国家治理基础和重要支柱的作用。

而减税降费力度在去年"超大规模"基础上继续增加,2.5万亿元的规模将重点支持中小微企业和交通运输、餐饮住宿、旅游娱乐等受疫情冲击较大的行业。

治大国如烹小鲜

读懂数字后面的故事:一看收支状态,二看收支政策,三看收支方向和结构。罗志恒特别注意到了"国家账本"里括号里的句子。比如中央本级支出中教育支出1 699.09亿元,下降7.5%(加上地方支出后,全国教育支出增长5.4%)。

"针对当前地方财政紧张的情况,中央建立特殊的转移支付机制,让新增的赤字1万亿元与抗疫特别国债直达市县,以保障地方政府的支出责任能够履行。近年来,中央政府在逐步调整中央和地方之间的关系,事权和财权要有更清晰的划分。"他说,这是这些年的导向,也是建立权责清晰、财力协调、区域均衡的中央和地方财政关系的现代财政制度的要求。

刘昆表示,政府过紧日子和保障政权基本运转上是没有矛盾的。今年中央本级支出中的非急需、非刚性支出压减超过50%,但工资等刚性支出是有保障的,机关正常运转也有保证。铺张浪费的钱绝不该花,绩效不好的钱也不该花,花了将被依法依规问责。

在政府支出管理上,他提出要大力压减一般性支出,特别是"三公"经费,严控会议、咨询培训、论坛展会支出,严禁新建、扩建政府性楼堂馆所。

2014年,时任财政部部长楼继伟接受媒体采访时表示,按照中央的部署和要求,预算管理制度改革要取得决定性进展,税制改革在立法、推进方面取得明显进展,事权和支出责任划分改革要基本达成共识。

这个任务主要分两步走:2016年基本完成深化财税体制改革的重点工作和任务,而6年后的2020年各项改革基本到位,现代财政制度基本建立。

"把钱权关进制度的笼子,财政制度的构建极其重要。"全国政协委员、中国财政科学研究院院长刘尚希说,很多人称现代国家为"预算国家",就是通过预算制度去约束国家各个方面的权力运行。

而从财政角度说,财政透明了,意味着政府的收支透明了,政府的收支透明了意味着政府的活动范围和方向也就透明了,老百姓知道政府在干什么,这样,政府的运行也就规范了。

这次上两会,刘小兵带来的两份议案都与此相关,他建议国家制定信息公开法和财政法,让所有的财政活动真正做到有法可依,同时确保人们的知情权。为此,他已经不间断地呼吁与关注了3年。

拿"国家账本"的编制举例,这些年虽然进步了很多,但仍存在一些问题。刘小兵说,很多人觉得"国家账本"难读懂,和账本编制得不够细致有关系。

比如,根据预算法,一般公共预算支出按其功能分类应当编列到项,而在"国家账本"中却出现部分款级科目数据加起来不等于类级科目数据的情况。

而目前,中央财政大部分的支出是项目支出,按照"资金跟着项目走"原则,项目合理,资金使用才更有效率,可是"国家账本"并没有列明具体项目,从信息公开角度来看,你无法判断这个钱到底用得合理还是不合理。

财政是国家治理的基础和重要支柱,现代财政制度就是法治、透明的财政制度。刘小兵说,他希望这一天能早日到来,"国家账本"能真正走进中国的每一户家庭。

治大国如烹小鲜,建立现代财政制度应该从细化"国家账本"做起。

对这句话,2013年,国家主席习近平接受金砖国家媒体联合采访时是这么说的:"烹小鲜"不能随意翻动,调料要恰到好处,火候要掌握得当,治理国家也是如此,要有审慎负责的态度。

新中国成立以来,伴随经济体制改革和发展阶段转变,我国财政支出结构也发生了重大调整。从国内看,财政支出规模经历了"稳、降、升"三个主要阶段,地方财政支出占比持续提高,经济建设支出占比明显下降,社会文教支出占比显著上升,近年来行政管理支出也有所下降。从国际看,我国财政支出占国内生产总值比重水平不算高,但占比提高速度较快,未来养老医疗支出潜在压力大。结合我国财政支出结构的调整历程和国际比较,在充分认识我国财政支出结构调整取得积极成效的同时,加快财政支出结构深化调整,建议保持财政支出与国内生产总值的比例相对稳定,优化中央与地方的财政事权和支出责任划分,进一步减少对经济的直接干预,针对社会保障支出的潜在压力做好应对预案。

我国财政支出结构的重大调整

财政支出结构与经济体制和经济发展阶段密切相关,随着我国经济体制和财税体制改革深入推进,我国经济发展水平快速提升,财政支出结构也随之发生重大变化。

从占国内生产总值比重看,财政支出表现出"稳、降、升"的阶段性特征。1978年以前,财政支出占国内生产总值的比例保持相对平稳且较高水平,1952—1977年的平均水平达到28.4%。伴随改革开放,财税改革首先从分配关系着手,政府向企业让利,使得财政支出占国内生产总值比重持续下降,从1978年的30.5%一直下降至1994年的11.9%。1994年财税体制改革使得国家财政能力逐步恢复,2015年财政支出与国内生产总值的比值为25.5%,随后呈小幅下降态势,2018年下降至24.5%。

从中央与地方财政支出关系看,地方财政支出占比提升至略高于85%的水平。1978年改革开放前后,中央和地方在财政支出中各占50%左右,随着放权让利,更多事权下放给地方政府,地方政府的支出责任增加,在财政支出中的占比也随之提高,20世纪90年代上升至70%左右,2000年以后又逐步提高,在2012年地方财政支出占比超过85%,此后一直稳定在略高于85%的水平。可见,地方政府承担了主要的财政支出责任。

从功能性质分类看,经济建设支出占比明显下降。按功能性质分类,财政支出可以分为经济建设支出、社会文教支出、国防支出、行政管理支出、其他支出。经济建设支出方面,1950—1977年平均占比为54.1%,20世纪80年代开始经济建设费占比逐步下降,直至2008年全球金融危机爆发后略有回升,2012—2018年平均占比为28.5%,2018年已降至26.2%。社会文教支出方面,总体上呈现缓慢上升态势,2018年占比已达到39.2%,成为财政支出中第一大项。国防支出方面,总体上呈现缓慢下降态势,2018年占比已降至5.1%。行政管理支出方面,2007年以前呈现占比提高态势,近年来有所降低,2018年占比为18.2%。其他支出合计占比11.3%。

从细分项目看,财政支出结构变化也十分明显。按2007年以后财政支出项目分类,财政支出包含20多个项目,其中占比较高的项目有教育、社会保障和就业、一般公共服务、城乡社区事务、农林水、公共安全、国防、交通运输等。通过对比2007年、2012年和2018年各年各项目财政支出占比情况,可以发现十余年来我国财政支出结构的变化。其中,一般公共服务支出占比由 2007 年的 17.1% 下降至 2018 年的 8.3%,教育支出 2018 年保持在 14.6% 的较高水平,社会保障和就业支出占比由 2007 年的 10.9% 提高至 2018 年的 12.2%,医疗卫生与计划生育支出占比由 2007 年的 4.0% 提高至 2018 年的 7.1%,节能环保支出占比由 2007 年的 2.0% 提高至 2018 年的 2.9%,城乡社区支出占比由 2007 年的 6.5% 提高至 2018 年的 10.0%,农林水支出占比由 2007 年的 6.8% 提高至 2018 年的 9.5%。

从支出明细分类看,商品和服务支出占比较大幅度下降。基于全国 70 余万户预算单位汇编情况,2017 年财政支出中工资福利支出占比 24.4%,比 2007 年下降 1.3 个百分点,但比 2012 年提高 4.7 个百分点,工资福利待遇明显好转;2017 年商品和服务支出占比 27.3%,分别较 2007 年和 2012 年下降 7.7 和 5.1 个百分点,呈现逐步降低态势,但仍为财政支出中第一大项;2017 年其他资本性支出占比 24.2%,较 2007 年提高幅度达 10.3 个百分点,资本性支出的重要性明显提高;2017 年对企事业单位的补贴占比 5.9%,分别较 2007 年和 2012 年提高 3.9 和 2.3 个百分点,呈现逐步上升态势。

财政支出结构的国际比较

基于国际组织的数据库,我们对部分国家的广义财政支出结构进行了对比,所谓广义是指包括社会保障支出,主要对比财政支出占国内生产总值的比重、财政分项支出结构,以及相同发展阶段的部分国家财政支出结构对比。

我国财政支出占国内生产总值比重处于较低水平。从包括社会保障的广义财政支出看,2015 年我国广义财政支出占国内生产总值的 31.2%,普遍低于同期 OECD 经济体,例如,法国 56.6%、德国 43.8%、英国 42.2%、日本 39.4%、美国 37.6%、韩国 32.3%。从增长态势看,我国广义财政支出占国内生产总值的比重提高较快,2005 年和 2010 年分别为 21.0% 和 25.4%,2005—2015 年的 10 年间广义财政支出占国内生产总值的比重提高了 10.2 个百分点。

我国分项财政支出中经济事务占比较高。在进行对比的 31 个国家中,中国的经济事务支出占财政支出的 27.7%,排位第 1,超过第 2 名 9.5 个百分点;一般公共服务支出占比 8.6%,排位第 31;社会保护支出占 22.0%,排位第 29,仅略高于美国的 20.8% 和韩国的 20.1%,而大多数国家社会保护支出占比较高;健康支出占 8.9%,排位第 29;教育支出占 12.3%,排位第 12;环境保护支出占 2.3%,排位第 9;公共安全支出占比 4.3%,排位第 12;国防支出占 4.2%,排位第 8,远低于以色列的 14.7%、美国的 8.8%、韩国的 7.7%;住房和社区设施支出占比 8.2%,排位第 1;娱乐、文化和宗教支出占 1.5%,排位第 28。

我国财政支出结构具有一定发展阶段特征。根据宾夕法尼亚大学世界表 9.0 公布的数据测算,2015 年我国按照购买力平价衡量的人均国内生产总值约为 13 300 美元,将人均国内生产总值达到这一水平的主要经济体进行对比,并考虑数据可得性,我们主要选择了 1991 年的韩国。从相同发展阶段的韩国来看,当时的经济事务支出占比为 20.8%,也比较高,随着经济发展水平提高,经济事务支出占比逐步下降至 2015 年的 16.2%;健康和社会保护支出则是经历逐步提高的过程,健康支出占比从 1991 年的 6.2% 提高至 2015 年的 12.8%,社会保护支出从 1991 年的 11.8% 提高至 2015 年的 20.1%,提高幅度均较大。所以,我国当前的财政支出结构具有一定的阶段性特征,不宜直接同当前的发达国家直接比较,而应随着经济发展逐步推动财政支出结构调整。

财政支出结构面临的主要问题

通过回顾我国财政支出结构变化和进行财政支出结构国际比较,可以看出,经济发展阶段、经济体制、财税体制、人口结构等都是影响财政支出结构的重要因素,不同发展阶段财政支出结构具有显著差异。几十年来,我国财政支出结构发生了巨大调整,基本适应了经济社会发展的需要,当然在一些方面还存在亟待解决的问题。

财政收支压力明显加大。当前,我国减税降费力度较大,加之经济增速放缓,财政收入增速受到较大影响,近期财政收入增速低于国内生产总值增速,但财政支出具有较强刚性,而且在经济增速放缓时期更需要发挥宏观政策的逆周期调节作用,近期财政支出增速保持较高水平,财政收支矛盾进一步加剧,影响财政可持续性。

地方政府承担了过多事权和支出责任。近年来,地方财政支出占比一直处于略高于85%的历史高位,不仅承担地方政府应有的责任,很多中央政府的事权也下达给地方政府,中央政府下拨的资金还要求地方配套,地方财政支出压力较大,财力与事权不匹配问题十分严重。

经济事务占比依然较高。与 OECD 国家相比,我国经济事务支出占比排名第1,较第2名高出 9.5 个百分点。将发展阶段因素考虑在内,我国经济事务支出占比仍然比处于类似发展阶段的国家高。而且,随着我国基础设施日趋完善,财政投资对经济的拉动作用边际递减,财政投资效率有所下降,资源配置效率有待提高。

社会保障支出的潜在压力较大。在工作年龄人口占比较高时,经济增长可以受益于人口红利,但随着这批人进入老龄状态,将给社会保障体系带来巨大压力,社会保障方面的支出也将迅速增长,将构成财政风险的重要因素。2018 年,我国 65 岁以上人口占比已达到 11.9%,日本和韩国达到类似阶段时的人均 GDP 均显著高于我国,我国未富先老现象明显,可以预见,未来一段时期中国也将面临更严重的老龄化问题。同时,我国医疗卫生支出也将面临较大增长压力。

参考资料来源:《管好"国家账本",花好每一分钱》(http://www.xinhuanet.com/fortune/2020-06/01/c_1126057283.htm);《大国细账》(http://zqb.cyol.com/html/2020-05/25/nw.D110000zgqnb_20200525_1-05.htm);《专家谈财政"十四五"规划丨我国财政支出结构特征与优化调整方向》(http://czj.guiyang.gov.cn/info_0/z10/202009/t20200915_63142765.html)。

▶▶ **案例点评**

本案例在分析政府每年的预算报告即"国家账本"的基础上,分析每一笔财政支出背后的国计民生,总结我国财政支出结构特征。

回顾我国国家账本支出明细和财政支出结构的变化,对比发达国家财政支出结构,结合我国当前所处发展阶段,在"十四五"时期要充分认识到财政支出结构调整所取得的成效,进一步优化财政支出结构,提高财政支出效率,为实现建立现代化财税体制的目标加快推进各项改革。

稳定财政支出与国内生产总值的相对比例。当前我国应该控制财政支出规模扩张速度,适应减税降费等带来财政收入增速放缓的情况,继续保持当前财政支出占国内生产总值比例趋稳的势头,将财政支出规模控制在合理范围,为长期可持续发展留有空间。

优化中央与地方的财政事权和支出责任划分。加快推进财政支出领域主要改革,形成中央与地方以及省以下财政事权和支出责任划分的清晰框架,适时制定修订相关法律、行政法规,研究起草政府间财政关系法,推动形成保障财政事权和支出责任划分科学合理的法律体系。在外交、医疗卫生、应急救援、科技、教育、交通运输等领域改革方案的基础上,加快制定出台更多分领域改革方案。按事权优先原则,进一步调整优化税收划分和转移支付制度,确保各级政府财力与事权相匹配,平衡好区域间政府财力,促进区域间公共服务均等化。尤其是明确省级以下政府间财力和事权划分,提高法治化和规范化程度,为基层政府提供有效的财力保障。

我国应进一步优化财政支出结构,提高财政资金使用效率,减少直接参与经济建设和财政补贴,降低对经济运行的干预,促进市场公平竞争,使市场在资源配置中起决定性作用和更好发挥政府作用,将节约的资金更多地用于提供公共服务,推动公共服务均等化,发挥好公共财政的职能。

针对社会保障支出的潜在压力做好应对预案。要针对未来一段时期我国即将面临的老龄化问题,未雨绸缪,做好应对预案。在降低社保缴费率的同时,要做好相关缴费工作,切实履行参保人的缴费义务。根据人口结构和收入水平,做好养老保险精算工作,合理确定养老金待遇水平及其增长率。

▶▶ 讨 论 题

1. 在当前全面建成小康社会、对冲疫情冲击扩大总需求、缓解企业和居民负担、缓解地方财政的紧张状况等形势下,如何发挥财政作为国家治理基础和重要支柱的作用?
2. 如何建立权责清晰、财力协调、区域均衡的中央和地方财政关系的现代财政制度?
3. 从信息公开角度来看,如何促进"国家账本"的细致编制和公开透明,让更多人能读得懂"国家账本"?

案例5-2　正确理解瓦格纳法则的科学内涵

德国财政学家阿道夫·瓦格纳(Adolph Wagner)提出的瓦格纳法则是财政支出理论中的一个重要内容,在整个财政理论中也具有重要地位,对分析并指导各国财政实践具有重大意义。目前,我国对该法则的理解还存在不足,本文将尝试科学分析该法则的内涵,以便比较全面地认识该法则,并更好地为财政实践服务。

一、我国对瓦格纳法则内涵的理解及主要问题

(一) 我国目前对瓦格纳法则的理解

对瓦格纳法则内涵的理解,我国学者的主要观点是:"随着人均国民生产总值(GNP)的提高,财政支出占GNP的比率相应也会提高。"还有一些其他的表述,例如:"当国民收入增长时,财政支出会以更大的比例增长""瓦格纳法则学说的支持者进一步发展了国家职能扩大和公共支出不断增长的理论,认为财政支出快于经济增长",其表达的内容也是大同小异的。

1. 人均财政支出与人均 GNP（或 GDP）相对应

即横坐标为实际人均 GNP（或 GDP），纵坐标为实际人均财政支出，瓦格纳法则的图示如图 5-1 所示，其对应关系是人均财政支出对应人均 GNP，其实质是研究财政支出与经济增长的关系，并以人均 GNP 为参照指标。也有学者认为，瓦格纳法则中人均财政支出可以与 GDP 对应。

2. 人均财政支出的增长率快于人均 GNP（或 GDP）的增长率

瓦格纳在考察 19 世纪 80 年代英国产业革命和当时西方主要资本主义国家的工业化

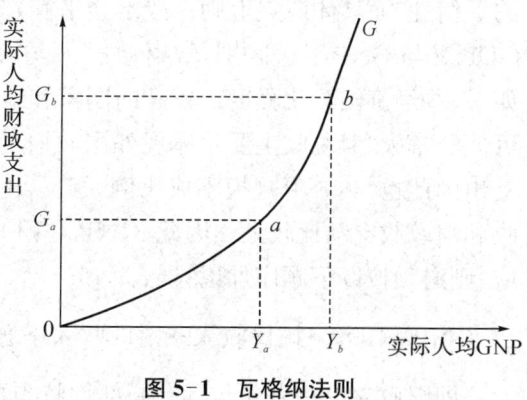

图 5-1　瓦格纳法则

状况后，提出了"国家财政是获得并消费有形财富的一种强制经济……所以国家的财政经费应该是生产性的"。根据这一基本观点，人均财政支出快于人均 GNP 具有理论和实践上的必然性。

根据目前对瓦格纳法则的理解，$(G_b/Y_b)>(G_a/Y_a)$，实际上要表达的是财政支出的收入弹性大于 1，或说财政的边际支出倾向大于 1（尽管其概念不一样，但在图 5-1 中，其数学含义显然是一样的），这表明，随着人均 GNP 的提高，人均财政支出的增长速度将快于人均 GNP 的增长速度。

（二）我国现有理解的主要缺陷

我国学者对瓦格纳法则的理解，总体上是正确的，反映出财政支出在一国经济增长中不断提升，其比例、财政职能在经济增长中不断加强的基本规律。但是，在对瓦格纳法则具体内容的理解上，则存在明显的不足，有必要进行深化和细化研究，以便我们对瓦格纳法则的认识更加具体，更加深入。这主要体现在人均财政支出与人均 GNP（或 GDP）对应分析方面，因为这一对指标不是对应的，而是存在错位问题，故无可比性。

一是 GNP（或 GDP）体现的是资源的潜在配置能力，而财政支出体现的是资源的现实配置数量，两者不能对应分析。财政支出的实质，是指财政在资源配置中的实际地位如何，这在财政理论中是一个基本的概念。财政支出占的比例大，则财政支配的社会资源的程度也高。在既定的 GNP 或 GDP 这一"蛋糕"中，财政支出多了，则居民和企业支出自然就要相应减少。因此，财政支出对应的是居民和企业支出，而不是 GNP 或 GDP，因为财政支出、居民及企业支出都是现实的资源支配量，而 GNP 或 GDP 是一个收入概念，是一个潜在的资源支配数量，并不是一个现实的资源支配数量，财政支出和 GNP（或 GDP）两者不是一个可以有效对应的概念。

$$社会总支出 = 财政支出 + 居民支出 + 企业支出 \tag{1}$$

二是 GNP 或 GDP 体现的是经济总量，而财政支出是经济局部，两者不能简单对应分析。GNP 是一国或一地区在一年内新创造的价值总和，既包括公民在国内或本地区内创造的价值，也包括公民在国外或本地区外创造的价值，而不包括外国居民在本国内或本地区创造的价值。本国的财政支出是与财政收入比较接近的概念(从历史来看,财政收支具有总体的平衡性,而具体时点上则一般不会平衡)。本国的财政收入只是本国 GDP 的一个部分,而 GDP 又与 GNP 显著区别,故财政收入与 GDP 关系更为直接,与 GNP 关系比较间接。例如,一些经济国家化程度比较高的国家和地区,由于国内居民和企业大量对外投资,其 GNP 可能非常大,但税收主要是体现外国政府的税收,本国政府的税收比较小,财政收入和财政支出因此也与 GNP 规模不成比例;相反,一些国家的 GNP 比较小,但 GDP 比较大,因此,税收和财政收支动比较大。因此,GNP 与财政支出更无法进行简单对应分析,实在要勉强对应,则必须按以下顺序加以排队:

$$\text{GNP}\rightarrow\text{GDP}\rightarrow\text{国民收入}\rightarrow\text{财政收入}\rightarrow\text{居民及企业收入}\rightarrow\text{居民及企业支出}\rightarrow\text{财政支出} \quad (2)$$

即财政支出首先要与具有局部性特点的居民及企业支出相对应分析,其次才能考虑居民及企业收入,再次才能考虑财政收入,从次是 GDP,最后才是 GNP。在以上几个指标中,财政支出对应最直接的指标是居民及企业支出,因为居民和企业支出也是一个局部概念的经济指标;与财政支出联系最不直接的是 GNP,因此,以人均 GNP 与人均财政支出之间的关系研究瓦格纳法则,其逻辑关系是最不密切的,得出的结论往往是最靠不住的,而目前我国的财政研究人员基本上是用人均 GNP 和人均产值财政支出作为对应指标进行研究的。

二、关于进一步科学理解瓦格纳法则的含义

目前我们对瓦格纳法则的认识总体上是正确的,得出的结论也是符合实际的,即随着经济的不断增长,财政支配的资源是不断增加的,不仅是总量上在增加,而且比例上也是在不断提高的。但是,如果从学术研究的角度来看,更为准确的表达则是非常必要的,尤其是对于瓦格纳法则这样一个重要的财政学的理论观点,更应该通过深入研究,将其内涵界定得更加严谨,因为我国目前的理解是比较表面化的,无法满足实际需要。

(一)瓦格纳法则 I:从资源配置角度认识瓦格纳法则

财政支出首先体现的是财政在社会资源配置中的地位。因此,从资源配置层面分析瓦格纳法则,是从最根本意义上认识的瓦格纳法则,也是我们目前学术研究中首先需要解决的问题。

第一,财政实际支出和居民及企业实际支出之间的对应关系最显著。根据本文的公式(2),我们可以知道,财政支出最明显的对应关系体现在与居民及企业支出的对应方面,而且公式(1)又可以得出一个结论,即在公式(3)中,财政实际支出与居民及企业实际支出具有严格的对应关系,两者之间不存在外延的交叉,非此即彼,因此,对应关系是非常严谨的。而财政支出和 GNP 之间外延的交叉是最明显的,因此,其对应也是最不严密的。

$$\text{财政实际支出}\leftrightarrow\text{居民及企业实际支出} \quad (3)$$

第二,财政实际支出和居民及企业实际支出之间的对应关系,体现的是资源配置关系。为什么财政实际支出和居民及企业的实际支出之间具有严格的对应关系?我们可以从经济学的角度找到其中的答案。经济学是研究资源配置的科学,而所谓资源配置,指的就是资源在不同主体之间的选择问题,存在非此即彼的分配关系。社会资源在财政和财政之外的居民和企业之间配置中,体现的就是这种非此即彼关系,因此,两者之间的对应关系非常明确,

即完全对应。

以上情况表明,财政支出的经济学含义从根本上来说是资源配置,而其具有完全对应关系的指标则是居民及企业支出,因此,瓦格纳法则Ⅰ,即从资源配置角度认识的瓦格纳法则的两个变量应该是"实际人均财政支出"及与之对应的"实际人均支出"(代表财政支出之外的居民和企业的实际人均支出),而不是我们在现有的财政学教材中介绍的,以财政支出和GNP(或GDP)为变量,具体见图5-2,其中的财政支出与实际人均支出之间的曲线以 $W_Ⅰ$ 代表。此图中 $W_Ⅰ$ 表明,在"实际人均财政支出"和"实际人均支出"中,"实际人均财政支出"的增长速度要高于"实际人均支出",随着经济和社会的发展,财政支配的社会资源的比例将不断上升,而市场方面支配的资源的比例将逐步下降。

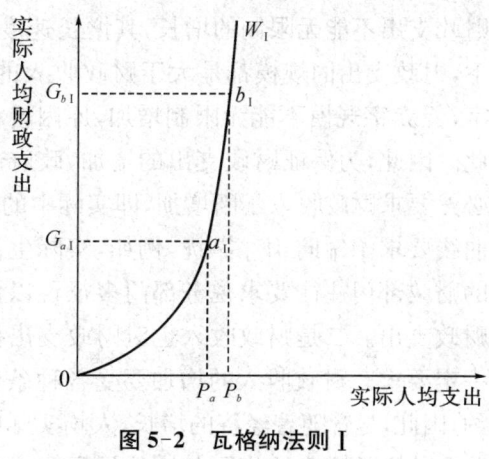

图 5-2　瓦格纳法则Ⅰ

(二) 瓦格纳法则Ⅱ:从保障资源配置角度认识瓦格纳法则

瓦格纳法则Ⅰ从资源配置的角度揭示了财政支出不断扩大的规律。但是,制约财政支出扩大的基本因素是财政收入,如果财政收入约束力不存在,则财政支出具有无限扩大的可能,即财政配置的社会资源可以对市场产生完全的"挤出效应"。

财政支出这种扩大趋势必然为财政收入因素所制约。虽然在一段时间内,财政支出可以大于财政收入,以财政赤字弥补其缺口,但债务具有偿还性,从一个比较长的时间来看,财政赤字都必须偿还,因此,承认财政收支平衡是研究财政问题的一个基本前提,也是研究瓦格纳法则的基本前提。为此,我们将研究财政收入增长的变化趋势。根据财政收入的对应关系,财政收入的直接对应方首先是居民及企业收入,其次才是国民收入,再次是GDP,最后才是GNP,具体可见公式(4),这点我们在本文中已经论述清楚。

$$财政收入 \rightarrow 居民及企业收入 \rightarrow 国民收入 \rightarrow GDP \rightarrow GNP \qquad (4)$$

在经济研究中,必须采取最佳对应关系才能科学阐述其中的相互关系,因此,瓦格纳法则Ⅱ将运用实际人均财政收入和实际人均收入为变量,揭示两者之间的相互关系,在实际研究中若无足够的数据处理时,才能依次用实际人均国民收入、实际人均GDP、实际人均GNP代替,当然,其中的科学价值也将逐步下降,具体见图5-3,其中的实际人均财政收入和实际人均居民及企业收入之间的关系用 $W_Ⅱ$ 表示。$W_Ⅱ$ 表示:随着实际人均收入的不断增加,实际的人均财政收入增长速度要快于实际的人均居民及企业收入。

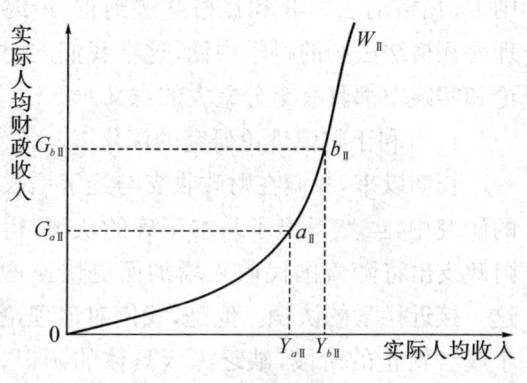

图 5-3　瓦格纳法则Ⅱ

那么，W_I 和 W_{II} 之间是什么关系呢？可以认为，一是财政支出是受财政收入制约的。财政支出不能无限制的增长，其增长速度必须以财政收入的增长速度为基准。在一般情况下，财政支出的规模都是大于财政收入的，市场经济国家几乎都保持了一定规模的财政赤字，但赤字规模不能无限制增加，原因就在于此。因此，为保证财政支出的增加，政府部门必然要求财政收入不断增加，即实际中的 W_I 曲线要求 W_{II} 向 W_I 靠拢，例如，实际生活中的财政部门往往要求税务部门多征税以保证财政支出。二是财政收入也对财政支出提出一定要求。财政收入的增加要受各种条件制约，因此，尽管随着经济的增长，人均实际财政收入的增长速度比实际的人均居民和企业收入要快，但依然赶不上财政支出的增长速度，因此，财政收入往往要求支出"节支"，以确保收支平衡，即实际中的 W_{II} 曲线要求 W_I 向 W_{II} 靠拢。其相互关系如图 5-4 所示。

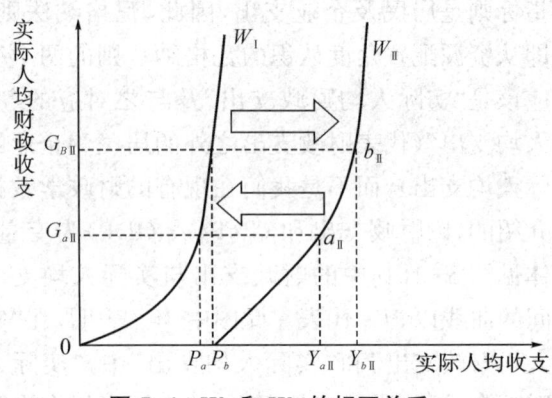

图 5-4 W_{II} 和 W_I 的相互关系

（三）瓦格纳法则Ⅲ：从现实运行的角度认识的瓦格纳法则

以上分析表明，W_I 和 W_{II} 两个曲线表示的是一种不受财政收支平衡另一端因素制约的理想的瓦格纳法则，因此，是一种缺乏平衡关系的瓦格纳法则，在现实生活中也是不存在的，真正在现实生活中存在的瓦格纳法则是 W_I 和 W_{II} 均衡后产生的瓦格纳法则，我们称之为瓦格纳法则Ⅲ，具体表示如图 5-5 所示。我们可以认为，瓦格纳法则Ⅲ作为现实中存在的财政收支与经济增长的关系是明确的，即随着经济的增长，实际人均财政收支增长速度也将以快于实际人均收入增长速度，实际人均财政支出增长速度快于实际人均财政收入增长的速度，具体见公式(5)，其中 P_1 是财政支出增长速度，P_2 财政收入增长速度，P_3 人均收入增长速度。

$$P_1 > P_2 > P_3 \tag{5}$$

三、科学认识瓦格纳法则的现实意义

科学认识瓦格纳法则，即严格区分瓦格纳法则Ⅰ、瓦格纳法则Ⅱ和瓦格纳法则Ⅲ，最终全面理解瓦格纳法则的科学内涵，这在我们的财政理论和实践中都具有十分重大的意义。

1. 有利于财政理论研究的深化

长期以来，我们在财政收支与经济增长关系的研究中，虽然得出了基本正确的认识，得出了财政支出将随着国民收入增加而更快速增长的这一接近科学的认识。但是，我们对该理论却处于浅尝辄止的阶段，缺乏深入具体的认识，缺乏精细化的研究，以致其中的变量的对应关系出现

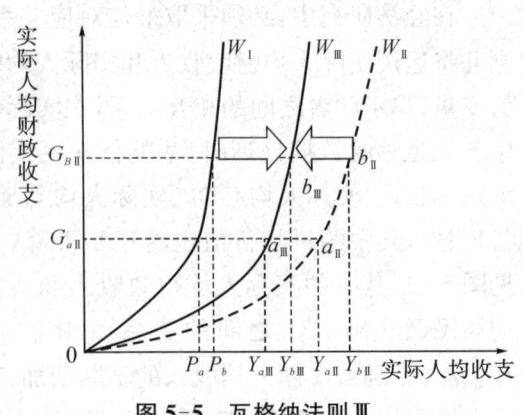

图 5-5 瓦格纳法则Ⅲ

了明显的错误,而且还不断将这一实际错误的观点不断运用到教学和科研乃至政策制定中,其危害是很大的。通过深入研究,我们已经把研究向前推进了一步,对瓦格纳法则的认识也更为具体了,因此,我们也有理由期待财政研究中对瓦格纳法则认识不足这一问题能得到一定纠正。

2. 有利于我们更正若干重要的财政政策指标

我们找到了瓦格纳法则Ⅲ这一指标,这一指标将对我们的政策制定具有重大启示。我们在研究财政政策时,使用最多的范畴或指标是财政收入/GDP 和中央财政收入/财政总收入两大指标,这两大指标揭示的是财政收支在整个资源配置中的比重,实际上这两大指标体现的是本文中的瓦格纳法则Ⅱ的概念,而在瓦格纳法则Ⅰ、瓦格纳法则Ⅱ和瓦格纳法则Ⅲ这三概念中是一个过渡性的概念,其经济价值最小,因为瓦格纳法则Ⅰ揭示了财政的资源配置地位、瓦格纳法则Ⅲ揭示了现实的瓦格纳法则运行情况,而唯独瓦格纳法则Ⅱ没有这些含义,只体现一个约束条件,因此我国目前使用的财政收入/GDP 和中央财政收入/财政总收入两大指标的政策分析价值最小,建议采用瓦格纳法则Ⅲ,或运用财政支出/居民及企业支出和中央财政支出/财政总支出这两大新指标代替。

参考资料来源:欧林宏,杜燕庆,章莹莹,胡挺进:《正确理解瓦格纳法则的科学内涵》,《中央财经大学学报》2008 年第 1 期,第 17-21 页;《瓦格纳法则》(https://wiki.mbalib.com/wiki/%E7%93%A6%E6%A0%BC%E7%BA%B3%E6%B3%95%E5%88%99)。

案例点评

本案例综述了瓦格纳法则在我国财政语境中的科学内涵。

19 世纪 80 年代,德国著名经济学家瓦格纳在对欧洲国家以及日本、美国等国的公共支出资料进行实证分析基础上得出著名的瓦格纳法则。当国民收入增长时,财政支出会以更大比例增长。随着人均收入水平的提高,政府支出占 GDP 的比重将会提高,这就是财政支出的相对增长,被后人归纳为瓦格纳法则,又称为政府活动扩张法则。

几十年来,很多经济学家都对此进行了深入的研究,并得出了许多非常有价值的见解。瓦格纳认为,导致公共支出规模不断扩大的主要因素可归结为政治因素和经济因素。在深入研究了 19 世纪欧美主要资本主义国家的经济发展状况后,他以为,随着工业化的逐步发展,扩张中的市场与市场参与者之间的关系会变得愈加复杂,为保护自身的利益不受侵犯,社会公众必然会要求政府制定并建立司法组织以执行各种法律来保护商业贸易和合同契约。

工业化的发展同时也加速了城市化的进程,于是诸如"拥挤"等一些外部性问题就随之产生,社会公众同样需要政府出面进行管理和调节。这就使得越来越多的经济资源被集中在政府手中,政府的职能范围,在公众的推动下不断扩大,公共支出的规模相应地也就会出现持续增长。

皮科克和威斯曼认为,影响公共支出规模变动的因素可分为内在的和外在的两种类型,主要是外在因素造成公共支出增长速度快于 GDP 增长速度。

他们将自己的分析建立在这样一种假设前提之上:政府喜欢多支出、公民不愿意多缴税。因此,当政府在决定预算支出的规模时,应当密切注意公民关于赋税承受能力的反应,公民所能容忍的税收水平是政府公共支出的约束条件。

马斯格雷夫和罗斯托认为,在经济增长和经济发展的早期阶段,公共投资会在社会总投资中占据较高的份额,这是因为在早期阶段,需要公共部门提供社会基础设施,这些投资对于促进经济起飞和推动经济向中期阶段发展具有重要的作用。在经济增长的中期阶段,私人投资的份额会上升,公共投资的份额会下降。在经济发展的成熟阶段,公共支出的结构将从基础设施之外转移到增加对教育、医疗和福利服务方面的支出,将会占据GDP的较大份额。

塔洛克、诺斯和沃里斯认为,利益集团对政府支出的增长有显著的影响。政府规模增长同私人部门中白领和管理阶层的就业增长是平行的。随着市场经济的深化发展,市场机制中的交易费用出现了显著的增加,专业化的组织与领导日益成为企业成败的关键,私人部门会自觉地将越来越多的专业化人员纳入自身的体制运行中来。出于对自身利益最大化的维护和追求,他们将会通过各种方式向政府施加压力,既要求政府进行再分配,又会要求政府降低交易费用、提高效率,由此就造成了政府开支的不断增长。

对上述各家的观点进行简单的比较后便会发现,现实生活总是比假设的情况要复杂些。比如说,经济发展的过程中往往包含着技术进步的动因,在技术进步的推动下,很多原先必然导致公共支出增长的因素或许将不再发挥效用。在扬弃西方学者特别是马斯格雷夫的某些思想成分的基础上,"瓦格纳法则"所揭示的随着人均收入的提高公共支出的相对规模也随之提高的现象,只适用于特定的经济发展阶段,而并不是伴随整个经济的发展过程。

马斯格雷夫的规范化表述有两个问题摆在我们的面前:首先,是什么原因导致财政支出比率不断上升;其次,是否每个国家,即不仅发达国家还包括发展中国家在经济发展的过程中,"瓦格纳法则"都成立。

那么,瓦格纳法则适用中国数据吗?下面通过分析我国30多年的财政支出规模的变动情况,做出实证检验,验证"瓦格纳法则"在我国是否适用。

从时间轴的全国数据来看,1978年至2019年年底,中国国内生产总值由3 678.7亿元增加到990 865.1亿元。同时期,财政支出由1 122.09亿元增加到238 874亿元。财政支出占GDP比重1978年至1996年总体呈下降趋势,1996年至2019年总体呈上升趋势。

从2019年数据的地区比较来看,31个省(自治区、直辖市)中,GDP规模最小的西藏自治区地方本级一般公共预算支出占GDP的比重为128.5%,GDP规模最大的广东省地方本级一般公共预算支出占GDP的比重为16.1%。总体来看GDP规模与地方本级一般公共预算支出占GDP的比重呈反向关系,即GDP规模越大的地区,该比重越低。

从以上我国的数据分析可以得到:一是财政支出占GDP比重1978年至1996年总体呈下降趋势,1996年至2019年总体呈上升趋势;二是GDP规模与地方本级一般公共预算支出占GDP的比重呈反向关系,即GDP规模越大的地区,该比重越低。

基于西方学者对"瓦格纳法则"的研究,认为"转轨效应"和"瓦格纳效应"共同影响我国财政支出增长的变化,但是,"瓦格纳效应"开始成为影响我国财政支出规模长久变动的主导力量。在1978—1995年的财政支出增长中,我国的经济体制由传统的计划经济向市场经济转轨,主要是"转轨效应"在发挥作用,此时我国的财政支出增长情况并不符合瓦格纳法则。1995—2019年,我国财政支出增长是符合"瓦格纳法则"的,继而随着经济的工业化和人均收入的提高,"瓦格纳效应"开始成为主导力量,财政支出比率开始逐渐上升。可以预料的是,财政支出比率会不断上升,"瓦格纳效应"将会长久地影响我国财政支出增长规模。

▶▶ 讨论题

1. 请用财政支出中的"转轨效应"和"瓦格纳效应"结合起来解释我国财政支出比率的变动情况。
2. 请从政治因素和经济因素两个方面对财政支出增长的趋势加以解释。
3. 瓦格纳法则对我国当前时期的公共财政支出理念和政策有何借鉴与启示?

第六章

经常性支出——财政购买性支出之一

一、习　　题

(一) 单项选择题

1. 农村义务教育的资金筹集的主要承担者是(　　)。
   A. 农民个人　　　B. 国家财政　　　C. 银行贷款　　　D. 社会集资
2. 文教科卫支出属于(　　)。
   A. 社会消费性支出　　　　　　　B. 积累性支出
   C. 转移性支出　　　　　　　　　D. 生产性支出
3. 社会消费性支出不包括(　　)。
   A. 行政管理费　　　　　　　　　B. 国防费
   C. 文教、科学、卫生事业费　　　D. 基础设施投资
4. 计划免疫是一种(　　)。
   A. 纯公共产品　　B. 准公共产品　　C. 私人物品　　　D. 劣值品
5. 高等教育是一种(　　)。
   A. 私人产品　　　B. 准公共物品　　C. 纯公共物品　　D. 劣值品
6. 公共卫生事业属于(　　)。
   A. 公共产品　　　B. 私人产品　　　C. 混合产品　　　D. 劣值品
7. 公共生产并公共提供国防的优点不包括(　　)。
   A. 能及时有效地给国家提供所需的军事科研成果和装备
   B. 有利于挖掘新一代武器装备的技术潜能
   C. 及时提供各类军事人才
   D. 保密性很强
8. 行政管理支出不包括履行(　　)职能所需的经费。
   A. 政府各级权力机关　　　　　　B. 行政管理机关
   C. 司法检察机关　　　　　　　　D. 企业人力资源管理部门
9. 使用行政管理支出的机构都是(　　)。
   A. 物质生产部门　　　　　　　　B. 企业
   C. 非物质生产部门　　　　　　　D. 工业
10. 国防支出规模的衡量方式是(　　)。

A. 国防支出增长与经济增长的比率
B. 国防支出占国内生产总值的比例
C. 国防支出占财政支出和国民收入的比例
D. 国防支出与经济建设支出的比率

11. （　　）不属于国防支出的外部效应。
A. 带动高新技术的发展　　　　B. 促进民用科技的提高
C. 拉动国内需求　　　　　　　D. 推动军事人员教育的发展

12. 政府干预卫生事业的最直接的理论基础是（　　）。
A. 减少贫困　　　　　　　　　B. 提供公共物品
C. 弥补保险市场缺陷　　　　　D. 政府职能

（二）多项选择题

1. 下列项目属于消费性支出的有（　　）。
A. 财政部对于西部大开发的资金支持
B. 国防科工委对于某地卫星测控中心行政运行的资金拨款
C. 国家食品药品监督管理总局对于某企业生产的投放于市场的某款食品安全检测所发生的费用
D. 国家发改委为长江三峡工程的某项技术论证所提供的资金支持

2. 直接影响行政管理费规模的主要因素有（　　）。
A. 政府职能　　　　　　　　　B. 机构设置
C. 行政效率　　　　　　　　　D. 管理费本身的使用效率

3. 下列属于完善我国科技投入和激励政策的财政政策内容有（　　）。
A. 完善科技投入机制　　　　　B. 税收激励
C. 政府采购　　　　　　　　　D. 私人提供

4. 世界各国政府应当介入的医疗卫生方面有（　　）。
A. 提供医疗领域的纯公共物品　B. 纠正医疗领域信息不对称
C. 使医疗保险兼顾效率和公平　D. 补助穷人

5. 深化医药卫生体制改革,就要深入推进（　　）三医联动。
A. 医院　　　B. 医疗　　　C. 医保　　　D. 医药

6. 下列属于经常性支出的有（　　）。
A. 医疗卫生支出　　　　　　　B. 国防支出
C. 基础设施建设支出　　　　　D. 教育支出

7. 下列属于行政管理费的有（　　）。
A. 人员经费　B. 训练维持费　C. 公用经费　D. 装备费

8. 从财政支出来看,行政管理与国防支出属于（　　）。
A. 资本性支出　　　　　　　　B. 转移性支出
C. 经常性支出　　　　　　　　D. 购买性支出

9. 以下说法正确的有（　　）。
A. 随着一国财政收入的增加,相应增加行政管理支出也是自然的事

B. 行政管理支出具有刚性
C. 行政管理支出属于消耗性支出,不直接创造财富
D. 在财政支出总量不变或者增长有限的情况下,行政管理支出在财政总支出中的比例也不会有较大变化

(三) 判断题
1. 国防支出和行政管理支出都是保障政府职能的正常运行所必需的。(   )
2. 国防支出会对一国经济产生特殊的"外部效应"。(   )
3. 因为国防是纯公共物品,所以它的生产和提供过程都不可能有市场和企业介入。(   )
4. 公共卫生是一种纯公共产品,具有极强的外部效应,其资金筹集主要由财政拨款解决。(   )
5. 我国政府在全国推行的九年义务教育是混合物品。(   )
6. 教育、科学技术和医疗卫生领域的支出既属于经常性支出,又属于购买性支出。(   )
7. 用于教育、科学技术和医疗卫生领域的劳动属于非生产性劳动,但用于其上的支出属于生产性支出。(   )
8. 义务教育以外的高层次教育属于混合物品。(   )
9. 提供基本医疗服务属于纯公共物品的范畴。(   )

(四) 名词解释
1. "三公"经费
2. 行政管理支出
3. 国防支出
4. 教育支出
5. 医疗卫生支出

(五) 简答题
1. 简述行政管理费和国防费支出为什么是"虚耗"又不是"虚耗"。
2. 简述义务教育以外的高层次教育所具有的两面性。
3. 简述世界银行概括的政府干预卫生事业的三条理由。

(六) 论述题
1. 试述各国政府特别是发展中国家的政府为何要在提供教育服务方面发挥主导作用。
2. 试述我国教育支出的规模、结构和资金使用效益情况。
3. 试述财政部门应该如何强化医疗卫生支出的资金监管。

二、习题解答

(一) 单项选择题
1. B 2. A 3. D 4. A 5. B 6. A

7．B 8．D 9．C 10．C 11．D 12．A

（二）多项选择题

1．BC 2．ABCD 3．ABC 4．ABCD 5．BCD

6．ABD 7．AC 8．CD 9．ABC

（三）判断题

1．√ 2．√ 3．× 4．√ 5．× 6．√ 7．× 8．√ 9．×

（四）名词解释

略。

（五）简答题

略。

（六）论述题

略。

三、案例分析

案例6-1 从"有学上"到"上好学"：乡村教育的"山乡巨变"

9月2日是开学报到的日子。重庆石柱土家族自治县中益乡小学的141名孩子早早来到学校，不一会儿，琅琅读书声就在这个偏远山乡响起来了。

"学校变漂亮了！"六年级的郎宇彤说。

新学期，同学们惊奇地发现，原先的水泥运动场地铺上了塑胶跑道，孩子们有了自己的足球场、篮球场，还有了崭新的宿舍和多功能活动室。

中益乡小学的变化是我国乡村教育"山乡巨变"的缩影。党的十八大以来，贫困地区义务教育学校办学条件显著改善，许多农村学校成为当地最美丽的一道风景线。除了农村义务教育寄宿生生活补助、免费营养午餐等普惠政策陆续落地，乡村学校教育质量也在稳步提升，让农村孩子从"有学上"到"上好学"。

路之变："悬崖村"天梯飞架，上学路变平坦

"要下山去上学啦！"一大早，12岁的某色小林就从被窝里爬起来了。即将升入六年级的她腼腆一笑，眼睛弯成了月牙。

某色小林的家在四川凉山彝族自治州昭觉县支尔莫乡阿土列尔村，全村163户村民分散居住在海拔680米到1 500多米的高山上，包括某色小林家在内的几十户村民住在山顶，进出村要攀爬垂直落差达800米的峭壁。过去，17段悬挂在山崖的藤梯就是通往外界的"路"，村里的孩子只能由父母背着或在腰间拴一条"安全绳"牵着上下山。

这个被称为"悬崖村"的大凉山小村庄深受习近平总书记牵挂。2017年全国两会期间，习近平总书记说，曾在电视上看到有关凉山州"悬崖村"的报道，特别是看着村民们的出行状态，感到很揪心。

2016年年底，州、县两级财政筹措100万元资金，一条由6 000多根钢管搭建而成的2 556级钢梯盘山而起。如今，孩子们去上学要走的正是这条路。

上午7点半，某色小林背着早已收拾好的书包，和父亲、哥哥妹妹一起出发去山脚下的勒尔村小学。从山顶走几百米相对平缓的土路，就来到两段高度一百多米的钢梯，钢梯台阶由两根至三根钢管组成，间距约10厘米，两旁焊接了扶手。站在悬空的钢梯上低头望去，下方是深不见底的悬崖。记者手脚并用，一步步小心踩着钢管缓缓而下，背着书包的某色小林却是敏捷轻快："像走楼梯，踩上去踏实，不担心踩在小石子上滑倒了，速度也比以前快多了。"

昭觉县支尔莫乡党委书记阿吾木牛告诉记者，有关方面正在打造"悬崖村—古里大峡谷"景区，计划未来一两年建成通往"悬崖村"的缆车，免费对村民开放。不久的将来，这条"空中天梯"将使孩子们的上学路更加平坦。

刚刚过去的夏天，重庆石柱土家族自治县中益乡小学校长谭顺祥忙得停不下来，两个月的暑假只休息了不到两天，"学校在改扩建，实在是走不开"。

石柱县中益乡地处武陵山区，山高沟深、土地贫瘠，是重庆市18个深度贫困乡镇之一。2019年4月，习近平总书记来到这里，辗转3个多小时抵达中益乡小学。

谭顺祥回忆，习近平总书记对同学们的学习生活情况非常关心，询问了学校寄宿情况，还专门走进食堂，察看食谱、操作间和储藏间，了解贫困学生餐费补贴和食品安全卫生情况。习近平总书记还指出，"两不愁三保障"，很重要的一条就是义务教育要有保障。再苦不能苦孩子，再穷不能穷教育。

在扶贫配套资金支持下，中益乡小学启动改扩建工程，原先的水泥运动场地铺上了塑胶跑道，孩子们有了自己的足球场、篮球场。能容纳80名学生寄宿的宿舍楼暑期刚刚完工，新建的多功能教室也即将投用，孩子们的学习、生活条件大为改善。为了让孩子们开学就能用上这些新教室、新宿舍，全校22名老师早就提前返校，搬运家具、打扫卫生，做好开学准备工作。

同样的变化也发生在四川凉山彝族自治州12岁小学生某色小林就读的勒尔村小学。

"5年前，学校刚从山顶搬下来时，老师上课还是一块黑板、一支粉笔、一本教科书。"校长吉克伍达说，如今5层高的白色教学楼里每间教室都安装有多媒体设备、电扇、饮水机，还开通了网络教室，与县城优质小学实现了远程在线教学。学校食堂也正在改扩建，学生上学不用花一分钱，每天能吃到两顿肉。这对当地多以玉米、土豆为食的家庭来说，意义重大。

来自教育部的统计数据显示，2012年至2018年，中央财政累计安排营养改善计划膳食补助资金1 248亿元，并安排300亿元专项资金，重点支持试点地区学校食堂建设。截至目前，全国共有29个省份1 631个县实施了营养改善计划，受益学生达3 700多万人。

师之变：师资力量发生大变化，有的学校不乏省、市级教学能手

"教育很重要，革命老区、贫困地区抓发展在根上还是要把教育抓好，不要让孩子输在起跑线上。"延安杨家岭福州希望小学的教师们至今还记得，2015年2月习近平总书记来学校时的殷切嘱托。

如今4年多过去，杨家岭福州希望小学发生了巨大的变化。学校的教学楼由3层增加到 5 层,还新增了书法室、美术室、音乐室、舞蹈室、合唱教室,学术报告厅、少队部等多功能部室,教室的水泥地面铺上了防滑地胶。教室里的多媒体投影仪换成了电子白板等现代化教学设备,老师可以在上面随意写字、画图,并能随时连接互联网调阅教学资料,学生的学习环境大大改善。尤为值得一提的是,师资力量发生巨大变化,学校教职工从 2015 年的 20 名壮大到 40 名,其中不乏省、市级教学能手和区级学科带头人。

硬件要有变化,软件也要有提升。37 岁的张燕是语文老师,已有 18 年教龄,去年 5 月,她被学校派到南京市长江路小学跟岗学习一周。"去优秀的学校跟岗学习比听一些教育讲座来得更快,效率最高。如重点章节怎么处理,如何跟孩子有效沟通,我们学习完吸收后,在教学中优先使用。"培训归来,张燕与教研组的其他老师分享学习心得,还把学到的方法运用到自己的教学中。

近年来,杨家岭福州希望小学与北京市朝阳区芳草地小学、广州市花都区骏威小学、福州市鼓楼区第二中心小学、南京市长江路小学等建立了教育合作结对机制,定期互派教师和学生进行交流学习。学校还和结对帮扶学校的教学能手建立了师徒关系。即使"师傅"调离原来的学校,帮扶也从来没有间断过。

提高乡村教育质量,乡村教师就要多"走出去"。新学期伊始,中益乡小学的"95 后"全科教师唐大鹏被派到位于重庆主城的南坪实验小学跟岗学习,他说,希望能学到城里小学的教学方法,回来后再教给山里的孩子们。

教师专业化水平不断提升,家长对孩子的学前教育启蒙意识越来越重视,孩子从与低年级学生一起学拼音、做算数,到玩乐高、跳民族舞……

近年来,在宁夏回族自治区广袤的农村土地上,一所所标准化幼儿园拔地而起,推动乡村学前教育从"无"到有、从有到好,为越来越多农村娃提供规范化启蒙教育。

从"无"到有:乡村学前教育"换新颜"

在宁夏固原市隆德县观庄乡大山上的观庄春苗幼儿园里,孩子们嬉戏于滑梯、七彩蹦床、跷跷板,欢声笑语一片。铁门外,家长人手一张接送卡,等待自家孩子放学。不久,在老师"护送"下,孩子们列队出门,齐声用标准的普通话说:"老师,再见!"

"孩子上幼儿园后更懂礼貌了,自己洗手、洗袜子,还主动给我跳舞、讲故事,表达能力也好了。"37 岁的父亲魏志强说。

观庄春苗幼儿园离县城约 22 公里,起初只有一排平房,由于需求增多,自 2014 年以来历经两次改扩建。如今,在这所乡村幼儿园里,美工区和建构区摆满手工作品,涂鸦墙上是孩子天马行空的"创作",洗手间挂着一排干净整洁的毛巾,毛巾上方贴着小主人的照片。

观庄春苗幼儿园的变化正是宁夏乡村学前教育发展的"缩影"。根据自治区教育厅统计数据,全区乡村幼儿园从 2010 年的 73 所增加到 2018 年年底的 511 所,在园幼儿也从 1 万多人增加到 5.2 万余人。同时,学前教育硬件环境也发生了翻天覆地的变化——附设在小学一间教室内的学前班逐渐退出历史舞台,越来越多标准化幼儿园出现在黄土地上。

"我们并未单独设立农村幼儿园建设标准,与城市幼儿园共享一个标准,可以说,通过三期学前教育行动计划,乡村学前教育焕然一新。"自治区教育厅基教处副处长马少琴说。

村民马生梅两个女儿都就读于固原市原州区黄铎堡镇丰泽幼儿园。"以前村里没有幼儿园,孩子满地滚,大人没空管,现在真和城里娃没两样了。"她说。

升级软硬件：让启蒙路更规范

"学前教育对孩子的习惯养成、性格塑造十分重要，不是识字、算数可以替代的。"原州区三营镇黄湾村小学附属幼儿园园长罗成说。

因为地处偏远乡村，罗成所在的幼儿园规模小，只有一个大班，但教室内一体机、玩具、绘本一应俱全，原本有尖角的课桌也换成轻型圆角课桌，30多名幼儿在两名年轻教师的带领下，跟着音乐唱歌起舞。

曾经，不少乡村幼儿园缺失专职幼儿教师、教玩具等"软硬件"，学前教育"名存实无"。还有一些民办园为逐利，迎合家长"让孩子赢在起跑线上"的错误观念，给孩子教授一年级课程。

为避免幼儿园"小学化"倾向，宁夏要求城乡各级幼儿园严格遵循《幼儿园工作规程》《3—6岁儿童学习与发展指南》，并完善幼儿园质量评估体系，对幼儿园实行动态监管，规范各类幼儿园办学行为。

快速增长的乡村幼儿园规模也带来师资紧缺的"阵痛"。近年来，宁夏各级政府、教育部门通过政府购买服务、小学教师转岗、加大在职幼师培训力度、集团化办学等方式，为乡村学前教育"输血造血"。

"中心幼儿园常有老师来送课，外出培训机会也多，对教学帮助很大。"丰泽幼儿园教师雷双飞说，幼儿园还和师资较强的原州区三幼建立了帮扶关系，两校教师可通过微信群随时交流。

幼师的专业性最终体现在孩子的成长上。"起初有家长对我们不教小学课程有意见，但看到孩子发生的变化，也慢慢转变观念了。"罗成说。

完善资助政策：一个都不能少

即使是在学前教育阶段，也不能让一个孩子因贫困而落下。

据了解，宁夏从2012年开始实施学前一年教育资助制度，并在2015年将其扩大到学前二年在园家庭经济困难儿童，每人每年可获1 000元资助。

在2018年实施《第三期学前教育行动计划（2018—2020年）》时，宁夏进一步完善资助政策。一方面对建档立卡贫困户儿童、农村非建档立卡贫困户经济困难残疾儿童实施"一免一补"资助政策；另一方面将营养改善计划扩大到实施范围内农村义务教育学校附设的学前班。

"两个孩子上幼儿园没花一分钱，在学校早、午饭也吃得好，可省心了。"马生梅说，她家所在的老庄村是深度贫困村，作为建档立卡贫困户，每个孩子每年免除保教费1 500元，补助伙食费900元。

丰泽幼儿园园长王瑞洁告诉记者，在园103名幼儿中，近一半享受国家资助政策。而作为一所乡村公办园，幼儿园每月保教费120元、每日伙食费9元，费用不高，其余家庭也基本能承受。

记者在采访中了解到，与城市不同，宁夏乡村幼儿园基本是普惠性，因为"收费高就没有生源"。

"个别家长不送孩子上幼儿园，几乎都是观念问题。"观庄春苗幼儿园园长连红说。为此，她和其他教师常上门给家长做思想工作，并通过每月两次亲子活动促进家园共育。

"我和孩子妈苦了一辈子,就希望孩子能接受好的教育,以后过得幸福。"魏志强说。

教育是实现国家强盛、民族振兴、百姓幸福的千秋伟业,是阻断贫困代际传递的重要途径。党的十九大报告指出,要优先发展教育事业,努力办好人民满意的教育。全社会要积极行动起来,全面贯彻党的教育方针,落实立德树人根本任务,培养德智体美劳全面发展的社会主义建设者和接班人,要大力加强和全面推进乡村教育振兴工程,为国家乡村振兴战略奠定基础和铺平道路,要重点做好以下几个方面的工作。

一是重视学前教育,为乡村未来育苗。学前教育关系儿童健康成长,关系乡村社会发展稳定。近年来,党和政府高度重视农村学前教育,国家进行了大量投资和建设,学前教育发展迅速、成效显著,但是城乡学前教育质量差距仍然很大。"努力让每个孩子都能享有公平而有质量的教育",是以习近平同志为核心的党中央提出的"以人民为中心"发展思想的生动体现。2018年11月,《中共中央国务院关于学前教育深化改革规范发展的若干意见》发布,意见指出,"各地要充分考虑人口变化和城镇化发展趋势,结合实施乡村振兴战略,制定应对学前教育需求高峰方案。"因此,继续实施学前教育三年行动计划,大力发展乡村学前教育,建立和完善学前教育体制机制,让学前儿童尤其是留守儿童享有优质教育,既是儿童家庭的期望,也是乡村发展的希望。关注山里的孩子,就是关注乡村发展的明天;重视山里的教育,就托起了乡村未来的希望。

二是凸显基础教育,为乡村发展奠基。习近平总书记指出:"基础教育是全社会的事业,需要学校、家庭、社会密切配合。"发展基础教育可以让山里的孩子成为乡村发展的有生力量,而对基础教育的忽视将直接影响乡村的未来。在部分农村地区,因孩子的父母不在身边,孩子的家庭管教成为一个重要的社会问题,为了让孩子"听话",给孩子提供手机成为老人管教孩子最有效的"手段",手机成为一些孩子的第一伙伴。孩子长期玩手机游戏,不仅荒废了学业,而且正在毁掉孩子的未来。学校、家庭及全社会要关心关爱孩子,特别是关注留守儿童,建立有效的学习及管理模式,既实现亲子互动与关爱,又促进孩子学习进步。只有将乡村基础教育抓好,才能为乡村发展提供人才支撑。

三是强化中职教育,为乡村致富谋技。义务教育阶段学习结束后,一部分孩子因多种原因没能进入普通高中学习,若不能进行有效的继续学习,将产生诸多社会问题。让这些孩子进入中职学校,扎扎实实学好一门技能,日后便能成为乡村发展的中坚力量。在国家精准扶贫政策框架下,要努力实现"职教一人,就业一个,脱贫一家"的目标。当前,国家大力支持中职教育,并出台了相应的鼓励政策,成效显著,但不可否认的是,社会对中职教育的认可度不高,追求高学历的热度不减,导致中职教育生源质量不高、发展后劲不足。因此,要进一步加强宣传引导,加大政策优惠力度,完善职教体系,实施订单培养,实现按需就业,让中职教育成为众多学生学业发展与改变命运的重要选择,成为家业兴旺、乡村发展的重要途径。

四是办好成人教育,为乡村振兴扶志。对于已经进入社会的成年人来说,没有知识与技能,可谓举步维艰,也不可能实现生活富裕。当前,党和国家正在大力实施精准脱贫工程,一部分农民依托国家政策实现了脱贫,然而,还有一部分农民存在等靠要的思想,不思进取。要彻底"拔穷根",实现长期的可持续发展,不仅需要扶智,更需扶志。因此,要在乡村人口集中地区或易地扶贫搬迁安置点,大规模、全方位开办成人教育与技能培训,尽快建立新型职业农民培育制度,完善相关配套政策体系,让农民从思想上彻底拔掉穷根,革除"等靠要"思想,把改变家庭落后面貌的观念转化为乡村建设与发展的实际行动,形成乡村振兴与跨越发展的强大动力与巨大潜力,彻底改变乡村发展滞后的面貌,实现党中央对乡村发展提出的总要求、总目标。

参考资料来源:《从"有学上"到"上好学":乡村教育的"山乡巨变"》(http://cpc.people.com.cn/n1/2019/0903/c415067-31334600.html);《护航农村娃启蒙路——宁夏乡村学前教育发展观察》(http://www.gov.cn/xinwen/2019-12/06/content_5459169.htm);《关于进一步加大支持力度持续做好义务教育有保障工作的通知》(http://jkw.mof.gov.cn/zhengcefabu/202004/t20200424_3503866.htm);杨定玉,冯建国:《实施乡村振兴战略关键在教育》,《中国民族教育》2019年第2期。

▶▶ 案例点评

我国政府在财政支出中,加大教育资金投入力度,持续做好义务教育、乡村教育保障工作,全面、系统地形成推动乡村振兴的教育合力,使我国乡村教育取得了巨大进步和变化。

扶贫先扶智,教育是阻断贫困代际传递的有效手段。近年来,按照党中央、国务院决策部署,中央财政始终坚持"保基本、补短板、提质量",完善政策措施,加大投入力度,优化支出结构,通过城乡义务教育补助经费,重点支持地方落实城乡义务教育经费保障机制,实施好农村义务教育教师特岗计划和学生营养改善计划。

为深入贯彻落实习近平总书记在决战决胜脱贫攻坚座谈会上的重要讲话精神,持续做好义务教育保障,确保如期完成教育脱贫攻坚任务,持续推进"三区三州"等深度贫困地区以及挂牌督战地区教育脱贫攻坚有关工作,财政部办公厅会同教育部办公厅指出可以从以下几点入手:

(一)聚焦深度贫困挂牌督战,加大义务教育投入保障力度

各地财政、教育部门要充分考虑完成最后攻坚任务、巩固脱贫成果及新冠肺炎疫情影响等因素,聚焦突出问题和重点任务,坚持现行脱贫攻坚目标标准,保证投入力度不减,落实"三个新增"重要指示精神,科学统筹中央补助资金和地方自有财力,重点向"三区三州"等深度贫困地区特别是挂牌督战地区倾斜,并防止提标扩面倾向。要严格落实"摘帽不摘责任、摘帽不摘政策、摘帽不摘帮扶、摘帽不摘监管"要求,对退出的贫困县、贫困村、贫困人口,相关教育扶持政策要保持稳定,巩固义务教育有保障取得的成果,防止反弹。同时,要按规定及时下达资金预算,保障"两免一补"、学生营养膳食补助等扶贫政策落实到位,确保建档立卡等贫困家庭学生及时得到资助。

(二)强化政策资金跟踪问效,提高教育扶贫资金使用绩效

各级财政、教育部门要依托财政扶贫资金动态监控平台等信息化手段,积极探索通过多种方式持续加强教育扶贫政策落实和资金使用情况的监管。特别要密切跟踪监测挂牌督战地区脱贫攻坚工作进展,重点关注"两免一补"和学生营养膳食补助等扶贫政策落实、中央补助资金使用管理等情况,要及时研判形势、发现问题、督促纠偏整改。进一步推动落实教育扶贫项目资金全过程绩效管理要求,突出绩效导向,强化结果应用,防止资金闲置,提高资金使用绩效。高度重视审计、巡视、考核评价、排查梳理"回头看"以及各类监督检查发现的教

育领域涉及财政职能的问题,及时建立台账,切实做好整改。严禁虚报、冒领、套取、挤占、挪用、截留、克扣"两免一补"和学生营养膳食补助等扶贫资金。财政部各地监管局要按照财政部统一部署,关注教育扶贫政策落实和资金使用等情况,结合工作实际,开展教育扶贫资金监管工作,并加强与省级财政、教育部门协调配合,形成监管合力。

(三)落实地方主体责任,探索建立解决相对贫困的长效机制

要坚持省级统筹组织、地市级协调指导、县级具体落实的工作机制,省级财政、教育部门要切实发挥省级统筹作用,落实政策资金监管责任,督促指导市县财政、教育部门及时录入财政扶贫资金动态监控平台数据,提高信息质量,强化日常监管;市县级财政、教育部门要督促指导资金使用或项目实施单位承担主体责任,加快预算执行进度,规范教育扶贫资金使用管理,确保各项政策措施落实落地,做好信息公开公示工作,主动接受社会监督。各地要在全面评估现有教育扶贫政策的基础上,及早研究2020年后财政扶贫政策,推动脱贫攻坚与乡村振兴有效衔接,探索建立解决相对贫困的长效机制。

▶ 讨论题

1. 如何调整优化财政支出结构,提高乡村教育经费的使用效益?

2. 如何加强新时代乡村教师队伍建设,努力造就一支热爱乡村、数量充足、素质优良、充满活力的乡村教师队伍?

3. 如何持续支持地方优化义务教育资源配置,缩小城乡、区域间差距,推进教育领域基本公共服务均等化?

案例6-2 服务全球 造福人类——走向世界舞台的中国北斗记事

服务全球,造福人类。曾经为世界贡献过"四大发明"的中国,在全球融为一体、世界互联互通的历史发展进程中,又一次贡献出中国智慧,中国的自主创新再次取得里程碑式成绩。

2020年7月31日,北斗三号全球卫星导航系统建成暨开通仪式在北京举行。中共中央总书记、国家主席、中央军委主席习近平总书记出席仪式,铿锵有力地宣布:"北斗三号全球卫星导航系统正式开通!"这标志着我国建成了独立自主、开放兼容的全球卫星导航系统,中国北斗从此走向了服务全球、造福人类的时代舞台,开启了高质量服务全球、造福人类的崭新篇章,新时代,中国北斗阔步走向世界舞台。

"河汉纵且横,北斗横复直。"自古以来,北斗七星就是中国人辨明方向、把握时节的标志。如今,一颗颗北斗导航卫星闪耀天际,组网形成全球卫星导航系统,为人类提供一流的卫星导航服务,指引着人们追逐梦想、走向远方的脚步,为世界卫星导航的发展贡献了中国方案,更说明只要矢志创新,中国完全可以自主掌握核心技术。

抚今追昔,这份沉甸甸的"成绩单"来之不易。北斗导航系统从无到有,从弱到强,从北斗一号工程立项开始,几代北斗人接续奋斗、数十万建设者聚力托举,在强国复兴的伟大征程中,一次又一次刷新"中国速度"、展现"中国精度"、彰显"中国气度",创造出无愧于党、无愧于人民、无愧于时代的辉煌业绩。

万众一心彰显制度优势

2017年11月,北斗三号全球组网双星首次发射。不到3年时间,中国北斗就比原定计划提前半年成功实现全球组网,让全世界领略到社会主义中国集中力量办大事的硬核实力。

——这是新型举国体制的又一次重大胜利。

北斗系统是党中央亲自决策实施的国家重大科技工程,是我国迄今为止规模最大、覆盖范围最广、服务性能最高、与百姓生活关联最紧密的巨型复杂航天系统。

"北斗是党和国家调动千军万马干出来的,是工程全线几十万人团结一心拼出来的,是广大人民群众坚定支持共同托举起来的。"中国北斗卫星导航系统工程总设计师杨长风说。

据统计,工程启动以来,在全国范围内先后调集了400多家单位、30余万名科技人员参与研制建设。国内卫星导航与位置服务领域企事业单位数量在14 000家左右,从业人员数量超过50万人。

每次发射,无论白昼黑夜还是酷暑严寒,无论顶风冒雪还是大雨滂沱,发射首区和火箭残骸落区多地的数十万人民群众都自觉服从大局,积极进行疏散。

每逢重要节点,数以万计的公安干警、警卫人员和通信、电力、气象、交通、医疗等行业员工坚守各自岗位,共同筑起坚固的安全保障。

坚如磐石的群众基础,是北斗自信走向全球的最大底气所在和不竭动力之源。

勇攀高峰矢志自主创新

关键核心技术是花钱买不来的,即使买来了也是不可靠的,引进仿制的路子也走不远,中国北斗面对缺乏频率资源、没有自己的原子钟和芯片等难关,走出了一条自主创新、追求卓越的发展道路。

——有惊无险,首获占"频"之胜。

北斗起步之时,国际上优质频率资源已经所剩无几,经过艰苦谈判,终于推动国际电联从航空导航频段中,辟出两小段资源作为卫星导航合法使用频段。国际电联规定,各国均可平等申请新资源使用权,但必须在7年有效期内发射导航卫星,并成功接收传回信号,逾期则自动失效。

为保住2007年4月17日这一最后"窗口",工程上下进行全系统总动员和大会战,抢在2月底完成卫星研制。然而临射前,卫星上的应答机突现异常。为确保万无一失,工程试验队果断将已矗立塔架的星箭组合体拆开,取出卫星应答机,72小时不眠不休,成功排除故障。4月14日4时11分,这颗肩负重要使命的卫星发射成功;17日20时许,北京清晰地接收到来自这颗卫星的信号。

那一刻,距离频率失效后限已不到4个小时。中国北斗在最后时刻"压哨破门",拿到了进军全球卫星导航系统俱乐部的"入场券"。

——集智会战,攻克无"钟"之困。

星载原子钟是导航卫星的"心脏",是卫星导航领域"皇冠上的明珠",其性能对系统定位和授时精度具有决定性作用。

建设之初,国内星载原子钟技术比较薄弱。当时,全世界只有少数国家有能力研制高性能星载原子钟,进口存在诸多困难和不确定性。

为尽早"让中国的北斗用上最好的钟",工程总体组织相关科研单位和企业,成立3支研发队伍同步进行攻坚。不到两年时间,3 支队伍全都取得成功,自主研发出达到国际先进水平的原子钟。很快北斗卫星上便批量搭载全国产化星载原子钟,并实现"双钟"相互备份,卫星可靠性和在轨寿命大幅提升。

——负重登攀,消除缺"芯"之忧。

缺少"中国芯",一直是困扰我国高科技领域的一块"心病"。对于北斗系统工程建设和应用来说,拥有国产芯片,对于确保安全性、稳定性、可靠性至关重要。

通过深入动员,工程上下形成宁可国产化产品"指标低点,价格高点,也要大胆使用"的坚定共识;工程总体研究制定行动规划,将自主可控要求落实到关键技术攻关、产品研发、竞争采购等各环节;建立由专项管理办公室牵头,多部门参加的自主可控协调小组,大力推广使用自主芯片、模块、软件产品,通过边建边用、反复迭代,有效提高产品质量水平。

如今,国产北斗芯片工艺由 0.35 微米提升到 28 纳米,已在物联网和消费电子领域广泛应用。支持北斗三号新信号的 22 纳米工艺射频基带一体化导航定位芯片,体积更小、功耗更低、精度更高,已具备批量生产能力。截至 2019 年年底,国产导航型芯片出货量已超 1 亿片,北斗导航型芯片、模块高精度板卡和天线已输出到 120 余个国家和地区。

中国北斗的世界承诺:面向全球、卓越一流

20 世纪 90 年代,美国 GPS、俄罗斯格洛纳斯已完成全球组网,牢牢占据先发优势,实现"一步建全球"。

当时,我国经济实力、技术基础还比较薄弱,又赶上特殊国际背景下国外最严密的技术封锁。面对困境逆境,党中央从现实国情出发,实施"三步走"发展战略,尽最大力量最大可能建设自己的卫星导航系统:2000 年年底建成北斗一号系统,向中国提供服务;2012 年年底建成北斗二号系统,向亚太地区提供服务;2020 年前后建成北斗全球系统,向全球提供服务。

2017 年,乘着党的十九大胜利召开的东风,北斗三号系统开启全球组网新征程。两年半时间,中国成功发射 18 箭 30 颗卫星,提前半年实现既定目标,创造了世界卫星导航领域组网发射新纪录。

照搬美俄模式不符合中国国情,中国便在北斗二号系统基础上,继承并发展了"混合星座构型",创造性应用并实现全星座"星间链路"等全新建设理念,用最经济的资金投入、最高效的卫星数量,实现全球范围覆盖和亚太性能更优,除导航定位授时等基础服务,还兼具星基增强、地基增强、精密单点定位、国际搜救、短报文通信等多种特色服务。

中国北斗的世界胸襟:兼容并蓄、合作共赢

北斗系统建设之初,国际合作道路走得并不顺畅。中国积极推进北斗系统与美国 GPS 系统、北斗系统与俄罗斯格洛纳斯系统、北斗系统与欧盟伽利略系统之间的兼容与互操作。

目前,中美在星基增强、兼容与互操作等多个领域持续开展协调交流,取得多项合作成果;中俄自卫星导航政府间合作协定生效以来,重大战略合作项目委员会有序推进多个合作项目,就两系统之间互操作达成共识。另外,中欧之间也在持续深化频率协调。

卫星导航系统是全世界公共基础设施,中国始终坚持北斗系统对世界的开放性,东盟、南亚、东欧、西亚、非洲陆续加入北斗"朋友圈",成果共享、合作共赢。

作为联合国全球卫星导航系统核心供应商,北斗系统为世界导航领域发展注入新思维、新理念、新动力。与联合国外空司就深化卫星导航领域合作不断达成共识,并在我国两次成功举办联合国全球卫星导航系统国际委员会会议,发布"北斗宣言"和"西安倡议"。

北斗系统带到世界舞台的,还有来自中国高等院校和科研机构的联合研发、产业合作与教育培训等。北斗系统将曾经摸爬滚打积累的卫星导航经验与知识,转换成推进世界各国发展卫星导航应用的发展捷径,依托中阿北斗/GNSS 为代表的北斗中心培育了大量国际化人才,同时积极参加中阿合作论坛等区域合作机制建设,倾力为世界贡献中国方案和中国智慧。

中国北斗的世界担当:精诚服务、造福人类

国际民航组织认可北斗为全球卫星导航系统四大核心星座之一,支持北斗三号全球新信号的首个移动通信国际标准已发布,首个北斗船载终端检测标准已由国际电工委员会向全球公布,国际海事组织认可北斗系统为全球无线电导航系统,国际搜救组织正在对北斗三号搭载的搜救载荷开展标准文件制定和入网测试……近年来,随着服务能力的增强,中国北斗积极融入世界事务、履行国际职责。

党的十八大以来,北斗系统积极响应"一带一路"倡议走出国门,根据不同国家不同行业的不同需求,提供定制服务,逐渐成为叫得响的"世界品牌"。

2013 年,缅甸农业使用了 500 余台高精度北斗终端,这是北斗高精度产品首次在东南亚国家批量应用于农业数据采集、土地精细管理。

2015 年,基于北斗系统的高精度接收机应用于科威特国家银行总部 300 米高摩天大楼建设,实现了施工过程中垂直方向毫米级测量误差。这是北斗首次在海外应用于高层建筑监测。

北斗系统走进新加坡,基于北斗高精度的静音打桩系统可进行桩点精准管理,每个打桩点精度可达厘米级。

北斗系统走进柬埔寨,为柬埔寨政府部门综合规划、国土整治监控等提供更加完整的基础信息资料。

北斗系统走进老挝,为全国性土地确权工程放样、地形测图等各种控制测量提供新的方法手段。

在俄罗斯,西伯利亚电力巡线实现现场人员与管理中心双向互动,及时发现设备缺陷和危及线路安全的隐患。

在中欧班列上,装有北斗终端的集装箱,高精度定位导航功能让物流更便捷,实现了传统运输方式的升级与转型。

印度尼西亚、马来西亚、泰国等国家正积极运用北斗系统探索智慧城市建设。目前,国产北斗基础产品已出口 120 余个国家和地区,在东盟、南亚、东欧、西亚、非洲等地得到成功应用。

中国北斗,星耀太空

作为中国自主创新的结晶,北斗导航系统的发展历程,浓缩着中国科技创新的不凡之路,写照着中国人向着星辰大海进发的不屈志气。正如北斗一号卫星总指挥李祖洪所说,"北斗的研制,是中国人自己干出来的。'巨人'对我们技术封锁,不让我们站在肩膀上,唯一的办法就是自己成为巨人。"今天,北斗导航卫星单机和关键元器件国产化率达到 100%,北斗导航系统为我们带来的将不仅是更精准的定位、更精确的数据,更是充足的战略底气和安全感。

核心技术往往具有通用特点,能够深度融入社会生活,渗透到经济社会发展的各个方面。北斗导航系统正是这样。不久前,在备受瞩目的珠峰测高中,北斗导航系统就发挥了重要作用。为武汉火神山医院建设提供高精度定位、精确标绘,支持无人机实现精准喷洒等防疫作业的,也正是北斗导航系统。其实,近年来,从在地质灾害多发地区实现实时监测、及时报警,到在广袤田野上大展身手,助力劳动生产效率大幅提升,再到在 7 万余艘渔船、650 多万辆营运车辆上守护交通运输安全,越来越"接地气"的北斗导航系统,正在为各行各业赋能,产生显著的经济效益和社会效益。而数据显示,如今在中国入网的智能手机里,也已经有 70% 以上提供了北斗导航系统服务。相信随着北斗导航系统广泛进入大众消费、共享经济和民生领域,它将进一步改变人们的生产生活方式,为每一个人的美好生活助力。

从当前看向长远,新冠肺炎疫情冲击加速了数字经济到来的步伐,而数字经济的发展也需要更加精准的导航系统。犹如城市运转离不开水和电一样,时间基准和空间位置基准对数字经济至关重要。许多新型基础设施建设就离不开北斗导航系统的赋能。正如北斗三号卫星总设计师陈忠贵所说,"北斗导航系统是新基建的基建,是基础的基础"。同时,在工业互联网、物联网、车联网等新兴应用领域,北斗导航系统正助力自动驾驶、自动泊车、自动物流等创新应用加速发展。相信未来,随着"北斗+""+北斗"产业体系不断丰富完善,5G、数据中心等新基建也将不断提速,从而开启数字经济与智慧社会的巨大发展空间。

中国的北斗,世界的北斗,一流的北斗

卫星导航系统是重要的空间基础设施,是事关国计民生的大国重器。建设独立自主的卫星导航系统,是党中央、国务院、中央军委作出的重大战略决策。习近平总书记对北斗全球卫星导航系统建设高度重视,多次作出重要指示。北斗三号全球卫星导航系统的建成开通,是我国攀登科技高峰、迈向航天强国的重要里程碑,是我国为全球公共服务基础设施建设作出的重大贡献,是中国特色社会主义进入新时代取得的重大标志性战略成果,凝结着一代代航天人接续奋斗的心血,饱含着中华民族自强不息的本色,对推进我国社会主义现代化建设和推动构建人类命运共同体具有重大而深远的意义。这是我们在习近平新时代中国特色社会主义思想指引下,充分发挥新型举国体制优势、坚定不移走中国特色自主创新道路新征程上夺取的又一伟大胜利,必将激励全党全军全国各族人民进一步增强"四个意识"、坚定"四个自信"、做到"两个维护",以奋发有为的精神状态、不负韶华的时代担当、实干兴邦的决心意志,奋力开创新时代中国特色社会主义事业新局面。

"调动了千军万马,经历了千难万险,付出了千辛万苦,要走进千家万户,将造福千秋万代"。从 1994 年北斗一号工程立项开始,一代代航天人一路披荆斩棘、不懈奋斗,始终秉承航天报国、科技强国的使命情怀,以"祖国利益高于一切、党的事业大于一切、忠诚使命重于一切"的责任担当,克服了各种难以想象的艰难险阻,在陌生领域从无到有进行全新探索,在高端技术空白地带白手起家,用信念之火点燃了北斗之光,推动北斗全球卫星导航系统闪耀浩瀚星空、服务中国与世界。从北斗一号、北斗二号、北斗三号"三步走"发展战略决策,到有别于世界其他国家技术路径设计,再到用两年多时间高密度发射 18 箭 30 星,北斗卫星导航系统从无到有、从有到优、从区域到全球的发展历程,彰显了中国人民矢志自主创新的豪情壮志，体现了我国社会主义制度集中力量办大事的政治优势。

北斗全球卫星导航系统是我国迄今为止规模最大、覆盖范围最广、服务性能最高、与人民生活关联最紧密的巨型复杂航天系统。参研参建的 400 多家单位、30 余万名科研人员合奏了一曲大联合、大团结、大协作的交响曲，孕育了"自主创新、开放融合、万众一心、追求卓越"的新时代北斗精神。这是中国航天人在建设科技强国征程上立起的又一座精神丰碑，是与"两弹一星"精神、载人航天精神既血脉赓续、又具有鲜明时代特质的宝贵精神财富，激励着广大科研工作者继续勇攀科技高峰，激扬起亿万人民同心共筑中国梦的磅礴力量。

习近平总书记指出："中国愿同各国共享北斗系统建设发展成果，共促全球卫星导航事业蓬勃发展。"如今的北斗，已经向"一带一路"沿线国家和地区亿级以上用户提供服务，相关产品出口 120 余个国家和地区。仰望星空、北斗璀璨，脚踏实地、行稳致远。大力弘扬新时代北斗精神，不忘初心、牢记使命，不懈探索、砥砺前行，我们就一定能为实现"两个一百年"奋斗目标、实现中华民族伟大复兴的中国梦作出新的更大贡献，为全球卫星导航系统更好服务全球、造福人类贡献智慧和力量。

如今，世界上已经有半数以上的国家在全球范围内使用北斗导航系统，中国方案、中国智慧正在随着"太空桥梁"不断延展。未来，闪耀在苍穹的北斗卫星，也将引领人类的梦想和脚步走向更远的远方，为绘就一个更加智能、更加便捷、更加美好的未来，作出应有的更大贡献。

参考资料来源：《服务全球 造福人类——走向世界舞台的中国北斗记事》(http://www.xinhuanet.com/tech/2020-08/01/c_1126313402.htm)；《中国北斗全球梦圆——写在北斗三号全球卫星导航系统全面建成之际》(http://www.gov.cn/xinwen/2020-07/31/content_5531711.htm)；《大力弘扬新时代北斗精神》(http://www.beidou.gov.cn/yw/xwzx/202008/t20200801_20887.html)；《我国 2019 年研究与试验发展经费投入超两万亿元》(http://xj.people.com.cn/n2/2020/0830/c186332-34260018.html)。

▶ 案例点评

本案例描述的我国着眼于国家安全和经济社会发展需要，自主建设运行的全球卫星导航系统——北斗卫星导航系统(以下简称北斗系统)，是中国是为全球用户提供全天候、全天时、高精度的定位、导航和授时服务的国家重要时空基础设施。

北斗系统提供服务以来，已在交通运输、农林渔业、水文监测、气象测报、通信授时、电力调度、救灾减灾、公共安全等领域得到广泛应用，服务国家重要基础设施，产生了显著的经济效益和社会效益。基于北斗系统的导航服务已被电子商务、移动智能终端制造、位置服务等厂商采用，广泛进入中国大众消费、共享经济和民生领域，应用的新模式、新业态、新经济不断涌现，深刻改变着人们的生产生活方式。中国将持续推进北斗应用与产业化发展，服务国家现代化建设和百姓日常生活，为全球科技、经济和社会发展做出贡献。

北斗系统秉承"中国的北斗、世界的北斗、一流的北斗"发展理念，愿与世界各国共享北斗系统建设发展成果，促进全球卫星导航事业蓬勃发展，为服务全球、造福人类贡献中国智慧和力量。北斗系统为经济社会发展提供重要时空信息保障，是中国实施改革开放 40 余年来取得的重要成就之一，是新中国成立 70 年来重大科技成就之一，是中国贡献给世界的全球公共服务产品。中国将一如既往地积极推动国际交流与合作,实现与世界其他卫星导航系统的兼容与互操作,为全球用户提供更高性能、更加可靠和更加丰富的服务。

我国政府在财政经常性支出中,进一步加大科研资金投入力度,支持自主创新和研究开发。日前,国家统计局、科学技术部和财政部联合发布的《2019年全国科技经费投入统计公报》(以下简称《公报》)显示：2019年,全国共投入研究与试验发展经费22 143.6亿元,比上年增长12.5%,连续4年实现两位数增长。

投入规模持续增长的同时,投入强度也再创新高。《公报》显示：我国研究与试验发展经费投入强度(与国内生产总值之比)为2.23%,比上年提高0.09个百分点;研发人员全时工作量计算的人均经费为46.1万元,比上年增加1.2万元。

分活动类型看,全国基础研究经费1 335.6亿元,比上年增长22.5%;应用研究经费2 498.5亿元,增长14.0%;试验发展经费18 309.5亿元,增长11.7%。基础研究、应用研究和试验发展经费所占比重分别为6.0%、11.3%和82.7%。

分活动主体看,各类企业研究与试验发展经费支出16 921.8亿元,比上年增长11.1%;政府属研究机构经费支出3 080.8亿元,增长14.5%;高等学校经费支出1 796.6亿元,增长23.2%。

分产业部门看,高技术制造业研究与试验发展经费3 804.0亿元,投入强度为2.41%,比上年提高0.14个百分点;装备制造业研究与试验发展经费7 868.0亿元,投入强度为2.07%,比上年提高0.16个百分点。

分地区看,研究与试验发展经费投入超过千亿元的省(市)有6个,分别为广东、江苏、北京、浙江、上海和山东。

《公报》显示,2019年国家财政科学技术支出为10 717.4亿元,比上年增加1 199.2亿元,增长12.6%。其中,中央财政科学技术支出4 173.2亿元,增长11.6%,增速比上年加快2.3个百分点,占财政科学技术支出的比重为38.9%;地方财政科学技术支出6 544.2亿元,增长13.2%,占比为61.1%,比上年提高0.4个百分点。中央和地方财政科学技术支出双双保持较快增长,为科技创新实力提升提供了有力保障。

▶▶ 讨论题

1. 后疫情时代我国高新技术产业如何看准趋势,找准培育方向、提升创新势能,在新态势下最大化构筑高新技术产业的比较优势?

2. 财政支出如何在我国科研自主创新中贯彻新发展理念,推动高质量发展中发挥应有作用?

3. 财政在投入研究与试验发展经费时,如何在保障投入规模和投入强度持续增长的同时,进一步提高财政资金使用效益?

第七章

财政投资性支出——财政购买性支出之二

一、习　题

(一) 单项选择题

1. 实践中大部分基础设施部门提供的产品都属于(　　)。
   A. 公共物品　　　B. 私人物品　　　C. 混合物品　　　D. 奢侈品

2. 以下不属于拉动经济增长的三驾马车之一的是(　　)。
   A. 投资　　　　　B. 消费　　　　　C. 净出口　　　　D. 储蓄

3. 以下不属于非政府投资的特点的是(　　)。
   A. 追求微观上的盈利性
   B. 主要依靠自身积累和社会筹资为投资提供资金
   C. 一般主要从事或承担规模宏大、周期长的项目
   D. 一般主要从事或承担见效快的短期性投资

4. 以下属于政府投资的特有决策标准是(　　)。
   A. 资本—产出比率最小化标准
   B. 就业创造标准
   C. 资本—劳动比率最大化标准
   D. 资本—技术构成最大化标准

5. 当各个部门平均增加一个单位最终产品时,某个部门由此而感受到的需求感应程度,即需要该部门为其他部门的生产提供的产值量被称为(　　)。
   A. 需求系数　　　B. 灵敏度系数　　C. 感应度系数　　D. 弹性系数

6. 固定资产扩大再生产的资金来源主要是(　　)。
   A. 积累资金　　　　　　　　　　　B. 折旧资金
   C. 积累基金和折旧基金　　　　　　D. 外来投资

7. (　　)是充分发挥企业现有固定资产的作用、提高生产能力的有效途径。
   A. 对现有固定资产进行更新改造　　B. 更换固定资产
   C. 长期使用现有固定资产　　　　　D. 对旧固定资产进行改造

8. 下列不属于生态保护"三大战役"的是(　　)。
   A. 大气污染防治　　　　　　　　　B. 光污染防治
   C. 土壤污染管控和修复　　　　　　D. 水污染防治

(二) 多项选择题

1. 财政投融资的基本特征主要体现为( )。
　A. 政策性融资
　B. 主要为直接由政府定价的基础产业融资
　C. 完全以市场参数为配置资金的主要依据
　D. 预算管理刚性强

2. 我国财政最大和最主要的支出类别是( )。
　A. 基本建设支出　　　　　　　　B. 科教文卫支出
　C. 行政管理支出　　　　　　　　D. 建设性支出

3. 固定资产再生产的主要方式是( )。
　A. 基本建设　　B. 更新改造　　C. 住宅建设　　D. 基础设施建设

4. 下列不属于基础产业？( )
　A. 服装业　　　B. 农业　　　　C. 餐饮业　　　D. 家具业

5. 按固定资产的经济用途,固定资产可以分为( )。
　A. 生产性固定投资　　　　　　　B. 非生产性固定投资
　C. 基本建设固定资产　　　　　　D. 非基本建设固定资产

6. 按照基本建设支出投入的方向,基本建设支出可分为( )。
　A. 生产性基本建设支出　　　　　B. 预算内投资基建支出
　C. 非生产性基本建设支出　　　　D. 预算外投资基建支出

7. 2018 年,我国将生态文明建设写入宪法,生态文明建设已经成为"五位一体"总体布局的基础。关于如何推进生态文明建设,以下说法正确的有( )。
　A. 形成绿色发展方式和生活方式
　B. 坚持生态文明建设比经济建设更重要的理念
　C. 坚持节约资源和保护环境的基本国策
　D. 坚持资源节约与环境友好的基本原则

8. 研究与安排投资规模时必须考虑的三个问题有( )。
　A. 投资规模要合理　　　　　　　B. 投资结构要优化
　C. 投资时间要缩短　　　　　　　D. 投资效益要提高

9. 从我国的实践来看,基础设施投资的提供方式主要有( )。
　A. 政府筹资建设,或免费提供,或收取使用费
　B. 私人出资、定期收费补偿成本并适当盈利
　C. 地方主管部门筹资、定期收费补偿成本
　D. 政府投资,法人团体经营运作

10. PPP 模式可适用于市政公用事业及( )。
　A. 道路　　　　B. 机场　　　　C. 医院　　　　D. 学校

(三) 判断题

1. 我国基本建设支出始终是财政支出中的一个重要支出项目,随着经济体制改革的深

化和政府职能的转变,总的趋势是增长率逐步减缓,占财政支出的比重逐步下降。
（　　）
2. 在资源配置中政府的职责和作用主要是提供公共物品,满足社会公共需要,弥补市场失灵,进行有效的宏观调控。（　　）
3. 在社会主义市场经济体制下,政府对投资的宏观调控主要是通过间接和直接两种方式进行。（　　）
4. 从经济性质看,基础设施从总体上可以归类为混合物品,主要采取市场提供的方式。（　　）
5. 政府投资的决策标准之一是资本—劳动比率最小化,即在资本不变的情况下,实现就业劳动人数最大。（　　）
6. 政府主要投资于周期短、见效快的公共项目。（　　）
7. 财政投融资是指将政府投资的良好信誉与金融投资的高效运作结合起来,它不将市场参数作为配置资金的重要依据,而表现出计划性与政策性。（　　）
8. 从广义上理解,PPP 模式也是 BOT 投资方式的一种形式。（　　）
9. 建立和完善有利于生态环保的体制机制,是建设美丽中国的体制保障。（　　）
10. 生态文明制度建设能够为生态文明建设提供行动的标准,保证生态文明建设有据可依。（　　）

（四）名词解释

1. 乘数作用
2. 加速原理
3. 自筹资金
4. 生态保护"三大战役"
5. 基础设施投资

（五）简答题

1. 简述研究和安排投资规模时必须考虑的三个问题。
2. 简述政府投资的决策标准。
3. 简述从我国实践来看,基础设施投资的主要提供方式。
4. 简述基础设施建设采用 PPP 模式的意义。
5. 简述在广义和狭义两个层面上,基础设施建设的属性。

（六）论述题

1. 试述财政在实施乡村振兴中的职能和作用。
2. 画出产出模型图并阐释其经济含义。
3. 试述财政在支持打好生态保护"三大战役"中应该发挥的职责和作用。

二、习题解答

（一）单项选择题

1. C　2. D　3. C　4. B　5. C　6. A　7. A　8. B

（二）多项选择题

1. AB 2. D 3. A 4. ACD 5. AB 6. AC 7. ACD 8. ABD 9. ABCD
10. ABCD

（三）判断题

1. √ 2. √ 3. √ 4. × 5. × 6. × 7. × 8. × 9. √ 10. √

（四）名词解释

略。

（五）简答题

略。

（六）论述题

略。

三、案例分析

案例 7-1　夯实新基建　培育新动能——新基建，澎湃中国经济新动能

从中央密集部署，到地方积极响应；从企业主动投资，到资本市场热捧，2020 年伊始至今，新基建被首次写入政府工作报告，并列入"既促消费惠民生又调结构增后劲"的范畴。由此可见，新基建既是疫情后经济恢复的"强心剂"，更是未来发展的"储备粮"，新基建是做好"六稳"工作、落实"六保"任务的重要抓手之一，新基建已正式站上风口。

基础设施建设的作用不言而喻。以现实为例，正是因为超前的基础设施布局，大幅降低了企业成本，才让中国制造具有强大竞争力，推动了经济的快速发展；正是因为超前的网络宽带建设，才让更多的人更早迈入互联时代，推动了互联网经济的繁荣。

新基建同样如此。从长远来看，想要在科技发展和经济发展中继续保持强劲势头，除了做好传统的基础设施建设外，还要把新基建放在更高位置，才能持续保持发展活力。就近期而言，疫情对经济社会发展带来一定影响，推动经济复苏，需要通过狠抓以新基建为代表的行业，触发新消费需求，助力产业升级，激发内生动力。

那么，"新基建"到底"新"在何处？

"新基建"是要干啥？

政府工作报告中关于加强新型基础设施建设的部署，让人对"新基建"有了更多期待。那么问题来了，"新基建"到底是要干啥？

提起基础设施建设，大家都知道它既体现民生导向，又对经济社会发展具有乘数效应。而"新基建"，实际上也是对传统基础设施建设的扩展，不是简单的抛弃传统基础建设而"另起炉灶"。从新中国成立初期的铁路管网，到改革开放后遍布全国的国道建设，再到之后的高铁以及 4G 网络建设，每当开启一轮基础设施建设，大多伴随着科学技术的创新，带来一波经济的快速增长。

2020年4月28日,国务院总理李克强主持召开国务院常务会议,部署加快推进信息网络等新型基础设施建设,要以"一业带百业",既助力产业升级、培育新动能,又带动创业就业,利当前惠长远。

国家发改委初步研究认为,新型基础设施是以新发展理念为引领,以技术创新为驱动,以信息网络为基础,面向高质量发展需要,提供数字转型、智能升级、融合创新等服务的基础设施体系。

信息基础设施是"新基建"中重要一环,主要是指以5G、物联网、工业互联网、卫星互联网为代表的通信网络基础设施,以人工智能、云计算、区块链等为代表的新技术基础设施,以数据中心、智能计算中心为代表的算力基础设施等。"新""旧"之间,是寻求发展动能的转变。

为何要投——以数字化智能化助力"一业带百业"

读CT片,有人工智能助力更精准迅速,5G实现病房远程会诊减少交叉感染,消毒机器人奋战一线;云计算助力"一朵云起,万家复工",在线教育、远程会议开辟在线新经济新战场……新基建,正成为经济"热词",支撑新产业开拓更多新空间。

为什么要推"新基建"? 可以从政府工作报告中找答案。报告把"新基建"等建设,放在扩大内需、加快转变经济发展方式的重大方略举措地位来看待。

从经济运行的现实情况看,在特殊背景下,政府通过发起一轮基础设施建设来扩大有效投资、培育新消费是必然之举。从社会发展的多元诉求分析,数字经济已成为释放新动能最重要的途径。一季度,信息传输、软件和信息技术服务业增加值同比增长13.2%。新业态"逆势"上扬也表明了经济发展对数字基础的迫切需求。

通过加大5G、数据中心、工业互联网等"新基建"建设,技术转化为生产力,生产力转化为发展力,就将产生一石多鸟之效,在促消费惠民生又调结构增后劲上起到重要作用。同时,新一轮信息技术正加速全球竞争力版图的重塑,我国已建成全球最大的光纤和4G宽带网络,5G基站超过20万个,具备良好的产业基础和广阔的市场空间。可以说,此时此刻布局"新基建"立足当下是应对挑战的突破口,着眼未来也是变局中的关键之举。

"不是应急之策,但有应急之效,着眼长期增长,更具长久之功。"全国人大代表、中国信息通信研究院院长刘多这样概括。

"新基建,正在成为新的投资和发展方向。"阿里巴巴集团董事会主席兼首席执行官张勇说,数字化是未来社会治理的必经之路,巨大价值已经深入人心。

越是经济下行压力持续加大,越要高度重视培育壮大新动能。多年来,行业巨头一直主动投入到这一领域的生产建设当中。

三大运营商发力5G基站投入,开启"商业元年";华为、腾讯等在数据中心软硬件领域倾力投入;阿里、百度、京东等互联网企业进行大数据平台研发……大到科研军工,小到民用医疗,新基建都为经济增长注入了新的活力。

专家认为,新基建有着"一业带百业"、加速传统企业快速升级的加持效果。在上海宝山,借助卡奥斯工业互联网平台改造生产流程,一家名为庙航的包装材料生产企业实现生产方式跃升。"以前客户下达订单,我们需要生成生产计划、材料准备单等,容易出现失误和纰漏。"庙航包装总经理曹晓婷说。经过工业互联网改造,这家传统企业增添了转型升级的信心,计划3年实现年产值翻番。

向云"迁徙",实现零售转型;数字"赋能",提升制造效率;精细饲养,确保农牧质量;智慧管理,破解"大城市病"……新基建带来的机遇,并非简单指向个别企业、某些行业,而是广泛面向经济发展的内生动力和新动能。

阿里云日前宣布,未来3年将投入2 000亿元,用于云操作系统、服务器、芯片、网络等重大核心技术研发攻坚和面向未来的数据中心建设。"新基建的重点在'新'。我们要避免'村村点火户户冒烟',避免重复建设。"阿里云智能总裁张建锋表示,云计算作为一个开放、公共的基础设施,即取即用,可以避免社会计算资源的浪费,是效率最高的"电网"模式。

新在何处——三大领域引领"大创新时代"

新型基础设施主要包括三个方面。国家发改委高技术司司长伍浩介绍,一是信息基础设施,比如以5G、工业互联网为代表的通信网络基础设施,以人工智能、云计算等为代表的新技术基础设施,以数据中心、智能计算中心为代表的算力基础设施等。二是融合基础设施,比如智能交通、智慧能源基础设施等。三是创新基础设施,比如重大科技基础设施、产业技术创新基础设施等。

这三大领域不仅在于新兴产业的"新",更指挖掘新增长点。加快建设新型基础设施是扩大有效投资、赋能新经济发展、促进治理能力现代化的重要手段。

新基建之"新",首先新在发展理念,它是扩大投资的倍增器。作为数据、计算、网络的基石,数据中心被认为是基建中的基建。"据测算,它对产业支撑的溢出带动效益明显,单位机架间接产出是直接产出的近20倍。"上海市经济信息化委副主任张建明说,在已建12万机架数据中心基础上,明年一季度前,上海市将新增6万机架供给,直接投资约120亿元,将带动投资超过380亿元。

新基建之"新",也新在模式与空间,是赋能新经济的推进器。"政策+市场"双轮驱动,将为中国经济提供更大的回转空间和韧劲。中国信息通信研究院院长刘多说,未来5年5G商用会带动移动数据、信息服务消费、终端消费等达到8万亿元的规模,预计到2025年5G将直接创造超过300万个就业岗位。

同时,它也是促进治理能力现代化的创新器。位于杭州云栖小镇的杭州城市大脑运营指挥中心内,一块巨大的屏幕上实时跳动着一串串数据。这块大屏被称为"数字驾驶舱",大屏上的数据搭建出一座城市公共交通、城市管理、卫生健康、基层治理等11大系统48个应用场景,日均协同数据量达1.2亿条。

中国工程院院士、杭州城市大脑总架构师王坚认为,城市发展到今天,将会进入"算力时代",计算能力将带给城市发展全新质变。

"新基建"能带来啥?

"新基建"能给我们带来什么呢?

5G是"新基建"的基础性行业。中国信息通信研究院预测,到2025年中国5G网络建设投资累计将达到1.2万亿元。此外,5G网络建设还将带动产业链上下游以及各行业应用投资,预计到2025年将累计带动超过3.5万亿元投资。

从需求侧拉动大规模投资，也从供给端赋能生产、消费、社会治理等多领域，"新基建"以投资为手段，更以效率为关键词。"不是大水漫灌，而是细水长流。"与短期内拉动增长相比，我们更应看重"新基建"对涵养创新的意义。

5G带动信息消费和产业互联；数据中心推动算力提升孵化诸多创新；让"漫步在云端"的新技术更快落地应用，让"孕育于数字"的新需求得到更大程度释放，让创新创业创造更加活跃……通过激发创新来推动效率变革，"新基建"更符合高质量发展的要义。

目前来看，"新基建"也许从建设规模难与传统基础设施建设比肩，但通过对各个领域和产业的渗透融合，释放的能量将不可小觑。中国信息通信研究院报告显示，预计2020年至2025年我国5G商用间接拉动的经济总产出约24.8万亿元。

写入政府工作报告　新基建迎来新机遇

在《习近平谈治国理政》第三卷中，习近平总书记指出，"世界正在进入以信息产业为主导的经济发展时期。我们要把握数字化、网络化、智能化融合发展的契机，以信息化、智能化为杠杆培育新动能。""要推进互联网、大数据、人工智能同实体经济深度融合，做大做强数字经济。"

当前，各国对数字技术与数字经济的认识愈来愈深刻，各主要经济体都在发力新基建，争取在新一轮科技革命和产业变革中掌握主动权。从国际竞争来看，推进新基建是中国在数字经济时代跻身科技强国的必要之举。从自身发展来看，短期内新基建正在成为我国稳投资和稳增长的重要突破口。加快新基建投资，可以作为短期经济逆周期调节的重要政策工具，从中长期来看，新基建通过赋能传统产业、形成新经济增长点，有利于推进经济持续高质量发展。

以5G建设为例，根据工业和信息化部数据，近期，我国每周平均新开通的基站超过1.5万个，截至2020年6月底，3家基础电信企业在全国已建设开通的5G基站超过40万个。5G与人们的生产生活息息相关，大力推进5G建设，短期内有助于通过稳投资来应对疫情带来的经济增长下行压力，中长期则能够通过5G应用创新，形成新的经济增长点，助推经济高质量发展。

加大投资，夯实新基建的产业基础

与传统基建不同，新基建涉及更多的市场主体，能够融合更多的商业项目，可以带动更多的新兴产业投资，需要相对完善的产业生态支撑。当前，我国在5G、大数据、人工智能、高速铁路等领域的头部企业，已具备相当的国际竞争力，丰富的产业应用场景和极大规模的终端消费市场，为持续实现产业技术突破创造了条件。新技术应用场景中的海量数据和实践经验，将促进算法的更新迭代和技术路线的优化，继而创造新的智能应用场景。

加大新基建投资，有助于提升中国在全球价值链中的地位，将"世界工厂"的场景优势和体系优势转化为技术优势。当然，还应该看到，我国在基础研究、芯片等基础技术方面仍存在明显薄弱环节，通过新基建投资释放经济增长动力的同时，也有助于改善创新体系方面的一些短板。

赋能传统制造业，推动产业智能化转型

通过数字基础设施建设，对供给侧和需求侧进行双向产业赋能，能够加快实现传统产业的智能化、数字化转型升级。在全球新冠肺炎疫情蔓延、国际经济面临衰退风险的背景下，以新基建为支撑的智能工厂、智慧物流等，能够有效降低企业的长期生产运营成本，提高作业的精细化程度，减少操作人员的空间聚集。

当前，消费需求和消费结构正在发生巨大变化，云端经济形态渐成气候，无接触服务、独处消费日益受到青睐，唯有精准、高效捕捉市场需求，企业才能适应新的市场竞争。增加大数据基础设施和云基础设施领域的投资，一方面，能够打造基于更优 AI 算力的芯—端—云生态系统，适应人们不断追求更好体验、更高性价比、更智能化生活的潜在需求；另一方面，通过 AI 技术赋能传统产业，提升产品智能化水平，还可以引导未来的消费形态。

精准对接区域发展战略，助力区域经济转型升级

结合区域发展定位和区域发展战略，找准新基建的优先投资领域，发展数字经济，有助于促进区域经济转型升级，并在一定程度上消弭区域发展鸿沟，缩小区域发展差距。

为此，需要进一步发挥区域中心城市在创新资源集聚方面的优势，增加中西部地区在工业互联网基础设施网络中顶级节点的数量，助推后发区域由传统经济发展洼地向新经济发展高地跃迁。要紧密结合京津冀一体化、粤港澳大湾区建设、长三角一体化、泛珠三角合作等区域发展战略，以及自由贸易试验区、内陆开放型经济试验区、新旧动能转换综合试验区等功能性区域发展平台，找准投资优先领域，谋划区域数据中心、智慧交通等基础设施布局，推广智慧城市建设，推动区域城市形态转型和经济转型升级。

补齐创新基础设施短板，优化自主创新生态体系

创新基础设施是国家创新体系的重要支撑，新基建是数字时代创新基础设施的重要内容。打造基于政务云的公共创新服务平台，着力提升中小企业创新服务水平，积极探索基于区块链的中小企业融资服务平台、跨境支付平台等新基础设施，积极推动工业互联网平台项目落实，将有力地支撑产业集群和产业链创新水平的提升。

为此，应重视提升科研基础设施数字化水平，加快科研大数据平台建设，支持企业、高校、科研院所共建联合创新实验室。鼓励通信设备企业和互联网企业组成开源社区，驱动操作系统等加速国产化，形成市场驱动的自主芯片产业生态，为 5G、工业互联网、物联网等新基建的底层技术标准和技术路线竞争提供生态支撑。

打造政企协同推进模式

在一般公共预算支出以外，积极拓宽社会化、市场化投融资渠道，可以更好发挥财政资金的撬动作用和产业引导基金的投资导向作用，提高资金配置效率。对于工业互联网、大数据、5G、人工智能等轻资产项目，要进一步完善信贷政策，降低企业债务门槛，为不同项目匹配差异化融资模式。要及时调整中央与地方事权、财权关系，协调新基建投资过程中政府规划与项目商业化运作的关系，在保证地方决策弹性的同时，尽早规划信用体系、审计、质监、医疗等领域"全国一张网"，通过标准协调，为全国数据融合共享做好架构准备，保障新基建网络的集约高效、安全可靠。

要建立政府和市场有效衔接的产业协调机制，促进行业管理者、新基建供应方和应用方及终端消费者的多方协同，在技术标准推动、商业项目对接、技术联合攻关、创新平台共享方面发挥积极作用。

提升国际合作交流水平

新基建作为全球数字经济基础设施，基础技术和支撑技术高度复杂，大规模应用高度依赖于产业生态的形成，任何国家和企业都不可能垄断技术标准和技术专利，唯有通过全球合作才能推动产业落地。在新基建领域，不同国家优势各异。在当前形势下，需增强政治互信，促进国际合作，培育支持若干具有示范性、引领性和标志性的合作项目，比如，加强中日韩大数据应用、物联网、5G 等方面的合作；发挥亚投行、丝路基金作用，促进"一带一路"国家的互联互通、共享共赢。

"一业带百业"，新基建前景可期

政策支撑加码

一业旺，百业兴。面对新基建的巨大潜力，政策支持正在不断加码。

2020 年 4 月底，中国证监会与国家发改委联合发布了《关于推进基础设施领域不动产投资信托基金(REITs)试点相关工作的通知》，标志着境内基础设施领域公募 REITs 试点正式起步。《通知》鼓励信息网络等新型基础设施，以及国家战略性新兴产业集群、高科技产业园区、特色产业园区等开展试点。未来，REITs 将有效盘活存量资产，形成良性投资循环，提升直接融资比重，降低企业杠杆率。

在福建，当地正积极推动数字"新基建"，加快 5G 技术在生产现场控制、产线及设备巡检、产品质量检测等多领域应用，布局建设福建工业互联网大数据中心；在四川，中国电信四川公司与华为公司联合打造的成都大悦城云 VR 店铺成功上线，"线上+线下"购物体验更加流畅，每件商品都有详细的商品介绍和购买链接；在山东，各地先后上线的多个"区块链+政务"服务系统，众多场景的成功应用给市民带来越来越多便利，成为优化营商环境的新引擎。

"在现代化建设过程中，新基建将扮演'承前启后'的重要角色。可以说，加快转变经济发展方式，把实体经济特别是制造业做实做强做优，就是要推进一批 5G、物联网、人工智能、工业互联网等新型基础设施建设投资。"周民良说，近期政策对新基建给予了很多支持，这是十分必要的。

激发经济内生动力

国家统计局数据显示，2020 年第一季度受疫情影响，实体经济出现一定程度下滑，但电子商务、居家办公、远程问诊、在线教育等信息需求快速扩张。其中，信息传输、软件和信息技术服务业增加值同比增长 13.2%，拉动 GDP 增长 0.6 个百分点，显示出巨大的潜力。

发展新基建，不仅着眼当前，更利在长远。联想集团高级副总裁兼首席市场官乔健认为，未来新基建将在各行各业中产生更大的作用。"大力发展以 5G、人工智能、大数据、工业互联网等为代表的新基建，可谓恰逢其时。新基建既是先进的智能科技，又是赋能智慧经济的基础设施。在抗击疫情方面，无论是病毒基因测序还是疫苗研发，科技都发挥着巨大作用；在经济方面，现在的线上会议、线上教育、线上零售都依赖于新兴经济形态。更重要的是，新基建将带来整个产业的深刻变革。"乔健说。

科尔尼管理咨询公司全球合伙人宋旭军表示，中国的"新基建"带来的科技成果将通过企业间合作与全球贸易由全人类共享，在满足世界消费者需求的同时，也将助推国外相关产业发展。

据了解，目前百度、华为、阿里等一批中国平台型公司已积累了扎实的技术基础、丰富的应用场景和海量数据，在新基建背景下也将为中国经济打造竞争新优势。

参考资料来源：《新基建，澎湃中国经济新动能》(http://www.xinhuanet.com/fortune/

2020-05/09/c_1125961718.htm);《"一业带百业",新基建前景可期》(http://www.gov.cn/xinwen/2020-05/05/content_5508789.htm);《国务院常务会议明确新基建投资模式:市场投入为主,民资有更大空间》(http://www.gov.cn/zhengce/2020-04/29/content_5507395.htm);《"新基建"能给我们带来什么?》(http://epaper.ssxww.com.cn/news/jj/2020/0527/38537.html);《夯实新基建 培育新动能》(http://theory.people.com.cn/n1/2020/0804/c40531-31809043.html)。

▶ 案例点评

本案例描述了新基建写入政府工作报告,彰显着以高质量发展促进经济增长的决心,赋予中国企业创新发展的机遇红利。受新冠肺炎疫情等因素影响,对比往年,2020年我国工业、消费、投资等经济指标下滑较为明显。此背景下,新基建被寄予厚望,新基建作为新兴产业,一端连接着巨大的投资与需求,另一端连接着不断升级的消费市场,必将成为未来中国经济社会繁荣发展的重要支撑。新基建投资既能从短期为稳经济、稳增长助力,从长远看更可以激发更多新需求、创造更多新业态,推动中国经济转型升级。

谁来参与"新基建"建设,是推动"新基建"的关键问题。恒大集团首席经济学家任泽平分析认为,建设"新基建"应注意"新的主体"问题。"坚持以市场投入为主,支持多元主体参与建设,鼓励金融机构创新产品强化服务。"这是政府层面首次明确新基建的投资模式。

国务院常务会议指出,支持多元主体参与建设,要加快信息网络等新型基础设施建设,以"一业带百业",既助力产业升级、培育新动能,又带动创业就业,利当前惠长远。

万博新经济研究院副院长刘哲称,新基建是有效投资的重要组成部分,5G、大数据等建设是信息产业发展的基础,加大新型基础设施建设,尤其是数字基础设施建设,能够对其他制造业和服务业起到带动效应。疫情对中国经济增长带来的"硬缺口",短期通过新基建投资虽难以完全弥补,但其对稳就业、稳预期仍起到积极作用。

国务院常务会议指出,要根据发展需要和产业潜力,推进信息网络等新型基础设施建设。创新投资建设模式,坚持以市场投入为主,支持多元主体参与建设,鼓励金融机构创新产品强化服务。加强政府引导和支持,为投资建设提供更多便利。

这是决策层首次对新基建的投融资模式做出明确。北高峰资本创始人闵万里接受第一财经记者采访时称,新基建的意义在于为中国经济发展提供长期释放生产效率的基础和动力源泉,解决的是中国经济高质量发展的问题。在投融资机制上,需要考虑的是如何把政策资金转化成产业资本,不能只指望政府财政拨款,需要通过政策导向调动民间资本,必须要有产业跟随的新机制。

北京大学市场与网络经济研究中心的研究员陈永伟认为,在"新基建"的过程中,可以考虑给民营资本以更大的发挥空间。相比于政府和国企,民营资本有着更强的市场嗅觉,也能够创造出更多的商业模式来支持自己的商业目的。

陈永伟建议,不妨放低对一些基建项目的准入门槛,让民营资本进来,成为这些基建项目的主力军。"政府只需要做好宏观把控,制定好相关标准就可以了。"

国务院常务会议要求,着眼国内需求,以应用为导向,挖掘我国市场规模巨大的潜能,积极拓展新型基础设施应用场景。瞄准产业升级和智能制造发展,引导各方合力建设工业互联网。

工业互联网作为新型基础设施的重要领域,既有巨大的投资需求,又能撬动庞大的消费市场。2020年4月27日,国家工业信息安全发展研究中心副主任何小龙表示,作为新型基础设施的关键组成,工业互联网在加速工业技术改革创新、推动产业数字化转型、释放经济发展新动能等方面的基础性作用日益凸显。此次疫情让各地的政府、各行业、企业对工业互联网的认识更加全面深刻,工业互联网正迎来落地实践的加速期。

会议还提出,要适应群众数字消费新需求,促进网上办公、远程教育、远程医疗、车联网、智慧城市等应用。推动通信与相关行业双向开放与合作,消除行业应用壁垒,为平台经济发展和行业开放融合营造良好环境,构建平台及其参与者互促共赢的生态。

业内分析,新基建和新消费能形成同频共振。新基建能够为新消费开拓更多创新空间,提升新消费体验,创造新消费领域、新消费机会和新消费能力。新消费则为新基建指明了更多投资领域,明确清晰目标,进而提升新基建的整体效能。

疫情过后消费者的消费需求正在发生变化,开始逐渐向信息化、数字化、智能化等更多元化的方向靠拢。新基建将引领新的消费文化的形成,以新一代信息基础设施为基础的智能化产品和服务已成为人们消费的潮流,新基建既有利于消费回补扩容,也有利于促进消费升级,激发新动能。

新消费和新基建的共通之处在于"数字"和"智能",新消费业态需要以信息基础设施建设即新基建作为基础,因此新基建需要发挥好对新消费的支撑作用,从基础层面提升消费者体验感。而新消费则为新基建指明了投资方向,因此新基建必须贴合市场实际需求,提高整体效能。

▶▶ 讨论题

1. 如何根据发展需要和产业潜力,推进信息网络等新型基础设施建设?
2. 如何鼓励金融机构创新产品强化服务,加强政府引导和支持,为投资建设提供更多便利?
3. 如何着眼国内需求,以应用为导向,挖掘中国市场规模巨大的潜能,积极拓展新型基础设施应用场景?

案例7-2 财政政策推进乡村振兴,生态文明照耀美丽中国

财政是国家治理的基础和重要支柱,全面推进乡村振兴任务,落实生态文明建设,是落实"积极的财政政策要更加积极有为"要求的重要举措。为帮助社会各界及时、准确掌握和适用推进乡村振兴和生态文明的财政政策措施,财政部日前从政策受益者和政策落实者角度,分类梳理了出台与"三农"和"生态文明"发展密切相关的政策和措施,以供更多人士了解掌握。

财政政策推进乡村振兴

党的十八大以来,中国农村扶贫开发进入以精准扶贫为中心的扶贫新阶段,我国扶贫开发取得了举世瞩目的成就。实施乡村振兴战略和坚决打赢脱贫攻坚战是确保我国如期实现全面建成小康社会奋斗目标的重要战略支撑。2018年9月,中共中央、国务院印发了《乡村

振兴战略规划(2018—2022年)》,提出"把打好精准脱贫攻坚战作为实施乡村振兴战略的优先任务,推动脱贫攻坚与乡村振兴有机结合相互促进"。因此,努力实现脱贫攻坚与实施乡村振兴战略的有机衔接,已成为现阶段的重大课题。其重点之一在于总结精准扶贫过程中的经验并在乡村振兴中继承发展。

实施乡村振兴战略,应坚持党的领导,坚持五级书记抓乡村振兴,重视基层党组织的建设

在精准扶贫的实践中,中国共产党坚决担负起脱贫攻坚的使命,不断提高自身的领导能力,在精准扶贫的过程中不断推动理论创新、实践创新,并建立了"五级书记抓扶贫"的精准扶贫制度。同样,推进乡村振兴也要坚持党的领导,坚持五级书记抓乡村振兴。2018年中央一号文件《中共中央国务院关于实施乡村振兴战略的意见》提出,坚持和完善党对"三农"工作的领导,"建立实施乡村振兴战略领导责任制,实行中央统筹省负总责市县抓落实的工作机制。党政一把手是第一责任人,五级书记抓乡村振兴"。坚持党的领导,坚持五级书记抓乡村振兴的重点是基层党组织的建设。村庄富不富,主要靠干部。农村有3 500万名党员,超过全国党员总数的1/3。带头人素质不高、能力不强,农村基层党建主体责任不落实、保障不力等问题,会严重影响乡村振兴战略的实施。

对此,2018年的中央一号文件提出要加强农村基层党组织建设,建立选派第一书记工作长效机制,实施农村带头人队伍整体优化提升行动。2019年印发的《中国共产党农村基层组织工作条例》强调,推动全面从严治党向基层延伸,提高党的农村基层组织建设质量,为新时代乡村全面振兴提供坚强政治和组织保证。农村基层党组织要在乡村振兴中发挥领导作用,要加强懂农业、爱农村、爱农民的农村工作队伍建设。对于乡镇党委,要注重从优秀村党组织书记、选调生、大学生村官、乡镇事业编制人员中选拔乡镇领导干部,从优秀村党组织书记中考录乡镇公务员、招聘乡镇事业编制人员。对于村级党支部,要注意吸收高校毕业生、农民工、机关企事业单位优秀党员到农村任职,选优配强村级党组织书记。同时根据工作需要,上级党组织可以向村党组织选派第一书记。

实施乡村振兴战略,应坚持精准做法

精准做法贯穿了精准扶贫的全过程,形成了一系列有效经验,其中包括精准识别、精准帮扶、精准管理和精准考核等精准扶贫工作机制;"六个精准"和"五个一批"的扶贫思路;省市县乡村五级书记一起抓扶贫、党政一把手同为第一责任人的责任制度。我国的扶贫工作能取得今天这样的成就,贵在精准,扶持谁、谁来扶、怎么扶、如何退,全过程都要精准,需要下一番"绣花"工夫。在乡村振兴过程中,要在以下几个方面坚持精准做法。

一是分类要精准。《乡村振兴战略规划(2018—2022年)》将我国的乡村分为四类——集聚提升类村庄、城郊融合类村庄、特色保护类村庄、搬迁撤并类村庄,并指出了这四类村庄未来的发展方向。其中,现有规模较大的中心村和其他仍将存续的一般村庄被界定为集聚提升类村庄,这类村庄占乡村类型的大多数,是乡村振兴的重点。

二是发展思路要精准——规划先行。只有有了明确的规划,才能找准工作重点,才能做到一张蓝图绘到底。2018年9月,《乡村振兴战略规划(2018—2022年)》正式发布,提出多项乡村振兴的重大行动、重大计划、重大项目。同时,各部委、各地方有关乡村振兴的文件也陆续出台。例如,教育部出台规划部署人才振兴以及教育如何为乡村振兴服务,浙江等省发布了省级的乡村振兴战略规划,此外,县级层面的试点规划也在逐步落实。实施乡村振兴战略是一篇大文章,要统筹谋划、精准施策、分类推进,不能走一步看一步、盲目发展。

三是振兴方式要精准——坚持因地制宜,分类振兴。同精准扶贫中要考虑乡村异质性一样,乡村振兴更应该考虑村庄的异质性。独特的地理环境和文化特征决定了目前我国现存的村庄在禀赋特征方面存在较大差异,因此在实施乡村振兴战略时,不能笼统地实施。实施乡村振兴战略,要坚持因地制宜、循序渐进,顺应村庄发展规律和演变趋势,根据不同村庄的发展现状、区位条件、资源禀赋等发展适合自己的产业,实现可持续发展,宜林则林、宜牧则牧、宜粮则粮、宜渔则渔。科学把握各地差异和特点,注重地域特色,体现乡土风情,特别要保护好传统村落、民族村寨、传统建筑,不搞一刀切,不搞统一模式,杜绝"形象工程"。

实施乡村振兴战略,应坚持加大投入,强化资金支持

在精准扶贫过程中,资金投入是保障。2015年11月,习近平总书记在中央扶贫开发工作会议上强调,"扶贫开发投入力度,要同打赢脱贫攻坚战的要求相匹配。中央财政专项扶贫资金、中央基建投资用于扶贫的资金等,增长幅度要体现加大脱贫攻坚力度的要求"。在乡村振兴过程中,依旧需要强大的资金支持。数据显示,要落实乡村振兴战略规划今后五年的重点任务,大约需要投资7万亿元以上。有学者调研发现,在平原地区,一个村庄投入一千万元资金,其硬件服务水平就可以与城市看齐,村庄生活服务品质也可因此大大提升。但是山区的村庄由于交通不便,则需要投入几千万元才有效。习近平总书记在中央农村工作会议中强调,抓好农村人居环境整治工作,推进新一轮农村改革,加快补齐农村基础设施和公共服务短板。

因此,在乡村振兴的过程中,国家要继续加大对农村地区的投资,尤其是在农村基础设施建设和人居环境整治方面的投资。在农村基础设施建设方面,虽然近年来我国对农业的整体投入不少,但基本上还是集中在水利设施、粮田改造、农业机械化等方面,用于农村基础设施建设的投入仍然不足。农村基础设施投入的缺口很大,需要大力投资。其中,两个方面应尤其重视:一是进入自然村的道路,二是进入农田的道路。在农村人居环境整治方面,2018年2月《农村人居环境整治三年行动方案》正式印发,提出从六个方面对我国农村人居环境进行整治,这一任务需要投入大量资金。以厕所革命为例,旱厕改造依靠的是完善的污水处理系统,仅此一项就需要巨大的投入。此外,垃圾处理也面临很大的挑战,农村生活垃圾的集中处理,需要建设大量配套设施,这又是一项巨大的投入。因此,未来农业农村优先发展,建设美丽宜居乡村,要走的路还很长,要做的事还很多,保障资金投入是前提。

实施乡村振兴战略,应坚持广泛参与,凝聚各方力量

在精准扶贫过程中,脱贫致富不仅仅是贫困地区的事,也是全社会的事。专项扶贫、行业扶贫、社会扶贫等多方力量有机结合的"三位一体"大扶贫格局充分发挥了各方面积极性。同样,乡村振兴也不仅仅是乡村的事,而是全体中国人民、整个中华民族的大事,只有乡村真正发展好了,我们的国家才算是发展好了。为此,要不断深化农村改革,扩大农业对外开放,激活主体、激活要素、激活市场,调动各方力量投身乡村振兴。其中,社会资本是推动乡村振兴的重要力量。打破资本下乡障碍,吸引外部资本的投入改造,一方面会改善农村环境,另一方面还会吸引城市消费者到农村度假。

因此,政府要积极发挥市场的作用,形成"有为政府+有效市场"促乡村振兴的模式。相关部门的工作重点应放在构建支持社会资本投入乡村振兴的政策体系上,以调动社会资本的积极性。目前,已有多个地方推出了鼓励资本流向乡村振兴领域的相关政策。今年年初,江苏省在全国率先出台政策,引导社会资本力量参与乡村振兴,综合运用财政、土地、金融、税收等政策手段,构建支持社会资本投入乡村振兴的政策体系,让资本力量充分融入乡村振兴中去。乡村振兴除了需要政府的支持,还需要各类社会组织的支持,要鼓励各类社会组织积极参与到乡村振兴中来。实际上,乡村振兴战略孕育着机会,为一些社会组织提供了良好的发展机遇。

实施乡村振兴战略,应坚持农民主体,激发内生动力

在精准扶贫过程中,确实出现了一些我们不希望看到的贫困户"等、靠、要"现象,针对这样的情况,习近平总书记指出"扶贫要同扶智、扶志结合起来"。扶贫不是慈善救济,而是要注重调动贫困群众的积极性、主动性、创造性,激发贫困地区和贫困群众脱贫致富的内在活力,注重提高贫困地区和贫困群众自我发展能力。在乡村振兴阶段,乡村的发展也不能一直依靠国家政策倾斜、社会帮助等"外部输血",而应当注重乡村的可持续发展,实现乡村"内部造血"。

《乡村振兴战略规划(2018—2022年)》中指出"坚持农民主体地位",就是要充分尊重农民意愿,切实发挥农民在乡村振兴中的主体作用,调动亿万农民的积极性、主动性、创造性,把维护农民根本利益、促进农民共同富裕作为出发点和落脚点,促进农民持续增收,不断提升农民的获得感、幸福感、安全感。各地乡村振兴的目标、任务都应该充分尊重农民意愿,反映农民要求,过程让农民充分参与,成果也要让农民来评判。对此,可以建立农民意愿表达机制,充分尊重倾听农民意愿,真正急农民所急,反映农民的真实需求,避免面子工程等不正常现象。

实施乡村振兴战略,应坚持从严要求,促进真抓实干

在精准扶贫过程中,习近平总书记一直强调要真扶贫、扶真贫、真脱贫,提出领导工作要实、任务责任要实、资金保障要实、督查验收要实的要求。在乡村振兴上,应当坚持从严要求,促进真抓实干。在领导工作方面,要将乡村振兴成效作为一项重要的考核指标纳入地方领导的考核体系中,用严格的制度来要求和监督工作成效,抓紧制定不同地区的乡村振兴工作考核评价指标。在任务责任方面,要依据党政一把手是第一责任人、五级书记抓乡村振兴的工作要求,落实各方责任。建立乡村振兴战略责任制,把乡村振兴作为一把手工程,明确省负总责、市县抓落实的工作机制,以上率下,压实责任。

在资金保障方面,不仅要加大政府对乡村振兴的投入力度,还要动员多方力量,支持社会资本投入乡村振兴。最后要确保把钱花在刀刃上,建立乡村振兴资金使用监督机制,让资金的使用合理化、科学化、透明化。在督查验收方面,尽快建立完善乡村振兴成效评估标准和体系,科学评估成效。虽然目前绝大多数省份都制定了各自的乡村振兴规划,但是对乡村振兴成效的评估和考核仍然不足,在这一点上仍需继续完善。值得注意的是,与精准扶贫退出机制相比,衡量乡村振兴成效是一个更为复杂的过程。制定衡量乡村振兴成效的标准,既要考虑到我国不同地区的差异,又要考虑到村庄本身的资源禀赋。在这种情况下,很难以一个统一的标准来衡量乡村振兴成效,应当在具备可操作性的同时也做到因地制宜。

生态文明照耀美丽中国

盛夏的余村,绿意正浓,游人不断,一派江南好风光。

2005年8月15日,在这个普通的浙北小山村,时任浙江省委书记的习近平同志提出重要论断——绿水青山就是金山银山。

15年的绿色发展实践,生动诠释这一论断的深刻内涵。如今,绿水青山就是金山银山理念已经成为全党全社会的共识和行动,一幅新时代的绿色画卷正在美丽中国恢宏铺展!

保护生态就是发展生产力——"两山"理念指引中国经济社会绿色变革

余村春林山庄里,主人潘春林最近每天都忙个脚朝天——要为络绎不绝的游客准备足够的土菜食材:笋干、土鸡、咸肉……基本都是村里的特产。

"我以前是石矿的一名拖拉机手,矿山关闭后办起了村里最早的民宿,收入增加几十倍不说,推开门就是满山满眼的绿色,让人身心舒畅。"忆及往昔,他既得意自己很早就"吃螃蟹"搞起民宿,也很欣慰当年村里把矿山都关停了。

余村地处浙江省湖州市安吉县天荒坪镇,2005年前这里水泥厂、采石场遍布,漫天灰尘迷人眼。今天,余村已成为人气很旺的4A级景区。被拆迁的水泥厂旧址复垦后变身五彩田园,村里流转的500多亩土地成为油菜花田、荷花藕塘,四季皆有景。

4个多月前,潘春林见到了重访余村的习近平总书记。时隔15年,习近平总书记在这里再次深刻指出:"实践证明,经济发展不能以破坏生态为代价,生态本身就是经济,保护生态就是发展生产力。"

许多干部群众仍清晰记得,15年前习近平同志在余村考察,当得知村里关闭矿区、走绿色发展之路的做法后高度评价说:"下决心关停矿山是高明之举。"

在余村,习近平同志第一次提出绿水青山就是金山银山的重要论断。他在随后发表的"之江新语"专栏文章《绿水青山也是金山银山》中阐释道:"我们追求人与自然的和谐,经济与社会的和谐,通俗地讲,就是既要绿水青山,又要金山银山。"

绿水青山就是金山银山,这短短10个字,闪耀着习近平总书记对生态环境保护和经济发展之间关系的深邃思考——

"保护生态环境就是保护生产力,改善生态环境就是发展生产力。"

"良好生态本身蕴含着无穷的经济价值,能够源源不断创造综合效益,实现经济社会可持续发展。"

"生态环境保护的成败归根到底取决于经济结构和经济发展方式。"

……

党的十八大以来,祖国的山山水水见证了习近平总书记心系中华民族永续发展的情怀。

看山,习近平总书记来到秦岭深处,察看自然生态,叮嘱当地当好秦岭生态卫士;赴祁连山考察生态环境修复成果,要求让祁连山绿水青山常在;眺望巍巍贺兰山,提出要坚决保护好贺兰山生态。

看水,习近平总书记两赴长江流域调研并主持召开座谈会,推动"共抓大保护,不搞大开发"成为沿江省市的共识;心系黄河,曾一个月时间内连续考察黄河岸边的甘肃、河南两省,推动黄河流域生态保护和高质量发展成为重大国家战略。

在内蒙古阿尔山林区、云南洱海湖畔、黑龙江黑瞎子岛、山西汾河岸边……

习近平总书记足迹印在祖国大地,身体力行持续推动美丽中国建设,宣示了以习近平同志为核心的党中央推进生态文明建设的坚定意志。

党的十八大将生态文明建设纳入"五位一体"总体布局;党的十九大更进一步把"污染防治攻坚战"列为决胜全面建成小康社会的三大攻坚战之一。"增强绿水青山就是金山银山的意识"等内容写入党章,对全党更加自觉、更加坚定地贯彻党的基本理论、基本路线、基本方略,统筹推进"五位一体"总体布局具有十分重要的作用。

习近平总书记深刻指出,保护生态环境必须依靠制度、依靠法治

近年来,环境保护法、环境保护税法以及大气污染防治法、水污染防治法和土壤污染防治法等法律更加完善。40多项涉及生态文明建设的改革方案相继出台,尤其是中央生态环境保护督察制度的建立,让生态优先、绿色发展的理念生根开花。生态环境治理体系和治理能力现代化水平不断提升。

从2012年国内第一个跨省生态补偿机制试点在新安江流域拉开至今,生态补偿机制已经在甘肃、重庆、京津冀地区等多地开展,好山水、好生态成了"有价之宝"。而不久前我国生态环境领域第一支国家级投资基金——总规模885亿元的国家绿色发展基金正式设立,则为生态环境保护经济政策体系再添新翼,绿色金融、绿色信贷等环境经济政策更加丰富,不断激发企业治污的内生动力。

绿水青山就是金山银山,这既是余村蝶变之道,更是中国经济优化发展的一个成功经验。从小村首提到省域实践、再到成为指引整个国家前进方向的新发展理念重要组成部分,今天,这一理念正引领中国广袤大地发生深刻变化。

人不负青山,青山定不负人——以切实行动推动中国坚定走上生态文明之路

富春江,流贯浙江中部桐庐、富阳两县区。两岸山色秀丽,江水清碧见底,民居点缀其间,绮丽风光自古有名。然而,富阳区曾有个"地标"大煞风景:江边3根120米高的烟囱一字排开——这是一家热电厂的标志性建筑。

富阳是"造纸之乡"。20多年前,3个造纸工业园区陆续涌现。一位造纸厂老板说:"效益好的时候,造纸就像印钱。"热电厂就是为满足当地造纸工业用热需求而建。

腰包鼓了,但人们的生活质量却因环境污染而大打折扣。在一度有40多家造纸厂的大源镇,村民们回忆说,十几年前的河水既黑又臭,鱼虾绝迹。一到夏天,沿河村庄更是恶臭弥漫,老人们不得不像候鸟一样迁徙到外地的子女家。

"走老路,去消耗资源,去污染环境,难以为继!"党的十八大之后,习近平总书记第一次赴外地考察时就发出警示。

彼时,经过几十年快速发展积累下来的环境问题进入了高强度频发阶段。"这既是重大经济问题,也是重大社会和政治问题。"2013年4月,在十八届中央政治局常委会会议上,习近平总书记明确要求,有关方面有必要采取一次有重点、有力度、有成效的环境整治行动,在这方面也要搞顶层设计。

4个多月后,"大气十条"——《大气污染防治行动计划》出台。中国成为全球第一个大规模开展PM2.5治理的发展中国家。

2015年,"水十条"——《水污染防治行动计划》出台。

2016年,"土十条"——《土壤污染防治行动计划》出台。

一个拥有14亿人口的发展中大国,以壮士断腕的勇气向污染发起总攻。习近平总书记为之鼓劲——"我们必须咬紧牙关,爬过这个坡,迈过这道坎。"

为了让蓝天重现,河北向积攒多年的家底开刀。"高炉被拆,就像自己的一条胳膊被截了肢。"钢铁大县武安一家民营钢铁厂老板说,"但是不断,整条命怕都保不住!"2013年以来,河北全省累计压减钢铁产能超1.5亿吨,大量玻璃、煤炭、水泥等产能退出,数百家企业退城搬迁。

为了让青山永驻,山东威海的夏春亭带领员工"修山",拉土回填、修建隧道、恢复植被,在开采最严重的区域修筑塘坝,一干就是十多年。昔日遍体鳞伤的矿山变成华夏城景区。2018年习近平总书记考察这里的生态修复项目时,对通过生态修复促进文化旅游发展、带动周边村民就业致富的做法给予肯定。

为了让碧水荡漾,经济特区深圳打响治水提质攻坚战。73岁的居民黄耀棠回忆说,以前的茅洲河水"比墨水还黑,比石油还稠"。2016年起深圳以绣花功夫推进雨污分流、源头治理,居民们发现"茅洲河变清变美了,不时还有白鹭飞过"。如今,当地告别散乱污、拥抱高精尖,河畔的全至科技创新园进驻科技企业180多家,年产值达80亿元。

富春江畔,富阳也痛下决心实施多轮造纸业整治,腾退造纸及关联企业1 000多家。热电厂也完成了历史使命,被当地人戏称是"三支清香"的烟囱于去年10月启动拆除。

如今的富阳,在老产业腾退转型后的旧址上,一座吸引了一批高技术企业的富春湾新城正在拔地而起。新时代的富春山居图正在绘就。

抛弃先污染后治理老路、探索绿色发展新路,对一个企业、一座城市来说是艰难的挑战,对中国经济来说更是必须跨越的一道关口。

这道关口,我们正步履坚定地跨越。党的十八大以来,我国生态环境质量明显好转,经济发展与生态环境保护更加协调。2019年我国国内生产总值接近100万亿元,稳居世界第二位。

更令人欣喜的是,在有效应对新冠肺炎疫情冲击的基础上,2020年第二季度中国经济实现3.2%的增速,在全球主要经济体中率先实现恢复增长。中国在坚持绿色发展上表现出的远见和定力,为全球疫后经济复苏和发展起到示范作用。

为子孙后代留下天蓝、地绿、水清的家园——在人与自然和谐相处中迈向新境界

立秋已过,秋粮丰收在望。在吉林省梨树县泉眼沟村的地里,一望无际的玉米刚刚结穗,正是形成产量的关键农时。种粮大户张文迪正忙着田间管理。

"采取有效措施切实把黑土地这个'耕地中的大熊猫'保护好、利用好,使之永远造福人民。"就在刚刚过去的7月,习近平总书记在这里考察时对黑土地保护提出明确要求。张文迪很激动:"粮食是国家的根基。黑土地就是我们种粮人的根基。"

张文迪承包了420公顷玉米地。这几年他在农技人员的帮助下应用了免耕技术,秋天把玉米秸秆覆盖还田,来年春天用免耕播种机直接播种,既减少了土壤风蚀和水蚀,又增加了土壤有机质含量。几十年过度使用导致的地力衰竭问题开始有了改观。张文迪笑着说:"今年的玉米长势可好了!"

梨树向北约700公里,黑龙江伊春市的旧貌也换了新颜。

这里位于小兴安岭腹地,曾经一木独大。全面停止天然林商业性采伐后,这座林城探索向生态宜居城市转变,森林旅游成为经济新引擎。

400万公顷森林、40万公顷湿地、700多条河流、每立方厘米空气负氧离子含量高达2万个以上……良好的生态环境让伊春成为旅游热门"打卡地",也让守着绿水青山的老百姓吃上了生态饭、过上了好日子。

推动形成绿色发展方式和生活方式,这是一场发展观的深刻革命。

放眼全国,随着生态文明建设深入推进,一块块生态环境的短板正在补上,一个个阻碍绿色发展的体制和制度坚冰正在消融。

——三北防护林、天然林保护、退耕还林还草等一系列重大生态工程深入推进。党的十八大以来,全国共完成造林约7.8亿亩,生态红利不断显现,绿色版图持续扩大。

——以国家公园为主体的自然保护地体系加快建立,国家公园体制试点工作在理顺管理体制、加强生态保护修复等方面取得阶段性成果。

——河长制、湖长制全面建立,一条条江河、一个个湖泊有了专属守护者,一大批民间河长、湖长踊跃上岗……

青山常在,绿水长流。每个人心中都有一条母亲河,习近平总书记时时牵挂着中华民族的母亲河。他谆谆告诫:"保护母亲河是事关中华民族伟大复兴和永续发展的千秋大计"。

习近平总书记为长江经济带开药方——"共抓大保护,不搞大开发",走出一条生态优先、绿色发展的新路子;又为治理黄河指点要略——坚持山水林田湖草综合治理、系统治理、源头治理,统筹推进各项工作,加强协同配合,推动黄河流域高质量发展。

大河奔流,浩浩荡荡。如今,长江之病渐消,江豚频现,鱼翔浅底。沿黄省份也大步迈向更广阔的发展之路。大江南北的人们用汗水浇灌和培育着共同的绿色家园。

全民义务植树如火如荼展开,"互联网+义务植树"等形式不断创新。年轻的父母带着孩子亲手种下一株株树苗,把绿色播种在大地上、播种在孩子心里。在北京、上海等地,垃圾分类成为人们追赶的新风尚;越来越多的人选择共享单车出行,购物时挂在肩头的自备购物袋则成为一抹流行色。

美丽生态、美丽经济、美好生活,中国坚定走绿色发展之路和建设生态文明的成果,为全球可持续发展贡献了中国智慧。

最近连续3年,联合国环境规划署将"地球卫士奖"分别颁给中国塞罕坝林场建设者、浙江省"千村示范、万村整治"工程和"蚂蚁森林"项目,折射出国际社会对中国生态文明实践的广泛认可,彰显保护全球生态环境的中国担当。

"'绿水青山就是金山银山'美妙地阐述了人与自然和谐共生的理念。"联合国环境规划署执行主任英厄·安诺生说,世界应与中国一道,坚持绿色、可持续的发展道路,下定决心改善环境。

在习近平生态文明思想指引下,14亿中国人正以久久为功的精神推进美丽中国建设,为子孙后代呵护一个天蓝、地绿、水清的美好家园!

参考资料来源:《借鉴精准扶贫经验 着力推进乡村振兴》(https://news.gmw.cn/2019-06/13/content_32914886.htm);《生态文明之光照耀美丽中国——写在绿水青山就是金山银山理念提出十五周年之际》(http://cpc.people.com.cn/n1/2020/0815/c419242-31823260.html);《"六保"财政政策促"三农"稳定发展》(http://czt.hebei.gov.cn/xwdt/gzdt/202007/t20200722_1268982.html);《发挥财政职能作用 推进生态文明制度体系建设》(http://www.eeo.com.cn/2019/1102/368581.shtml)。

案例点评

本案例描述了财政和财政政策坚持把解决好"三农"问题和生态文明建设作为重中之重,高起点谋划、高站位部署、高质量推动乡村全面振兴,实现"绿水青山就是金山银山",集中财力推进农业农村现代化、乡村经济和生态文明高质量发展。

在中央财政保粮食生产方面,中央财政出台奖励政策,对产粮大县(包括常规产粮大县、超级产粮大县)、产油大县、商品粮大省、制种大县实施奖励。常规产粮大县奖励资金由获奖县统筹安排合理使用,超级产粮大县奖励资金由获奖县用于扶持粮油生产和产业发展;产油大县奖励资金用于扶持油料生产和产业发展,特别是用于支持油料收购、加工等方面支出;商品粮大省奖励政策对13个粮食主产省给予奖励,奖励资金由省级财政用于支持本省份粮油生产和产业发展;制种大县奖励资金实行定额补助,由获奖县用于制种基地基础设施建设、制种监管、新品种科技试验示范、仪器设备购置等制种产业发展相关支出。

在中央财政安排资金推进农业高质量发展方面,以2020年为例,中央财政继续安排农业生产发展资金、农业资源及生态保护补助资金、动物防疫等补助经费,支持深化农业供给侧结构性改革。重点聚焦五个方面的任务:

一是扎实推进产业扶贫。进一步推动资金项目向贫困县特别是"三区三州"等深度贫困地区和未摘帽贫困县倾斜。

二是保障重要农产品有效供给。扩大早稻、大豆、油菜、花生等粮油作物面积,支持加快恢复生猪生产,实施奶业提质增效行动,增加绿色优质农产品供给。

三是加强现代农业设施建设。完善优化农机购置补贴,支持新型农业经营主体建设农产品仓储保鲜设施,推动解决鲜活农产品流通出村进城"最先一公里"问题。

四是大力发展富民乡村产业。培育优势特色产业集群,加快建设现代农业产业园和农业产业强镇,促进家庭农场和农民合作社高质量发展,健全农业社会化服务体系,扶持带动小农户发展。

五是推进农业绿色发展。全面落实以绿色生态为导向的农业补贴制度改革方案,启动东北黑土地保护性耕作行动计划,强化农业生态环境治理,加快形成农业绿色生产方式。

党的十九届四中全会进一步提出"坚持和完善生态文明制度体系,促进人与自然和谐共生"。生态文明建设是推进国家治理体系和治理能力现代化的重要内容,也是贯彻落实习近平生态文明思想,全面建成小康社会,实现中华民族伟大复兴的坚实保障。自列入"五位一体"总体布局后,生态文明建设的地位越发重要,生态文明建设也是中央财政大力支持的重点方面。

财政要推进建立自然资源有偿使用和生态补偿制度,通过政府转移支付、税收、补贴等多种形式,推动构建反映市场供求关系和资源稀缺程度、体现自然价值和代际补偿的资源有偿使用和生态补偿制度,以着力解决自然资源及其产品价格偏低、生产开发成本低于社会成本、保护生态得不到合理回报等问题。

财政要探索建立多元共治的环境治理和生态保护体系,针对我国环境治理和生态保护领域普遍存在市场主体和市场体系发育滞后、社会参与度不高等问题,建议通过多种财政政策工具的引导,着力解决构建更多运用经济杠杆进行环境治理和生态保护的市场体系。

具体而言,一是加大生态环境保护政府投入力度。2019年,中央财政准备安排大气、水、土壤污染防治等方面的资金600亿元,同比增长35.9%,远高于同期中央本级支出增幅(为6.5%)。在弥补生态环境保护资金短板方面取得明显成效,建议未来一段时期生态环境保护政府投入继续保持较高增幅。二是在增加生态环境保护相关建设支出增幅的同时,通过政府和社会资本合作(PPP)、政府采购、政府引导基金、地方债、专项债等多种方式,调动全社会治理环境污染的积极性和创造性,形成政府、企业和社会多方共治污染的新格局。三是加强财政政策与金融、产业、价格等政策工具手段的相互衔接和配合,形成生态环境保护建设多元共治的新格局。

讨论题

1. 财政如何积极助力农业产业结构调整升级,统筹安排财政资金支持做大做强区域优势产业?如何用互联网平台和数字化方式催生乡村新产业新业态?

2. 中央财政如何通过加强政策顶层设计,统筹整合财政资金支持生态修复和环境整治,强化地方政府主体责任,推进生态文明建设?

3. 面对现行资源环保领域行政制度约束力度大,预算约束力度小的现状,如何通过建立科学、有效的生态文明预算绩效考核和评价体系,硬化生态文明建设预算约束考核制度?

第八章

财政转移性支出

一、习 题

(一) 单项选择题

1. 下列不会引起代际收入再分配的社会保障资金运筹方式是( )。
   A. 现收现付制 B. 部分基金制
   C. 完全基金制 D. 以上三种方式都不是

2. ( )是政府的一种无偿性支出,是财政支出的一种特殊形式。
   A. 财政补贴 B. 社会保障 C. 投资性支出 D. 财政平衡

3. 某产业部门或企业用贷款建设某一项目,自己不支付利息,由财政代付全部或部分利息,我们可以称之为( )。
   A. 财政补贴 B. 财政贴息 C. 现金补贴 D. 价格补贴

4. 社会保障制度是政府依据一定的法律规定,通过( )在社会范围内组织实施的对公众的基本生活权利予以保障的一种社会政策。
   A. 收入再分配 B. 支出再分配 C. 支出转移 D. 补贴

5. 社会救济支出资金来源于( )。
   A. 税收 B. 领取人的缴纳 C. 发行债务 D. 企业缴纳

6. 世界上大多数国家普遍采用的一种社会保障资金筹款方式是( )。
   A. 社会保障统筹交费 B. 开征社会保险税
   C. 建立预算基金账户 D. 发行国债

7. 下列不属于转移性财政支出的是( )。
   A. 失业救济支出 B. 财政补贴 C. 债务利息支出 D. 行政经费支出

8. 我国对农、牧、渔业的用盐减税属于( )税收支出。
   A. 照顾性 B. 刺激性
   C. 照顾性和刺激性 D. 都不是

9. 我国现行社会养老保险的筹资模式是( )。
   A. 现收现付式 B. 完全基金式
   C. 部分基金式 D. 财政拨款解决

10. 社会保险是( )。
    A. 自愿保险 B. 强制保险 C. 自觉保险 D. 志愿保险

11. 社会保障支出应该由（　　）集中安排。
　　A. 政府　　　　　B. 企业　　　　　C. 个人　　　　　D. 家庭
12. 企业亏损补贴主要用于调整（　　）。
　　A. 收入结构　　　B. 供给结构　　　C. 产业结构　　　D. 需求结构

（二）多项选择题

1. WTO的《补贴与反补贴措施协议》按照可能对国际贸易造成的危害程度，将补贴分为（　　）。
　　A. 禁止性补贴　　B. 许可性补贴　　C. 可诉补贴　　　D. 不可诉补贴
2. 税收支出是以特殊的法律条款规定的、给予特定类型的活动或纳税人以各种税收优惠而形成的收入损失或放弃的收入，可见，税收支出是政府的一种（　　），属于财政（　　）支出。
　　A. 直接支出　　　B. 间接支出　　　C. 投资性　　　　D. 补贴性
3. 从税收支出所发挥的作用的角度，税收支出可以分为（　　）和（　　）。
　　A. 照顾性税收支出　　　　　　　　B. 补偿性税收支出
　　C. 刺激性税收支出　　　　　　　　D. 激励性税收支出
4. 下列属于刺激经济活动和调节社会生活的税收支出形式有（　　）。
　　A. 税收豁免　　　B. 纳税扣除　　　C. 延期纳税　　　D. 盈亏相抵
5. 加入WTO为财政补贴的调整和改革提供了契机，也为财政补贴的调整和改革提供了原则与标准，下列属于财政补贴改革的原则有（　　）。
　　A. 取消不符合WTO规则的补贴措施
　　B. 合理利用可诉补贴
　　C. 用足用好不可诉补贴措施
　　D. 增加对落后地区的补贴
6. 财政转移性支出可分为（　　）。
　　A. 基础设施投资支出　　　　　　　B. 社会保险支出
　　C. 财政补贴　　　　　　　　　　　D. 税收支出
7. 财政转移性支出直接表现为资金的无偿、单方面转移，下面属于转移性支出的有（　　）。
　　A. 债务支出　　　　　　　　　　　B. 财政补贴
　　C. 国家物资储备支出　　　　　　　D. 国防支出
8. 社会保障支出体现了财政在发挥（　　）作用的要求。
　　A. 社会福利政策　B. 公平分配　　　C. 加快经济增长　D. 实现充分就业
9. 财政补贴的主要内容有（　　）。
　　A. 价格补贴和风险基金　　　　　　B. 企业计划亏损补贴
　　C. 财政贴息　　　　　　　　　　　D. 其他财政补贴项目
10. 下列选项中属于社会保障支出的有（　　）。
　　A. 养老保险支出　　　　　　　　　B. 失业保险支出
　　C. 工伤保险支出　　　　　　　　　D. 社会救助支出

（三）判断题

1. 社会保险支出在财政支出项目中的属性是转移性支出，也是一项民生性支出。（　　）

2. 在市场经济体制下，政府虽然不能通过行政手段在初次分配领域干预收入分配，但可以采取收入再分配措施来缩小人们的收入差距，矫正市场分配的不公。（　　）

3. 财政补贴有其存在的必然性，是不能也不应该被取缔的。所以，财政补贴虽然是调节手段，但它可以在国民经济的运行中扮演主要角色。（　　）

4. 税收支出是对"正规"的、"标准"的、"基础"的或"一般可接受"的税制结构的背离。（　　）

5. 税收减免措施因其本身的特殊性，可以和其他政府支出不一样，不经过国家预算控制程序就可以实施。（　　）

6. 社会保险支出是一种影响相对价格结构，从而可以改变资源配置结构、供给结构和需求结构的政府无偿支出。（　　）

7. 社会保险资金的运作分为现收现付制、完全基金制和部分基金制。（　　）

8. 在市场经济条件下，社会保险制度具有"内在稳定器"的作用。（　　）

9. 私人保险市场具有的逆向选择、道德风险等问题是社会保障产生的必要性之一。（　　）

10. 我国实行的统账结合的社会保险模式可以将社会统筹的优势和个人账户的特点结合起来，即可增强个人的责任，以应对即将来临的老龄化，又可实行社会共济，以实现社会公平。（　　）

（四）名词解释

1. 社会保险制度
2. 财政补贴
3. 可诉补贴
4. 挤出效应
5. 税收支出

（五）简答题

1. 简述私人保险或商业保险的局限性的主要表现。
2. 简述社会保险资金的两种运作模式及其内涵。
3. 简述我国的社会保险体系的内容和模式。
4. 简述财政补贴影响经济的机理分析。

（六）论述题

1. 试述市场经济体制下社会保险制度必须由政府来组织实施的三个理由，并简要概述国家财政在社会保险制度实施中的职责和投入。
2. 试述我国养老产业发展如何引入社会资本参与养老服务，并不断优化养老服务效率和质量。
3. 试述财政补贴在调节经济运行过程中所发挥的经济机理和财政补贴效应。

二、习题解答

（一）单项选择题

1．C 2．A 3．B 4．A 5．A 6．B
7．D 8．B 9．C 10．B 11．A 12．C

（二）多项选择题

1．ACD 2．BD 3．AC 4．ABCD 5．ABC
6．BCD 7．AB 8．AB 9．ABCD 10．ABCD

（三）判断题

1．√ 2．√ 3．× 4．√ 5．× 6．× 7．× 8．√ 9．√ 10．√

（四）名词解释

略。

（五）简答题

略。

（六）论述题

略。

三、案例分析

案例8-1　六十年消灭贫困　新时代换了人间——西藏历史性消除绝对贫困

消除贫困是当今世界面临的最大全球性挑战。习近平总书记在宁夏考察时指出，"全面建成小康社会，一个少数民族也不能少"。中国共产党和中国政府把解放和发展生产力、消除贫困、改善民生、实现共同富裕，作为社会主义的本质要求，始终致力于减贫事业。1959年，中国共产党领导西藏各族人民实行民主改革，彻底废除封建农奴制，从根本上解决摆脱贫困问题，开启了西藏人民消除贫困、创造美好生活的伟大历程。特别是党的十八大以来，在党中央、国务院的特殊关心和全国人民的大力支持下，全区上下勠力同心，稳定实现了不愁吃、不愁穿，义务教育、基本医疗和住房安全得到全面保障，极大改善了农牧民群众的生产生活条件，取得了脱贫攻坚的决定性胜利。

作为中国唯一的省级集中连片特殊困难地区，2019年12月，西藏宣布74个县（区）全部脱贫摘帽，建档立卡贫困人口全部退出，绝对贫困彻底消除，这是中国共产党领导西藏人民创造的又一个伟大奇迹。经第三方评估，西藏脱贫攻坚群众满意度达99.5%以上。

（一）实现高质量发展，造血功能强起来了

在全国庆祝改革开放40周年大会上，来自阿里地区改则县物玛乡抢古村的尼玛顿珠被党中央、国务院授予全国"改革先锋"称号，受到习近平总书记的亲切接见，成为阿里地区乃至全区的致富带头名人。作为村党支部书记、"先进双联户长"，他积极带领全村71户256

人以牲畜入股、劳动力入股、联户放牧、草场流转的方式成立了"畜牧业集体经济合作社",探索出一条科学化管理经营新路子。在脱贫攻坚工作中,西藏始终坚持统筹脱贫攻坚与区域协调发展,通过大力发展扶贫产业,不断优化经济结构、就业结构,推动农牧业高质量发展,农牧区贫困群众不断享有日益丰富的现代文明成果。

发展前景日益广阔。西藏立足自身资源禀赋、产业基础和市场需求,以科技项目为载体,坚持将短平快项目与长期稳定脱贫的产业发展结合起来,大力发展具有高原特色的种植业、养殖业、旅游业和电子商务等扶贫产业,走出了一条高质量脱贫之路。2016年以来,累计投资367.41亿元、实施扶贫产业项目2 630余个,培育产业化龙头企业140余家、农牧民专业合作组织1万余家,带动23.8万贫困人口脱贫,受益农牧民群众超过70万人。2019年,农牧业科技进步贡献率达到51%、科普率达到90%。

经济结构合理优化。西藏经济结构在快速发展中不断优化,三次产业比优化为8.8∶42.5∶48.7,产业结构日趋合理。农牧业特色产业从小到大、快速发展、提质增效,具有西藏高原特色的农牧业品牌建设成效显著,建成了一大批优质粮油生产、无公害蔬菜种植、标准化奶牛规模养殖、特色藏猪藏鸡养殖、绒山羊养殖等特色产业基地。现代工业从无到有,不断发展壮大,已建立起包括能源、建材、机械、轻工、食品加工、民族手工业、藏医药等20多个门类的现代工业体系。第三产业蓬勃发展,全域旅游快速推进,旅游产业龙头地位进一步提升,2019年接待国内外游客突破4 000万人次,实现旅游收入559.28亿元,10多万农牧民借助旅游业增收致富。

群众生活红红火火。中国共产党始终把人民对美好生活的向往作为奋斗目标。在党中央的坚强领导和特殊关怀下,西藏各族群众特别是贫困群众普遍住上安全适用的房屋,冰箱、彩电、洗衣机、电脑、智能手机、家用汽车等现代化耐用消费品逐渐进入普通百姓家庭;广播、电视、通信、互联网等现代信息传递方式与全国乃至世界同步发展,已经深入到人民群众的日常生活中,视频聊天、网上购物、移动支付成为新的生活方式,群众安全感满意度达到99.7%,幸福指数大幅提升。2019年,全区农牧民人均可支配收入达到12 951元,其中建档立卡贫困人口人均可支配收入由2015年的1 499.51元增加到2019年的9 328.04元。

(二)共享发展成果,人民生活富起来了

林芝市巴宜区八一镇巴吉村是远近闻名的富裕村幸福村,习近平总书记曾于1998年6月和2011年7月两次到访。该村"两委"班子带领全村群众发展壮大集体经济,不断增加现金收入,2019年人均纯收入3.4万元,村集体资产评估达10亿元。因残致贫的贡嘎县克西乡克西村村民达瓦卓玛,在政府的帮助下开了家小卖部,年收入达8万余元,她逢人就说,"现在政策这么好,只要肯干,日子都会越过越好。"群众朴实的言语表明,脱贫攻坚的深入推进,极大地推动了西藏社会特别是广大农牧区的全面进步,各族群众都享有更满意的收入、更舒适的居住条件、更好的教育、更可靠的社会保障、更高水平的医疗服务、更优美的环境,过上了更加幸福美好的生活。

发展基础更加厚实。西藏大力加强水、电、路、讯、网等农牧区基础设施建设,补齐制约脱贫攻坚的突出短板,全面改善了农牧民群众生产生活条件。2016年以来,自治区财政累计投资43.24亿元,巩固提升农村饮水安全工程,受益人口164.36万人;实施灌区续建配套与节水改造工程,总灌溉面积达345万亩。主电网覆盖66个县(区)、4 155个建制村,主电

网用电人口290万人。公路总里程超过10万公里,乡镇、行政村公路通达率分别达99.86%、99.81%。5 366个行政村通达光纤宽带,5 310个行政村通达4G网络。

精神文化丰富多彩。西藏全力保护和弘扬优秀传统文化,大力发展社会主义先进文化,文化事业实现了大发展、大繁荣,各族群众享有更加丰富的文化生活。先后建立起劳动人民文化宫、拉萨及各地区电影院,成立了西藏歌舞团、藏剧团、话剧团、各地市民族艺术团和75个县(区)级艺术团、2 400余支乡村业余文艺队等文艺演出团体,深入到农村、牧区,为偏远乡村送去社会主义新文化。打造了一批话剧文艺精品;一批大型实景剧、舞台剧、民族歌舞等文化产业演艺项目,成为西藏文化旅游的亮丽名片。

教育事业全面发展。西藏把发展教育作为阻断贫困代际传递的治本之计,重点实施教育扶贫工程和教育脱贫攻坚计划,一套涵盖学前教育、基础教育、职业教育、高等教育、继续教育、特殊教育的比较完整的现代教育体系已经形成。2016年以来,投入61.4亿元建设和改造900多所义务教育阶段标准化学校,投入31.4亿元新建乡村双语幼儿园1 168所。实施15年公费教育和贫困大学生"三免一补"(免课本费、杂费、文具费,对小学半寄宿制学生和初中困难学生生活给予补助)政策,逐年提高义务教育"三包"标准,2019年生均达到3 720元,累计受助学生达231.21万人次。劳动力人口受教育平均年限达到9.55年。贫困家庭适龄儿童全部入学,没有一个学生因贫困失学辍学。

健康水平大幅提升。西藏大力实施健康扶贫,投入6.4亿元支持贫困地区医疗卫生服务体系建设,填补了11个乡镇没有卫生院、81个行政村没有卫生室的空白。西藏所有建档立卡贫困户纳入医疗保险覆盖范围,医疗费用报销标准提高95%,全面推行"1+3"(对贫困人口每年体检筛查一次,大病集中救治一批、慢病签约管理一批、重病兜底保障一批)健康扶贫模式,贫困户患者健康体检率达到100%。实施包虫病患者免费治疗,筛查出的2.68万人得到有效救治。实施农牧区贫困群众"先诊疗后付费"制度,覆盖面达到98.5%,确保贫困群众有病及时看、看得起、看得好。西藏人口由1959年122.8万人增长到2019年350.56万人,人均预期寿命从1959年前35.5岁提高到目前的70.6岁。

社会保障更加有力。西藏建立了以养老、医疗、失业、工伤和生育五大保险为主体的覆盖城乡全体居民的社会保障体系,各类社会保险参保人数达618万人次。在推进社会保障兜底工作中,有效衔接农牧区低保标准与扶贫政策,确保建档立卡贫困人口病有所医、残有所助、生活有保障,11.32万建档立卡贫困人口纳入农村低保,低保标准从2016年2 250元提高至2019年4 450元。2016年以来,西藏自治区累计发放社会救助资金51.39亿元,供养特困人员8 050多人,临时救助建档立卡贫困人口5 020多人。在7市(地)建成11所儿童福利机构,实现农村留守儿童、困境儿童、孤弃儿童兜底保障和有效监护。完善困难残疾人生活补贴和重度残疾人护理补贴制度,累计发放补贴资金4.53亿元。

(三)推进生态保护,雪域高原美起来了

西藏牢固树立绿水青山就是金山银山、冰天雪地也是金山银山的理念,从2017年开始,用三年时间,每年造林100万亩以上,在海拔4 300米以下的宜造林地区,实施了消除"无林乡镇、无林村组、无绿院落、无林农户、种树空白"的"五消除"行动,展开了一场轰轰烈烈的"绿色行动"……西藏始终坚持扶贫开发与生态保护并重,处理好保护生态与富民利民的关系,推动形成绿色发展方式和生活方式,积极构筑国家生态安全屏障,使良好的生态环境成为人民幸福生活的支撑点、成为持续健康发展的增长点。

生态岗位助力增收。西藏始终结合生态安全屏障保护与建设,加大国家重点生态功能区转移支付力度,让贫困人口充分享受生态政策红利。依托国家草原生态保护补助奖励、森林生态效益补偿等专项资金,对有劳动能力的贫困人口实行定岗定员、定责定酬,岗位涵盖护林员、自然保护区和野生动物保护区管护员、监督员、草原监督员、水生态保护和村级水管员、城镇环境保洁员和村级环境监督员、旅游厕所保洁员、地质灾害群防群测员等,累计落实专兼职生态补偿岗位244.16万人次,累计安排岗位补助资金79.86亿元,2016年、2017年岗位年补助标准3 000元,2018年、2019年岗位年补助标准3 500元。

生态体系更趋平衡。西藏积极调动贫困群众参与生态文明建设和开发、发展绿色产业和生态旅游业,多点布局建成53个本土树种扶贫苗圃,成立家庭林场、林业专业大户、农牧民林业专业合作组织,带动贫困群众在参与生态建设与保护中吃上"生态饭"。建立草原生态保护补助奖励机制和实施草畜平衡奖励政策,对严格执行禁牧、轮牧、休牧制度的牧户给予适当补助和奖励,享受两项奖励政策的建档立卡贫困人口达22万。实施《西藏自治区生物多样性保护战略与行动计划》,现有141种国家和自治区重点保护野生动物、38种国家重点保护野生植物、196种特有动物物种、855种特有植物物种、22种特有鸟类物种。

生态环境更加宜居。西藏实施《西藏生态安全屏障保护与建设规划(2008—2030年)》,建立了47个各类自然保护区,其中国家级11个,保护区总面积41.23万平方公里,占西藏国土面积的34.35%,居全国首位。国家专业机构监测表明,西藏重要江河湖泊水功能区水质达标率为95.7%,环境空气质量优良率达到97.5%,仍然是世界上生态环境质量最好的地区之一。持续实施流域综合治理、农牧区人居环境改善、污染防控等系列环境保护工程,有效保护了西藏的碧水蓝天,偏远贫困地区生存环境得到极大改善。如,为彻底改变高海拔地区群众生活居住环境,西藏专门编制极高海拔地区生态搬迁规划(2018—2025年),截至2019年年底,已建成安置点960个,全区26.3万人已搬迁入住。

(四)合力攻坚克难,脱贫力量聚起来了

林芝县鲁朗国际旅游小镇是广东省重点援藏建设项目,也是西藏自治区重点旅游开发项目,以"藏族文化、自然生态、圣洁宁静、现代时尚"为核心理念设计,总投资约38亿元,历经六年精心规划建设,于2017年3月28日正式运营,为有效整合林芝县及周边主要的旅游资源,大幅度提升旅游接待条件,扩展旅游产业的辐射和带动效应,从而转变经济发展方式、实现可持续发展打造了一个很好的载体。中华民族多元一体,全国人民和各援藏省市的大力支援,充分展现了各民族"共同团结奋斗、共同繁荣发展"的生动实践。西藏全面贯彻党的民族政策,铸牢中华民族共同体意识,促进各民族和睦相处、和衷共济、和谐发展,以中华民族大家庭手足相亲、守望相助的团结力量推动脱贫攻坚,确保全面建成小康社会一个民族都不少。

援藏扶贫大力开展。2016年以来,各支援省份累计实施援藏扶贫项目202个,落实资金155亿元,援藏资金80%以上用于脱贫攻坚,有力支持了西藏的经济社会发展。2016年启动教育人才"组团式"援藏工作,17个对口支援省市和教育部所属高校附属中小学,先后选派1 670多名教师进藏支教。从2018年起,国家实施"援藏援疆万名教师支教计划",17个援藏省市派出首批410多名教师赴西藏支教。实施"央企助力脱贫攻坚",中央企业累计投资

1 750多亿元,实施183个扶贫项目。西藏选派1 400多名骨干教师和管理人员到对口支援省市挂职学习,对口支援省市安排西藏籍劳动人口就业8 000余人,其中高校毕业生5 000余人。

结对帮扶深入推进。西藏连续选派八批干部17万多人次,在西藏所有村(居)特别是偏远贫困乡村开展驻村工作,落实扶贫项目9 270多个,投入帮扶资金29.6亿元。大力开展西藏"百企帮百村"活动,680多家非公企业、社会组织投入资金23.2亿元,结对帮扶1 009个贫困村,受益贫困人口7.68万人。2016年以来,全国各地向西藏贫困地区捐赠物资折合资金达5.22亿元。

民族交融更加密切。西藏自治区十一届人大三次会议审议通过的《西藏自治区民族团结进步模范区创建条例》,以地方性法规形式将民族团结宣传教育和民族团结进步创建活动的实践和成果固定下来,进一步促进了民族交往交流交融。越来越多的人才从全国各地来到西藏,带来了先进的理念、技术,受到西藏各族群众的认可和欢迎。西藏也有越来越多的人员到四川、青海、甘肃、北京、广州、上海等地经商、办企业。不同民族之间的自由流动、相互通婚成为常态,如日喀则市仁布县切洼乡有藏、汉、回、彝、撒拉等多个民族在这里生活、工作、经商、办企业,有37户民族通婚家庭,占全乡户数的5%,他们互帮互助、夫妻恩爱、家庭和睦、共同致富,谱写了一首首民族团结、共同发展的赞歌。

(五)坚持志智双扶,脱贫致富动起来了

习近平总书记给隆子县玉麦乡卓嘎、央宗姐妹的回信,使全区各族干部群众备受鼓舞,纷纷表示一定要争当神圣国土的守护者和幸福家园的建设者,"光有党的好政策不行,还得自力更生,靠自己的辛勤劳动才能真正脱贫致富",如今已成为贫困群众的高度共识。在打赢脱贫攻坚战的伟大实践中,西藏始终坚持人民主体地位,特别是在全区广泛开展"讲党恩爱核心、讲团结爱祖国、讲贡献爱家园、讲文明爱生活"群众教育实践活动,把扶贫和扶志扶智结合起来,激发困群众改变贫困面貌的干劲和决心,靠自己的努力改变贫困面貌,就像习近平总书记指出的,脱贫后生活还要不断芝麻开花节节高。

内生动力不断增强。在"四讲四爱"群众教育实践活动中,坚持扶贫先扶志、治穷先治愚,着力在拔掉群众思想的穷根上下功夫,激发群众脱贫致富的内生动力,各族群众从"要我脱贫"向"我要脱贫"转变、从"要我稳定"向"我要稳定"转变。如,日喀则市吉隆县吉隆居委会贫困户次仁罗布主动申请退出贫困户,他说:"我年纪轻轻就戴着一顶贫困帽,感觉很羞耻!只有自力更生,靠自己的双手才能赢得好日子,赢得他人的尊重,我相信自己一定能够真正摘掉贫困帽。"

群众思想更加解放。通过"四讲四爱"(讲党恩爱核心、讲团结爱祖国、讲贡献爱家园、讲文明爱生活)等全方位的宣传教育引导,各族群众特别是贫困群众以更加积极的行动投身到实施乡村振兴战略和边境小康村建设的火热实践中,如,积极参与供给侧结构性改革,破除制约经济社会发展的体制机制弊端,发展更高层次的开放型经济,为农牧区经济社会发展注入新的活力。主动实施农村土地"三权(所有权、承包权、经营权)"分置改革,促进农牧区资源要素合理配置,有序推进土地经营流转,农牧业综合生产能力大幅提升,贫困群众享受到更多改革红利。配合推进"放管服"改革,持续优化营商环境,鼓励和吸引国内外企业到广大农牧区投资办企业,市场主体总数达到32万多户。

致富劲头更加高涨。通过不断加大农牧区国民基础教育、职业技术教育、劳动技能培训，开展脱贫攻坚评先奖优、劳动技能大赛、"比学赶帮超"实践活动，各族群众学习科学技术、提升劳动技能、改变就业观念、增强自我发展能力、追求现代文明生活的氛围越来越浓。如，日喀则市南木林县艾玛乡柳果村是集中达孜、甲措两乡镇301户贫困户搬迁而来的新村，这些贫困户过去大多以乞讨为生，集中搬迁落户后，一边开展"四讲四爱"群众教育实践活动，一边发展生产，目前再没一户一人以乞讨为业，昔日的"要饭村"变成远近闻名的"小康村"，现在整个村充满活力、生机勃勃。

西藏打赢脱贫攻坚战，历史性消除绝对贫困，是新时代中国减贫事业取得的重大成就之一，是集中力量办大事这一中国特色社会主义制度优势的显著彰显。在推进脱贫攻坚的历程中，西藏各族人民充分感受到了中国共产党的伟大光荣正确、社会主义制度的无比优越和祖国大家庭的无比温暖，更加筑牢了对伟大祖国、中华民族、中华文化、中国共产党、中国特色社会主义的认同，更加坚定了感党恩、听党话、跟党走的信心决心。站在新的历史起点上，西藏将始终坚持以人民为中心的发展思想，团结带领各族人民持续巩固脱贫攻坚成果，完善解决相对贫困的长效机制，加快推进农牧区农牧业农牧民的现代化，和全国其他兄弟省市一道共同迈向全面小康，努力谱写好中华民族伟大复兴中国梦的西藏篇章。

参考资料来源：《六十年消灭贫困 新时代换了人间——西藏历史性消除绝对贫困》（http://ex.chinadaily.com.cn/exchange/partners/82/rss/channel/cn/columns/j3u3t6/stories/WS5f3a2983a310a859d09de3ee.html）。文中数据主要来源于《2019年西藏自治区国民经济和社会发展统计公报》和《〈伟大的跨越：西藏民主改革60年〉白皮书》。

▶ 案例点评

2020年10月15日上午10时30分，国务院新闻办公室就西藏脱贫攻坚有关情况在西藏拉萨市举行新闻发布会，中共西藏自治区委员会书记吴英杰、中共西藏自治区委员会副书记、西藏自治区人民政府主席齐扎拉在会上介绍深入贯彻新时代党的治藏方略，西藏历史性消除绝对贫困有关情况，并答记者问。截至2019年年底，西藏74个贫困县实现全部摘帽，62.8万建档立卡贫困人口全部脱贫，贫困人口人均纯收入从2015年底的1 499元增加到2019年的9 328元，历史性消除绝对贫困。

由于自然条件和历史原因，西藏是全国"三区三州"深度贫困地区中唯一的省级集中连片特困地区，是脱贫攻坚之初全国贫困发生率最高、贫困程度最深、扶贫成本最高、脱贫难度最大的深度贫困区域，到2015年年底，西藏74个县区均为国家级贫困县，贫困发生率为25.32%。

党中央历来高度重视西藏工作、深切关怀西藏各族人民，特别是改革开放以来，先后召开七次西藏工作座谈会，多次对西藏扶贫工作作出重要指示，研究制定的脱贫攻坚顶层设计在政策、资金、项目等方面都给予西藏重点照顾、特殊倾斜，每次都结合西藏发展实际出台特殊政策举措，推动西藏自治区长足发展。

在以习近平同志为核心的党中央坚强领导、特殊关怀下，在习近平新时代中国特色社会主义思想的指导下，西藏自治区党委、政府坚持以脱贫攻坚统领经济社会发展全局，增强"四个意识"、坚定"四个自信"、做到"两个维护"，深入贯彻总书记扶贫工作重要论述，坚持精准扶贫、精准脱贫基本方略,着眼"通过脱贫攻坚、让西藏各族群众真正感受到总书记和党中央的关怀,从而坚定听党话、跟党走的信念",瞄准"两不愁三保障"目标,大力实施"五个一批"工程,以正确处理好"十三对关系"为工作方法,先后制定出台70多个脱贫攻坚政策文件,坚持"五级书记"抓扶贫、党政"一把手"脱贫责任制和干部"四包"制度,多措并举推进脱贫攻坚,西藏各族干部群众奋发有为,改变了雪域高原千百年来贫穷落后的面貌。

2016年以来,西藏自治区累计投入398.9亿元,实施产业扶贫项目2 984个,带动23.8万贫困人口脱贫,受益群众超过84万人;建成965个易地扶贫搬迁安置区(点),26.6万人搬迁入住;高校毕业生就业率保持在90%以上,培训贫困家庭劳动力17.63万人次,转移就业34.05万人次;将11万建档立卡贫困对象纳入最低生活保障兜底,实现应保尽保,将所有贫困人口纳入医疗保障范围,"因病致贫、因病返贫"人口实现动态清零;通过排查改造建档立卡贫困群众危房4.36万户,实现了全区贫困群众危房"零存量";9批选派干部19.3万余人次开展驻村帮扶工作,落地援藏项目313个,到位援藏资金195.2亿元。

西藏自治区脱贫攻坚工作连续4年被中央确定为"综合评价好";经第三方评估,西藏脱贫攻坚群众满意度达99%以上。2020年从海拔5 000多米的双湖县措折羌玛乡搬迁到贡嘎县森布日安置点的老人罗达瓦说,感恩党的好政策,他和家人告别高寒缺氧,"过了大半辈子,终于品尝到了幸福的滋味!"

西藏自治区党委书记吴英杰说,西藏脱贫攻坚取得重大胜利,是习近平总书记关于扶贫工作和西藏工作重要论述在西藏的成功实践,是社会主义制度优越性在西藏的有力体现,是党的民族政策在西藏的生动展示。

消除绝对贫困后,西藏脱贫攻坚将全面转入巩固提升阶段,保持现有帮扶工作体制机制不变,政策不断、力度不减,确保脱贫群众不返贫。

讨论题

1. 西藏历史性消除绝对贫困之后,应采取哪些措施防止返贫?
2. 如何在打赢脱贫攻坚战和防止返贫工作中,激发自治区群众的内生动力和"自主造血"能力?
3. 对口援藏扶贫工作在西藏脱贫攻坚中发挥了什么作用?未来还应如何发力?

案例8-2　立足财政职能　高质量完成脱贫攻坚战——"青海答卷":走向我们的小康生活

2020年8月17日,青海省大通县向化藏族乡将军沟村,村民李国锋一家正在忙着修葺院墙。昨天的一场雨把这个大阪山脚下的小村庄洗刷得绿意葱茏。远处,如黛的山色在轻薄的云雾中连绵延伸,如诗如画。李国锋家的院子里铺着水泥地面,一幢新盖的两层小楼收拾得干净整洁,客厅和厢房摆着三四张待客吃饭的大圆桌。"这两年到我们村旅游的人越来越多了,农家乐生意特别好。虽然今年受到疫情影响,但一到周末还是有不少游客。"李国锋的妻子介绍说,"七八月份是旅游旺季,每月收入能达到8 000元左右"。

将军沟村属于深山地区,全村耕地仅有1 300多亩,但有林地6 780亩、草原2万多亩。

几年前,这里交通不便,经济落后,村民们坐拥美景却只能靠天吃饭,人均年收入才 2 000 元左右,是个名副其实的贫困村。"青海省集中了西部地区、民族地区、高原地区、贫困地区所有特征,虽然全省人口基数不大,贫困人口绝对数量并不算多,但贫困发生率为 13.2%,高于全国 7.5 个百分点。全省除西宁市下辖的 4 区和两个行委外,其余 39 个县全部为贫困县。"青海省财政厅党组书记、厅长侯碧波说:"另一方面,青海是黄河、长江、澜沧江——三江发源地,具有非常重要的生态地位。2016 年习近平总书记视察青海时曾明确指出,青海最大的价值在生态、最大的责任在生态、最大的潜力也在生态。如何让财政资金发挥出最大效用,在五年内使青海实现脱贫发展又能牢牢守住国家生态屏障,这是我们必须破解的难题,也是我们必须要交上的让党和人民满意的答卷。"

(一)硬仗硬打　坚持加大投入增强保障

"实际情况决定了青海的脱贫攻坚战是硬仗中的硬仗,硬仗硬打,资金保障是关键。"侯碧波说。"人一我十,人十我百。从一开始我们就对这项工作的难度有清醒的认识——必须多渠道加大扶贫投入,加快解决贫困地区基础设施和公共服务瓶颈制约,为贫困群众就业创业、脱贫致富创造有利条件。"为切实发挥好财政在脱贫攻坚中的主渠道作用,在中央财政对青海扶贫开发支持力度逐年增加的基础上,青海省构建并完善了财政支持打赢脱贫攻坚战的政策体系,确定了省级专项扶贫资金每年增长 20% 以上的投入保障机制。2016—2019 年,中央和省级财政安排财政专项扶贫资金 176.73 亿元,年均增长 20.4%,其中,省级财政专项扶贫资金 59.85 亿元,年均增长 32.8%。2020 年,青海省级年初预算安排省级财政扶贫专项资金 21.6 亿元,较 2019 年年初预算安排执行数的 18 亿元增长了 20%。同时,充分发挥财政资金的引领撬动作用,通过地方债、专项建设基金、金融贷款、担保贴息、社会帮扶、东西部扶贫协作和对口援青帮扶方式,着力构建了"财政专项、行业扶贫、金融信贷、社会帮扶、东西部协作、对口援青帮扶"的"六位一体"投入保障机制,为脱贫攻坚提供了多元化保障支撑。

脱贫攻坚期内,扶贫标准是稳定实现贫困人口"两不愁三保障"、贫困地区基本公共服务领域主要指标接近全国平均水平。为补齐民生短板,着力改善贫困群众基本生产生活条件,青海财政紧盯贫困群众最关心、最直接、最紧迫的现实问题,持续加大对"三保障"以及饮水安全的投入力度,全面加强基础设施和公共服务建设,不断提升贫困群众的获得感和幸福感。在教育保障上,坚持把扶贫与扶智相结合,全面落实西宁、海东两市贫困家庭和藏区六州义务教育阶段学生免费教育政策;全面落实支持贫困户中的初、高中毕业生就读职业学校和考上大学的给予资助政策;深入推进"控辍保学"工作,对全省 2.82 万疑似辍学适龄儿童开展逐一核查,做到应劝尽劝、应入尽入,切实杜绝因贫辍学现象发生,义务教育巩固率达到 96.9%。在医疗保障方面,坚持把开展医疗保险和救助作为防止因病致贫返贫的有效手段,支持推进贫困地区基本公共卫生均等化,实施健康扶贫工程,对贫困人口实行基本医疗和大病保险制度全覆盖,贫困群众医疗保险参保率达到 100%,住院自费比例控制在 10% 以内;支持新改建村级卫生室 1 555 所,全省所有行政村卫生室全部实现达标,切实增强贫困群众"看得了病、看得起病"的保障能力。为强化住房保障,按照"政府主导、群众自愿"原则,通过采取"财政资金+地方债+融资+贫困户少量自筹"的方式,财政投入 66 亿元支持实施易地搬迁,全面完成全省 3.2 万户 11.9 万贫困人口易地搬迁任务。同时,对 20 万户农牧危房进行全面改造,农牧民群众住房安全问题得到有效解决。

一项项政策紧锣密鼓出台,一笔笔资金有条不紊落地,补上每一块民生短板,实实在在助推着贫困群众生活大跨步地向前进。"以前真是做梦都想不到能住上这样的好房子、过上这样的好日子。"将军沟村村民邓玲玲站在自家的砖瓦房前高兴地说。墙上贴着的《大通县脱贫攻坚"一线作战"自查表》显示:邓玲玲家 2019 年户纯收入 49 176 元,人均纯收入 9 835.2 元。这些收入来自光伏扶贫、养殖、乡村旅游等多个项目。

青海财政坚持把培育发展扶贫产业作为拓宽贫困群众收入的主要渠道、增加贫困群众收入的根本之策,大力支持产业扶贫,带动贫困群众持续稳定增收。立足贫困群众意愿,按照农区 5 400 元/人、牧区 6 400 元/人的标准,投入资金 28.7 亿元,实现了全省 48.45 万有劳动能力贫困人口发展到户扶贫产业全覆盖,创新了以贫困户为主体的家庭经营性产业发展新模式。立足贫困村自然人文资源,投入资金 5.73 亿元,对具有旅游资源的 208 个村,按每村 300 万元补助标准,支持实施乡村旅游扶贫项目。

"2016 以来,我们在全县 116 个贫困村和 173 个有贫困户的非贫困村累计整合涉农资金 39.22 亿元。"大通县财政局副局长祁万星告诉记者,"资金主要投向产业扶贫、贫困村基础设施建设、技能培训等方面,坚持精准施策,因村制宜,动员引导各村发展特色产业,走上脱贫致富路。"

靠山吃山。依托 6 000 多亩山林,将军沟村实施了林下特色种植养殖产业。采用"合作社+基地+农户"的模式,大力发展林下土鸡养殖,三年来共养殖土鸡 3.2 万只,户均增收一万元以上;流转土地 1 700 多亩种植汉藏药材,带动农户务工收入达 208 万元,户均增收 2.6 万元。如今,在基础设施建设逐步完善后,便利的交通和优美的风光使将军沟村发展乡村生态旅游产业也走上了"快车道",仅此一项就实现村集体经济收入 22.1 万元。2019 年 5 月 15 日,大通县正式退出贫困县序列。摘下了贫困帽的村民们,对未来更好的日子充满了期待和斗志。

(二)坚持精准　扶贫扶根提高脱贫实效

"脱贫攻坚一定要扭住精准,做到精准扶贫、精准脱贫,精准到户、精准到人,找对'穷根',明确靶向。"在 2016 年两会期间,习近平总书记参加青海代表团审议时这样讲到。

青海省地域辽阔,地形复杂,藏、回、土族等多民族聚居,十里不同风百里不同俗,各县、各村甚至各户的贫困原因、脱贫需求不尽相同。扶贫资金扶持谁?谁来扶?怎么扶?如何考评成效?一个个问题,考验着财政工作者的智慧与耐心。"我们坚持把改革创新作为财政扶贫工作的主旋律,在资金管理机制上大力推进'放管服'改革,将工作重心向'完善政策、强化服务、加强监管和指导'转变。"青海省财政厅副厅长张善明说。

有了力度,更要有精准度。青海省财政厅将财政专项扶贫资金按"因素法"全部切块到县,将项目安排权、审批权和资金使用权也下放到县级,由县级根据脱贫规划和年度实施计划统筹安排资金,切实增强贫困县的自主配置权,使项目安排更加贴近贫困地区实际,资金使用更加满足贫困地区需求,进一步提高项目资金安排的针对性和精准性。

走进海东市平安区三合镇新条岭村,粉墙黛瓦,屋舍俨然。镇长王生忠说,原条岭村位于三合镇东山,属于全镇最偏远的贫困山村之一,2016 年实施易地搬迁后,切实改善了农民群众的生产生活环境,成为全镇新农村建设的示范点。

在黄南藏族自治州尖扎县德吉新村,通过易地扶贫搬迁搬到这里的藏族牧民官却诺日告诉记者:"从前住在山上,一家人仅能吃饱饭,村子里没有一条像样的路,吃水要到很远的地方去背。现在政府帮我们搬下山,住进这么好的房子,还做起旅游生意,生活真是太好了!"

尖扎县是深度贫困县,县城西部山高地贫,气候寒冷,一方水土养不起一方人;东部属黄河谷地,气候宜人,土地肥沃。2016 年,按照"山上问题山下解决"的思路,尖扎县共投入 7 771.42 万元,对县域内山区生存条件恶劣、基础设施严重滞后的 7 个乡镇 20 个村 251 户 946 名农牧民进行了易地扶贫搬迁,其中建档立卡贫困户 226 户 893 人。

尖扎县实施易地扶贫搬迁的集中安置点——德吉村,坐落在青山碧水的黄河岸边,这里风光灵秀,民族风情浓厚。尖扎县副县长海洋介绍说,按照"统归自建"模式,德吉村内共规划修建了 251 套独具民族风格的藏式搬迁住宅,户均建设 80 平方米,水、电、路、医院、学校等基础设施一应俱全。

贫困群众短期脱贫容易,长期稳定致富难度大。为了让百姓搬得出、稳得住、有事做、能致富,德吉村在建设过程中统筹整合财政涉农资金,依托优美的生态环境建设实施了花海、小吃广场、码头、农耕体验等旅游后续产业项目,并通过招商引资的方式对德吉村景区进行市场化运营,结合生态管护、旅游开发、产业扶持等方面积极开发就业岗位,直接解决就业人数 352 人。同时,开设农家乐 30 家,对 60 名搬迁群众进行厨艺培训,引导 38 户贫困户在小吃广场经营酸奶、糌粑、酿皮等特色餐饮业,实现了"开门是店、关门是家"的经营模式,为搬迁贫困群众"背靠山水美景吃上旅游饭"打下了坚实的基础。"德吉"在藏语中是幸福快乐之意,也正是新村村民们今日生活的写照。官却诺日家的院子是两栋藏式风格的连体平房,三个房间内铺设着干净环保的电暖炕,可同时接待 10 名左右游客住宿。这个曾经年收入不到 2 000 元的牧民家庭,如今在旅游旺季一个月农家乐经营收入就超过了 1 万元。

"现在县里在项目安排和资金使用方面有了更大自主权,能根据实际情况把扶贫工作做得更细致、更有针对性。根据尖扎县东西部地理环境差异,我们把扶贫资金投向不同渠道——在西部山区实施异地扶贫搬迁,在东部谷地大力发展特色农业。"海洋告诉记者,"在青海省打造全域绿色有机农产品基地的大背景下,在财政资金的有力支持下,依托县城东部水源清洁、土壤优质和交通便利等条件,发展了羊肚菌、芦笋等高收益特色农作物种植产业,进一步带动了农牧民脱贫致富。"

"我们有真金白银的投入,更有真刀真枪的考核。"张善明说。青海省财政厅坚持放权与管理并重,不断健全完善财政扶贫资金使用管理。为强化扶贫资金绩效管理和考核,将扶贫资金绩效管理情况纳入扶贫工作考核内容,使脱贫成效作为衡量资金使用效率的主要标准,并强化绩效结果运用,将考核结果作为下一年度财政资金分配的重要依据,有力促进和推动了资金效益的发挥。同时,强化对扶贫资金的监督管理,注重专项检查与日常监管相结合,每年有针对性地对扶贫资金管理使用的重点领域、重点环节开展专项检查,对违法违纪问题坚决严肃查处问责。

(三)久久为功　全面决战决胜脱贫攻坚

深度贫困地区是脱贫攻坚战中最难啃的"硬骨头"。属于"三区三州"深度贫困区范围的青海省共有 15 个深度贫困县、129 个深度困难乡镇、24.1 万深度贫困人口和 6.4 万特殊困难群体。这部分地区和群众能不能按时脱贫,是全国脱贫攻坚战能否打赢的关键。青海财政将每年新增财政专项扶贫资金的70%用于深度贫困地区脱贫攻坚,各行业惠民项目向深度贫困地区倾斜。截至2019年底,累计投入各类扶贫资金286.7亿元。

玉树藏族自治州位于青海省西南部青藏高原腹地的三江源头,东接川西高山峡谷,西连藏北高原,属典型高寒性气候。玉树下辖的一市五县中,囊谦、杂多、治多、曲麻莱县是国家扶贫重点县,玉树市、称多县是省级扶贫重点县。全州46个乡镇中有40个是深度贫困乡镇,占全省129个深度贫困乡镇的31%。"一方有难八方支援"是玉树人再熟悉不过的一句话。2010年,一场7.1级地震夺走了这片土地上2 000多条鲜活生命,摧毁了一个个温馨的家园。震后第一时刻,全国各地纷纷向玉树伸出了援手。青海与全国各方支援力量以"重建3年跨越20年"的决心,创造了高寒地区的重建奇迹。2016年脱贫攻坚战打响后,这片土地上的人们带着当年灾后重建时的决心和勇气,积极投身于探索高原脱贫之路。

走进玉树市第八幼儿园,一群5、6岁的藏族儿童正像快乐的小鸟一样在阳光明媚的操场上跑来跑去。在被命名为"知恩班"的中班教室里,5岁的才仁索南向记者展示了他的画作:"这是我和阿爸阿妈一起画的幼儿园,有国旗,有草地,还有老师,我喜欢我的幼儿园。"

"第八幼儿园是玉树市2017年易地扶贫搬迁配套项目,坐落在日吸格易地扶贫搬迁集中安置点内,总投入890多万元,教室、活动室、操场、玩具区等配备齐全,可容纳6个班180名幼儿。目前园内有132名幼儿,按照年龄被分成两个知恩班、两个感恩班。"玉树市教育局局长李海贤介绍说,"这些孩子们都来自小区内易地扶贫搬迁的农牧民家庭。从灾后重建到现在脱贫奔小康,玉树离不开全国人民的支持与帮助,我们希望孩子们从小就知道这一点,所以用知恩、感恩来命名这些班级。"

"日吸格易地扶贫搬迁集中安置点于2017年立项、2018年10月建成,项目总投资2.19亿元,用于安置玉树市辖的8个乡镇、47个村的540户建档立卡贫困户和128户棚户区改造安置户,户均80平方米。"玉树市财政局副局长桑丁求达告诉记者,"搬迁下来以后,把孩子们交给幼儿园,大人可以安心去就业。"

扶贫先扶智,教育是阻断贫困代际传递的治本之策。2016年至今,玉树州共投入教育扶贫资金2.74亿元,资助贫困家庭学生3.7万人次6 060万元,发放生源地大学生助学贷款2 200人次1 275万元,落实省外就读的贫困高中生生活和学费补助1 835.4万元,建档立卡贫困户子女全部享受了15年免费教育。

"2015年以来,我们扎实开展四年集中攻坚和一年巩固提升,整合投入各类扶贫资金179.86亿元,精准开展专项扶贫、行业扶贫、社会扶贫和金融扶贫,先后实现了6个深度贫困市县摘帽、104个深度贫困村退出、12.9万贫困人口脱贫,贫困人口'两不愁三保障+安全饮水'得到有效解决。贫困户有产业能致富,贫困村集体经济发展势头强劲,县级产业园区辐射带动就业增收明显,农牧区基础设施和公共服务设施建设基本达标,牧区发展的后劲持续增强。"玉树市扶贫局副局长索南文青向记者介绍了脱贫攻坚为这片土地带来的变化。

2020年4月,青海省人民政府宣布囊谦县、曲麻莱县、尖扎县、泽库县等17个县(区)退出贫困县序列。至此,经过集中攻坚,青海省39个贫困县(市、区、行委)、1 622个贫困村、53.9万贫困人口全部脱贫退出,实现绝对贫困全面"清零"目标。

昆仑巍巍,三江奔涌。在这场伟大而艰辛的脱贫攻坚战中,青海写下了这样的答卷:安全住房方面,"十三五"期间,累计投入126亿元全面完成38个县1 234个村的5.2万户20

万人的易地扶贫搬迁任务;累计安排实施农牧区危旧房改造任务 20 万户,建档立卡贫困户 5.5 万户。义务教育方面,截至 2019 年年底,深度贫困地区十五年教育资助政策全面落实,全省九年义务教育巩固率达到 96.87%。基本医疗方面,全面完成"十三五"期间 1 555 所村级标准化卫生室改建任务,贫困群众住院医疗费用,经基本医保、大病保险、医疗救助后,实际报销比例达到 90%。饮水安全方面,截至 2019 年底,累计投入资金 22.1 亿元,对全省 211.9 万农牧民群众实施安全饮水巩固提升工程,30.14 万贫困群众从中受益。基础设施建设方面,截至 2019 年底,全省贫困地区具备条件的行政村通硬化路率、客车通达率均达到 100%;县域大电网覆盖率达到 100%,贫困地区乡镇大电网覆盖率达到 97%,剩余 12 个乡镇通过离网光伏供电,能够满足农牧民群众生产生活需求;贫困地区具备条件的行政村光纤宽带率达到 100%,广播电视无线覆盖率达到 98%,广播、电视综合人口覆盖率均达到 98.8%;等等。

"习近平总书记指出,脱贫摘帽不是终点,而是新生活、新奋斗的起点。我们将一如既往,充分发挥财政职能作用,助力大美青海更美。"侯碧波说。

参考资料来源:刘永恒:《立足财政职能　高质量完成脱贫攻坚战"青海答卷"》,《中国财政》公众号 2020 年 10 月 12 日推文,(https://www.zgcznet.com/upload/202103/20210304/20210304143943/ZGCZ2020_20/PDF/chapter9.pdf);《答好精准扶贫这一世界难题的中国答卷》(http://www.xinhuanet.com/comments/2020－07/13/c_1126229130.htm)。

案例点评

本案例描述了青海省政府在带领全省人民走向小康生活的奋斗征程中,立足财政职能,高质量完成脱贫攻坚战的一系列指导理念和精准措施。青海省深刻把握本省巨大的生态价值和生态潜力,让青海省实现脱贫发展的同时,牢牢守住了生态屏障,给党和人民交出了一份满意的答卷。向贫困宣战,是中国共产党团结带领中国人民进行的伟大历史性创造,是中华民族在复兴之路上解决世界性难题的伟大历史性实践。当代中国,在中国共产党的坚强领导和各族人民的共同努力之下,国家实现了快速发展和大规模减贫同步,贫困人口共享改革发展成果,这是一个了不起的人间奇迹,所有人都在建设奇迹也在见证奇迹。

财政全力保障脱贫攻坚"粮草军需",加强资金监管,确保扶贫资金"一分一厘不乱花"。扶贫资金作为贫困群众的"救命钱""保命钱"和减贫脱贫的"助推剂",如何管好、用好这宝贵的资金?

在脱贫攻坚冲刺收官的关键阶段,财政继续将扶贫资金监管摆到突出重要位置,编紧制度的"笼子",扎密管理的"篱笆",加快扶贫资金动态监控机制建设,确保贫困群众的"救命钱"一分一厘都不会乱花。

同时,财政继续推动监管"一盘棋",加强扶贫资金监管的统筹协调,进一步明确财政部门内部各方监管职责,建立健全职责清晰、分工明确、上下联动、层层落实、信息共享、协同高效的扶贫资金监管工作机制。

精准扶贫不是虚无缥缈的口号,而是实实在在的行动,要增强人民的获得感,让贫困群众切实感受到巨大福利。增强人民获得感是精准扶贫的根本旨向。一方面,靶心对准问题。深入把握贫困群众最需要什么、最在意什么。从贫困群众最直接、最现实的利益入手,找到

"靶心",重点解决贫困群众"吃不饱""穿不暖""住不好"等问题,使贫困群众劳有所得、学有所教、病有所医、住有所居、老有所养,努力消除困扰他们生活的痛点与难点。另一方面,工作落细落实,通过"五个一批""六个精准"的扶贫方式,切实做到分工明确、职权清晰、任务到人。精准扶贫工作落实到衣食住行等各个方面,人民群众真切体会到生活更富裕、交通更便捷、医疗更安全、住房更保障、生态更美好。这需要久久为功的决心和韧劲,更需要因地制宜,不断提升人民群众获得感。

精准扶贫的根本价值在于共享发展成果。共享发展注重解决社会发展的公平正义问题,体现的是逐步实现共同富裕的要求。实现全体人民共同富裕的重要前提就是精准扶贫,这是社会主义本质要求的反映,充分体现了人民性。只有把促进社会公平正义的事情做好,把不断做大的"蛋糕"分好,社会主义制度优越性才能更加充分体现。要想让共享发展理念渗透到精准扶贫的实际工作中,就需要全面落实共建共享的扶贫机制,有效促进社会公平正义。协调好多元主体利益机制。构建城乡基本公共服务均等化,推动贫困落后地区治理专业化,加大对民族地区、革命老区、边疆地区人民支持力度,实现城乡协同发展、区域齐头并进。营造公平公正的发展环境。贫困人口建档立卡、扶贫专项资金筹集分配、扶贫项目的运行管理等各项工作严格遵循公平正义原则,努力让公平正义温润人民群众心田。所有社会成员以积极昂扬的姿态投入精准扶贫工作的过程中,保证贫困人口在内的所有人民群众获益,形成人人共建、人人共享、人人发展的新格局。

精准扶贫关键在于让人民过上好日子,保证建成小康社会的道路上每一个人都不掉队。扶贫先扶志,要让贫困群众淡化贫困意识,以积极健康的心态面对物质贫穷,避免进入"思想贫困""精神贫困"的窘境。必须根除部分贫困群众等靠要的不良思想,鼓励他们用自己的双手创造美好生活。扶贫还需扶智,要提升贫困地区的教育水平,提高贫困群众的科学文化素质。需要充分发挥贫困群众主体作用,培养一技之长,找寻自身存在和发展的价值。全国贫困人口大幅减少,人民生活质量逐步改善,这一切都得益于激流勇进、日新月异的中国态度,得益于一个坚强有力的执政党。扶贫与扶志、扶智相结合,才能从思想和行动上做到"要脱贫""真脱贫",彻底改变贫困面貌。

▶ 讨论题

1. 如何解决边远贫困地区基础设施和公共服务瓶颈制约,促进和实现公共服务均等化?
2. 如何增强扶贫资金安排的针对性和精准性,提高财政扶贫资金效益?
3. 如何精准施策,培育贫困地区的扶贫产业,带动贫困群众持续稳定增收?

第九章

财政收入规模与构成分析

一、习　　题

(一) 单项选择题

1. 目前我国财政统计中的"财政收入"属于(　　)。
   A. 预算内收入　　　　　　　　　B. 预算外收入
   C. 体制外收入　　　　　　　　　D. 预算内收入和预算外收入
2. 目前世界各国取得财政收入的主要形式基本上是(　　)。
   A. 企业收入　　　B. 政府收入　　　C. 收费　　　　D. 税收
3. 政府推行赤字财政政策,实行国民收入超分配导致物价上涨甚至通货膨胀,政府会取得价格再分配所得,即通常所说的(　　)。
   A. 通货膨胀　　　　　　　　　　B. 通货膨胀收入
   C. 通货膨胀税　　　　　　　　　D. 国民收入再分配
4. 价格变动使财政收入只有名义增长,而不会有实际增长,实行的税率是(　　)。
   A. 全额累进税率　　　　　　　　B. 超额累进税率
   C. 比例税率　　　　　　　　　　D. 定额税率
5. 计划经济体制下财政收入最主要的来源是(　　)。
   A. 税收　　　　　B. 债务　　　　　C. 企业利润　　　D. 收费

(二) 多项选择题

1. 影响财政收入规模的主要因素包括(　　)。
   A. 经济发展水平　　　　　　　　B. 科学技术水平
   C. 分配体制与分配政策　　　　　D. 价格水平
2. 政府性基金收支预算的管理原则是(　　)。
   A. 以收定支　　　B. 以支定收　　　C. 专款专用　　　D. 结余结转使用
3. 按财政收入的管理方式可将财政收入分为(　　)。
   A. 税收收入　　　B. 非税收入　　　C. 预算内收入　　D. 预算外收入
4. 财政收入按形式可分为(　　)。
   A. 税收收入　　　B. 非税收入　　　C. 债务收入　　　D. 转移性收入
5. 我国的政府收入包括(　　)。
   A. 负债　　　　　B. 预算内收入　　C. 预算外收入　　D. 制度外收入

（三）判断题

1. 一般来讲，随着经济的发展，税收收入呈不断增长的趋势。（　）
2. 采用收费还是税收都必须纳入预算统筹使用。（　）
3. 预算外财政收入是全口径财政收入无可置疑的部分。（　）
4. 政府性基金收入的管理方式是在一般预算之外编制政府性基金收支预算，构成政府预算体系的重要组成部分。（　）
5. 基础设施建设构成政府性基金收入的主体。（　）

（四）名词解释

1. 财政收入
2. 非税收入
3. 使用费
4. 预算内收入
5. 转移性收入

（五）简答题

1. 简述财政收入的划分。
2. 简述规费、使用费、罚没收入的具体内容。
3. 简述影响税收增长趋势的主要因素。

（六）论述题

1. 试述你对我国今后政府非税收入制度改革的看法。
2. 试述如何合理确定财政收入的规模和结构。
3. 试述我国的税收增长趋势并说明其内在原因。

二、习题解答

（一）单项选择题

1. A　2. D　3. C　4. C　5. C

（二）多项选择题

1. ABCD　2. ACD　3. CD　4. ABCD　5. BCD

（三）判断题

1. √　2. ×　3. ×　4. √　5. ×

（四）名词解释

略。

（五）简答题

略。

（六）论述题

略。

三、案例分析

案例 9-1　财政部部长刘昆答记者问

2019 年 9 月 24 日上午,庆祝新中国成立 70 周年活动新闻中心首场新闻发布会成功举行。财政部部长刘昆出席并回答了《经济日报》等多家媒体记者的提问。

(一) 财政日益壮大

第一,国家财政实力日益壮大。70 年来,全国财政收入从 1950 年的 62 亿元增加到 2018 年的 183 352 亿元,年均增长 12.5%,增长了近 3 000 倍。也就是说,现在一天的财政收入,就相当于新中国成立初期 8 个年头的规模。财政"蛋糕"的不断做大,为各时期经济社会发展提供了坚实的财力保障。

第二,公共财政体系逐步完善。70 年来,我国财政实现了由生产建设型财政向公共财政的历史性跨越,由改革开放前的高度集中的统收统支,到后来的中央与地方划分收支、分级管理,财政的公共性和公平性日益突出。党的十八大以来,我们按照中央和地方各级政府履行职能的需要,加大财力均衡调节力度,推进基本公共服务均等化,人民群众越来越多地享受到了改革发展成果。2018 年,中央财政一般公共预算收入占全国收入的 46.6%,但中央本级一般公共预算支出只占全国支出的 14.8%,也就是说,中央一般公共预算收入的 2/3 以上交给地方政府安排支出。2019 年,中央财政一般公共预算安排对地方转移支付 75 399 亿元,其中一般性转移支付 67 763.1 亿元,专项转移支付 7 635.9 亿元,主要用于促进地区协调发展,支持提供公共服务和民生事业发展。

第三,财政政策职能作用持续增强。70 年来,我们充分发挥财政政策在调节经济运行等方面的职能作用,建立并完善了在社会主义市场经济条件下,适应不同经济运行形态需要的财政政策调控体系。党的十八大以来,我们坚持稳中求进工作总基调,坚持贯彻新发展理念,认真落实积极的财政政策各项举措,为推动中国经济行稳致远发挥了重要作用。2019 年,加力提效实施积极的财政政策,适度扩大财政支出规模,全国财政赤字比 2018 年增加 3 800 亿元,地方政府专项债券比 2018 年增加 8 000 亿元;在 2018 年减税降费 1.3 万亿元基础上,继续减轻企业税费负担 2 万亿元;同时,加强政策协调,坚持有保有压,增强调控的前瞻性、针对性和有效性,有力促进经济运行保持在合理区间。

第四,财税体制改革不断深化。70 年来,财政改革作为经济体制改革的"突破口"和"先行军",始终发挥着基础性和支撑性的作用。1950 年,统一全国财经政策、实行统收统支的高度集中的财政管理体制,1980 年实行"分灶吃饭"、1985 年实行"分级包干"、1988 年实行财政包干体制改革,1994 年实施了分税制改革,并在此后持续深入推进财政体制、税收制度和政府预算制度等改革,完善有关体制机制。

党的十八大以来,我们围绕推进国家治理体系和治理能力现代化,不断深化财税体制改革。一是按照"加快建立现代财政制度,建立权责清晰、财力协调、区域均衡的中央和地方财政关系"的要求,先后出台基本公共服务领域中央与地方共同财政事权和支出责任划分改革方案,以及外交、医疗卫生、交通运输等 6 个领域改革方案。进一步理顺中央和地方收入划分,改革和完善中央对地方转移支付制度。二是按照"建立全面规范透明、标准科学、约束有力的预算制度,全面实施绩效管理"的要求,健全由"四本预算"构成的政府预算体系,实行中期财政规划管理,建立跨年度预算平衡机制。加强地方政府债务管理和风险防控,基本建立覆盖地方政府债务管理各个环节的"闭环"管理制度体系。加强预算编制和执行管理,加大预算公开力度。全面实施预算绩效管理,构建全方位、全过程、全覆盖的预算绩效管理体系框架。三是按照"深化税收制度改革,健全地方税体系"的要求,深化增值税改革,建立综合与分类相结合的个人所得税制度,完善消费税制度,全面实行矿产资源税从价计征改革,开征环境保护税。出台《健全地方税体系改革方案》,积极推进相关税收立法工作。同时,大力支持和推进国资国企、金融、科技、农业等领域的改革,创新公共服务供给方式,财政治理水平稳步提升,现代财政制度建设取得积极进展。

财政是国家治理的基础和重要支柱。我们将坚持以习近平新时代中国特色社会主义思想为指导,坚决贯彻落实党中央、国务院的决策部署,真抓实干,攻坚克难,更加努力做好财政改革发展各项工作,让改革发展成果更多更公平惠及全体人民。

(二)落实减税降费

日本经济新闻记者:回顾70年,中国的税收收入大幅度增加,近年来进行了大规模的减税降费,到目前为止,减税降费政策落实的情况如何?有没有进一步扩大减税降费规模的计划?

刘昆:非常感谢您提了关于减税降费的问题,这是今年积极财政政策的头等大事。中国今年的减税降费规模是空前的,在世界上、我国财政史上,以前都没有这么大规模。我们整个减税降费工作主要是五个方面,在四个时间点进行。小微企业普惠性减税和个人所得税专项附加扣除从2019年1月1日起实施,深化增值税改革从4月1日起实施,降低社保费率从5月1日起实施,清理和规范行政事业性收费和政府性基金从7月1日起实施。应该说,政策惠及面非常广,几乎所有纳税人都能够在今年的减税降费过程中得到实惠。

国家统计局对北京等9个省市、311家企业开展的专题调研显示,减税的红利中,七成以上是用于企业研发、技改和扩大再生产再投资,并明显带动企业加大研发投入。同时减税降费激发了市场主体活力,有力增强了市场信心和经济增长后劲。1~8月份,日均新登记企业达到1.9万户,高技术产业投资同比增长13%,增速比1~7月份和上年同期分别加快1.6和1.1个百分点,高于全部投资7.5个百分点。从1~8月份主要经济指标来看,当前经济运行处于合理区间,延续了总体平稳、稳中有进的发展态势,减税降费发挥了重要作用。事实证明,党中央、国务院减税降费的正确决策是顺时应势之举,是惠企裕民之策,也是民心所向之政。

刚才问减税降费是不是会加大规模?减税降费是一个动态调整和完善的过程,我们还将对政策的实施效果进行评估,并根据评估的结果调整有关政策措施,推动减税降费政策发挥更好的效益。

(三)缓解收支矛盾

经济日报记者:我们注意到今年以来,无论是中央还是地方财政收入的增幅都在有序下降,但是财政支出增幅保持在中高水平。请问面对日益加剧的收支压力,财政部门将有何举措和作为?

刘昆：今年实施更大规模的减税降费，减轻实体负担，又要保持较高的财政支出强度，支持国家的重大战略、重点改革和重要政策措施落地。财政收支平衡压力确实比较大。从今年预算收支情况来看，我们的支出一直保持比较高的速度，但是在收入方面出现了一些新情况。从整个监测数据来看，中央收入预算目标增长 5.1%，到目前的情况来看是 3.5%，后面几个月还会有一些收入入库，所以我们中央财政预算能够完成今年预算报告中的目标。

从地方来说，地方财政预算是由各级地方政府上报本级人大批准的，部分地方可能会低于他们批准的预算目标，从上半年我们就要求各地根据情况适当调整预算。从全国看，今年预算目标可以基本实现，和我们的预期是基本一致的。您刚才问到采取了什么措施，我们采取了四个方面的措施，经过努力，前三季度的预算支出情况良好，各地收支基本平衡。哪四项措施呢？

第一，大力压减一般性支出，切实保障"三保"和重点领域的支出。2019 年中央部门带头严格支出管理，除刚性和重点项目外，其他项目的支出平均压减幅度达到 10%。地方也加大了一般性支出压减力度，按照要求，压减幅度力争达到 10% 以上。节约出来的资金拿来做什么呢？主要用于保工资、保运转、保基本民生。

第二，中央财政加大转移支付力度，提高基层经费的保障水平。2019 年中央对地方的转移支付预算安排超过 75 000 亿元，增长幅度 9%。所以您把 9% 的数据和收入增长数据比较，就知道我们的转移支付力度是非常大的。同时，我们加大了预算下达的进度，今年均衡性转移支付、老少边穷地区转移支付都已经全部下达，重点向财政困难地区和受减税降费影响较大地区倾斜，及时充实地方财力，缓解收支矛盾，增强基层地区的财政保障能力。

第三，我们还强化了预算的严肃性，除应急救灾等应急支出以外，原则上不再有新出台的政策；必须出台的政策，通过以后年度预算安排解决，防止加剧收支矛盾。严禁各部门铺张浪费和大手大脚花钱，结余资金及时交回，集中统一用于急需资金支持的领域。

第四，我们安排地方政府新增债务限额，也加快了地方政府债券发行和使用进度，1~8 月份新增地方政府债券 28 951 亿元，发行进度比去年提高了 34 个百分点，预期在 9 月底前将全部发行完毕。这些资金在 10 月底前全部拨付到实际项目上，会尽快形成实物工作量。从目前来看，债券资金使用情况是良好的。

刚才有记者问到了地方政府债券和投资的关系，地方政府债券分两个部分，一个是地方政府一般债券，另一个是地方政府专项债券。今年地方政府专项债券预算安排比去年增加了 8 000 亿元。按照预算法规定，地方政府债券是有使用范围的，首先投资的项目必须有收益，其次它是建设投资，最后形成公益性资本支出。所以它并不能用于投资的所有方面。

参考资料来源：《财政部部长刘昆就财政热点问题答记者问》(https://www.sohu.com/a/343388333_120301293)。

▶▶ 案例点评

财政是国家治理的基础和重要支柱。建国初期财政十分困难。70 年来，随着国民经济的迅速发展，全国财政收入大幅增加，财政面貌发生了巨大变化，国家财政实力日益壮大，公共财政体系逐步完善，财政宏观调控持续加强，财税体制改革不断深化，为推进经济平稳健康可持续发展作出重要贡献。

各项减税降费措施落实有力,转入高质量发展阶段的减税降费效应正在逐步显现,对激发市场活力、降低企业负担发挥了重要作用。数据显示,2019年减税降费规模超过2.3万亿元,占GDP的比重超过2%。减税降费有效减轻了企业负担、增加了居民收入和消费能力、促进了企业加大研发投入、稳定投资和扩大就业,有力支持了实体经济特别是制造业稳定发展。

政府过紧日子,但该办的事情还要办好;政府过好"紧日子",百姓才有"好日子"。一方面,财政收入和税收收入增幅较低;另一方面,财政支出增长仍然较快,重点领域支出保持刚性,财政收支始终面临较大压力。一边是政府的"减法",一边是民生的"加法",要将政府过紧日子作为预算编制的重要原则,明确一般性支出压减比例,强化预算执行管理,加大预算绩效管理力度。

讨论题

1. 如何发挥发挥财政在国家治理中的重要作用?
2. 中国是否存在持续、单边、大幅减税的空间?

案例9-2 中国税收增长之谜

1994年以后,在税制基本未作大调整背景下中国税收持续12年呈一条"魔方"式高速增长轨迹,这是整体经济增长、物价上涨、税源结构不平衡、区域发展不均衡、加强税收征管和进出口不平衡等六个因素交互作用的结果。税收高增长引发的问题都归结为现行税制能否适应经济社会环境的变化。换言之,要加快全面启动新一轮税制改革,所有问题应在现行税制的与时俱进中得到验证,加以解决。

(一)税收"魔方"式的增长轨迹

1994年以后,中国税收始终处于持续高速增长状态。若打比方,这种增长的轨迹有点似"百变魔方"。即便深谙税收运行机理、熟悉现行税制格局的专业人士,也常会在有关税收收入增长预期、税收增长因素解析等问题上遇到难题。

具体来说,1994年的时候,全国税收收入不过4 789亿元。1994—1997年,年均增长1 000亿元上下。1998年情况特殊,在通货紧缩的挤压中,很不容易勉强实现了1 000亿元的增长任务。但是,在1999年之后,税收收入便进入了快车道,当年跨越10 000亿元大关。接下来,2001年突破15 000亿元,2003年突破20 000亿元,2004年突破25 000亿元,2005年达到30 866亿元。

(二)关于税收增长的解释

应当注意到,中国税收这一持续12年的高速增长现象,是在税收制度基本未作任何大的调整的背景下发生的。在世界税收史上,尽管也有过一个时期税收收入跳跃式增长的先例,但那往往是税制变革的结果:或是增设税种,或是提升税率,或是拓宽税基。正是出于这样一个原因,关于中国税收的故事才特别耐人寻味。

究竟什么原因支撑了中国税收持续十几年的高速增长局面?在过去,我们通常是用经济增长、政策调整和加强征管即所谓"三因素"论来解释的。随着2004年出现高达5 000多亿元的税收收入增幅,为了更细致的揭示其背后的深刻原因,"三因素论"已为"多因素论"所替代。在多因素论下,税收收入的持续高速增长被归结为经济增长、物价上涨、税源结构不平衡、区域发展不均衡、加强税收征管和进出口不平衡等六个因素交互作用的结果。

相对于三因素论来说,多因素论的分析显然向前跨进了一步,更全面、更贴近现实。然而,持续十几年且在税制基本未变条件下实现的税收收入高速增长,毕竟是发生在中国的一个奇迹。要透视这个特殊的现象,只能从中国的特殊因素入手。那么,究竟什么是支撑中国税收持续高速增长的特殊因素?

仔细分析,就上述的六个因素而言,真正可以依赖、真正有点特殊并和其他国家有所不同的地方,可能主要出在加强税收征管所拓展的增收空间上。

国家税务总局的调研报告表明(许善达,2004),1994年,中国税收的实际征收率为50%多一点。而到2003年,实际征收率已提升至70%以上。也就是讲,在10年间,中国税收的实际征收率提升了20个百分点。实际征收率提升的同时,便是税收跑冒滴漏的减少和税收收入的相应增长。问题是,中国税收何以有如此之大的拓展空间?

追溯一下现行税制的诞生背景,便可发现,在1993年后期,中国政府亟待解决的矛盾主要有二。一是严峻的通货膨胀。为应对当时高达20%以上的通胀率,要调动包括税制设计在内的几乎所有可能的手段。"抑热"便成了现行税制设计的一个重要着眼点。另一是严峻的财政拮据。为扭转当时财政收入占GDP比重的持续下滑势头,要在税制设计中渗入增收的因子。"增收"也就成了现行税制设计的一个重要着眼点。这两个重要着眼点,同当时只有50%上下的税收实际征收率相遇,"宽打窄用"的理念也就作为一种自然选择,进入税制设计过程。这就意味着,即便只着眼于5 000亿元的税收收入目标,在只有50%税收实际征收率的条件下,也需事先建构一个可征收10 000亿元的税制架子。也就是说,中国的现行税制在其出生之时,预留了很大的拓展空间。随着税收实际征收率的稳步提升,税收收入肯定要呈现相当的增长势头。在过去的12年间,现行税制所具有的巨大的拓展空间,可能是支撑中国税收持续高速增长的最重要的源泉。

(三) 需探究的问题

中国税收收入的持续高速增长之所以会引起广泛的关注,是因为它事关GDP在政府与非政府部门的分割格局,牵涉有关中国宏观税负问题的判断,故而,对中国经济社会发展的全局有重大影响。现在看来,从过去的12年间税收收入持续高速增长现象与原因的分析中得到的结论,可能是发人深省的。

(1) 这几年来,我们一直身处所谓税收收入持续高于GDP增长正常与否的质疑之中。判断正常与否的关键,是操用什么样的参照系。不同的参照系,可能会得出迥然相异的结论。如以现行税制作为参照系,那么,它就是正常的。因为,本着依法治税的原则,按照现行税制的规定,把该征的税如数征上来,是税务部门的天职。反之,放着该征的税故意不征或少征,那是税务部门的失职。但是,如果换一个参照系——经济社会的正常发展,那么,它就不那么正常了。因为,税收制度总要同一个国家的经济社会发展状况相匹配。诞生于12年前的现行税制,在中国发生翻天覆地变化的12年间基本未变,就好像已经长大成人的孩子仍然脚穿孩提时代所购的鞋子,又如何保证两者之间的彼此匹配?故而,12年基本不变的现行税制同发生翻天覆地变化的经济社会现状之间的不相匹配,的确已经成为障碍中国经济社会发展的不正常因素。

（2）从现行税制诞生的哪一天起，由于前述的"宽打窄用"设计理念的原因，我们也一直处于所谓名义税负和实际税负之间的争议之中。一旦问及企业和居民的税负是否过重？回答往往肯定。而拿来支持的论据，无非是现行税制的规定多少。也正是基于类似的思维，福布斯杂志公布的所谓税收痛苦指数，把中国排在了世界第二的位置。然而，一旦站在政府角度论及税负轻重，答案往往是不重。而拿来支持的论据，则是每年的税收收入（实际征收到的税收）占GDP的比重数字。问题在于，随着税务部门加强征管和税收实际征收率的稳步提升，名义税负和实际税负之间的差距已经在一步步拉近。如果说，现行税制诞生之时的实际税负是一种比较适当的税负水平，那么，在12年后的今天，企业和居民所承受的实际税负还仍是一种比较适当的税负水平吗？

（3）税务部门的工作目标之一，就是不断加强征管，以求挖潜增收。往前看，一个基本图景是，税务部门的人员素质和技术装备水平将会越来越高，税收征管工作的力度将会越来越大，名义税负和实际税负之间的距离将会越来越拉近。在如此的条件下，可以预期，在未来的5年以至更长时间，只要现行税制仍然保持基本不变的格局，或者，即使变了，变动的步伐仍未跟上税收实际征收率的提升以及整个经济社会发展的进程，税收收入的持续高速增长还将继续下去。如果听任这种趋势延续，它有无一个终点？如果有，那又是什么？

（4）上述的所有问题，实际上都归结于现行税制是否能够适应经济社会环境发生的变化，是否能够与时俱进上。作者一向以为，在我们所面对的所有的经济制度中，税收制度应是与时俱进最强的那一类。由税收收入的持续高速增长所带来、所引发的一系列问题，不管是正向的，还是负向的，都应在现行税制的与时俱进中得到验证，得以解决。换言之，税收收入持续十几年的高速增长，给我们一再传递的一个十分重要的信息，就是要加快全面启动新一轮税制改革。

参考资料来源：《高培勇：税收持续高增长 一个耐人寻味的故事》（http://news.sina.com.cn/c/2006-06-26/143010256719.shtml）。

▶ **案例点评**

1994年分税制改革以来中国存在一个难以被一般经济规律所解释的特殊现象：税收收入长期超GDP增长的"中国税收增长之谜"。如此强劲的税收增长势头，引起了社会各界的广泛关注，人们开始质疑税收高速增长的合理性及其可持续性。为此学术界就税收高速增长的源泉，展开了多层次、多角度的分析和讨论。

高培勇认为不论是过去的"三因素"，还是现在的"多因素"，均系世界上普遍存在的一般性因素。而它们，并未导致类似中国这样的税收收入持续高速增长轨迹。要透视这个特殊的现象，只能启用特殊视角去描述、归结这一轨迹背后的特殊缘由。来自国家税务总局的两份分析报告表明，正是由于拥有巨大的"征管空间"，才使得中国税务机关在加强税收征管方面的努力具有了令人刮目相看的"魔力"——税收收入由此获得了持续高速增长的强大推动力。

▶ **讨 论 题**

1. 如何解释中国税收增长之谜？

2. 如何看待福布斯宣称中国税负痛苦指数全球第二?
3. 试分析新一轮税制改革方案实施的时机、成果、代价。

案例 9-3 解读 2019 年"国家账本"

财政部网站公布的 2019 年财政收支数据显示,2019 年,全国一般公共预算收入 190 382 亿元,同比增长 3.8%。其中,中央一般公共预算收入 89 305 亿元,同比增长 4.5%;地方一般公共预算本级收入 101 077 亿元,同比增长 3.2%。全国税收收入 157 992 亿元,同比增长 1%;非税收入 32 390 亿元,同比增长 20.2%。

(一) 全国一般公共预算收支情况

1. 一般公共预算收入情况

2019 年,全国一般公共预算收入 190 382 亿元,同比增长 3.8%。其中,中央一般公共预算收入 89 305 亿元,同比增长 4.5%;地方一般公共预算本级收入 101 077 亿元,同比增长 3.2%。全国税收收入 157 992 亿元,同比增长 1%;非税收入 32 390 亿元,同比增长 20.2%。

主要税收收入项目情况如下:

(1) 国内增值税 62 346 亿元,同比增长 1.3%。
(2) 国内消费税 12 562 亿元,同比增长 18.2%。
(3) 企业所得税 37 300 亿元,同比增长 5.6%。
(4) 个人所得税 10 388 亿元,同比下降 25.1%。
(5) 进口货物增值税、消费税 15 812 亿元,同比下降 6.3%。关税 2 889 亿元,同比增长 1.5%。
(6) 出口退税 16 503 亿元,同比增长 3.7%。
(7) 城市维护建设税 4 821 亿元,同比下降 0.4%。
(8) 车辆购置税 3 498 亿元,同比增长 1.3%。
(9) 印花税 2 463 亿元,同比增长 12%。其中,证券交易印花税 1 229 亿元,同比增长 25.8%。
(10) 资源税 1 822 亿元,同比增长 11.8%。
(11) 土地和房地产相关税收中,契税 6 213 亿元,同比增长 8.4%;土地增值税 6 465 亿元,同比增长 14.6%;房产税 2 988 亿元,同比增长 3.5%;耕地占用税 1 390 亿元,同比增长 5.4%;城镇土地使用税 2 195 亿元,同比下降 8%。
(12) 环境保护税 221 亿元,同比增长 46.1%。
(13) 车船税、船舶吨税、烟叶税等其他各项税收收入合计 1 121 亿元,同比增长 13%。

2. 一般公共预算支出情况

2019 年,全国一般公共预算支出 238 874 亿元,同比增长 8.1%。其中,中央一般公共预算本级支出 35 115 亿元,同比增长 6%;地方一般公共预算支出 203 759 亿元,同比增长 8.5%。

主要支出科目情况如下:

(1) 教育支出 34 913 亿元,同比增长 8.5%。

(2) 科学技术支出 9 529 亿元,同比增长 14.4%。
(3) 文化旅游体育与传媒支出 4 033 亿元,同比增长 2.3%。
(4) 社会保障和就业支出 29 580 亿元,同比增长 9.3%。
(5) 卫生健康支出 16 797 亿元,同比增长 10%。
(6) 节能环保支出 7 444 亿元,同比增长 18.2%。
(7) 城乡社区支出 25 681 亿元,同比增长 16.1%。
(8) 农林水支出 22 420 亿元,同比增长 6.3%。
(9) 交通运输支出 11 413 亿元,同比增长 1.2%。
(10) 债务付息支出 8 338 亿元,同比增长 12.6%。

(二) 全国政府性基金预算收支情况

1. 政府性基金预算收入情况

2019 年,全国政府性基金预算收入 84 516 亿元,同比增长 12%。分中央和地方看,中央政府性基金预算收入 4 040 亿元,同比增长 0.1%;地方政府性基金预算本级收入 80 476 亿元,同比增长 12.6%,其中国有土地使用权出让收入增长 11.4%。

2. 政府性基金预算支出情况

2019 年,全国政府性基金预算支出 91 365 亿元,同比增长 13.4%。分中央和地方看,中央政府性基金预算本级支出 3 113 亿元,同比增长 0.8%;地方政府性基金预算相关支出 88 252 亿元,同比增长 13.9%,其中国有土地使用权出让收入安排的支出(含棚户区改造、土地储备专项债券收入安排的支出等)增长 8.8%。

(三) 全国国有资本经营预算收支情况

1. 国有资本经营预算收入情况

2019 年,全国国有资本经营预算收入 3 960 亿元,同比增长 36.3%。分中央和地方看,中央国有资本经营预算收入 1 636 亿元,同比增长 23.3%;地方国有资本经营预算收入 2 324 亿元,同比增长 47.2%。

2. 国有资本经营预算支出情况

2019 年,全国国有资本经营预算支出 2 287 亿元,同比增长 6.2%。分中央和地方看,中央国有资本经营预算本级支出 987 亿元,同比下降 3.7%;地方国有资本经营预算支出 1 300 亿元,同比增长 15.3%。

(四) 解读"国家账本"

1. "减税降费"超预期,非税收入保增长

2019 年,一般公共预算收入(即通常所说的"财政收入")190 382 亿元,同比增长 3.8%。这一增长速度是过去 30 年的最低值,远低于 2007 年 32.4%的峰值,也明显低于 2018 年的 6.2%。过去多年为人诟病的"财政收入超 GDP 增长"现象一去不复返,这是实施积极财政政策的直观体现,而这一结果主要是源于力度空前的"减税降费"。

2019 年税收收入 157 992 亿元,同比增长 1%,远低于 2018 年的 8.3%,"减税降费"超预期。从主要税种来看,国内增值税同比增长 1.3%,增幅比上年回落 7.8 个百分点,其中工业企业下降 6%,主要源于增值税税率双降,从 16% 和 10% 降低到 13% 和 9%,以及进项留抵税额的退税。

个人所得税大幅下降 25.1%，主要源于免征额从每月 3 500 元提高到一年 6 万元和增加了子女教育、继续教育、大病医疗、住房贷款利息或住房租金、赡养老人等专项附加扣除。

企业所得税增长 5.6%，增幅比上年回落 4.4 个百分点，主要源于将一般企业研发费用加计扣除的标准从 50% 提高到 75% 等减税政策，同时受工业企业利润下降的影响。

四大税种中唯一实现高速增长的是国内消费税，同比增长 18.2%，远超 2018 年的 4%，一方面是因为部分 2018 年末的税款在 2019 年初缴纳，另一方面经济下行压力加大之下卷烟消费逆势上行带动卷烟消费税大幅增长。

总体来看，连同社会保险降费政策在内，2019 年全年"减税降费"超过 2.3 万亿元，占 GDP 的比重超过 2%。纵向来看，这是我国历年"减税降费"力度最大的一次，没有之一；横向比较，在世界各国近些年的减税浪潮中，无出其右。

在如此大规模的"减税降费"之下，财政收入能够实现 3.8% 增长的重要原因在非税收入的强劲拉动。2019 年非税收入 32 390 亿元，同比增长 20.2%，增幅比上年提高 24.9 个百分点。非税收入呈现"三升一降"特点：国有资本经营收入、国有资源有偿使用收入和罚没收入上升，涉企收费下降。

国有资本经营收入增长主要源于国有企业上缴利润，2019 年中央特定金融机构和央企上缴利润 6 100 亿元，同比增加 3 600 亿元，拉高非税收入增幅 13 个百分点。

国有资源有偿使用收入增长主要源于地方行政事业单位资产等非经营性资产收入集中入库，拉高非税收入增幅 4 个百分点。

罚没收入增长主要源于地方公安、法院罚没收入增加较多，拉高非税收入增幅 1 个百分点。涉企收费下降主要包括两方面：

一是教育费附加等专项收入同比下降 5.2%；

二是行政事业性收费收入在 2018 年大幅下降 17.4% 的基础上 2019 年下降 1%。

从不同区域来看，地区间收入增幅分化明显。2019 年，东部、中部、西部、东北地区财政收入增幅分别为 3.5%、4.6%、2.8%、-2.1%，中部地区收入增幅相对高一些，东北地区收入下降。具体到各个省市，天津、内蒙古增幅超过 10%，主要源于股权转让和矿产资源收入拉动；浙江、河南等 6 省份增幅在 5%～10%，上海、北京、山东等 17 省市增幅在 0～5%。其中，上海、北京几乎零增长，远低于 GDP 增速，反映"减税降费"力度很大；吉林、黑龙江等 6 省市同比下降。

2. 政府过"紧日子"，优化支出结构

2019 年一般公共预算支出（即通常所说的"财政支出"）238 874 亿元，同比增长 8.1%，增速略低于 2018 年的 8.7%，在财政收入增长乏力的约束下殊为不易。

每一年，政府都说要过"紧日子"，但 2019 年政府的日子真的不是一般的紧。各级财政部门都在大力压减一般性支出，各地压减幅度都超过 5%，不少地区超过 10%。过去一直被公众高度关注的"三公经费"，坦率说，已经没有多少可以进一步压缩的空间了。

政府如此严肃地过"紧日子"，是为了优化支出结构，将有限的财力配置到重点领域，包括脱贫攻坚、"三农"、科技创新、生态环保、教育、卫生等。2019 年，农林水支出中的扶贫支出增长 11%；科学技术支出中的科技条件与服务、基础研究，分别增长 28%、26.7%；节能环保支出中的污染减排、可再生能源支出，分别增长 48.6%、38.3%；教育支出中的普通教育、职业教育支出,分别增长8.9%、7.5%;卫生健康支出中的公立医院、公共卫生支出,分别增长11%、9%。

从不同区域来看,绝大多数地区财政支出增长,增速略有差异。东部、中部、西部、东北地区财政支出增幅分别为7.3%、10.5%、8.5%、6.5%,中部地区支出增长最快。具体到各个省市,贵州、浙江、青海、天津等12个省份增幅在10%以上,海南、湖北、湖南、辽宁等14个省份增速在5%~10%,甘肃、吉林、宁夏3个省份增幅在0~5%,上海、北京同比略有下降。

3. 2020年财政:以收定支,零基预算,向征管要空间

看完2019年的财政账本,接下来要问的是:2020年财政会怎样?

2019年12月召开的中央经济工作会议上明确,2020年宏观经济政策的基调依然是"积极的财政政策和稳健的货币政策"。表面上没有新鲜感,实际上非常有内涵。在经济下行压力加大的背景下,货币政策的空间相对有限,宏观调控很大程度上要指望"积极的财政政策"。

"减税降费"就是最典型的积极的财政政策。但在经历了历史性的"减税降费"之后,2020年积极的财政政策的重点转变为"要大力提质增效,更加注重结构调整,坚决压缩一般性支出,做好重点领域保障,支持基层保工资、保运转、保基本民生。"

注意重点,不是"减税降费",而是"优化支出"。而在谈到"减税降费"政策时,使用的表述是"落实",既不是"加大",也不是"深化",在谈到"减税降费"成效时,使用的表述是"巩固和拓展",这意味着2020年"减税降费"的政策重点是延续、保持已经推出的政策,将之前推出的适用于一部分区域、行业、群体的政策推广到更大的范围,而不是给出新政策。简言之,2020年没有更大力度进行"减税降费"的空间。

那如何优化支出呢?2019年全国财政工作会议上明确提出要"以收定支""零基预算"。这两个具有历史感的词重出江湖。"以收定支"就是要根据财政收入来确定财政支出,这个看起来像计划经济时代使用的政策在今天财力紧张的背景下有了新的含义,要求各级政府必须要量入为出,精打细算过"紧日子",把钱花到刀刃上。如何实现呢?要实行"零基预算"。我国过去常用的是"增量预算",即预算编制是在上年的基础上进行调整,而"零基预算"要求从零开始做预算,只花必要的钱,今年不该花的不管之前有没有,一分不能花。

虽说优化支出是2020年财政工作的重点,但保证收入才是基本前提。2020年开年遭遇新冠肺炎疫情,企业面临巨大挑战,税收收入压力陡增。为了让企业挺过寒冬,在无力实施更大规模"减税降费"政策的约束下,中央政府和各级地方政府依然努力推出部分减免税费的政策,帮助企业复工复产,但这又进一步加大了收入端的压力。

在"土地财政"增速下滑、国有资本经营预算收入杯水车薪、社会保险基金收入专款专用且已面临收支压力的背景下,如何确保收入以保障财政支出?向两个方面要空间。

第一,向经济增长要空间。"减税降费"意味着释放市场活力,企业轻装上阵,拉动经济增长,税基会扩大,税收收入实现增长。这也是著名的拉弗曲线的关键要义。

第二,向征管提升要空间。给大家分享一个小故事。某个微信学习群里有100人,每年要按人头收总共10 000元的群经费,理论上每人100元。但问题是有50人长期潜水,根本找不着人,最后只好由剩下的50人来分摊,每人200元。这无辜的50人替别人交了群费自然是不好受的,尤其在群光景不太好的时候,生活艰苦,要求减费。怎么能减下来?必须得

在潜水的50人身上找补,都是一个群的,凭什么你不交,得公平。经过一番努力,找到了潜水的50人中的30个,凑够了80人,每人125元。对那些原来交200元的来说,从200元到125元,当然是减费,但似乎减得还不够,没到100元嘛。而对那30个浮出水面的来说,从0到125元,负担重多了。他们觉得坑,嚷嚷着:"那剩下的20个凭什么不交费?他们也得交!"原来那50人说,"对,他们也得交!"于是,接下来就是要找到那20人,让他们也交费,只有这样,才能真正达到人均100元,减费。故事讲完,这就是2019年、今年以及未来向征管提升要空间的现实。

税收收入的增长来自过去逃税逃得不亦乐乎的企业不再容易逃税。通过加强税收征管,提高征管效率,减少税收流失,把过去逃掉的税收征上来,腾出为依法纳税、规范经营的企业减税的空间。这才是公平的改革方向。

总结来说,因为两个空间的存在,减税,不等于减收。制度上减税,要通过经济增长和征管提升,使税收收入增加,既要助力企业发展,又要保障政府有必要的财力,能够提供相应的公共服务,发展经济。

参考资料来源:《财政部:2019年全国财政收入190 382亿元 同比增长3.8%》(http://www.chnews.net/article/202002/529571.html);《2019年财政账本背后的故事》(https://www.thepaper.cn/newsDetail_forward_5961737)。

案例点评

2019年财政收支数据的背后,2019年,全国财政收入比上年增长3.8%。其中,受更大规模减税降费政策影响,税收收入增长1%,符合预期。减税降费拉动2019年GDP增长0.8个百分点,对推动经济高质量发展的深层效果正在逐步显现。

减税降费是我国积极的财政政策加力提效的重要抓手。政府通过实施更大规模减税降费,涉及减税降费的主要税种收入下降或增幅明显回落,多举措激发市场主体活力,受益最多的是制造业和小微企业,有效减轻了企业负担、增加了居民收入和消费能力、促进了企业加大研发投入、稳定投资和扩大就业,有力支持了实体经济特别是制造业稳定发展。

收入端实施更大规模减税降费,减轻企业负担。支出端力度不减,有力保增长和保障了重点民生领域。在经济下行压力加大,政府财政吃紧的背景下,民生支出不降反升,并且增幅较大,凸显了民生温度,体现了以人民为中心的思想。

2019年是新中国成立70周年,也是全面建成小康社会、实现第一个百年奋斗目标的关键之年。站在新的历史起点上,我们有理由相信,中国的未来,发展前景更加美好,人民生活更加幸福。

讨论题

1. 试述2019年我国更大规模"减税降费"政策实施的背景、内容、目标。
2. 如何进一步优化财政支出的结构和规模?
3. 试分析新冠肺炎疫情对财政运行产生的影响。

第十章

税 收 原 理

一、习 题

(一) 单项选择题

1. ( )规定了具体征税项目和范围,是征税对象的具体化。
   A. 计税依据　　B. 税目　　C. 税源　　D. 税率
2. 一种税区别于另一种税的主要标志是( )。
   A. 纳税人　　B. 课税对象　　C. 课税依据　　D. 税率结构
3. 关于纳税人,以下叙述正确的是( )。
   A. 纳税人必须是法人
   B. 纳税人不一定是负税人
   C. 纳税人一定是负税人
   D. 纳税人是经济上的税收主体,不受法律约束
4. 按照税负是否由纳税人承担,税收可分为( )。
   A. 名义税负和实际税负　　B. 宏观税负和微观税负
   C. 企业税负和个人税负　　D. 直接税负和间接税负
5. 下列说法不正确的是( )。
   A. 税负转嫁的主要途径是价格的变动,转嫁的幅度取决于供求弹性
   B. 需求弹性大,供给弹性小的课税对象,税负主要由生产者负担
   C. 需求弹性小,供给弹性大的课税对象,税负主要由消费者负担
   D. 当供给弹性等于需求弹性时,税负由买、卖双方平均负担

(二) 多项选择题

1. 在下列税种中,属于中央政府固定收入的有( )。
   A. 增值税　　B. 房产税　　C. 消费税　　D. 车辆购置税
2. 税收"三性"是指( )。
   A. 无偿性　　B. 自愿性　　C. 强制性　　D. 固定性
3. 税制三要素是指( )。
   A. 纳税人　　B. 税率　　C. 课税对象　　D. 违章处理
4. 我国现行税率分为( )。
   A. 比例税率　　B. 定额税率　　C. 全额累进税率　　D. 超额累进税率

5. 一般来说,税收努力取决的两类因素有( )。
    A. 一国的人均收入水平   B. 税务管理效率
    C. 税制的完善程度   D. 税务部门的征税管理水平

(三) 判断题

1. 应纳税额＝计税依据×适用税率(单位税额)。   ( )
2. 当今世界各国都普遍实行单一税制体系。   ( )
3. 我国增值税采用的是累进税率。   ( )
4. 我国目前增值税采用的是价外计税的办法。   ( )
5. 个人所得税适用于起征点的规定。   ( )

(四) 名词解释

1. 税收
2. 纳税人
3. 税率
4. 税收能力
5. 税收超额负担

(五) 简答题

1. 简述税收的作用。
2. 简述现代税收原则。
3. 简述税负转嫁的条件与规律。

(六) 论述题

1. 试述税收对投资和储蓄的影响。
2. 试述税收中性和税收对经济的调节作用。
3. 最优税收理论对我国的税制改革有何借鉴意义?

二、习 题 解 答

(一) 单项选择题
1. B   **2.** B   **3.** B   **4.** D   **5.** A

(二) 多项选择题
1. CD   **2.** ABC   **3.** ABC   **4.** ABD   **5.** CD

(三) 判断题
1. √   **2.** ×   **3.** ×   **4.** √   **5.** ×

(四) 名词解释
略。

(五) 简答题
略。

(六) 论述题
略。

三、案例分析

案例 10-1 税收的"三性"

无偿性、强制性和固定性,作为税收三个特性出现在教材和课堂教学中,并为多数人所接受。著名学者李炜光和程强在《书屋》上就"税收三性"进行唇枪舌战,各抒己见,从一个侧面代表了学界对传统税收含义及税收三性的反思。

(一)程强:也谈税收

李炜光教授的《写给中国的纳税人》一文诚如《书屋》的编辑絮语所言,系发愤之所为作,情绪激昂,见解独到。笔者浅陋,有一些想法,求教于方家。

1. 税收的"三性"

读了李玮光教授的文章后,笔者翻了翻书,查着几条外国对税收的定义,不嫌繁琐,罗列如下:

(1)英国《新大英百科全书》定义:"在现代经济中,税收是国家公共收入最重要的来源。税收是强制的和固定的征收;它通常被认为是政府公共收入的捐献,用以满足政府开支的需要,而并不表明是为了某一特定的目的。税收是无偿的,它不是通过交换来取得。这一点与政府的其他收入大不相同,如出售公共财产或发行公债等等。税收总是为了全体纳税人的福利而征收,每一纳税人在不受任何利益支配的情况下承担了纳税义务。"

(2)美国的《现代经济学词典》定义:"税收的作用在于为了应付政府开支的需要而筹集稳定的财政资金。税收具有强制性,它可以直接向居民或公司征收。"《美国经济学词典》则认为,"税收是居民个人、公共机构和团体向政府强制转让的货币(偶尔也采取实物或劳务的形式)。它的征收对象是财产、收入或资本收益,也可以来自附加价格或大宗的畅销货"。

(3)日本的《现代经济学辞典》定义:"税收是国家或地方公共团体为筹集满足社会共同需要的资金,而按照法律的规定,以货币的形式对私人的一种强制性课征。因此,税收与其他公共收入形式相比,具有以下几个特征:①税收是依据课税权进行的,它具有强制的、权力课征的性质;②税收是一种不存在直接返还性的特殊课征;③税收以取得公共收入为主要目的,调节经济为次要目的;④税收的负担应与国民的承受能力相适应;⑤税收一般以货币形式课征。"

这些定义与李教授所言的我国教科书上对税收的定义基本相同。定义里也清楚地认定了税收的特征是强制性、无偿性、固定性,且这些国家应该都是市场经济国家。所以认为"税收三性产生于计划经济时期,那时候的体制,是大政府,小社会……'三性'的提出,符合当时的制度需要和要求,是那个时代的产物"这个说法恐难以站住脚。

另外,李文对"三性"的论述也有偏颇之处,如认为强制性是任何法律共有的因素,不只税法有强制性,其他法律也有。我们讲法的特征是强制性,是从法理上讲的,并不意味着各门法的特征都是强制性,像民法的特征,我就没见过哪个教材上讲它的特征是强制性。关于无偿性,李文讲到"不给纳税人以应得的报偿,那你征税干什么?"《大日本百科事典》中对这一问题是这样解释的:"尽管税收是公共收入的一种形式,但它并不像手续费那样具有直接的交换关系,它是无偿的。尽管当税收收入为公共支出以后又返还给国民,但是每一个纳税人受益的大小与其纳税额并不成比例。"最后,李文讲固定性,是用法律与政策相比,具有固定性。而税法的固定性是指课税对象、课税额度和课额方法的固定性。而现实生活中存在乱收费、乱罚款及乱摊派并不能说税法的特征不是固定性,而恰恰是违反了税法的固定性这一特征。所以固定性不仅是税法的一个特征,而且是当前更应该着力解决的问题。李教授讲的服务性,确实很有道理,它与税收宣传中的"取之于民,用之于民"是相契的。

而且,即便是引入"债务关系说",纳税人与国家的关系仍然不同于民法的合同关系,如纳税人不纳税,国家仍然是以强制力征收,对纳税数额有异议,仍然要通过税务复议等形式来解决等等。

2. 法律与权利意识,沉重的话题

如李教授所言,我国现行税制中有24个税种,确实只有《外商投资企业和外国企业所得税法》《个人所得税法》《税收征收管理法》是税收法律,其余的都是依照授权立法进行的。1984年9月1日,全国人大常委会授权国务院改革工商税制和发布有关税收条例。1985年,全国人大授权国务院在经济体制改革和对外开放方面可以制定暂行的规定或者条例。根据两次的授权立法,国务院从1994年1月1日起实施工商税制改革,制定实施了增值税、营业税、消费税、资源税、土地增值税、企业所得税等6个暂行条例。授权立法在一定程度上解决了我国经济体制改革和对外开放工作亟须法律保障的当务之急。但也应该看到,从1994年的工商税制改革到现在,已有12年的历程,《立法法》的施行也有6年半了。这些税收暂行条例还没有按照《立法法》的要求,尽快制定成法律加以固定,而且立法的呼声也不高,确实说明了立法者与纳税人对这一问题的漠视,我想这也是李教授写这篇文章的良苦用心。

我十分赞同李教授的观念,针对目前存在的诸多税收方面的问题,如果不在提高公民权利上下功夫,不提高公民的权利意识,即便是立法完善、制度落实,在税收方面仍然会存在很大的问题。其实不光是在税收方面,我们的宪政理念和观念存在太多的问题,现在大家的关注点大多在刑事法律方面,而在行政法律方面,可能比起刑事法律来更是有过之而无不及。

德国法学家耶林写过一本名著,名字叫《为权利而斗争》。这是一个公民对法治世界的呼唤,而中国的广大纳税人,我想他们更关心的是税负的高低,而不是税收的公平;他们更津津乐道于自己的依法纳税,而很少考虑政府是怎样使用税款的,有没有挥霍浪费;他们即使对税收有这种那样的想法,也很少表达,因为在一个传统上国家大于个人的社会,对自己所交税款说三道四是不明智的。

所以,在当下,更好地解决税收问题的责任仍然在政府,李教授的文章与其说是写给纳税人的,不如说是写给政府的。公民(纳税人)要通过对权利的诉求引发政府的互动,促使政府职能向服务性的进一步转变。让我们再回味一下亚当·斯密在《国富论》中提出的税收四原则吧。"一切公民,都须在可能的范围内,按照各自能力的比例,即按照各自在国家保护下享得收入的比例,缴纳国赋,以维持政府";"各公民应当完纳的赋税,必须是确定的,不得随意。完纳的日期、完纳的方法、完纳的数额,都应当让一切纳税人及其他人了解得十分清楚明白";"各种赋税完纳的日期以及完纳的方法,须予纳税人以最大的便利";"一切赋税的征收,须设法使人民所付出的,尽可能等于国家所得的收入"。

(二) 李玮光:税收"三性"再认识

程强先生在《书屋》2007年第3期发表《也谈税收》一文(下简称"也谈"),对拙作《写给中国的纳税人》(《书屋》2006年第12期,又名"无声的中国纳税人")作了中肯的批评,思路清晰,语言平和周密,给人以启迪,但"也谈"对税收"三性"问题所阐释的观点却不能为本人完全接受,理由是:

(1) 关于税收"无偿性"问题,"也谈"以《大日本百科事典》中的一个辞条证明"无偿性"的存在,而我的看法是,"无偿性"只是征税过程中的一种表面现象,并不是税收的本质特征。在《物权法》即将实施、市场经济体制逐步形成、公民利益多元化的今天,最应该强调的恰恰是税收的"有偿性"。日本人的看法未必就正确,而我的观点未必有错。

我们知道,政府对赋税的取得,从来都是用"征收"一词来表述的。征收,是一种对所有权的强制性剥夺,也就是说,是国家强制性地将个体财产收为国有,由国家取得该财产的所有权。因此,征收虽然是一种行政行为,但引发的是一种民事法律的后果,这就是财产所有权的权属变更。法学界的郭明瑞先生最近撰文谈到这个问题,他认为,从民事效果上说,征收有两个显著的特征:其一为强制性,即不论所有人是否愿意,必须按照法律规定将其财产的所有权让渡给国家;其二是有偿性,即国家须向被征收者(郭先生在这里用词为"财产所有人",我认为不妥,因为被征收后财产所有权已发生变更)支付对价,而不是无偿地将财产收为己有。如果国家是无偿地将他人的财产收归自己所有,就不属于征收,而是属于"没收"了。无论如何,我们不能说税收是国家"没收"而来的吧?

在法治国家里,公民个人依法享有对其财产的占有、使用、转让、收益和处分的权利,任何人,包括国家不得非法限制、剥夺之,这就是私权神圣的基本原则。为了公共利益的需要,政府可以而且应当征收赋税,但必须事先征得财产所有者的同意,经过征、纳双方的法定的"谈判"过程(一般以代议制的形式进行),由纳税人的代表"授权"给政府,这样的赋税才是合法的征收,才能得到纳税人的尊重和自觉遵从。而未经财产所有者同意的征收,则不能被认为是赋税,而是凭借国家强权对私有财产的强制"没收",从理论上说,政府想征多少税就征多少,不存在任何实质性的障碍。因此,私人财产权在国家税收之先、征税之前须取得纳税人的认可,这是国家税收与收取"保护费"最大的区别所在,整个理论假设,怎能容许"无偿性"的存在?

现代税收与传统税收最大的不同在于,传统税收只是政府手里强制获取财政收入的工具而已,而现代新型税收则有双重含义:从政府的角度说,是提供公共产品和公共服务所必须支付的成本;从纳税人的角度说,它是购买公共产品和公共服务的所必须支付的费用。实际上,纳税人纳税就是在向政府购买公共产品,就像在商场买东西,一手交钱、一手交"货",公平合理。如果国家通过征收而获得利益,却不付出相应的对价补偿被征收者的损失,就属于"不当得利"了。

从本质上说,税收的确具有强制性,体现为对个体财产权自由行使的限制,但这种强制性权力的来源正是它的有偿性,体现为赋税的征收不是对被征收者利益的剥夺。税收的征、纳关系,本质上是一种市场经济条件下的契约关系,是一种完全平等的关系,是无可取代的资源有偿配置关系,而无偿性征收只是它的表象。其中的道理,正如法国杰出的启蒙思想家孟德斯鸠所说："国家的收入是每个公民所付出的自己财产的一部分,以确保他所余的财产的安全或快乐地享用这些财产。"马克思亦曾说过："从一个处于私人地位的生产者身上扣除的一切,又会直接或间接地用来为处于私人地位的生产者谋福利。"举个例子说,博物馆和历史遗迹,是典型的公共产品,既然公众已然纳税,这些场所就应当向人们免费开放。这是纳税人理所应当享受的权利。当然,为了弥补经费的不足,适当收取一些费用也未尝不可,但一是不可收费太高,二是所收费用必须严格使用于限定的用途之上,绝不可以一方面接受政府的预算拨款,另一方面毫无道理地收取高额费用,否则,就构成了纳税人的双重负担。

税收有偿性的原理还告诉我们,政府对纳税人的"返还"是否"一对一"(即交多少税得到多少公共服务)并不重要,政府的服务针对的是所有的纳税人,追求的是资源配置的公平、公正和正义。平等不等于绝对平均,只要总体上求得大体相当即是较为理想的状态。凡是用纳税人的钱建立的机构和设施必须让所有的纳税人共享,不管是一年交了一百万还是只交了几元钱,都应当享受同样的待遇。必须树立这样的观念:政府所花的每一分钱都是纳税人交的税金,怎样做才能向纳税人交代得过去,是政府安排支出的时候必须首先考量的因素。预算支出项目在人民代表大会辩论通过的时候,代表们不仅要向公众解释这些项目对国家有什么好处,更重要的是要让公众信服它们对纳税人有什么好处,特别是对民间经济的发展有什么好处,否则就是本末倒置。

不只是政府,所有公营的事业机构都必须以此为标准。只要你用的是纳税人的钱,那么你的成果就应该让所有的纳税人共同分享。比如,公立学校是政府投资建设的,这些学校的图书馆、计算机、艺术展览等就必须向所有公民开放,任何人不得通过这些设施和设备牟取私利。私立学校是用私人的金钱建立的,可以不向社会公众开放,但如果私立学校中有一项专利申请得到了政府的资助,那么这个专项就必须向社会公众开放。大学里的博士研究如果接受了政府的资助,论文或发明成果就属于纳税人,如果有人拿它去申请专利据为己有,就应该属于是非法占有公共资源。

"无偿性"长期盘踞我国税收基本理论中所造成的后果相当不妙。它片面强调国家(政府)的政治职能,赋予政府征税以至高无上的权威,把税收等同于公民屈从于国家意志的产物,却忽视了政府所必须承担的最重要的职能——公共产品和公共服务,忽视了公民在税收关系上的主体地位和纳税人的权利问题。这种理论上的偏颇已经在实践中造成不良的后果,成为纳税人长期处于被动、卑微地位和社会上普遍存在"税收反感"心理的根本原因。遗憾的是,在我国财政税收领域,除了少数政治学和法学的研究者(包括网民),无论是学者还是社会公众,没有几人能真正明白和重视这个道理,反映出在我们这个缺乏启蒙的社会中构建现代税收制度和税收文化的艰难程度。

西方发达国家没有必要在其税收理论中再次伸张这些现代税收的前提条件,因为"风能进,雨能进,国王不能进"的私有财产保护的法律制度和私有财产在税收之先的赋税制度在他们那里早就建立起来了,强调税收的什么"性"对他们来说都是自然而合理的。但是别忘了,他们是"站在二楼看风景"(夏勇语),而我国现代税收制度大厦连一层的基础工程尚未竣工。人家不提是不需要再提。

(2) 关于民法有无"强制性"的问题,"也谈"的看法是,法的强制性"是从法理上讲的,并不意味着各门法的特征都是强制性的,像民法的特征,我就没见过哪个教材上讲它的特征是强制性"。以我十分有限的法学知识,感觉这个观点尚缺乏说服力,至少我们不能反过来说,法理学中对法的特征的归纳不适用于民法。

法理学主要是研究法的一般原理、基本法律原则、概念和制度运行机制的学问,也就是说,它应该研究所有法律制度中的一般问题,对每一法学学科中带有共性和根本性的问题做一种横断面的考察。如果理解没有错误,这里面应当包括民法。民法也是用来调整那些与法律制度有关联的社会生活关系的法律,一种必须遵行的规则,在这一点上,民法与其他法律制度应当没有根本的区别。换句话说,如果与法律无关,仅属于道德规范,就不需要法律的调整了。

法理学中有个"法律责任"的概念,是指行为人由于违法行为、违约行为或者由于法律规定而应承受的某种不利的法律后果。与道义责任或其他社会责任相比,法律责任的特点是,承担法律责任的最终依据是法律,其履行由国家强制力保证。离开了强制性,法律就失去了权威。这应当是一条适应所有法律的基本特征。法律责任包括刑事责任、民事责任、行政责任、违宪责任以及国家赔偿责任等。其中的民事责任理论可以帮助我们理解民法有无强制性的问题。民事责任,指由于违反民事法律、违约或者由于民法规定所应承担的一种法律责任。由民事责任可引出民事制裁。这是由法院所确定并实施的、对民事责任主体给予的强制性惩罚措施。在法律允许的条件下,多数民事责任可以由当事人协商解决,但也执行惩罚的功能,具有惩罚的内容,如违约金本身就含有惩罚的意思。当然,民事制裁终究与刑事制裁不同,其目的虽然也是预防和制裁违法,但其功能主要在于救济当事人的权利,赔偿或补偿当事人的财产损失。

正因为民法的强制性与刑法等法相比表现得不那么明显,相对较"弱",容易让人感觉它不具有强制性,但这其实是一种错觉。民法也是"法",其核心内容仍是规则意识和规则权威。当民法与其他法律内化为国家文化和国民素质的时候,一个国家的法治基础就形成了。当然,上述对民法强制性的解释未必准确,期待着程强先生及其他学者的进一步指教。

税法与其他法律一样,具有鲜明的强制性特征,但必须明确,这种权力不能理解为赤裸裸的暴力强迫的属性,还必须具有道德上的正当性。也就是说,国家运用强制力来强迫人们纳税,必须具有正当与合法的基础。首先,税法来源于《宪法》,从根本上说,来源于全体纳税人的集体授权,这当然是按照法定程序通过议会表决的形式来进行的;其次,税法来源于国家理性和国家存在的依据。例如,国家征税不得为非,不得横征暴敛,不得侵害公民的财产权利及其他法定的利益,等等,这是税收合法性的前提条件。

(3)对税收"固定性"问题,我没有更多要解释的,这也是个"前提条件"的问题。如果税外各种名目的征费本身就是缺乏合法性和合理性的,那么,它们恰恰是不能"固定"的,或者说,是纳税人应当"违反"的。因为把这些的"税收"固定下来,任何人都很容易预见到它的后果是什么。当一个政府的税收行为还不透明的时候,当纳税主要还是公民单方面义务的时候,当纳税人还难以行使政府用税监督权的时候,当税收制度的设置还是政府"自说自话"、自定章程的时候,我反对把那些制度之外的收费"固定"下来的任何企图,反对过分强调税收的强制性,甚至反对新增任何税收,不管经济学家们鼓吹得多么天花乱坠,都反对。

还需说明一点,据我了解,我国教科书上所阐述的税收"三性",最初是在 20 世纪 50

年代归纳提出的,在年代上,属于计划经济时期的产物。那是个不需要确认公民财产权在先原则和不必在法律上明确区分"征收"与"没收"的时代:国有经济占据绝对主导地位,职工个人几乎没有私有财产,生老病死,完全依附于所在单位。在这样的制度下,政府对个人几乎没有征收,而政府对企业征收什么、征收多少,怎样征收,还有对企业投入多少、如何投入等等,完全是由政府自己说了算,企业和个人完全处于被动"听喝"的地位,没有任何权利可言。当时政府对企业实行的是利润全额上缴的分配制度,如今天的朝鲜,仍在实行这样的制度。就这种体制而言,"税收三性的提出,符合当时的制度需要和要求"的说法,应无大错。

"税收三性"问题在学术界已争议多年,至今仍无定论,但有一点应该是明确的:现在已是经济成分多元化的市场社会,政府与企业、单位和个人之间的关系已然发生根本性的变化,企业不再依附于政府,个人不再依附于单位,"臣民"逐步转化为具有独立人格的现代社会的公民,并将通过选举产生的代议制机构履行决策和监督的职能。我们对"税收三性"问题的再探讨,其视角只有锁定在这个方向上,才可能寻找到正确的答案,才能使我国税收理论的发展跟上时代发展的步伐。

程强先生说:"在当下,更好地解决税收问题的责任仍然在政府,李教授的文章与其说是写给纳税人的,不如说是写给政府的。"诚如先生所言,现实的中国,无论纳税人意识的形成(这不能认为是纳税人自己的事情)还是现代税制的构建,最大的障碍其实都不在民间,而是在政府自己。

参考资料来源:李炜光:《写给中国的纳税人》,《书屋》2006年第12期,第4-12页;程强:《也谈税收》,《书屋》2007年第3期,第21-23页;李炜光:《税收"三性"再认识——对〈也谈税收〉一文的回应》,《书屋》2007年第5期第69-71页;程强:《税收三性的解构与重构:从税收学到税法学》,《甘肃理论学刊》2010年第7期,第122-128页。

案例点评

税收具有强制性、无偿性和固定性。税收的三个特性一直是中国税收学研究和实践的起点,且有国外的经验相佐证,程强显然是支持者。但李炜光教授认为传统的税收"三性"是属于计划经济时期的产物,在现在多元化的市场经济社会并不成立。以上两个作者,思路清晰,语言平和周密,视角不同,得出的观点不同,给人以启迪。

税收究竟是有偿的,还是无偿的?强制性和固定性合适吗?税收"三性"问题在学术界已争议多年,但长期以来教材关于税收"三性"的含义都是一成不变的,这显然禁锢了学习和研究的路径。现代财政制度下对税收"三性"这一基本理论问题再认识和讨论仍会持续下去,不断赋予税收特征新的认知,对改变我国普遍的纳税意识不强之现状和传统的皇粮国税文化昭示有着积极的作用。

讨论题

1. 税收的"三性"成立吗?
2. 请简述税收的"三性"。

案例 10-2　范冰冰偷逃税事件

范冰冰偷税漏税事件，是指2018年中国著名女演员范冰冰及其担任法定代表人的企业因偷逃税款遭调查及处罚的事件。

（一）曝光阶段

主持人崔永元与导演冯小刚因冯于2003年执导的电影《手机》中情节映射的问题产生矛盾。2018年5月10日晚，冯小刚在其微博公布《手机2》概念海报。5月11日，崔永元在其微博公布其4月7日与编剧刘震云的短信记录，短信中崔表示不希望刘使用"手机2"命名，以避免引起不必要的联想和议论，刘称新作品将命名为"朋友圈"，而冯小刚公布的海报中却仍旧使用了"手机2"的命名，崔在这条微博评论称"冯小刚是渣子大家都知道，刘震云变成渣子速度偏快了一些。"

5月28日，崔永元先后晒出几张演艺合同照片，合同中有范冰冰的名字，曝光合同约定片酬为税后1 000万元。

5月29日，崔永元其后又公开一份不具名字的授权书，再度曝范冰冰采用"大小"合同，另行约定片酬为5 000万元，两合同共拿走片酬6 000万元，并配文表示，有人在片场演了4天，就拿下6 000万元，但当中涉及"大小合同"，小的是1 000万元，大的是5 000万元。

5月29日，范冰冰工作室严正声明，指崔永元公开涉密合约，并公然侮辱范冰冰，破坏商业规则，涉侵犯范的权益；相关媒体等未核实便宣称范"采用大小合同"、散播"拍摄4天片酬6 000万"等谣言，涉嫌构成诽谤。该工作室保留追究法律责任的权利。

6月2日，崔永元再公布一份"大小合同"，并指逃税有法律规管。之后双方展开唇枪舌战，互不相让，直到无锡地税介入调查。

一场明星个人之间的"互撕"引发社会关注，很多人从最初的看热闹转为对影视业"阴阳合同"的质疑，娱乐圈的话题终于回归严肃命题。毕竟，与明星之间的个人恩怨相比，国家税款是否流失才是更重要的。

（二）调查阶段

6月3日，央视新闻报道，关于影视人员签阴阳合同的涉税问题，国家税务总局已责成江苏等地税务机关调查核实，如有违法，将严格依法处理。当局亦将加强对部分高收入影视人员的税收征管，查处违法违规行为。

江苏省地税局表示，已组织主管税务机关等调查事件，范冰冰工作室所在地无锡的地税局已介入取证。

6月27日，范冰冰主演的《爵迹2》宣布改档，此后一直未重新确定上映时间。

7月1日，中央电视台电影频道原定播放范冰冰主演电影《空天猎》，但播出当晚该时段被其他电影取代。

7月3日，电影《大轰炸》发布新海报，主演名单中悄然删掉了范冰冰的名字。

7月26日，知名前媒体人罗昌平在微博上称，7月初，因涉嫌隐匿故意销毁会计凭证罪，某上市公司财务人员及范冰冰公司一法人代表、一财务主管、一行政助理已被警方采取司法强制措施。此后案情再次突破，范的一名经纪人泥足其中，目前范冰冰本人在北京家中。微博随后被删除。

7月28日,内地《经济观察报》引述消息人士报道,江苏警方近日介入调查"阴阳合同"案,范冰冰和弟弟范丞丞被限制出境,范冰冰身边数位工作人员,则被警方采取监视居住等强制措施。消息未获各方证实,该篇报道随后被删。

9月3日,北师大与中国社科院指导发布了《中国影视明星社会责任研究报告》,最高分徐峥为78分,最低分范冰冰为0分。

9月7日,凤凰网记者走访了位于江苏无锡市的范冰冰工作室,发现工作室大门紧锁,透过玻璃看办公室的文件已被全部清走。

(三) 补税阶段

10月3日,新华社首度证实,国家税务总局以及江苏省税务局目前已查清范冰冰"阴阳合同"涉税问题的案件事实,从调查核实情况看,范冰冰在电影《大轰炸》剧组拍摄过程中实际取得片酬3 000万元,其中1 000万元已经申报纳税,其余2 000万元以拆分合同方式偷逃个人所得税618万元,少缴营业税及附加112万元,合计730万元。此外,还查出范冰冰及其担任法定代表人的企业少缴税款2.48亿元,其中偷逃税款1.34亿元。对于上述违法行为,根据国家税务总局指定管辖,江苏省税务局依据《中华人民共和国税收征收管理法》(以下简称《税收征管法》)第三十二、五十二条的规定,对范冰冰及其担任法定代表人的企业追缴税款2.55亿元,加收滞纳金0.33亿元;依据《税收征管法》第六十三条的规定,对范冰冰采取拆分合同手段隐瞒真实收入偷逃税款处4倍罚款计2.4亿元,对其利用工作室账户隐匿个人报酬的真实性质偷逃税款处3倍罚款计2.39亿元;对其担任法定代表人的企业少计收入偷逃税款处1倍罚款计94.6万元;依据《税收征管法》第六十九条和《中华人民共和国税收征收管理法实施细则》第九十三条的规定,对其担任法定代表人的两户企业未代扣代缴个人所得税和非法提供便利协助少缴税款各处0.5倍罚款,分别计0.51亿元、0.65亿元。范冰冰被责令限期内缴清税款、滞纳金、罚款合计8.83亿余元,免除刑事处罚。否则,税务机关将依法移送公安机关处理。当日中午12时,范冰冰在微博发声并贴出致歉信,表示最近一段时间,经历了从未有过的痛苦和煎熬,已深刻反思和反省,更为自己所作所为感羞愧内疚。这数日配合税务机关的调查,完全接受当局的一系列处罚决定。

经查,2018年6月,在税务机关对范冰冰及其经纪人牟某广所控制的相关公司展开调查期间,牟某广指使公司员工隐匿、故意销毁涉案公司会计凭证、会计账簿,阻挠税务机关依法调查,涉嫌犯罪。现牟某广等人已被公安机关依法采取强制措施,案件正在进一步侦查中。

10月8日,江苏省税务局问责了在范冰冰偷逃税案件中有关责任单位和责任人。据新华社报道,依据《中国共产党问责条例》《行政机关公务员处分条例》和《税收违法违纪行为处分规定》,国家税务总局责成江苏省税务局对在范冰冰偷逃税案件中,因管理不力、负有领导责任的相关单位和人员,依规依纪进行了问责。对出现严重偷逃税行为且未依法履职的地区税务机关负责人及相关人员,将根据不同情形依法依规严肃问责或追究法律责任。

针对有关单位,江苏省税务局责令国家税务总局无锡市税务局作出深刻检查,并采取切实措施整改。江苏省税务局对其他有关责任人也按规定给予了相应处理。责令国家税务总局无锡市税务局作出深刻检查,并采取切实措施整改;对原无锡市地方税务局局长、现国家税务总局无锡市税务局局长丁源给予行政警告处分;对原无锡市地方税务局总会计师、现国家税务总局无锡市税务局总会计师李青给予行政记过处分;对原无锡市地方税务局第六税务分局局长、现国家税务总局无锡市滨湖区税务局副局长钟小新给予行政记过处分,并免去其现任领导职务;对原无锡市地方税务局第六税务分局副局长、现国家税务总局无锡市梁溪区税务局副局长沈治国给予行政记过处分;对原无锡市国家税务局第二税务分局局长、现国家税务总局无锡市税务局干部许崇金给予诫勉谈话处理;对其他有关责任人也按规定给予了相应处理。

(四)后续影响

10月8日,国家税务总局发布《关于进一步规范影视行业税收秩序有关工作的通知》(下称《通知》),针对近期税务机关查处的影视行业高收入从业人员偷逃税等问题,根据《税收征管法》及其实施细则相关规定,进一步规范影视行业税收征管秩序,促进影视行业健康发展。

据介绍,从2018年10月10日起,各地税务机关通知本地区的影视制作公司、经纪公司、演艺公司、明星工作室等企业及影视行业高收入从业人员,对2016年以来的申报纳税情况进行自查自纠。凡在2018年12月底前认真自查自纠、主动补缴税款的影视企业及从业人员,免予行政处罚,不予罚款。

不仅如此,《通知》还要求各地税务机关要主动帮助和辅导辖区内影视行业企业及高收入从业人员做好自查自纠工作。在12366纳税服务热线设置专门咨询座席,在办税服务厅或税务机关安排专人,解答自查自纠相关问题,办理自查自纠相关业务。在纳税人自查自纠过程中,不开展入户检查。

自查自纠阶段结束后,《通知》规定,从2019年1月至2月底,税务机关根据纳税人自查自纠等情况,有针对性地督促提醒相关纳税人进一步自我纠正,并加强咨询辅导工作。对经税务机关提醒后自我纠正的纳税人,可依法从轻或减轻行政处罚;对违法情节轻微的,可免予行政处罚。

之后,从2019年3月至6月底,税务机关结合自查自纠、督促纠正等情况,对个别拒不纠正的影视行业企业及从业人员开展重点检查,并依法严肃处理。

《通知》明确,到2019年7月底前,根据影视行业税收秩序规范工作中发现的突出问题,举一反三,研究完善管理措施,并建立健全影视行业税收管理的长效机制。同时,进一步健全税务内控机制,有效防范和化解税收执法风险。在此期间,对发现的税务机关和税务人员违法违纪问题,以及出现大范围偷逃税行为且未依法履职的,要依规依纪严肃查处。

继范冰冰之后,郑爽同样陷入"阴阳合同"风波,目前官方已介入。2021年4月,郑爽涉嫌签订阴阳合同被正式立案调查,她会不会成下一个范冰冰?"日均薪酬208万元"马上成为最热门的话题之一,对于辛勤劳动的"打工人"而言,年薪都不一定达到"天价日薪"的零头。这无疑是一个天文数字。北京市广电局已启动对相关剧目制作成本及演员片酬比例的调查。税务和广电管理部门将认真落实中宣部、税务总局、广电总局等有关通知要求,严查违法违规行为,坚决查处整治"阴阳合同""天价片酬"、偷逃税等问题,严格电视剧合同管理,严控电视剧制作成本和演员片酬在电视剧制作成本中的比例,为电视剧行业高质量发展营造良好环境。国家税务总局强调,各级税务机关对恶意偷逃税行为,要依法严查严处,坚决维护税法尊严,彰显社会公平正义;同时,要切实依法保障纳税人的合法权益。

(五)范冰冰逃税案税法解析

引起社会广泛关注的崔永元举报范冰冰等明星"阴阳合同"偷逃税款事件,一直备受公众关注,并且引发网友持续讨论。该案对影视从业人员敲了一记响亮的警钟,对社会大众也是一次深刻的税法教育。

1. 范冰冰免予刑事处罚

范冰冰偷逃税款高达数亿元,最终仅以巨额行政罚款收场。而刘晓庆因税入狱,李晓航代购逃税被判刑,范冰冰却只用交罚款,成为公众舆论关注的焦点。

在这起案件中,范冰冰被免予刑事处罚引起了广泛关注。税务总局依据《中华人民共和国刑法》第二百零一条的规定,认为由于范冰冰属于首次被税务机关按偷税予以行政处罚,且此前未因逃避缴纳税款受过刑事处罚,被定性为偷税的税款、滞纳金、罚款在税务机关下达追缴通知后在规定期限内缴纳的,依法不予追究刑事责任。

刘晓庆偷逃税款事件,发生在2002年,适用的法律为1997年的刑法,此时适用的罪名为偷税罪。刘晓庆偷逃税款高达1 458.3万元,欠税2 000万元,已经达到偷税罪的入刑标准。取保候审近9个月后即2004年5月,刘晓庆收到检察机关的"不起诉决定书"。

李晓航,因多次携带从韩国免税店购买的化妆品入境未申报而获刑,2012年被认定为逃税113万元一审被判有期徒刑11年,2013年二审被改判为3年。李晓航与范冰冰罪名不同,是走私罪。走私罪属于偷逃税款,但是跟逃税罪是不同的,是违反海关法规的行为。走私罪没有行政处罚必经前置程序。

在众人眼里,只要是偷税,就必然触及刑法,就一定会抓人判刑。其实,目前刑法并没有那么严苛,构成刑法中逃避缴纳税款罪,是需要同时满足以下两个条件才可能被立案追诉的。一是少缴税款5万元以上且占各种应纳税总额的10%以上。二是经过税务机关下达追缴通知后,不补缴应纳税款,不缴纳滞纳金或者不接受行政处罚的。

因此范冰冰是否会受到刑事处罚取决于她是否按期补缴税款、滞纳金和罚款。限期缴纳税款的期限是15天,只要范冰冰及其企业按期把税款、滞纳金罚款缴清,就免予刑事处罚。

2. 少缴税款并不等同于偷税

在新华社报道中,我们可以看到有这么一句话:"查出范冰冰及其担任法定代表人的企业少缴税款2.48亿元,其中偷逃税款1.34亿元。"

少缴税款和偷税难道不是一回事吗?当然不是一回事,在税法中,采取一些主观的手段造成的少缴税款才能被认定为偷税,比如这里面提到的拆分合同,就具有明显的主观故意。如果没有发现采取什么手段,只是少缴税款,不会被认定为偷税的。

3. 隐匿和故意销毁会计资料涉嫌犯罪

企业一定要高度重视自查期,可避免罚款损失。甚至很多企业一听见有税务机关查补税款,第一反应就是想把会计账簿给藏起来或毁掉,以为这样查不到税款就没大事了。实际上这是避轻就重了,根据刑法第162条,隐匿账簿情况严重的,处5年以下有期徒刑或者拘役。

查出税款来,即使是偷税,按期补缴了就没有刑事责任,而销毁账簿,是直接就产生了刑事责任。所以从这个案件,前车之鉴,所有企业特别是会计人员一定要吸取教训,不要再做这样的傻事。

参考资料来源:《范冰冰偷税漏税事件回顾》(https://www.williamlong.info/archives/

5484.html);《范冰冰符合"逃税罪"因何脱罪？与刘晓庆有何不同？法制日报详解》(https://baijiahao.baidu.com/s?id=16135320415376l7634);《为什么空姐代购逃税被判刑，范冰冰却只用交罚款？》(https://baijiahao.baidu.com/s?id=1613361622130033925);《刚刚！郑爽承认被查！税务局出手！央视：谁偷税谁凉凉！》(https://www.163.com/dy/article/G8PGFO2Q0536AB6I.html)。

▶ 案例点评

　　明星艺人收入畸高，早已是公开的秘密。由此带来的社会负面问题日益显现，甚至影响到了许多未成年人的成长。一段时间以来，广大群众要求规范治理明星天价片酬、"阴阳合同"、偷逃税等问题的呼声极为强烈，多数文艺影视工作者也对圈内个别人表现出的极度拜金主义、无视道德底线和职业操守的行为感到愤慨和忧虑。此案中，税务部门严格依法查处，按实裁量，综合考虑，体现出法律法规的权威性、严肃性，其结果亦符合公众的心理预期，达到了查处一个，警示一片教育效果。

　　从范冰冰逃税案件可以看出，公众更关注相关部门彻底解决此类逃税问题的决心和具体举措。依法严查应该只是刚刚开始，而不是如有些公众误解的那样浅尝辄止，对于演艺界和其他高收入行业的税收监管应该进一步加强，尽可能避免此类案件发生。

　　从范冰冰涉税案的处理上，还应当看到初犯免责条款背后可能存在的税收执法力度偏软、震慑力不足以及权力寻租等潜在消极因素。因此，税收执法部门的常态化执法、依法依规执法在打击诸如以演艺圈为代表的潜藏的偷税逃税行为中发挥着重要作用。

　　税收，一方面为了获取财政收入，另一方面为了调节收入差距。法治，一方面为了社会公平正义，另一方面为了维护社会有序运转。税收征管如果不到位，容易形成偷漏税，导致税收收入调节功能弱化。法治如果落实不好，不仅会导致社会不公，而且会侵蚀社会的机体健康。

▶ 讨论题

1. 谈谈"阴阳合同"是区别于税收筹划合理避税的违法行为。
2. 如何看待娱乐圈"天价片酬"及"阴阳合同"？
3. 如何让高收入的群体"无税可逃"？
4. 谈谈税务机关的执法风险。

第十一章

税收的经济效应

一、习 题

(一) 单项选择题

1. 关于税收引起人们在劳动和闲暇之间的选择,可以认为,平均税率的变动引起( ),边际税率变动引起( )。
   A. 收入效应,替代效应　　　　　B. 收入效应,经济效应
   C. 替代效应,收入效应　　　　　D. 经济效应,替代效应

2. 课税会使纳税人( )储蓄。
   A. 增加　　　B. 减少　　　C. 维持不变　　　D. 相对增加

3. ( )旨在考察税收对社会资源配置和经济机制运行的影响状况。
   A. 税收的经济效率原则　　　　　B. 受益原则
   C. 支付能力原则　　　　　　　　D. 税收本身的效率原则

4. 我国的工商税制改革在商品课税税制的设计上也体现了( )原则。
   A. 税收负担　　B. 税收转嫁　　C. 税收中性　　D. 税收替代

5. 供给学派认为( )边际税率会降低人们的工作积极性。
   A. 高　　　B. 低　　　C. 中　　　D. 不变

(二) 多项选择题

1. 税收对居民储蓄的影响主要是通过( )来实现的。
   A. 个人所得税　　　　　　　　B. 企业所得税
   C. 利息税　　　　　　　　　　D. 间接税

2. 以下关于税收对个人收入分配的影响说法正确的有( )。
   A. 个人所得税是调节收入分配的最有力工具
   B. 税收支出是影响收入分配的重要工具
   C. 社会保险税是实现收入再分配的良好手段
   D. 所得税指数化是减轻通货膨胀的收入分配扭曲效应的一种方法

3. 以下属于税收指数化方法的有( )。
   A. 特别扣除法　　B. 税率调整法　　C. 实际所得调整法　　D. 边际税率法

(三) 判断题

1. 税收的收入效应会对收入分配产生影响,但不一定会造成超额负担。 ( )

2. 高税率一定带来高税收收入。 ( )
3. 供给学派认为生产的增长取决于劳动力和资本等生产要素的供给和有效利用。
( )
4. 减税政策是一种扩张性财政政策,在经济繁荣期使用,更有锦上添花的效果。( )
5. 减征或免征利息所得税将提高储蓄的收益率,有利于储蓄。 ( )

(四) 名词解释
1. 税收指数化
2. 税收的经济效应
3. 税收的收入效应
4. 税收的替代效应
5. 社会保险税

(五) 简答题
1. 简述税收的替代效应。
2. 如何确定最佳税率?
3. 画图解释税收的收入效应。

(六) 论述题
1. 试述税收对收入分配的影响。
2. 试述税收的经济影响。
3. 试述拉弗曲线的经济含义。

二、习 题 解 答

(一) 单项选择题
1. A 2. D 3. A 4. C 5. A

(二) 多项选择题
1. ACD 2. ABCD 3. ABC

(三) 判断题
1. √ 2. × 3. √ 4. × 5. √

(四) 名词解释
略。

(五) 简答题
略。

(六) 论述题
略。

三、案例分析

案例 11-1 趣谈拉弗曲线

2019年3月5日,两会报告指出,全年减轻企业税收和社保缴费负担近2万亿元,"减税"再一次成为关键词,政府工作报告12次提"减税",为企业送出了"大礼包"。那么减税背后的原理是什么呢？如果持续高税收又会产生什么样的影响？这就是我们今天通过"拉弗曲线"要讲的知识,一起来了解一下吧。

（一）一张餐巾纸上的抛物线

1974年,时任美国南加利福尼亚商学研究生院教授阿瑟·拉弗（Arthur B Laffer）在华盛顿的一次宴会上,为了说服当时福特总统的白宫助理切尼,使其明白只有通过减税才能让美国摆脱"滞胀"的困境,随手在一张餐巾纸上画下一个抛物线：

这就是著名的拉弗曲线,以此描绘高税率的弊端。1980年1月里根当选美国总统,采纳了拉弗的建议,对税率进行了果断改革,采取了大幅度减税与振兴经济措施（这其实就是供给侧改革的最经典案例）。拉弗也成为里根总统的经济顾问。

拉弗曲线在美国到爱尔兰、冰岛、俄罗斯、印度、乌克兰等全球各国都创造了增长的革命。里根和撒切尔是20世纪80年代早期首先在他们的经济计划中采纳拉弗曲线逻辑的领袖,但现在这个概念在全球各地都得到了很好地理解,尽管仍然存在争议。

拉弗本人就是因为这几条留在餐巾纸上的曲线而一举成名,被奉为"供给经济学之父",亦成为自20世纪30年代"精品经济学家"凯恩斯之后迅速施展政治影响力的经济学家。这一现象在西方经济学说发展史上也是极为罕见的。

（二）拉弗曲线原理

拉弗曲线阐述了这样一个原理,在一般情况下,税率越高,政府的税收就越多。但在税率的提高超过一定高度时,企业的经营成本增加,产品的价格上涨,个人消费被迫减少,企业的销售因此也会减少,政府贪得无厌就会挤压市场的规模。这时,政府的税收同样也会减少。

导致零税收的税率一定有两种,一种是零税率等于零税收。看似什么都没说,其实不那么简单,因为同时还存在着另一种情形：100%的税率也会导致零税收。因为如果政府把你的所得全部拿走,那你也就不会再去工作了。无人创造财富,也无人照章纳税了,政府收入来源就会枯竭。但实际上,人们为了生活还是要工作的,只不过他们不会再规规矩矩地申报纳税而已。

在0与100%这两个税率之间,有两个税率能产生一样的税收结果,即在较小的税基上实施较高的税率,以及在较大的税基上实施较低的税率。拉弗曲线并未断定减税会增加税收还是减少税收。税率改编后的税收额如何变化,还得看其他因素的影响,如税收征管力度、法律的执行情况、税负计算的口径和时间,以及地下经济的规模等等。

（三）拉弗曲线的征税六原则

一个国家税收法律体系非常复杂,税收制度与经济政治社会文化军事安全有着直接的关系,国家决定征收或者减免税收,不仅仅是从增加财政收入角度考虑,也不仅仅是从刺激经济增长角度考虑,政府调整税收政策还要考虑到国家的政治经济社会文化协调发展的问题,甚至还要考虑到国家军事安全问题。

这当然属于看似直白、实则艰深的经济学理论,我们可以将拉弗先生的征税原则归结为以下六条:

原则一,只要向某事物征税,就会导致相关经济活动的减少。这说明政府对工作、储蓄和投资的课税应当尽量压低,才不至于妨碍这些活动的正常进行。而且过高的税率进而会中止一些本来可以继续进行的交易,于是政府自身也会成为利益受损者。

原则二,最佳税制应该能够具有帮助穷人致富的效用,但不能导致富人变穷。拉弗指出,日常生活中,"扶贫"的最佳办法是给穷人创业和发展创造更多的机会和空间。

如果所得税提升到了70%、80%,甚至超过90%,征税的经济伤害被迅速放大了。举个例子,鲁滨逊·克鲁索和其他三个可怜人被困在荒岛上:

岛上的四个人中,鲁滨逊拥有超强的生产力,太阳升起前就起床,采摘果实,打猎,生火,剩下的时间他砍下毛竹建造小屋。他把自己的部分劳动成果与朋友分享,但把大部分留给了自己。他是四人组中的企业家。另三个人又馋又懒,听天由命。他们睡懒觉,躺在沙滩上抱怨他们的不幸遭遇。

一天,这三个懒虫聚在他们的同伴所建的小屋里,决定该岛将实行民主制度,"执政委员会"决定对所有产品征收90%的税,包括火、果实、小屋、肉、椰子汁,等等。他们说这是正义之举,因为这是弥合该岛不断增长的贫(他们自己)富(鲁滨逊)差距的唯一"公平"办法。他们一边品尝着鲁滨逊供应给他们的食品,一边愤怒地抱怨道,为什么鲁滨逊拥有这么多,而他们却一贫如洗?

不过,现在鲁滨逊在新规则下再没有任何动力。他觉得90%的税率下,另外三个人拿走了他所生产的9/10,这根本不公平。鲁滨逊决定罢工,整天消磨时间。不过他很快发现必须工作,不然就要挨饿。晚上还要受冻。于是他搬到了岛的另一边,以躲避委员会制定的高税收。他走向了"地下经济"。他寻找水果、果实和蔬菜,然后很快全部吃掉,不告诉另外三个人他找到了食物,不然就得把东西的90%交给他们。换言之,他在逃税。他不向另三个人汇报自己的。这三个人发现自己的处境更差了,于是他们决定将税率提高到95%。6个月后,一艘船抵达该岛,发现岛的一边有三具尸体,在另一边找到了一个健康的幸存者。

我们从这个鲁滨逊的故事中可以发现,90%的税率并不会导致一个公平的分配结果,结果是产出减少甚至匮乏,每个人都削减了自己的生产工作。

原则三,高税率对经济损害大,但是在较高水平上降税,比在税率较低水平上的降税效果更好,更能更有效地扩大经济产出和税基。拉弗不厌其烦地以数据分析的方式阐明这个道理,其对执政者的启示是,亡羊补牢胜过一错到底。减税,或者说持续性地实行轻税政策,永远是正确的选择。

原则四,过高的税率终会导致税收征收量的减少,这是拉弗曲线给人们的最重要的提示,这个结论也可以做反向的理解,即适时减税,税收收入不见得会减少,甚至反而会增多。20世纪100年间,二十、六十和八十年代都出现过因减税运动的发生而政府收入大为增加的案例。

原则五，理想的税制应当具有较强的中性特征，尽量在不扭曲或拖累经济活动原有状态的情况下获取税收，要做到这一点，就不能只是围绕着税率高低做文章，而是要想方设法地扩大税基。只要税基足够大，政府完全可以将税率维持在低档的水平上，甚至可以考虑实行单一税率。

原则六，税收竞争是不可避免的，但它应当有利于资本与人才的任意流动。正如拉弗所说的："幸好，外门的城市和乡村，没有柏林墙的屏障，这意味着，人口和经济资源可以自由迁徙到各行政区域去，从高税负地区迁到低税负地区去。"现在，拉弗的这个预言早就成为现实，经济全球化与自由贸易深刻地改变着这个世界，资本与利润的流动性成为各国减税的压力。它证明了斯密早在200年前就指出的那个道理是成立的：低税负国家的竞争力要远高于高税负国家。

（四）拉弗曲线对中国的四点启示

将拉弗曲线原理分析用来中国当前的宏观税负和企业整体税负，至少可以得出以下启示：

第一，减税与政府收入的减少不是一个概念，应将其区分加以认识，因为在税率高端上减税会导致税收收入的增加，而不是减少，可是现实中学者们经常把它们混为一谈。

第二，政府收入减少不一定是减税政策产生的效应，也可能是前期政策不当消灭了一部分企业、税基已然受损的表现，所以不能直接用来证明当期政策的成功，还要做具体分析。

第三，税率未变，不一定企业税负就轻，这也是部分学者用来批评别人的理由，但实际上还要考虑税负转嫁问题，如果是增值税，还要看其获得进项税额是否充分，能否应抵尽抵；如果是所得税，还要看费用扣除过程是否充分，能否做到应扣尽扣。

第四，征税并不是征到企业关门倒闭的程度才算税负过重，如果企业纳税后无法保持市场平均价格，或获得市场平均利润，即使税率没有改变，税负就已然过重了，所以不能用企业尚未倒闭来证明税负不重，而是应当把税收禁区线划在维持企业正常投资和创新的临界点上。

参考资料来源：《拉弗曲线：一条改变世界的抛物线》（https://www.sohu.com/a/301637456_373314）。

▶ 案例点评

简而言之，拉弗曲线认为：税率太高，人们就会被吓跑，结果什么经济活动都不发生，政府反而收不上税。只有在税率达到一个最优值时，实际税收才是最高的。因为当税收达到100%时，就会造成无人愿意投资和工作，政府税收也将降为零。

如果沿着曲线的走向观察，你会发现左边的纵轴越高，税收不仅不跟着升高，反而会愈加递减。理由很简单：当税率上升到过高的位置时，人们投资和创新的热情肯定会下降，政府的收入自然会减少。什么是税基呢？它不过是某种税的经济基础，例如流转税的课税基础是流转额，所得税的课税基础是所得额，房产税的课税基础就是房产的价值等。说到底，影响税负的最重要因素还是在税收之外：工作热情、投资动力和创新的积极性，以及人们为了做这些事甘愿承担什么样的风险等。税收与它们个个都密切相关。

目前人们对这条曲线还有争议，但毫无疑问，世界各地的学者、企业家和所有的纳税人对它都不陌生了。

> 讨论题

1. 为什么拉弗曲线对资本影响有效,而对劳动力没有太大影响?
2. 试述减税的作用机制及影响效果。
3. 试述特朗普减税事件的启示?

案例 11-2　大热的减税降费,怎么减？给谁减？

2019年12月21日,最重要的新闻,就是中央经济工作会议了。而其中最受关注的内容之一就是决定"实施更大规模的减税降费"。为什么要减税降费？给谁减？减什么降什么？拿什么支撑减税降费？以什么途径减税降费？中国社会科学院副院长高培勇为你解答。

在当前的中国,减税降费无疑是一个高频次的词语,说到企业家们的期待,我想减税降费不是排在第一位,也会排在前列。讨论到企业竞争力问题的时候,恐怕也离不开减税降费这样一个中心的话题。但是,我们讨论减税降费不能仅仅停留在原则性的提法,抽象性的概念,而要深入到它的具体的实施路线。

所以,我想今天提这样的话题,我们可以选择什么样的减税降费？要让减税降费落到实处,如下的五个方面的问题是绕不开的。第一,为什么要减税降费？第二,给谁减税降费？第三,减降什么样的税费？第四,拿什么支撑减税降费？第五,以什么途径减税降费？

这五个方面的话题要是放在过去,我们立刻就可以给出,因为在以往的宏观经济环境和宏观经济政策的背景条件下,减税降费无疑是由积极财政政策所覆盖的,在积极财政政策近乎等于扩张性财政政策的语境当中,减税降费无疑是实施财政扩张的一个重要的工具。

所以,在那个时候,传统意义的减税降费是作为一个积极财政政策的一个实施工具来对待,但是在今天的历史条件下我们发现减税降费的考察维度已经发生了变化,一个最突出的标志,在国际金融危机之后,特别是中国的经济出现了转折性变化之后,有几个关键词相继进入我们的视野。

比如,高质量发展、供给侧结构性改革,比如根本途径在于改革,"改革行动 政策性的安排"。对比以往的提法,高速增长、需求管理政策主要是宏观经济政策层面的安排来实施宏观调控。我们发现,在今天的中国讨论减税降费问题的时候我们必须从两个维度,而不仅仅是一个维度来考虑它的实施路线。

不妨我们按照两个维度做一下比较。请大家注意,我用的是一种天秤的摆放办法,一头沉一头轻,但是是两个方面的比较。

(一) 为什么要减税降费

减税降费当然是基于一定的目标而提出并操作的。在不同的目标导向下,其运行机理和行动路线有所不同甚至大不相同。在当前的中国,我们面临的政策目标有两个：① 扩需求；② 降成本。

在以扩需求为减税降费的政策目标条件下,我们所注重的是总量调节,而且注重的主要的基点是放在需求侧,它的基本路线图是不论是给企业减税降费,还是给个人减税降费,都是为了增加企业和个人的可支配收入。个人和企业的可支配收入增加了,那么所带来的结果,或者是消费增加,或者是投资增加,最终是社会总需求的增加。如果沿着这样的路线走下来,扩需求为目标的减税降费的战略意图就是这样。

但是,换一个角度,如果以降成本作为目标来减税降费我们发现,它第一层次着眼的是结构问题和供给侧的问题。也就是它的聚焦点是放在了结构和供给侧的。按照这样的一个聚焦点,它的基本行动路线首先减的是企业产品价格构成要素当中的税费的这么一个要素。任何一个产品假如是三部分构成,成本、税费、利润。以降成本为主要目标,减税降费所瞄准的便是结构调整,其着力点是落在供给侧的。它的基本行动逻辑是,减税降费,可减少作为企业产品和服务价格构成要素之一的税费成本,进而降低企业的生产经营成本。企业生产经营成本的降低,或有利于企业优化供给结构,或有利于企业提升供给质量。无论是供给结构的优化,还是供给质量的提升,最终都会收获推动经济发展质量变革、效率变革、动力变革的效果。

(二)给谁减税降费

减税降费当然要落实到纳税人和缴费人身上。现行我国税费的纳税人和缴费人,既包括企业,也包括个人。是搞无明确指向的减和降?还是实行有明确指向的减和降?减税降费的对象不同,其运行机理和行动路线也有所不同甚至大不相同。

在过去所有的条件下,我们所说的减税降费往往不分企业和个人。一句给纳税人减税降费就可以涵盖了。因此在那样一种扩需求为政策目标的前提之下,我们所提的减税降费往往是总量型的减税降费,总量型的减税降费可以达到我们刚才所阐述的那样一个基本的行动目标,那就是通过给纳税人实施总量性的减税降费,可以扩大纳税人的可支配收入,进而增加消费投资,再进而扩大社会总需求。

换一个角度,在降成本的目标条件下实施减税降费,这时候就要问你要降谁的成本,谁会发生成本?显然这里指的不是个人的消费成本,而是企业的经营成本。因此,这个时候的减税降费所瞄准的是涉及企业的税费,不涉及企业的税费往往不在降成本目标的减税降费的覆盖范围之内。所以,这时候减税降费必须是结构性的"减"和"降"而不是总量性的"减"和"降"它的总体条件就是通过结构性的减税降费,使得企业,特别是实体经济的生产经营成本得以下降,再进而改善供给结构和供给质量。

(三)减降什么样的税费

税费是一个统称。在现行我国税费体系中,涵盖了一系列的税种和费种。减税降费的操作,自然要落实到具体的税种和费种上:究竟要减哪一种或哪些种税?究竟要降哪一种或哪些种费?其间隐含着不同的运行机理和行动路线。我们国家现有的税减掉营业税之后还有17个,这17个要明确,究竟减哪一个税种的税。我们目前的收费据不完全统计有29个,这29个收费项目当中,也要明确减哪一个项目的税费。

按照刚才的思维逻辑,如果把目标定在扩需求上,并且把目标锁定在一般意义的纳税人身上,这时候减税降费既可以减所得性的税费,也可以减间接性的税费,可以不加区分的去减。但是,在现实生活当中,往往是以减所得性的税费为主。我们在过去宏观经济政策当中,一旦讨论到减税的时候瞄准的是直接需求,按照这样一个逻辑,它也可以是增加可支配收入,增加消费投资,增加总需求这样一个行动路线。

但是,换一个新的角度,以降成本为政策目标,它瞄准的是给企业减税降费,减的是社企税费,这个时候要减什么税就不会考究了,既然是企业的税,就得是企业缴纳给政府的税,在企业缴纳给政府的税当中,如果瞄准的是降成本,还要减企业在生产过程当中所缴纳的政府的税费。所以,按照这样的逻辑,在目前的中国,我们看到要减流转性的税费,通过减流转性的税费,可以使企业的经营成本减少,并且提升供给质量,改善供给结构。

(四) 拿什么去支撑减税降费

税收也好,收费也罢,从来都是作为政府支出的财源而征收的。因而,减税降费之后,都有一个以什么样的办法去填补财政收入亏空的问题。不同的填补办法,深藏着大不相同的运行机理和行动路线。

以扩需求为主要目标,在需求管理政策语境下的减税降费,应当也只能以增列赤字和增发国债的办法去填补,而不能或不宜走削减政府支出之路。这是因为,"平衡预算乘数"定理表明,政府一手减税降费,一手削减政府支出,且两者规模相等,其结果,便是社会总需求以同等规模压缩。这无异于自行抵消减税降费效应,使减税降费操作流于形式。正因为如此,以往我国的减税降费实践,多是以增列赤字和增发国债办法支撑的。

以降成本为主要目标,在供给侧结构性改革语境下的减税降费,则决不能取增列赤字和增发国债之法,而应当也只能走削减政府支出之路。这是因为,倘若政府一手减税降费,另一手增列赤字、增发国债,且两者规模相等,其结果,一方面资源配置格局不会因此而改变——随减税降费而进入非政府部门的资源,又会随认购国债之径重回政府部门。另一方面,政府举借的债终要偿还。即便债务本金可以通过不断发行置换债而无限期延续,必须按期支付的债务利息终究要叠加到既有政府支出规模之上,而成为推升未来税费负担或未来企业成本的重要因素。以未来税费负担的实质性提高而换取眼下税费成本的形式上下降,绝对有悖于降成本和供给侧结构性改革的初衷。正因为如此,基于降成本目标而实施的减税降费,从一开始便将其归宿放在了"节用裕民"——政府过紧日子、老百姓过好日子之上。

(五) 以什么途径实施减税降费?

减税降费还须通过一定的途径加以实施。可以选择政策调整,也可以选择制度变革。两者之间,既有不同的考究,亦蕴含着不同的运行机理和行动路线。

聚焦于扩需求,在需求管理政策的语境下,减税降费通常与经济的周期性波动相联系,作为逆周期调节的政策手段而实施。既然与周期性波动相联系,减税降费便不会是趋势性的,而是周期性的。既然是作为逆周期调节的政策手段,减税降费便不会是持续有效的行动,而是临时性的操作。如此的减税降费,追求的是短期平衡,并非长久之计,而系权宜之策。因此,聚焦于扩需求的减税降费,往往通过政策调整途径加以实施。一旦经济形势发生变化,或者需要改行其他别的什么取向的调节,也往往会对税费格局作相应调整,甚至重回原有税费水平轨道。

聚焦于降成本,在供给侧结构性改革的语境下,减税降费通常与解决经济运行中的结构性矛盾联系在一起,作为事关经济持续健康平稳发展的长期战略而实施。既然与解决结构性矛盾相联系,减税降费便不会是周期性的,而是趋势性的。既然是作为保障经济持续健康平稳发展的长期战略,减税降费便不会是临时性的操作,而是持续有效的行动。如此的减税降费,追求的是长远发展,绝非权宜之策,而系长久之计。因此,聚焦于降成本的减税降费,往往循着税费制度的改革方向而展开,通过改革行动加以实施。即便此后结构性矛盾趋于缓解,或者,即便此后的经济发展战略有变而需要对税费格局作出新的调整,也必须通过启动立足于制度变革的新一轮改革行动,方可能实现。

(六) 聚焦高质量发展,最需要实质性减税降费

对上述两个维度的减税降费作如此系统的比较分析,无非是想说明一点,减税降费有实质性减降和形式上减降之别。在转入高质量发展阶段的我国,相对而言,我们最需要的是以降成本为主要目标、以企业为重点对象、以流转性税费为具体种类、以节用裕民为支撑财源和以制度变革为实施途径的实质性减税降费。

作出如此判断的基本依据在于,面对当前外部冲击与国内结构性矛盾相互交织的复杂多变的经济形势,我们固然有针对需求总量和需求侧进行相应调整的必要,固然有启用扩大内需操作的必要,但相对于结构问题和供给侧问题,这类调整和操作终归属于次要层面,终归属于微调和预调。外部环境的明显变化以及外部需求所遭遇的冲击,不会改变高质量发展阶段经济运行的基本态势,也不应因此改变以供给侧结构性改革为主线的宏观经济政策格局,更不能因此改变创新成为第一动力、协调成为内生特点、绿色成为普遍形态、开放成为必由之路、共享成为根本目的的发展导向。所以,坚持以新发展理念为指导,坚持以供给侧结构性改革为主线,以继续抓住主要矛盾并有针对性地加以解决的努力,推动立足于高质量发展的一系列重大战略决策的落实,是我们在抉择有关减税降费之类问题上所应坚守的基本理念、基本思路和基本战略。

参考资料来源:《大热的减税降费,怎么减?给谁减?》(https://finance.sina.com.cn/roll/2018-12-24/doc-ihqhqcir9699754.shtml);《高培勇:我们究竟需要什么样的减税降费》(https://v.gxnews.com.cn/a/17874999?)。

▶ 案例点评

作者通过两个维度分别考察减税降费的行动路线,并且以是否有利于降成本为标尺来考察,认为以降成本为目标的减税降费才是实质性的减税降费。第一,它会改变资源的配置逻辑。通过把政府占有的资源还给企业,从而调整资源配置格局。第二,当下和未来成本对企业而言都会下降,不仅当下的成本减少了,未来也会减少成本。第三,他是立足于长期发展的一种减税降费。

以扩需求为目标的减税降费只是一种形式上的减税降费。第一,资源配置逻辑是不变的,只不过是以税收形式拿来的钱转换成以借债形式、赤字形式拿来的钱。第二,未来成本是会上升的,今天的减税降费所替换的举借国债将会给未来的国债还本付息支出,成本的叠加而带来未来税费成本的上升。第三,它追求的是一种短期的平衡,而不是着眼于长期的发展。

▶ 讨论题

1. 怎样理解我国实施的减税降费政策?
2. 在当前世界经济增速放缓的大背景下,试评价我国实施更大规模的减税降费。
3. 减税红包该发给个人还是企业?

案例 11-3　优化税收收入分配效应的思考

（一）我国居民收入差距的变化趋势

收入是民生之源。合理的居民收入差距有助于促进经济增长，但居民收入差距如果过大，将会带来一系列经济和社会问题。自 2007 年起，我国就已经开始重视居民收入分配调节，直至当下，居民收入分配调节依然是政策目标之一。我国收入分配政策在改善居民收入差距方面的作用明显提高，但整体调节力度依然偏低（李实等，2018）。那么，我国居民收入差距究竟有多大？居民收入差距是否合理？在政府开始重视收入分配调节后，居民收入差距是否有所改善？

表 11-1 统计了 2003—2019 年我国及部分 OECD 成员国居民可支配收入的基尼系数。数据显示，我国居民可支配收入基尼系数在 2003—2019 年期间都处于 0.46 以上的较高水平。按照国际惯例，基尼系数在 0.4 以上，表明居民收入差距较大。这意味着在 2003—2019 年期间，我国居民可支配收入差距问题比较突出。从趋势上看，我国居民可支配收入基尼系数在 2008 年以前时有波动，2008 年达到峰值后稳定下降，但在 2015 年至 2018 年期间又有小幅回升。由此不难看出，2003—2019 年期间，我国居民可支配收入差距明显偏大；虽然在政府开始重视收入分配调节后的一段时间内，我国居民可支配收入差距略有改善，但整体上仍然居于高位。

表 11-1　2003—2019 年我国及部分 OECD 成员国居民可支配收入基尼系数

年份	中国	芬兰	加拿大	英语	葡萄牙	斯洛文尼亚	斯洛伐克	捷克	希腊	立陶宛	拉脱维亚	波兰
2003	0.479	0.261	0.315	0.353	—	—	—	—	—	—	—	—
2004	0.473	0.266	0.321	0.354	0.383	0.241	0.267	0.267	0.333	0.349	0.364	—
2005	0.485	0.265	0.315	0.359	0.378	0.240	0.289	0.261	0.345	0.352	0.391	0.327
2006	0.487	0.268	0.316	0.364	0.368	0.237	0.251	0.260	0.337	0.328	0.350	0.315
2007	0.484	0.269	0.317	0.373	0.360	0.238	0.246	0.256	0.329	0.337	0.375	0.315
2008	0.491	0.264	0.315	0.369	0.354	0.234	0.257	0.259	0.328	0.357	0.375	0.307
2009	0.490	0.259	0.316	0.374	0.336	0.245	0.267	0.257	0.330	0.365	0.354	0.303
2010	0.481	0.264	0.316	0.351	0.341	0.245	0.265	0.260	0.336	0.329	0.346	0.304
2011	0.477	0.264	0.313	0.354	0.337	0.243	0.262	0.257	0.333	0.321	0.351	0.301
2012	0.474	0.260	0.317	0.351	0.337	0.249	0.251	0.254	0.338	0.350	0.346	0.298
2013	0.473	0.262	0.320	0.358	0.341	0.254	0.270	0.259	0.342	0.351	0.351	0.299
2014	0.469	0.257	0.313	0.356	0.338	0.251	0.247	0.257	0.339	0.380	0.349	0.297
2015	0.462	0.260	0.318	0.360	0.336	0.250	0.250	0.258	0.340	0.372	0.346	0.291
2016	0.465	0.259	0.307	0.351	0.331	0.244	0.241	0.253	0.333	0.378	0.346	0.285
2017	0.467	0.266	0.310	0.357	0.320	0.243	0.220	0.249	0.319	0.374	0.355	0.275
2018	0.468	0.269	0.303	0.366	0.317	0.249	0.236	0.249	0.306	0.361	0.351	0.281
2019	0.465	—	—	—	—	—	—	—	—	—	—	—

注：中国数据来源于《中国住户调查年鉴（2020）》，OECD 成员国数据根据 OECD 网站上社会保障和福利统计中的收入分配和贫困相关数据整理而得。

将我国居民可支配收入基尼系数同部分 OECD 成员国相比可以发现，OECD 成员国可支配收入基尼系数远低于我国。我国在 2003—2019 年期间，居民可支配收入基尼系数最低值为 0.462，而表 11-1 所列 OECD 成员国居民可支配收入基尼系数大多都维持在 0.35 以下的水平，最大值为 0.391，并且基本没有表现出明显的增长或者降低趋势。

此外，因居民整体的收入差距可以分解为不同群体的组间和组内收入差距，如城乡间的收入差距和城乡内部的收入差距，因此，在关注居民整体收入差距之余，不同群体的组间和组内收入差距的变化也不应当被忽视。李实等（2018）将我国居民收入差距按照不同人群和收入来源进行分解后发现：2008 年以后，居民收入差距缩小主要是由农村居民收入快速增长带来的城乡间居民收入差距缩小所引起的，而在农村内部和城镇内部，居民收入差距的扩大之势仍在继续。

综合以上分析可知，无论是从我国居民整体可支配收入基尼系数的绝对值和变化趋势看，还是从同部分 OECD 成员国的对比情况看，我国居民的收入差距都依然是一个需要被重视和亟待解决的问题。虽然我国整体的居民收入差距情况在 2008 年以后有所改善，但仍然属于较高水平，并且城乡内部的收入差距问题仍在继续恶化。

（二）税收与收入分配

众所周知，税收会通过多种方式影响居民的收入分配。个人所得税直接改变居民的可支配收入，增值税、消费税等间接税通过影响商品和服务的价格以及居民的消费结构决定其税负分配，企业所得税影响要素收入的分配情况，财产税则可以调节居民的财富分布差距。

税收对收入分配的影响，首先取决于税收的累进（退）性。累进的税收有利于缩小收入差距，累退的税收会扩大收入差距。在累进（退）性一定的情况下，税收可以在多大程度上影响居民的收入分配状况取决于平均有效税率。税收的累进性和累退性会相互抵消，相应地，构成总税制的各种累进税和累退税的收入分配效应也会相互抵消。不同税种的累进（退）性和收入分配效应相互抵消，最终形成了总税制的累进（退）性和收入分配效应。某一税种对总税制收入分配效应的贡献，取决于该税种的累进（退）性及其收入在税收总收入中的比重。在税收总收入规模一定的情况下，累退性税收规模越大的税制越容易表现出累退性，也越不利于优化收入分配。

世界上多数国家的个人所得税都是累进的，能够在一定程度上缩小收入差距。发达国家的个人所得税，在改善收入不公平方面发挥着不可忽视的作用，但发展中国家个人所得税的收入分配效应普遍较低，主要原因是发展中国家个人所得税的规模普遍偏小。增值税和消费税等间接税的收入分配效应，很大程度上取决于税负归宿的分布情况。在假设间接税税负全部向前转嫁给消费者时，根据边际消费倾向递减规律，高收入者的消费支出占收入的比重低于低收入者，从而导致高收入者的税收负担也低于低收入者。因此，间接税通常被认为是累退的，不利于缩小收入差距。但是，通过对低收入者消费占比较高的产品（基本生活用品等）设置优惠税率或者免税，对高收入者消费占比较高的产品（奢侈品等）设置高税率，间接税的累退性可以得到改善。企业所得税税负的实际分布情况更加复杂，通过税负转嫁，资本所有者、劳动者和消费者都有可能承担一定的企业所得税。有学者在假定不同税负转嫁情况的基础上，研究分析企业所得税的累进（退）性和收入分配效应，发现当企业所得税更多向消费者转嫁时，会表现出更强的累退性。

我国个人所得税的综合所得法定税率是超额累进税率,因而毫无疑问是累进的。但是,我国个人所得税的收入规模偏小,可以发挥的收入分配效应非常有限(岳希明等,2020)。我国增值税经过多次改革和税率调整,除零税率外,现存13%、9%和6%三档税率以及5%和3%两档征收率。虽然设置了多档税率,但我国增值税整体上是累退的,低收入者的税收负担更高(聂海峰等,2009)。不同于增值税的普遍征收特性,我国消费税仅对特定消费品征收,征收范围包括高档化妆品、高档手表、贵重首饰及珠宝等一些高收入者消费倾向较高的产品,因此消费税的累退性不像增值税那样明显。根据岳希明等(2014)的研究,我国消费税在农村范围内是累退的,但在全国和城镇范围内表现出轻微的累进性。岳希明等(2014)还测算了四种不同税负转嫁假设下我国企业所得税的累进性,发现当企业所得税的税负一半由消费者负担,另一半由资本所有者负担时,企业所得税是累退的;在其他税负转嫁假设下,企业所得税是累进的。从我国税收收入构成看,间接税在税收总收入中的比重远高于个人所得税,导致个人所得税的累进性不足以抵消间接税的累退性。因此,我国税制整体上是累退的,不利于改善居民收入分配不公平情况(岳希明等,2014)。

(三)我国税收收入分配效应的变化

1. 个人所得税收入分配效应的变化

表11-2计算了部分年份我国个人所得税的收入分配效应,其中,(a)表是根据2002年、2007年、2009年和2018年收入数据计算的当年个人所得税的收入分配效应,(b)表是根据2009年、2013年和2018年收入数据计算的2011年个人所得税的收入分配效应。

(a)表可以反映出我国个人所得税收入分配效应的变化情况:虽然个人所得税的累进性在不断提高,但平均有效税率在2009年和2018年显著下降,相应地,个人所得税的收入分配效应(RE指数)也明显降低。从(b)表中可以看出,我国个人所得税的收入分配效应随收入变化而改变的情况:随着收入水平的提高,虽然个人所得税的累进性降低,但平均有效税率大幅提高,个人所得税的收入分配效应也显著增加。这表明:即使保持个人所得税不变,随着收入水平的提高,个人所得税的规模自发提高,收入分配效应也会随之提高。

对比(a)表和(b)表中2009年和2018年两个年份个人所得税收入分配效应,可以看出2011年和2018年个人所得税改革对其收入分配效应的影响:无论是2011年还是2018年的个人所得税改革,都在极大提高个人所得税累进性的同时,显著降低个人所得税的平均有效税率,进而降低个人所得税的收入分配效应。

表11-2 我国个人所得税的收入分配效应

年份	人均收入(元)	累进性指数	平均有效税率	RE指数
(a)				
2002	7 776	0.311 7	0.020 6	0.006 4
2007	15 386	0.411 5	0.032 7	0.013 7
2009	18 931	0.420 8	0.030 3	0.012 9
2018	37 353	0.479 1	0.013 8	0.006 6

(续表)

年份	人均收入(元)	累进性指数	平均有效税率	RE 指数
		(b)		
2009	18 931	0.496 6	0.012 6	0.006 2
2013	28 598	0.484 1	0.021 4	0.010 4
2018	37 353	0.374 8	0.040 2	0.015 1

注:(1) 人均收入是指城镇居民人均收入;累进性指数、平均有效税率和 RE 指数反映的是个人所得税对城镇居民收入分配的影响,未考虑农村居民收入分配受到的影响。
(2) 年份是指计算所使用的收入数据的年份,各年的收入数据来源于中国居民家庭收入调查数据库(CHIP)。
(3) (a)表中 2018 年的结果是使用 2018 年收入数据计算的 2018 年税改后新个人所得税的收入分配效应。2018 年累进性指数、平均有效税率和 RE 指数的数据使用岳希明等(2020)一文中同样的计算方法计算得到。其他年份数据来源:岳希明,张玄.强化我国税制的收入分配功能:途径、效果与对策[J].税务研究,2020(3):13-21.

2. 增值税收入分配效应的变化

我国增值税在近二十年间经历了增值税转型、营改增、简并税率和税率下调等几次重大改革。除营改增外的每次改革,都显著降低增值税的平均税率和收入规模。营改增虽然增加了增值税的收入规模,但降低了增值税和营业税的收入总规模。因此,这几次改革都在一定程度上削弱了间接税对总税制收入分配效应的贡献。此外,增值税累退性也受到影响,但每次改革对累退性的影响不同,累退性的变化并不直观。

增值税转型通过允许企业抵扣购进的固定资产所含进项税额从而降低企业增值税税负,是一种普惠性减税政策。聂海峰等(2009)发现,增值税转型对收入分配没有显著影响,但增值税的累退性有所提高。营改增涉及多个行业的政策调整,且对不同行业的税负影响不同,增值税累退性受到的影响更难确定。有学者认为,营改增有利于改善收入分配不公平(汪昊,2016)。但倪红福等(2016)指出,营改增后,随着税收征管的完善,增值税的累退性更显著。增值税税率调整方面,无论是简并税率还是税率下调,都不是针对低收入者消费占比较高的产品进行的。因此,税率调整在改善增值税累退性方面的效果也很有限。刘成龙等(2018)的研究表明,增值税简并税率可以缩小居民收入差距,但不能改变增值税的累退性。万莹等(2020)发现,增值税税率下调可以缩小城乡内部的收入差距,但会扩大城乡间收入差距,从全国层面看具有累退性。虽然现有研究对增值税累退性的变化存有争议,但可以肯定的是,如果减税的福利更多向低收入者倾斜,增值税的累退性可以得到改善。

3. 消费税收入分配效应的变化

调节收入分配是我国消费税的目标之一,但不是唯一。因此,消费税改革也并不必然是出于调节收入分配的目的而进行的,但每次改革又不可避免地影响到消费税的收入分配效应。在近二十年间,我国消费税的征收范围和税率进行了多次调整。有出于引导人们消费行为目的的调整,如调整烟、酒类消费品的税率、对电池涂料征税等;也有基于调节收入分配目的而进行的调整,如取消普通护肤护发品税目,将高档护肤品列入化妆品税目,增加高尔夫球及球具、高档手表、游艇等税目。消费税是一种选择性消费税,其累进(退)性和收入分配效应在很大程度上受居民消费结构的影响。随着居民收入水平提高,原本属于奢侈品或者高收入者偏好的商品,逐渐成为普遍性的生活用品或必需品。如普通护肤护发品等。如果继续对这类产品征收消费税,那么消费税的累退性会提高。可以推测,2006 年的消费税税目调整、2009年成品油消费税税率上调,以及取消农用拖拉机、收割机、手扶拖拉机专用轮胎的消费税等政策,都在一定程度上有利于提高消费税的累进性和缩小居民收入差距。此外,2016年取消普通化妆品消费税,同时下调高档化妆品的消费税税率,也在一定程度上考虑到了居民消费水平和结构的变化。我国消费税整体的累进(退)性和收入分配效应究竟如何,目前尚未达成共识,有研究表明我国消费税是累进的,也有学者认为消费税具有累退性。但不可否认的是,通过扩大奢侈品征税范围和提高奢侈品消费税税率,可以提高消费税的累进性和收入分配效应。

4. 企业所得税收入分配效应的变化

企业所得税影响收入分配的主要途径是对要素收入份额产生影响。如果不考虑税负转嫁,企业所得税会降低资本要素收入份额,相应的劳动要素收入份额会提高。无论是在初次分配还是再分配过程中,劳动要素收入份额上升都会缩小城乡居民收入差距,资本要素收入份额上升的影响则相反(郭庆旺等,2014)。但要注意的是,企业所得税税负是可以转嫁的,当企业劳动者和资本所有者以及消费者共同负担企业所得税时,企业所得税的收入分配效应在很大程度上取决于实际税负归宿的分布情况。

近二十年间,我国企业所得税优惠政策主要是对小微企业以及一些高新技术产业制定优惠税率等。从提高劳动要素收入份额的角度看,如果扶持小微企业和高新技术企业发展能够促进就业,尤其促进低收入群体就业,提高低收入群体的收入份额,那么企业所得税的优惠政策能够在一定程度上优化收入分配。田志伟等(2014)在假定资本要素负担所有企业所得税的前提下,研究了我国2002—2011年企业所得税的收入分配效应,发现:2002年至2007年期间,低收入群体的负担一直是最重的,2008年至2011年,这一状况有所改善;从总体上看,企业所得税有利于提高中等收入群体的收入份额,降低高收入群体的收入份额,但对低收入群体不利。

5. 总税制收入分配效应的变化

总税制是否有利于收入分配公平,主要取决于税制中累进税和累退税的相对收入规模。累进性税收收入规模更大的税制,更有利于促进收入分配公平。表11-3是2000年至2019年我国主要税种收入规模的变化情况。

表11-3的数据显示,同累退性显著的增值税和营业税相比,我国累进的个人所得税的收入规模要低得多。但从趋势上看,我国增值税和营业税的收入规模下降趋势明显;个人所得税的收入规模除了在减税后的年份有所下降,其他年份的增长趋势明显。增值税、营业税和个人所得税相对规模虽然时有波动,但整体下降趋势显著,尤其是在2013年至2018年期间呈现稳定的下降趋势。这表明在大部分年份,个人所得税对整个税制收入分配效应的贡献有所提高,而间接税的贡献降低,整个税制的收入分配效应在一定程度上得到了优化。

表11-3 2000—2019年我国主要税种收入规模

年份	增值税	营业税	增值税+营业税	消费税	个人所得税	企业所得税	(增值税+营业税)÷个人所得税
2000	42.12%	14.85%	56.97%	6.87%	5.24%	10.54%	10.87
2001	45.11%	13.49%	58.60%	6.13%	6.50%	21.80%	9.02

（续表）

年份	增值税	营业税	增值税+营业税	消费税	个人所得税	企业所得税	(增值税+营业税)÷个人所得税
2002	41.43%	13.89%	55.32%	11.83%	6.87%	21.48%	8.05
2003	42.82%	14.21%	57.03%	6.04%	7.08%	18.11%	8.06
2004	46.49%	14.82%	61.31%	6.39%	7.19%	20.23%	8.53
2005	44.11%	14.71%	58.82%	5.83%	7.28%	22.56%	8.08
2006	42.48%	14.74%	57.21%	5.70%	7.05%	24.64%	8.11
2007	39.03%	14.43%	53.46%	5.19%	6.98%	23.52%	7.66
2008	38.99%	14.06%	53.05%	5.23%	6.86%	20.61%	7.73
2009	36.39%	15.14%	51.53%	8.75%	6.64%	19.38%	7.76
2010	22.62%	15.24%	37.86%	9.22%	6.61%	17.54%	5.73
2011	33.10%	15.24%	48.34%	8.77%	6.75%	18.69%	7.16
2012	26.65%	15.65%	42.30%	8.78%	5.78%	19.53%	7.31
2013	31.22%	15.59%	46.81%	8.16%	5.91%	20.29%	7.92
2014	30.69%	14.92%	45.61%	8.17%	6.19%	20.68%	7.37
2015	27.08%	15.46%	42.54%	9.03%	6.90%	21.72%	6.17
2016	33.91%	8.82%	42.73%	8.33%	7.74%	22.13%	5.52
2017	42.87%	0.00%	42.87%	7.60%	8.29%	22.25%	5.17
2018	42.71%	0.00%	42.71%	7.26%	8.87%	22.59%	4.82
2019	38.60%	0.00%	38.60%	8.37%	6.57%	23.61%	5.88

注：数据根据2001—2018年《中国税务年鉴》和2019—2020年《中国统计年鉴》相关数据整理计算而得。

我国消费税的收入规模除在个别年份明显上涨外，大部分年份呈下降趋势。涨幅比较明显的年份是2002年和2009年。2002年的消费税收入规模上涨可能源于对烟、酒类产品在原有的消费税基础上，加征一道从量消费税；2009年消费税收入规模上涨的主要原因则可能是成品油消费税税率的上调。由于烟、酒类消费税更倾向于累退，而成品油消费税更倾向于累进，2009年的消费税改革更有可能在提高消费税累进性的同时，提高消费税对整个税制收入分配效应的贡献，而2002年的改革则更有可能提高消费税的累退性。但整体上看，消费税对整个税制收入分配效应的贡献在降低。企业所得税收入规模在2010年以前波动较大，2010年后逐年增加，表明企业所得税对总税制收入分配效应的贡献自2010年起稳定提高。此外，总税制收入分配效应的变化还受累进（退）性变化的影响。但从各项税收改革措施看，收入规模偏低的个人所得税的累进性有所提高，收入规模较高的增值税的累退性几乎没有改善，消费税和企业所得税的累进（退）性受到的影响也相对较小。因此，总税制的累进（退）性变化相对有限。

（四）优化税收收入分配效应的对策

"十四五"规划纲要指出，"完善现代税收制度……适当提高直接税比重""完善再分配机制……加大税收、社会保障、转移支付等调节力度和精准性……改善收入和财富分配格局"。那么如何适当提高直接税比重？如何提高税收调节力度和精准性，改善收入和财富分配？我们建议具体可以从以下几个方面入手。

1. 适当提高个人所得税收入规模

适当提高个人所得税收入规模是"适当提高直接税比重"的题中应有之义。根据前文所述，我国个人所得税收入规模偏低是限制其收入分配效应的主要原因。因此，提高个人所得税收入规模是提高其收入分配效应的主要途径。那么减税和提高个人所得税收入分配效应两者之间是否不可兼得？其实不然，提高个人所得税收入规模同个人所得税减负并不冲突。个人所得税减负应当主要减轻低收入群体税负，但同时，可以通过提高对高收入者的调节力度，增加高收入群体个人所得税税负，进而提高个人所得税收入规模和收入分配效应。2018年的个人所得税改革措施中，综合课征以及授予税务机关对个人某些避税行为进行纳税调整的权力，都可以在一定程度上增加高收入群体的个人所得税税负。因此，在增加高收入群体个人所得税税负方面，可以通过扩大综合课征和税务机关的纳税调整范围、加强对高收入行业和高收入群体的监管等途径，增强对高收入群体的税收征管，减少税收流失，提高个人所得税收入规模。此外，还可以加强对高收入群体的资本利得征税，增强个人所得税调节财产性所得的能力。在个人所得税减税方面，不宜通过提高基本减除费用标准等普惠性改革措施进行，而应当通过设计更多让低收入群体受益的专项附加扣除来实现。

2. 结构性调整增值税税负

在降低增值税税负时，应更多选择低收入者消费占比较高的生活必需品进行减税，重点降低基本的生活必需品如食品、饮用水等的税负。杨玉萍等（2017）分析营改增后税负变化对消费需求的影响发现，间接税的累退性来源于食品、衣着、居住、医疗保健的税收。食品、衣着等生活必需品，占据了低收入者消费支出的大部分甚至全部，对此类产品课税，必然会大大增加低收入者的税收负担和税收的累退性。对这一部分产品进行减税，可以在降低增值税税负的同时，改善增值税的累退性，这些都将有利于优化总税制的收入分配效应。国际上大部分国家的增值税制度都在设定基础税率的基础上，对生活必需品设置低税率或者零税率。如表11-4所示的10个OECD成员国中，对食品等生活必需品实施零税率的国家有5个，其余5个国家则都对大部分生活必需品设置低税率。我国的增值税目前也对粮食等农产品、食用植物油、食用盐、自来水、暖气等生活必需品实施9%的低税率，但却高于很多OECD成员国的税率。因此，未来应当重视对生活必需品进行减税。

表11-4　OECD部分成员国的增值税税率

国家	增值税税率
澳大利亚	基本税率10%；食品、医疗保健服务、教育、儿童保育、供水和排污等适用零税率
奥地利	基本税率20%；部分农业和畜牧业等适用13%低税率；食品、供水、医疗保健药品、残疾人专用医疗设备等适用10%低税率
加拿大	基本税率5%；基本杂货、部分处方药及医疗设备、部分农业和渔业产品等适用零税率

(续表)

国家	增值税税率
哥伦比亚	基本税率19%；农产品、农业机械、谷物、农业保险以及私人医疗保险适用5%低税率；牛、鸡蛋和日用品，以及海鲜，适用零税率
捷克	基本税率21%；乳制品、动物、水果和蔬菜、大多数其他食品、药品、书籍等特定商品和服务适用15%低税率；部分婴儿食品、医药产品、供热和制冷等适用10%低税率
法国	基本税率20%；基本必需品有关的某些用品(如水、食品、向残疾人提供的服务)适用5.5%低税率；另有部分商品适用10%和2.1%低税率
希腊	基本税率24%；被视为必需品的货物，如新鲜食品、运输、电力、矿泉水，以及某些专业服务等适用13%的低税率；药品、某些婴儿用品等适用6%低税率
爱尔兰	基本税率为23%；人类消费的大多数食品和饮料(但不包括膳食)、11岁以下儿童的大多数个人服装和鞋类物品、某些医疗设备和器具等适用零税率
英国	基本税率是20%；儿童汽车座椅及其底座、家用燃料和动力、提供促进老年人和残疾人福利的咨询服务、由政府资助安装或连接供暖设备以及安全用品和燃气供应等适用5%低税率；某些食品、书籍和印刷品、儿童服装和鞋类等适用零税率

注：*澳大利亚没有开征增值税，但是开征了货物和劳务税。

资料来源：上表资料根据荷兰国际财政文献局(IBFD)网站国家税收指南相关信息整理而得。OECD大部分国家的增值税都对生活必需品设计了低税率或零税率，上表仅列举了其中部分成员国的信息，其他成员国的信息参见荷兰国际财政文献局(IBFD)网站国家税收指南中的增值税税率的相关信息。

3. 适时调整消费税税基和税率，适时改变消费税征收范围

适时调整消费税税率和税基，是指在考虑居民收入水平和消费结构变化的基础上，选择恰当的时机，调整消费税的征收范围和税率。具体而言，应重点取消原征收范围中已经成为居民日常消费品的税目，增加对新增奢侈品和高消费行为(如私人飞机、高级会所等)的征税。通过对消费税征收范围的适时调整，减轻低收入者税负，同时增加高收入者税负，可以在一定程度上提高消费税的累进性和收入分配效应。

4. 合理运用企业所得税提高劳动要素收入份额

劳动要素收入分配的公平程度高于资本要素收入。因此，合理运用企业所得税优惠政策，提高劳动要素收入份额，可以改善居民的收入分配情况。尤其是通过税收优惠政策促进低收入群体就业，增加低收入群体的收入份额，可以更好地发挥企业所得税的收入分配效应。例如，通过税收优惠扶持低收入地区的企业发展，带动低收入群体就业。但在利用税收优惠政策促进就业时，要设置一定的享受税收优惠的条件，以确保税收优惠政策可以增加低收入群体的就业机会。

5. 充分发挥财产税的职能作用

在减税降费的背景下，优化税收收入分配效应要考虑财政的可持续性，也要考虑税收政策与其他收入分配政策的配合。例如，相对于税收而言，社会保障对低收入群体的瞄准性更高，收入分配效应也更高，而税收可以为社会保障提供一定的资金来源。减税降费不是一味地降低税费，如果居民全部的税费都降为零，那么税收收入分配效应也就无从谈起，其他收入分配政策的资金来源也会受到影响。减税降费的背景下，更应当充分发挥财产税的职能作用。例如，加快房地产税立法，不仅可以发挥财产税调节财富分配的作用，还可以提高直接税比重，增加财政收入，缓解财政压力。

参考资料来源：岳希明，张玄：《优化税收收入分配效应的思考》，《税务研究》2021年第4期，第11-18页。

▶ **案例点评**

一个良好的税收制度不仅要能够筹集到政府所需要的财政收入，而且要体现公平和效率的原则。但公平和效率如同"鱼和熊掌"，有时必须有所取舍。世界各国的税制改革除了简化税制以外，实际上都是在公平和效率之间进行权衡，并随着时间和空间变化而变化。

我国居民的收入差距是一个需要被重视和亟待解决的问题。近二十年来，具有累退性特征的增值税在税收总收入中的比重有所下降，而累进性的个人所得税在税收总收入中的比重有所上升，一定程度上有利于优化我国税制的收入分配效应。为了进一步提高税收调节力度和精准性，改善收入和财富分配，还应适当提高个人所得税在税收总收入中的比重、对增值税进行结构性减税、适时调整消费税税制、合理发挥企业所得税和财产税的职能作用。此外还需要改革其他财税制度和政策相配合。

《中共中央关于制定国民经济和社会发展第十四个五年规划和二〇三五年远景目标的建议》中提出，要"加快构建以国内大循环为主体、国内国际双循环相互促进的新发展格局"，目前国内理论界正在开展对"新发展格局"的热烈讨论。"新发展格局"下如何构建一个有利于缩小收入分配差距的财税制度？朱青教授指出与欧美国家相比，我国目前财政再分配的手段都还比较弱。首先，作为国民收入再分配的"主力军"，个人所得税在我国税收制度中的地位还比较低，没有发挥出其应有的作用。其次，我国增值税收入在税收总收入中占28.6%，属于第一大税，比OECD国家平均水平19.9%（OECD,2019）高出8.7个百分点。而增值税属于间接税，是对人们的消费课税，具有一定的税负累退性，不仅不利于矫正收入分配不公，而且会加重低收入群体的经济负担。由于我国累退性的增值税在税制中占主导地位，累进性的个人所得税和消费税在税制中占比都不大，所以税制整体来看呈现累退的性质，对调节收入分配起不到很大的积极作用，税收制度对市场化收入分配格局的改善作用非常有限。为了加快形成"新发展格局"，朱青教授提出与"新发展格局"相适应的财税制度和政策必须有利于扩大居民消费，这就要求构建一个有利于缩小收入分配差距的财税制度。为此，下一步财税改革必须更加重视社会公平。在税制改革方面，要进一步完善个人所得税制度，优化税制结构，并改进间接税制度；要进一步完善社会保障制度，更加重视社会救助计划；在财政体制方面，要加大中央对地方有利于居民收入分配公平的转移支付力度等。

▶ **讨论题**

1. 试述税收对收入分配的调节力度。
2. 如何进一步优化税制结构，调节收入分配？
3. 民族地区地方税体系建设和非民族地区有什么差异？

第十二章

税收制度的演进和我国税制改革

一、习 题

(一) 单项选择题

1. 1994 年税制改革的核心是( )。
   A. 调整营业税   B. 增加财政收入   C. 规范增值税   D. 增加消费税

2. 2009 年我国实行增值税转型后可以抵扣进项所得税的是( )。
   A. 为固定资产所支付的运输费用
   B. 通过融资租赁方式取得的固定资产
   C. 自制的固定资产
   D. 以上都不对

3. 在税制要素中,反映征税深度的是( )。
   A. 纳税期限   B. 纳税环节   C. 税率   D. 减免税

4. 新一轮税制改革开始的标志不包括( )。
   A. 个人所得税调整   B. 取消农业税
   C. 增值税转型   D. 消费税改革

5. 准予一次全部抵扣当期购进的用于生产应税产品的固定资产的价款,就国民经济整体而言,计税依据只包括全部消费品价值的增值税,称为( )。
   A. 生产型增值税   B. 收入型增值税   C. 发展型增值税   D. 消费型增值税

6. 自 2009 年 1 月 1 日起,我国在全国范围内开始实施( )。
   A. 生产型增值税   B. 收入型增值税   C. 消费型增值税   D. 以上都不对

7. 我国个人所得税工资、薪金所得的免征额于 2018 年 10 月调整为每月( )元。
   A. 800   B. 2 000   C. 3 500   D. 5 000

8. 按课税对象的性质划分,增值税属于( )。
   A. 流转课税   B. 收益课税   C. 财产课税   D. 行为课税

9. 在下列有关我国土地增值税的说法中不正确的是( )。
   A. 实行按次征收
   B. 征税面比较广
   C. 以转让房地产的增值额为计税依据
   D. 实行超额累进税率

（二）多项选择题

1. 1994年税制改革的指导思想是建立以（　　）为双主体的税制结构。
   A. 流转税　　　　B. 财产税　　　　C. 所得税　　　　D. 资源税

2. 下列税种中属于环境税的有（　　）。
   A. 二氧化硫税　　B. 噪音税　　　　C. 碳税　　　　　D. 垃圾税

3. 2014年新税制改革的内容包括（　　）。
   A. 深化税收制度改革
   B. 推进增值税改革
   C. 调整消费税征收范围、环节、税率
   D. 进行加强与改善民生的税制改革

4. 一般纳税人与小规模纳税人的划分标准有（　　）。
   A. 经营规模的大小　　　　　　B. 会计核算是否健全
   C. 经营范围的宽窄　　　　　　D. 以上均是

5. 根据我国消费税的规定，下列属于消费税征收范围的产品有（　　）。
   A. 烟叶　　　　B. 烟丝　　　　C. 高档化妆品　　　　D. 洗发水

6. 所得税的优点有（　　）。
   A. 税负相对公平
   B. 一般不存在重复征税问题，不影响商品的相对价格
   C. 有利于维护国家的经济利益
   D. 课税有弹性

7. 个人所得税专项附加扣除范围包括（　　）。
   A. 子女教育、继续教育　　　　B. 大病医疗
   C. 住房贷款利息、住房租金　　D. 赡养老人

8. 财产课税和资源课税的特征有（　　）。
   A. 课税比较公平　　　　　　　B. 具有促进社会节约的效能
   C. 课税不普遍　　　　　　　　D. 弹性较大

9. 在我国现行税制体系中，已经具有环境税性质的税种有（　　）。
   A. 资源税　　　　　　　　　　B. 个人所得税
   C. 耕地占用税　　　　　　　　D. 城市维护建设税

（三）判断题

1. 大部分发展中国家选择以流转税为主体的税种，以所得税、财产税为辅助税种的税制结构模式。（　　）
2. 我国的税收制度是在1950年确立的，截至目前，我国税制主要经历了四次较大规模的改革。（　　）
3. 当今世界各国都普遍实行单一税制体系。（　　）
4. 商品税属于直接税。（　　）
5. 我国目前增值税采用的是价外计税的办法。（　　）
6. 我国现行增值税属于价内税。（　　）

7. 增值税的最大特点是在就一种商品多次课征中避免重复征税。（ ）

8. 消费税实行价外征收的办法。（ ）

9. 我国资源税的征收范围包括一切开发和利用的资源。（ ）

10. 目前我国的所得课税以个人所得税为主。（ ）

（四）名词解释

1. 税收制度

2. 直接税

3. 间接税

4. 庇古税

5. 黄宗羲定律

6. 增值税

7. 消费税

8. 企业所得税

9. 个人所得税

10. 财产税

（五）简答题

1. 简述税收制度发展的历史进程。

2. 为什么我国目前仍实行以商品税为主的税收制度？

3. 简述税制结构模式的三种类型。

4. 简述增值税的种类及功能。

5. 简述增值税的三种计征方法。

（六）论述题

1. 试述我国如何建立绿色税收体系。

2. 试论 1994 年我国工商税制改革的基本原则和主要内容。

3. 试述我国财产税进一步改革的思路及设想。

4. 试述所得课税的特点及其对社会、经济的影响。

二、习 题 解 答

（一）单项选择题

1. C 2. D 3. C 4. B 5. D 6. C 7. D 8. A 9. D

（二）多项选择题

1. AC 2. ABCD 3. ABC 4. AB 5. BC

6. ABCD 7. ABCD 8. ABC 9. ACD

（三）判断题

1. √ 2. × 3. × 4. × 5. √

6. × 7. √ 8. × 9. × 10. ×

(四) 名词解释

略。

(五) 简答题

略。

(六) 论述题

略。

三、案 例 分 析

案例 12-1　中国赋税制度的演变

古代什么时候有"税收"？又是什么时候开始"收税"的？

在《春秋左传》里曾记载了"初税亩"，这里面讲了鲁宣公十五年向贵州阶级收税，这说明从这开始就有了税收的模型，这个模型主要是针对贵族阶层掌握的土地来收税的，也证明了此刻开始向土地私有化转变。这可以说是税收的模型却不是真正的税收，只能算作古代皇权和贵族的交易。

中国古代税收制度和它的一个演变情况，我们还是按照历史的逻辑，从前往后推，先说下汉代，当然三代和春秋都是有税收制度的，不过不在我们讨论之列。咱们今天从汉代开始侃。

(一) 汉代

汉代是刘家人在掌权，刘家人如何管理财政，管理税收的呢？

汉代赋税主要是由土地税和人头税两种，也就是算赋和口赋。田租缴纳实物，汉初税是十五税一，汉文帝改为三十税一（文景之治）。口赋是收钱，其中7～14岁男女每人每年缴纳"口钱"，成年男女每年缴纳"算赋"。

简单一句话，老人和小孩都是要交税的，不然大汉帝国雄厚的国力都是靠着国民缴纳税收支撑起来的。

(二) 魏晋

魏晋这个魔性的朝代又是如何管理的呢？

魏晋时期改成按照户征收，征收内容也是实物。从北朝到隋朝，征收对象为"一夫一妇"，实际上也就是按户征收。各政权租、调的具体数量，各有不同。东晋南朝赋税制度屡屡变化，呈现出以资产为主要征收依据的趋势，当然也和政权变化有关。

(三) 唐代

历史进入到大唐帝国，这唐朝又是怎么操作的呢？

唐代在每个统治时期也是有所变化的，政策在不适合实际生产生活需要的话，就会倒逼统治者做出调整。

唐代前期实行租庸调制，按丁收取田租，按户收调，又在隋代基础上，广泛实行纳庸代役。

唐代中期，由于农户占有数量严重失衡，按户、丁收税引发了户口逃匿，租庸调制无法维持，改施行两税法。这个两税法是以资产为主要的收税依据，以钱币为定税标准，实际缴纳时，征收钱币与实物分夏秋两季缴纳。两税法实质上就是以户税和地税来代替租庸调的新税制。两税法由按丁口征税转向主要按土地和资产征税，这是中国封建经济的在赋税制度上的一个新创新，是封建税制的一个重要改革，也是税制的一个重大进步。

这实际上普通农户一般家人较多，实际政策推行对他们生活影响极大，对富于地主来说影响不大。所以按户推行在国家建设初期还是有效的，在国家稳定时期，土地兼并严重，地主有各种避税手段以及自身资产本来就丰富，但是一般农户在土地少还要缴纳一样的税收，肯定要跑路啊，不然等着饿死吗？

（四）宋代

宋代赵家如何管理国家税收的呢？

北宋的赋税主要有两税（田税，分夏秋两季进行）、丁口之赋、杂变之赋、在纳税时候，还有支移、折变、加耗、义仓税等额外盘剥。赋税之外还有徭役，差役。

宋代总体赋税比较多的，尤其是对外战争失败后，每年大量的岁币都要从老百姓各种身上出的，只能借助各种税目进行征收。

（五）元代

元代这个蒙古人统治时期，又是如何管理的呢？

元代的税收制度比较混乱，南北方税制不同。北方的税制主要有税粮和科差。南方则沿用南宋的两税法，按照地亩征税，分夏秋两次征收。

与此同时，元朝政府还有繁重的徭役和差役，把所属人口按照从事职业划分，称作"诸色户计"，使之各当其役。

元代税制实际上就是两种方案，官制是南北面官，税收也是南北不同的运作方式。

（六）明清

明清时期又是怎样一种状态呢？

明初的赋税制度，是按田亩征赋，按户或按丁征役，赋和役分别征收。赋分为夏税和秋粮，夏季征收的叫夏税，秋季征收叫秋粮。明初的役分为两种，不同的户有不同的役。

明代中后期实行一条鞭法，它把一部分力役摊入田赋征收，田赋和力役都折银征收。

但是这个赋、徭折银特备是徭役银的实现，使赋、役合并征收成为可能。这样，赋税的征收就减少了环节，简化了手续。而徭役在各地不同比例由田亩承担，减轻了人丁负担。

简而言之就是一句话，大明用一条鞭法。

清代也是一样，请记住：地丁银！

做个总结，古代税制演变和国家政局是否稳定、统治者主体民族、对外关系等因素有关。

参考资料来源：《穿越回古代，你最需要的一项神技能？》(https://www.sohu.com/a/325361209_500704)；黄蓉：《中国财政转移支付制度改革研究》，《金融经济》2019年第20期，第6-10页。

▶ **案例点评**

税收是国家收入最重要的来源。中国是世界上最早建立税收，或称赋税制度的国家之一。中国的赋税制度从春秋时期开始,起源于鲁国的"初税亩",秦汉实行编户制度。初唐时期,税法于北魏朝的"租调制"的基础上进行改革,产生"租庸调制"。中唐时期,宰相杨炎建议颁行"两税法"。北宋王安石变法中所提出的"募役法"和"方田均税法"。明代张居正推行"一条鞭法"。清朝康熙帝推行"滋生人丁永不加赋",雍正推行"摊丁入地"。

中国古代赋税制度的总体特点是:征收的标准由人丁向田亩、资产过渡;征收的方式由实物地租转向货币地租;征收的名目由多种成分转向单一货币;征收时间由不定时发展为定时;农民服役由必须服役发展为可以代役。

收税的演变其本质基本没有变过,遇到贤明的皇帝可能会减税体现自己的圣德,而遇到贪得享受的皇帝更是对民众苦不堪言,各种赋税基本压的百姓抬不起头来。

赋税在中国古代往往就是政治的组成部分,许多政治改革的主要内容也是赋税改革。而且赋税改革也往往和政治改革一样昙花一现、半途而废或改而无果,甚至小善不彰,大恶随至。总之,赋税在中国古代是屡改屡败,屡败屡改,最终也没多大成果。

▶ 讨论题

1. 试在古诗词中寻找赋税的影子。
2. 税收是经济问题还是政治问题?
3. 怎样理解盛世的出现都是实行轻徭薄赋政策的结果?

案例 12-2　40 年重大财税改革的回顾

改革开放 40 年来,我国从开启新时期到跨入新世纪,从站上新起点到进入新时代,在富起来、强起来的征程上迈出了决定性的步伐,取得了举世瞩目的辉煌成就。在此过程中,财税改革从经济体制改革的突破口转变为全面深化改革的基础性、支柱性制度创新,为经济社会转型、国家治理现代化提供了强大动力。回顾过去 40 年我国财税改革的历史进程,梳理重大财税改革的背景和出台过程,客观反映历史实际和问题全貌,还原真相,可以澄清社会上存在的诸多片面认识和错误观点,也有利于加快建立现代财政制度,为全面建成社会主义现代化强国、实现中华民族伟大复兴的中国梦提供强有力的制度保障。

（一）财税改革作为突破口为经济体制改革"杀出一条血路"

改革开放初期的总体思路是在计划经济框架下进行"放权"和"让利",试图用看得见的利益来调动国有企业和地方政府的积极性。改革在探索中前行,有坎坷,有曲折,甚至有反复,走了一条迂回之路,为确立市场取向的总体目标提供了实践经验和教训。

1. 打破"统收统支",在摸索中寻找改革方向

新中国成立后,我国确立了"统收统支"的计划经济体制。党的十一届三中全会之后,全党工作重点转移到社会主义现代化建设上来,拉开了经济体制改革的序幕。改革不是有意设计的,而是"摸着石头过河"一步一步走过来的,其中的一条主线就是打破"统收统支"。

1)"统收统支""必须坚决加以改变"

党的十一届三中全会指出,"我国经济管理体制的一个严重缺点是权力过于集中";1979 年 4 月中央工作会议也指出,计划经济集中过多,统得过死,"必须坚决加以改变"。

改革从农村开始,随后扩展至城市,核心是经济体制改革。为打破"统收统支",从"以计划调节为主,同时充分重视市场调节的辅助作用",到"计划经济为主,市场调节为辅",再到党的十二届三中全会提出"就总体说,我国实行的是计划经济,即有计划的商品经济",改革在计划体制的大框架下摸索前进。这种探索没有跳出计划的框子,又在朦胧中寻求着市场的作用;一方面试图为国家调节经济制定行政性"游戏规则",另一方面又尝试利用价格、税收、利率等市场参数由市场配置资源。无论现在怎么看,在当时历史背景下做出的这些改革决策,能够被各方面所接受,逐步打开了经济体制改革的新局面。

2) 财税改革先行一步

全国上下都认识到经济体制改革的必要性和紧迫性,但改革从何处着手呢?1979年4月,邓小平在听取中共广东省委习仲勋等人关于试办出口加工区的汇报后说:"还是叫特区好,陕甘宁开始就叫特区嘛!中央没有钱,可以给些政策,你们自己去搞。"他指示要"杀出一条血路来"。这里所说的"血路",就是要打破"统收统支"体制,采取特殊、灵活的政策措施,调动各方积极性。

"杀出一条血路",是指明了一个方向,并没有特指财税改革。当时经济体制改革千头万绪,涉及上层建筑和经济基础许多重大问题,落实起来并不容易,而财政是各种利益的中枢,"牵一发而动全身",因此中央决定让财政先行一步,从财税入手突破整体改革。王丙乾同志对此回顾说:当时经济体制改革工作由国务院财委主抓,改革的主要基调是在中央统一领导和统一计划之下,进一步扩大地方和企业的自主权,按经济规律和经济手段办事,坚决改变"统收统支""吃大锅饭"的做法。为此,中央决定先让财政动起来,财政体制改革搞好了,有利于带动和促进其他方面的各项改革。两步"利改税""分灶吃饭"等改革正是在这样的背景下应运而生。

2. "放权让利",调整国家与企业的分配关系

家庭联产承包责任制在农村取得巨大成功,放权让利的改革思想很快走进城市。通过放权让利,调整国家与企业的分配关系,调动企业和个人积极性,可以推动经济增长与发展。

1) 扩大企业自主权的探索:试行企业基金制、利润留成制

改革开放初期,企业生产按计划进行,成本和价格都由国家确定,折旧和大修理基金由财政控制,流动资金由财政无偿拨付,企业利润仅是计划的结果,"平均主义""吃大锅饭"导致企业没有积极性,必须扩大企业自主权,才能解放和发展生产力。

当时,是价格改革优先,还是企业改革优先,理论界有不同意见。其实,二者是相辅相成的。企业的一切活动如果都由计划捆死,市场价格是难以配置资源的;反之亦然,企业有了自主权,而价格是扭曲的,又会导致配置扭曲。决策层权衡风险和效果,决定企业改革先行一步。企业改革没有明确的目标,但大思路是清楚的,就是按照党的十一届三中全会定的调子,"让地方和工农业企业在国家统一计划的指导下有更多的经营管理自主权"。这个思路具体到财政上,就是向国有企业让利放权。当时国家经济基础薄弱,财政收支出现巨额赤字,不可能大范围下放权力给企业,于是尝试推行基金制、利润留成制,这种初步的放权探索是切合当时实际的正确选择。

1978年11月,国务院批转财政部《关于国营企业试行企业基金的规定》,对实行独立经济核算的国营企业、基本建设单位和地质勘探单位实行企业基金制,根据完成国家下达的产

量、品种、质量、利润等指标情况,按照职工全年工资总额的 5%、3%、0.5%提取企业基金,企业基金主要用于举办职工集体福利设施,举办农副业,弥补职工福利基金的不足,以及发给职工社会主义劳动竞赛奖金等开支。这是扩大企业自主权的第一步,初步改变了企业缺乏自主财力的状况。

企业基金制实行一段时间后,国家决定继续扩大企业自主权,加强企业经济责任。1979年 5 月 25 日,财政部等六部门联合发出通知,确定京津沪 8 个企业为国企改革试点。7 月 13 日,国务院连发五个文件,对扩权予以明确,其中最重要的有两条:一是在利润分配上,给企业以一定比例的利润留成,用于企业奖励基金和生产;二是在权力分配上,给企业一定的生产计划、产品购销、资金运用等权力。

企业基金制和利润留成制激活了企业活力和生产经营积极性。1978—1982 年,全国国有企业提取的企业基金和各种利润留成而增加的财力为 400 多亿元,当时每年的财政收入为 1 000 多亿元。当然,也暴露出"鞭打快牛"、争基数和超比例等问题,原因在于价格、税收等配套改革尚未启动,利润留成制本身的优势不能充分发挥出来。

2) 两步"利改税"势在必行

实行企业基金制和利润留成制,虽然扩大了企业自主权,但没有实现国家财政收入的稳定增长,不利于国家对宏观经济的控制和重点建设的发展。鉴于此,国家决定实行"利改税"的改革。

为什么要推行"利改税"? 金鑫同志当时对此有个说明:"利改税"是商品生产和商品流通发展的客观要求,是生产资料所有权与经营权普遍分离的必然趋势,是企业自主经营、自负盈亏的必要条件,是搞活经济的必要前提和必然结果,是适应生产力发展的需要,对整个经济体制改革具有重要意义,是大势所趋。

1982 年 12 月,五届全国人大五次会议通过的《关于第六个五年计划的报告》提出:今后三年内,对价格不作大的调整的情况下,应该改革税制,加快以税代利的步伐。1983 年,正式推行第一步"利改税",重点是调整收入分配关系,企业上缴收入中税收增加了,但仍是税利并存。每个企业上缴利润的比例不同了,也有矫正价格扭曲的作用,部分缓解了价格不合理带来的矛盾。1984 年开始第二步"利改税",企业利润完全以税收形式上交。两步"利改税"的实质是:第一,国家放弃以资产权力为依据的利润上缴方式,改为以政治权力为依据的所得税方式;第二,在价格改革滞后的情况下,用产品税缓解资源配置和收入分配扭曲,八十多个税目的复税率产品税,替代了上缴利润核定"一企一策"的做法。

"利改税"不只是财政问题,更是重大的经济改革问题,不突破"利改税"这一环,扩大企业自主权就不能兑现,其他改革也都谈不上。田纪云副总理在全国第二步"利改税"工作会议开幕式上讲:"利改税"是以法律的形式,基本上通过税收解决国家与企业的分配关系,有利于整个经济体制的改革,促进国民经济逐步纳入良性循环的轨道,是符合人民根本利益的。

3) "利改税"是改革的方向

两步"利改税"的重要成效是一定程度上矫正了价格扭曲。当时还没有出资人责任和现代企业制度的概念,企业从上缴利润改为缴纳所得税和产品税,减少了核定利润的随意性,也部分矫正了价格扭曲,矫正了因其他改革不到位带来的资源配置方式、经济运行方式扭曲,缓解了双轨运行造成的不利影响。

两步"利改税"是对我国工商税制的全面改革。国营企业按11个税种向国家缴税,把原工商税按性质划分为产品税、增值税、盐税和营业税,对国有大中型企业征收调节税,形成了多环节征收的复合税制。为适应对外开放需要,引入两套所得税制度,内外资税收"双轨制"特点进一步凸显。

今天看来,这套税制体系当然是不完善的,由于对内资企业利润核定实行"一户一率",税制复杂且混乱;由于计划价格仍占主导,赋予税收过多的经济调节功能,仅产品税就设置了80多个税目。但这种不完善是当时条件下的必然,改革的方向是正确的。

"利改税"的效果总体是不错的,但也存在一些问题,最主要的就是对于国有企业来说,国家还是资产的所有者,这个权益被淡化了。由于当时理论研究与实践不足,税利概念不清,存在"以税挤利""以税代利"等不妥做法。另外还有一些政策上的问题,比如"税前还贷"弱化了对国有企业的投资约束,形成固定资产投资借款责权利相脱节的局面,助长固定资产投资规模的盲目膨胀。

4)从企业承包制到"税利分流"

"利改税"的方向虽然正确,但进展并不顺利。第二步"利改税"时,一些国有企业的所得利益比不上原来的利润留成,有强烈的意见。根本原因是计划价格占主导,企业同样的努力程度,但产品定价高低或计划外价格占比多少,所得的留利差距十分大,解决的办法应当是"价、税、财"联动配套改革。虽然按这一方向1986年做了方案设计,但到了1987年,中央放弃整体协调改革思路之后,农村承包制、财政体制大包干的做法被引入到国家与企业分配关系,大力推行承包制,财政按照"包死基数、确保上交、超收多留、欠收自补"的原则确定分配机制。由于它是在"利改税"基础上的倒退,必然会出现一系列弊端。承包制是回避解决根本问题基础上对两步利改税的否定,但否定的不是其缺陷的部分,而是其中最为合理的部分,即所得税制,在让利的基础上实行"包税制"。国家和企业分配关系回到承包模式,意味着改革出现了反复。承包制在实践中出现问题、行不通,新路在哪里?在对利改税和承包制的利弊分析基础上,财政部提出"税利分流"的改革设想,即"税利分流、税后还贷、税后承包"。1988年3月,国务院《政府工作报告》提出逐步转向税利分流,理顺国家与企业的分配关系,随后财政部在重庆市属国有企业中开始税利分流试点。到1992年,中央明确提出"实行税利分流是改善国家与企业分配关系的方向"。

税利分流改革是既定条件下国家与企业双赢的机制,符合当时需要。首先,稳定了国家与企业之间的分配关系。其次,激发了国有企业经营管理的积极性,企业利润增长较多时,国家多得,企业多留,反之亦然。最后,有利于政企关系的界定与分离,国家既是社会管理者又是国有财产所有者,这对于界定政企关系具有推动作用。总之,税利分流改革为下一步全面工商税制改革奠定了基础,提供了参考。

3. "分灶吃饭",调动地方政府的积极性

改革开放之后,在财政体制上实行"分灶吃饭",是调动地方政府积极性的有效举措,但在1987年后走向"财政大包干",引发了预算外资金膨胀、中央财政职能弱化等问题。

1)从"分灶吃饭"到"财政大包干"

在计划经济体制下,财权高度集中在中央,地方政府是中央计划的执行单位。地方财政

收入与财政支出割裂,造成了地方吃中央"大锅饭",地方利益主体地位未受重视,地方政府失去了理财的主动性和积极性。

对于"共吃一锅饭"的模式弊端,毛泽东同志在《论十大关系》就曾指出,"把什么东西统统都集中在中央或省市,不给工厂一点权力,一点机动的余地,一点利益,恐怕不妥。""我们的国家这样大,人口这样多,情况这样复杂,有中央和地方两个积极性,比只有一个积极性好得多。"邓小平同志担任财政部部长期间,提出预算归口、包干使用等六条方针,曾经对财政管理体制进行调整。然而,直至改革开放前,财政统收统支的框架始终没有被打破。

党的十一届三中全会后,财政成为经济体制改革的突破口。从1980年起,实行"划分收支,分级包干",明确各级政府在财政管理方面的权力和责任,从"共吃一锅饭"走向"分灶吃饭"。

"分灶吃饭"财政体制改革有效调动了地方政府的积极性,打破了统收的局面,但统支的局面没有被打破,中央负担较重。地方为增加财源,容易画地为牢,搞重复建设;倾向于藏富于企,对全国财政收入造成很大影响。1982年后,对"分灶吃饭"体制进行了一些调整。两步"利改税"之后,根据新的形势,国务院决定从1985年起实行"划分税种、核定收支、分级包干",进一步完善"分灶吃饭"财政体制。

1987年,两步"利改税"被"大包干"所取代。在中央地方财政关系上,1988年国务院出台《关于地方实行财政包干办法的决定》,区别不同地方实行多种形式的包干制,如"收入递增包干""总额分成""总额分成加增长分成""上解递增包干""定额上解""定额补助"等,"财政大包干"迅速推向全国。

从"分灶吃饭"走向"财政大包干",是受农村家庭联产承包制影响的结果。当时很多人主张,农村既然能够成功,城市也能搞承包;企业能承包,财政也能承包。最终,大包干走向泛滥。各行业各领域大包干,财政、信贷、外贸、外汇、投资全面实行大包干。形形色色的大包干,阻碍了全国统一市场的形成,不利于国家产业结构调整、产业政策实施,而且带来预算外资金膨胀、土地财政兴起和中央财政职能弱化等严重后果。

2) 预算外资金膨胀

改革开放前,地方政府和国有企业的预算外资金很有限,随着"分灶吃饭"和"包干制"的推行,预算外资金不断膨胀和扩大。一系列放权让利改革导致财政收入减少,而各项经济建设和财政补贴政策使得财政支出不减反涨,财政赤字快速累积。"税不够,收费补"。1980年开征"国家能源交通重点建设基金",1989年开征"国家预算外调节基金",各种名目的"费"和"金"竞相"亮相"。1980年预算外资金只有400亿元,1985年达到1 530亿元,其中国营企业和主管部门预算外资金为1 253亿元。1992年达到3 854.92亿元,占当年全国财政收入的110.67%。

在当时特定的历史背景下,预算外资金有利于调动各地方、部门、单位增收节支的积极性,对推动地方建设、加快企业技术改造,推动社会公益事业发展都发挥了积极作用,但弊端也很明显,特别是地方政府想方设法使预算内收入以各种形式流入预算外,各种收费、基金列入企业成本,不断侵蚀税基,各种名目的乱罚款、乱收费、乱摊派加重了企业和广大农民的负担。为解决这些问题,1983年国务院出台《预算外资金管理试行办法》,1986年出台《关于加强预算外资金管理的通知》,收到一定成效,但没有遏制住预算外资金增长的势头。

3) 土地财政起源

预算外资金的膨胀还诱发了土地财政的兴起。改革开放初,1980 年召开的全国城市规划工作会议正式提出实行城市建设用地综合开发和征收城镇土地使用费,并写入会议纪要由国务院批转下发。土地使用费成为地方预算外收入的重要来源。

1981 年深圳市颁布《深圳经济特区土地管理暂行规定》,按土地的不同情况向使用者收取不同标准的使用费。1987 年 7 月 1 日,深圳提出以土地使用权和所有权分离为指导思想的改革方案,将土地使用权作为商品转让、租赁、买卖。9 月 8 日,深圳市以协商议标形式出让有偿使用的第一块国有土地。9 月 11 日,以招标形式出让第二块国有土地。12 月 1 日,以国际惯例拍卖的形式出让第三块国有土地。由此揭开国有土地有偿使用制度的序幕。同时,上海也开展了类似的改革探索。

1986 年全国人大审议通过《土地管理法》,确立了国有土地有偿使用制度的法律基础。1988 年,《宪法》做出修改,规定土地使用权可以在一定年限内出让、转让。1990 年国务院颁布《城镇国有土地使用权出让和转让暂行条例》,以行政法规形式确立了有偿使用制度并开始在全国推广。

与此同时,居民住房制度改革也逐步推开。1982 年 4 月,常州、郑州、沙市、四平等四个城市进行住房制度改革试点。1988 年国务院颁布《关于在全国城镇分期分批推行住房制度改革的实施方案》,开放房地产金融和房地产业,开启了住房商品化进程。住房制度改革有利于改善广大居民的住房条件,但也加快了土地财政兴起的进程。

1989 年 5 月,国务院出台《关于加强国有土地使用权有偿出让收入管理的通知》规定,土地出让金 40% 上缴中央财政,60% 留归地方财政。两个月后,中央提取比例降至 32%。财政部《国有土地使用权有偿出让收入管理暂行实施办法》又提出先留下 20% 作为城市土地开发建设费用,其余部分再由中央地方分配,中央拿 40%。1992 年财政部出台《关于国有土地使用权有偿使用收入征收管理的暂行办法》,将上缴中央比例下调 5%。1994 年后,将土地出让金作为地方财政的固定收入全部划归地方所有。土地出让收入逐步成为地方政府最重要的预算外收入来源,成为地方政府推动经济发展的重要手段,地方政府对土地财政的依赖程度也在逐步加深。

4) 中央财政职能弱化

一系列放权让利改革,直至范围广泛的包干制,使得财政收入占国民收入的比重逐年下降,中央财政收入占全国财政收入的比重逐年下降,中央财政甚至需要向地方借款才能维持基本支出,极大弱化了中央财政职能。

承包制自身的一些因素也在弱化中央财政职能,如一对一谈判缺乏公开性和控制监督,使中央政府缺少促进横向公平的财力。承包制内含顺周期的机制,造成在通货膨胀时财政收入比重快速下降加剧通货膨胀、而通货紧缩时财政收入比重快速上升加剧通货紧缩的不利局面。在总体上看,全范围的大包干,特别是银行信贷包干、央行再贷款包干,导致货币调节松弛,必然会引发通货膨胀。

5) 分税制的早期探索

为消除财政包干制的缺陷,分税制被理论界提出,并在实践层面进行了一些尝试。1987 年,党的十三大报告提出,"在合理划分中央和地方财政收支范围的前提下实行分税制"。

1990年中央"八五"计划建议提出有计划地实施分税制。财政部经过缜密研究和测算,于1990年设计了分税制财政体制试点改革初步方案,形成了"分税包干"体制改革方案。1992年财政部颁布《关于实行"分税制"财政体制试点办法》,选择天津、辽宁、沈阳、大连、浙江、武汉、重庆、青岛、新疆等9个地方进行分税制试点。这次改革也被称为"分税包干制",由于没有在税制改革基础上进行,并不是真正意义上的分税制。这些尝试为1994年税制与分税制改革彻底取代包干制提供了有益的实践经验。

4. 矫正包干制,酝酿价税财联动改革

酝酿价税财联动改革是矫正包干制的一次努力,起到了为市场化改革探路的作用。两次通货膨胀的治理,引发深化改革的反思,改革方向在艰难中探索。

1)从价格"双轨制"到"价格闯关"

改革开放后,原来由国家计划规定的物价逐步放开,超计划生产的部分产品可按市场供求决定价格,形成了"价格双轨制"。由于同一产品"市场价"高于"计划价"很多,产生了"谋利"空间,引发腐败现象。价格闯关就是要变"双轨制"为"单轨制","让价格回到交换中去形成","用市场定价体制代替行政定价体制"。

1984年后,在推动企业改革的同时,中央决定推"价格闯关"。邓小平提出要"趁我们老同志还在,勇敢闯过这一关"。1988年8月,中共中央审议通过《关于价格、工资改革的初步方案》。会议公报发表后,引发全国性抢购风潮和银行挤提存款风潮,"价格闯关"计划搁浅。当时,"大包干"引致总需求管理政策全面松弛,价格已不稳定,通胀预期已经产生,"闯关"不过是扣了最后扳机。在累积货币发行过多的情况下进行价格闯关,是有很大风险的,把"隐形通胀"转化为"显性通胀"。最后,政府不得不动用行政手段,抽银根、压投资、管物价,虽然稳定住了局势,但也带来了经济增长减速的不利局面。

2)价税财联动改革的设想

1985年8月,国家体改委草拟综合配套改革方案,指出价格双轨制八大弊端,提出以价格为中心,财政、税收、工资等配套联动,一举实行体制突破。当时国务院领导批示"有点道理,没有把握,支持探索推进"。

1986年3月,国务院办公厅调研室提出价格、税收、财政、外贸、银行配套联动改革的建议,被当时国务院领导同志采纳,决定成立经济改革方案研究领导小组,用一年时间准备,次年推出以价税财联动为重点的综合配套改革。1986年4月,国务院成立经济改革方案研究领导小组,由时任副总理的田纪云担任组长,做了大量的理论性和操作性准备。但当年夏天国务院领导担心价税财联动改革出问题,提出了全面承包的思路,因此这一方案被搁置。

王丙乾同志在《中国财政60年回顾与思考》对此回顾说,"由于'价、税、财联动改革'配套改革方案,触动了部门和地方利益,方案测算时就陷入矛盾的漩涡中,财政很难平衡各方利益。此外,与宏观层次配套改革相呼应的企业改革路子尚不明确,一些专家们对'一次到位'的'位'在何处争论不休,因而不得不一而再、再而三地修改和缩小方案,最后不得不放弃"。此后,大包干全面推开并走向泛滥,职工工资总额、利润、税收、信贷、外汇、再贷款、财政收入全面实行包干制,改革面临的问题依然存在。

3)市场化改革取向的艰难探索

改革向何处去,虽然邓小平同志早在1979年底就已经提出社会主义也可以搞市场经济的命题,但整体目标并不清晰。经历了十余年的改革探索,虽然开始注重市场的作用,但始终没有冲破计划的束缚。在计划经济时代,财政、信贷、外汇、物资努力实现各自平衡和相互间平衡。但是,包干制破坏了计划经济"四大平衡"的基础。市场经济是"微观"由市场通过价格配置资源,"宏观"通过财政、货币政策调节总需求、国际收支平衡和收入再分配。大包干把市场经济的宏观和微观都包干了,财政政策包干了,贷款包干了,于是计划经济的"四大平衡"没了,准备建立的市场经济宏观、微观的分工和调节更没有可能了。

1985年9月初,诺贝尔经济学奖获得者詹姆斯·托宾在巴山轮会议上提出,中国面临发生严重通货膨胀的危险,并建议采取"三紧政策",即紧的财政政策、货币政策和收入政策。在随后的几年里,我国出现两次严重的通货膨胀,政府不得不出手干预,进行"治理整顿",通过行政手段实现了紧缩,1990年CPI降到了3.1%,当然经济也降到了3.8%,高通胀、高增长被强压下来,代价沉重。但多轨价格绝大多数并轨了,并到了市场调节价格。

两次通货膨胀的治理,引发了深化改革的反思。大包干既不是计划经济,也不含市场经济因素,内含引发通货膨胀的顺周期机制,破除大包干,用基本的市场化体制替代才是治本之道,否则还会回归计划经济的老套。1990年,邓小平公开提出"社会主义也有市场经济"。1992年1月,邓小平在"南方谈话"中指出:"计划多一点还是市场多一点,不是社会主义与资本主义的本质区别。计划经济不等于社会主义,资本主义也有计划;市场经济不等于资本主义,社会主义也有市场,计划和市场都是经济手段。"至此,我国经济体制改革的市场取向终于明晰,但大范围承包机制犹存,通胀再起,怎么办?1992年经济增长率已达14.2%,CPI回升到6.4%,又出现了过热的迹象,难道再过一年重归"治理整顿"?当时已出现根本改革的必要条件,主要是价格已经绝大多数放开由市场定价,以校正价格扭曲为主要目标的产品税已无必要,极为复杂的各种所得税、调节基金亟需简化,地方财政包干的弊端已充分显现,"两包一挂"(即地方财政包干、企业承包经营责任制和工资总额同经济效益挂钩)已走到了尽头,需要由一套全新的税制和财政体制所取代,我国经济体制仍然需要根本性的大变革。我们确实抓住了这次机会,经过1993年约半年时间的全力准备,在1994年推出了价格、税收、财政、金融、外汇、外贸、国企,涉及广泛的综合配套改革,其中税制改革和分税制是配套改革的中心环节。

(二)税制和分税制财税体制改革为社会主义市场经济体制奠定基础

1992年10月,党的十四大正式确立了社会主义市场经济体制的目标模式。1993年江泽民同志主持起草的十四届三中全会文件,确立了社会主义市场经济的基本框架,我国进入市场经济整体性改革的新阶段,税制和分税制财税体制改革成为经济体制整体性改革的中心环节,为构建社会主义市场经济体制奠定基础。

1. 工商税制改革为市场机制发挥作用创造条件

税制改革是分税制财税体制改革的基础。1994年工商税制改革初步构建了适合社会主义市场经济体制需要的税收制度框架,否定了承包制的做法,是对两步"利改税"的肯定与重大改进,为正确处理国家与企业、中央与地方的关系创造科学、规范的环境条件,为建立社会主义市场经济体制开辟了道路。

1)税制替代承包制

这次税制改革之前,从财政包干到税收包干,加上按企业隶属关系划分企业所得税,按属地征收原则划分流转税,把工商企业税收同地方政府财政收入密切相连,助长了地方政府的本位主义和利益保护行为,割裂了全国统一市场,企业作为政府附属物的联系更为密切,冲击了税制的严肃性和权威性。而这次税改则是对两步"利改税"的肯定与重大改进,消除了承包制的弊端。

虽然市场经济的目标模式已经确定,但整个经济体制尚处在计划经济与市场经济并存、交叉运行的特定时期。因此,税制改革的首要任务就是建立有利于统一市场形成和市场经济成长的总体框架。之前,无论流转税还是所得税,均表现出明显的"所有制"特征,外商投资企业、集体企业和国有企业分别适应不同的税收制度。对个人征收的所得税也是如此,存在个人所得税、个人收入调节税和城乡个体工商业户所得税等税种,既繁琐,又不利于公平,而且各类收入都与当地政府财政紧密相联。凡此种种,都与统一全国市场,维护公平竞争的社会主义市场经济体制改革目标相违背。

为此,这次改革集中解决基础性和主干性问题,放弃了局部的一些细节问题。将两套流转税制改为统一的流转税制,以增值税替代产品税,并在此基础上开征消费税,建立以增值税为核心、辅之以消费税和营业税的新流转税制,其主旨在于在搭建统一流转税制基础上,利用消费税对部分产品和行业进行调节,主要体现环境政策和收入分配政策,实现总体上税负公平和有重点地调节的有机结合,为市场微观主体的生产经营搭建制度环境;将过去对国营企业、集体企业和私营企业分别征收的多种所得税合并为统一的内资企业所得税;合并内外两套个人所得征税制度,将过去对外国人征收的个人所得税、对中国人征收的个人收入调节税和个体工商业户所得税合并为统一的个人所得税;调整、撤并和开征其他一些税种,如改革资源税、开征土地增值税等。税种设置由原来的32个减为25个,初步实现了税制的简化、规范和高效的统一。与税制改革相配合,1993年财政部发布了《关于制止和纠正擅自征收各种基金的通知》,要求地方停止越权征收并清退各种基金。

1994年税制改革,是新中国成立以来规模最大、范围最广泛、内容最深刻的一次税制改革,初步构建了社会主义市场经济的税制总体框架。此后,根据形势的发展,这一框架不断完善,保证了经济体制的平稳转型和社会主义市场经济的快速发展。

2) 税制改革"一石三鸟"

客观讲,这次税制改革坚持"统一税制,公平税负"的基本原则,收到"一石三鸟"的功效:

一是为市场公平竞争创造税制条件。初步统一税法,实现公平税负,有利于市场主体的公平竞争和统一市场的形成,有力促进了市场经济的发展。统一内外资企业的流转税,确立以增值税为主的流转税体制,在每一生产环节对产品的增值部分征收增值税,实现了税制中性,消除原产品税和工商统一税重复征税、不利于专业化分工和社会化大生产发展的弊端,促进企业生产的专业化发展,以及效率和竞争力的提升;统一内资企业的所得税,改变过去按企业所有制性质设置所得税的做法,体现公平税负的原则;清理过渡性税收优惠政策,规范政策性减免税,取消困难性、临时性减免税,扭转了此前临时减免税呈逐渐扩大的趋势,过多、过乱的随意性减免税、越权减免税的现象得到有效遏制,有利于市场公平竞争。

二是为中央与地方分税提供前提,并规范地方竞争,实现经济发展与税收增长双赢。税制改革是分税制的前提和基础。正是由于流转税、所得税等税制体系的重建,才为改变大包干中"包税"的做法打下基础,使按税种划分中央与地方收入有了可能。这次税制改革大幅弱化了由企业所有制归属决定税收的弊端,引导地方政府改变不良竞争方式,使其着眼于搞好经济发展规划,加快基础设施建设,改善公共服务,支持企业加快发展。同时,在总体上没有增加纳税人负担的情况下,实现税收收入的持续快速增长,扭转了税收占国内生产总值比重逐年下降的局面。

三是为宏观经济调控提供间接的经济手段。这次税制改革搭建了适应社会主义市场经济体制的宏观调控的框架,结束了之前因包干制带来的顺周期调节经济运行不稳定机制,不仅增强了中央政府实施宏观调控的财力基础,提升其宏观调控能力,而且通过税制建设,完善间接调控手段,税收调控作用得到较好发挥,为四大平衡转向宏观调控创造了条件。

3)为控制投资过热实行生产型增值税

增值税制改革是这次税制改革的重点之一。现在看来,实施这项改革的决策是非常正确的,但在当时存有一些争议、担忧和顾虑。由于增值税较为复杂,并在征收技术水平上要求较高,一些同志认为分税制和税制等多项财税重大改革同时出台,不确定因素太多,担心影响税收收入,提出增值税改革风险较大,建议延缓实施一两年。综合考虑之后,中央认为风险可控,决定实施增值税改革。

这次税制改革实行了生产型增值税,没有推行消费型增值税。从理论上讲,生产型增值税具有一些负面效应,如进项税额抵扣不彻底、存在重复征税等问题。在讨论改革方案时,也曾考虑实行消费型增值税。最后决策时之所以采取生产型增值税,一个考虑是尽可能简化,确保改革成功,另外的考虑与我国宏观经济形势有关,是抑制投资过热和通货膨胀的需要。

对此,刘仲藜同志回顾说:"1993年前后,中国经济处于投资失控、膨胀状态,而消费型增值税恰恰对投资具有一定的刺激效应,与当时实行的紧缩政策不一致。"20世纪90年代初,我国基本建设投资项目上得过猛,摊子铺得过大。1992年我国新办开发区是前4年总和的15倍,达到1 951个,"开发区热""房地产热"导致固定资产投资超高速增长。1991和1992年国内生产总值(GDP)分别增长9.2%和14.2%,1993年1季度GDP增长14.3%,6月份工业总产值增幅达30.2%。由于投资需求过度扩张,生产资料价格迅速攀升,经济运行出现严重的过热态势和通货膨胀。在这种情况下,实行生产型增值税,投资不进抵扣项,既可以建立初步适应社会主义市场经济需要的现代税制,又可以抑制投资需求过度扩张和通货膨胀,为改革和发展提供稳定的环境。

事实证明,实施生产型增值税是正确的。1995、1996和1997年全社会固定资产投资增速分别是17.5%、14.8%和8.8%,比1993年下降44.3、47和53个百分点;GDP的增速由1993年的14%降至1996年的10%和1997年的9.3%;全国居民消费价格指数涨幅由1994年的24.1%逐年下降到1996年的8.3%和1997年的2.8%。国民经济运行成功实现"软着陆",这也是新中国成立以来第一次避免了"大起大落",这是综合配套改革的总体成果,其中生产型增值税功不可没。

2. 分税制改革是建立社会主义市场经济体制的必然要求

社会主义市场经济体制改革起步后,客观上要求财政为整体性改革提供支持和保障,消除原有财政体制不适应构建社会主义市场经济需要的内容,科学规范国家与企业、中央与地方、国家与个人之间的分配关系。

1) 分税制改革是经济体制整体性改革的中心环节

1993年11月,党的十四届三中全会通过《中共中央关于建立社会主义市场经济体制若干问题的决定》,搭建了社会主义市场经济体制的基本框架,提出在财税、金融、投资和计划体制的改革方面迈出重大步伐,并部署了多领域整体性改革任务。

从1993年下半年开始,我国根据建设社会主义市场经济的目标和任务,深入开展了财税体制、投融资体制、金融体制、外汇体制、外贸体制等领域的改革。由于分税制改革涉及政府职能的调整以及国家(政府)与企业、中央与地方两大基本经济关系,关系复杂、难度最大,国家领导同志倾注的心血也最多。正如朱镕基同志曾指出:"这一次实行的分税制改革,或者叫以分税制为中心的财税体制改革,是这次财税、金融、投资、外贸、企业五大改革的中心环节。为什么呢?因为这五大改革真正触及地方利益的就是财税体制改革,它一改过去几十年实行的制度。……这个改革触及地方的切身利益,但是要是不搞这个改革,就像一台发动机没有动力,经济就没法搞下去。所以去年以来,特别是近两个月以来,我花的时间最多、下的功夫最大的就是财税体制改革。"财税改革不仅是建设社会主义市场经济体制的一项重要改革,而且给其他领域的改革提供了支撑和保障,因而成为整体性改革的中心环节。

2) 原有的财税体制不适应构建社会主义市场经济的需要

原有财政体制采取多种形式的包干办法,明显不能适应社会主义市场经济的要求。在中央与地方关系方面,财政包干体制种类繁多,分配不规范、不稳定、不科学,计算复杂,收入年年谈判承包,人为因素影响大,容易造成各地区间的苦乐不均,不利于地方经济的均衡发展,与社会主义市场经济所需的统一、稳定的体制环境不相符合。

在税制方面,按不同所有制、不同地区设置税种税率,企业公平税负、公平竞争无从谈起,反而造成地方保护与市场分割,阻碍统一市场的形成,市场主体的培育与活力不足。包干制依企业隶属关系而定,助长地区封锁和盲目建设,不利于贯彻国家的产业政策和调整产品结构,妨碍国家统一市场的形成。

在宏观调控方面,包干制本身缺乏建立间接调控机制的基本条件,很难建立有效的政府对企业和中央对地方的协调机制,政府对企业仍按照行政隶属关系实施控制和组织财政收入;中央财政调控手段单一,对上解地区基本上只是控制一个上解比例;对收不抵支的地区基本上只是运用无条件的补助形式。

3) 中央财政"站在悬崖边上",危及国家长治久安

政府给企业、中央对地方的放权让利改革,加上企业承包制的负面作用,导致"两个比重"下降,到1993年财政收入占GDP的比重和中央财政收入占全国财政收入的比重分别下降至12.6%、22%。在包干制下,中央财政从地方增加的收入中分得较少,地方财政留得多,中央政府日子过不下去,不得不向地方借钱,大大削弱了财政保障、收入再分配以及提供公共服务的能力,危及国家长治久安。

3. 分税制财税体制建立了中央与地方稳定规范的财政分配关系

分税制从根本上消除了财政体制不稳定的弊端,结束了政府间按照企业隶属关系划分收入的历史,在国家与企业、中央与地方之间建立起稳定规范的分配关系,形成了合理预期,调动了地方的积极性。

1) 收入按企业隶属关系划分改为按税种划分

分税制最大的特征就是"分税"定收入,这次税改没有条件建立如房地产税等标准的地方税种,采取了实事求是的办法,按照税种性质划分为中央财政收入和地方财政收入。将维护国家权益、市场统一所必需的主要税种划为中央税,例如关税和消费税;将同经济发展直接相关、对统一市场伤害不严重的税种划分为中央占大比例的共享税;将适合地方征管的税种划为地方税。事权划分是国家治理的重大事项,当时没有条件启动这一重大工程,采取事权基本不变,留待长远解决的办法。当然,综合配套改革自然打破了原来行政性分权的事权划分,将部分宏观调控事权收归中央,如两个税务局分设,加强中央管控。再如,金融资源的配置与管理权力上移,相应的货币政策权集中于中央等等。

分税制方案的设计是一个复杂的工程。设计一个既确保增加中央财力,又不损害地方既得利益,并能调动地方积极性的"共赢"方案,并非易事。税种如何划分,支出和事权范围如何界定,基数和税收返还如何确定等,都是极其复杂的技术问题。经过科学测算和反复衡量,制作上万份的数据表格,才确定最终方案。由于增值税是税制改革后最大和最稳定的税种,占整个税收比重的43.7%,占流转税的75%,综合各方考虑,决定将其作为中央和地方共享税。但增值税共享的比例,又有"高、中、低"三个方案,经中央政治局最终拍板确定分成比例为75:25。对于其他税种,依据其性质,也作了明确划分。其中,消费税、关税、海关代征的消费税和增值税、中央企业所得税等8个税种作为中央税;营业税、地方企业所得税、个人所得税等18个税种作为地方税;增值税、证券交易税等作为中央与地方共享税。

分税制替代财政大包干,收入按企业隶属关系划分改为按税种划分,大大减少地方政府在财政收入利益驱动下对企业有"远近亲疏"之分。财政大包干体制下实行"两包一挂"。"一挂",即国企工资总额同经济效益挂钩,成为造成通胀的机制之一。税制改革则完全打破了原来的所谓"税利"结构,同时与之配套的国企改革也使企业有了初步约束。为市场主体的自主经营、公平竞争搭建制度基础,使包干制下出现的地方保护主义、经济封锁、市场分割等现象受到遏制和纠正,走出了"一放就乱、一乱就收、一收就死"的体制怪圈。

2)把地方政府藏于预算外的财政资金引入"分税制基数"

税收返还制度是实行分税制得以顺利实施的重要一步,是保证地方利益及获取地方支持的重要举措。这一制度设计的关键点在于确定分税制基数。一般而言,以实际发生数为基数是比较合理,但在确定分税制基数时,却是以1993年的收入作为税收返还基数,很容易产生地方政府人为抬高基数、弄虚作假的现象。因此,当时很多人对这一做法不太理解。现在回头看,这样做确有高明之处。这不仅减小了改革的地方阻力,保证改革顺利进行,而且调动了地方增加财政收入的积极性,尤其是把地方政府藏于预算外的财政资金"引入"基数,加快了预算外资金回归预算内的进程。此外,这一措施,产生了经济紧缩效应。当时我国正面临投资过热和通货膨胀,这一做法客观上适应了抑制通货膨胀的需要。

当时,朱镕基同志就想解决预算外资金问题。考虑到如果一并解决预算外资金问题,就要同时处理中央与地方、国家与企业、财政与各部门的关系,可能会树敌太多,矛盾太尖锐,反而影响分税制改革的推进,于是决定抓住主要矛盾,集中解决基础性和主干性问题,避免"四处出击",暂时放弃了预算外资金管理等局部和细节问题。

适应分税制体制的需要而建立的税收返还制度,采用"增量返还"的方法来调动地方的积极性,即"增值税和消费税比上年增长的部分,以 1∶0.3 的系数给地方返回",兼顾了中央与地方两方面的利益,成为一个两全其美的方案。

3) 建立转移支付制度调节地区财力差距

建立转移支付制度是确保分税制改革成功的重要保障措施。我国是一个发展很不平衡的大国,由于自然、历史、基础条件等原因,导致区域经济发展不平衡。中央通过分税制集中的财力,加大对落后地区的转移支付,推进基本公共服务能力均等化,能够缓解区域经济社会发展的不均衡,是实现国家长治久安的重要基础。

经国务院批准,1995 年开始实施旨在均衡地区间财力差异的过渡期转移支付,中央财政从收入增量中拿出一部分资金,按照"标准收入"低于"标准支出"的差距作为确定转移支付的基础,同时适当考虑各地的收入努力程度,逐步调整地区利益分配格局。除了对各地区按统一因素、统一公式计算转移支付外,还针对民族地区的财力状况,建立对民族地区的政策性转移支付,资金分配以因素法为主,并与各地上划增值税增量适度挂钩,以解决民族地区面临的矛盾和问题。

此后,转移支付制度又作了进一步改进,减少了财政资源分配的随意性,使之向规范、公平、有效和透明的方向前进了一大步。这项制度对于调节地区差异、推进基本公共服务能力均等化、保障地方政府运转财力,发挥了极为重要的作用。

4. 分税制改革"怎么评价都不过分"

分税制改革是我国改革开放进程中具有里程碑意义的一项重大改革,又是一项"牵一发而动全身"的系统性改革,保证了社会主义市场经济的快速健康发展。刘仲藜同志曾回顾说:"2003 年,我参加党的十六届三中全会文件起草工作。有一次,温家宝总理到会上部署工作。他谈道:中央政治局常委认为,10 年实践证明,财税改革是成功的。10 年时间,作出这样的判断,是很不容易的。"当然,由于种种原因,分税制财税体制还存在这样那样的问题,都有待于在未来的改革中继续完善。

1) 分税制改革是制度建设的里程碑,奠定了国家长治久安的基础

站在中华民族伟大复兴的历史高度,回顾改革开放以来我国四十年发展的历程,分税制改革非常成功,是社会主义市场经济制度建设的里程碑,就像朱镕基同志曾经指出的,对财税体制改革取得的成功,怎么评价都不过分。"这次改革取得了很大成功,初步规范了国家、企业、个人以及中央与地方的分配关系,调动了中央和地方两个积极性,建立了财政收入稳定增长的机制。"实行分税制后,规范了国家与企业之间的收入分配关系,并纳入社会主义市场经济法制化的轨道,使企业不分经济性质与规模大小,不论行政级别,依法纳税,公平竞争。在政府与市场关系上,一方面,突出了市场在资源配置中的功能,为各种所有制企业共同发展奠定了制度基础;另一方面,促进了政府职能的转变,清晰界定了政府作为出资人和社会公共管理者两种不同的身份,尤其是对政府介入市场进行了规范,明确了政府的职责,对规范其他各种经济关系奠定了基础。

分税制为规范中央与地方的分配关系开拓了新路径,开创了新中国财政发展史上的新纪元。分税制改革之前,财政体制模仿国有企业大包干而实行的财税大包干,并没有解决中央与地方的利益均衡问题,也没有为处理中央与地方的分配关系提供一个规范、科学的制度,试图建立中央统一调控下,地方追求利益公平竞争的制度,反而带来效率低下,造成地区

间的市场分割。分税制吸取了以往制度的优点,规避了其缺陷,明确了中央与地方的利益界限,中央与地方都有自己的税收范围,调动了两个积极性,从而促使各级政府的理财思路从短期的博弈谈判转向长期的增收节支,建立起符合社会主义市场经济要求的政府间财政关系框架,不仅促进了财政收入与经济的同步增长,解决了两个比重过低的问题,而且推动了经济社会的快速发展。

2) 分税制改革:在历史约束条件下做出了最大努力

分税制改革肩负着历史的重任,难以"毕其功于一役",不可能一次性解决我国财税体制中存在的全部问题。现在来看,这一改革在历史约束条件下做出了最大努力,已是基于当初形势下的最优选择。

历史不能假设。我们需要回归历史本源,在改革发展全局中认识分税制改革,以及当前财政改革中出现的一些问题。有观点认为是分税制逼出土地财政。实际上,土地财政与分税制没有多少关系。早在1982年,我国住房制度改革起步,土地的市场化改革正式拉开帷幕。1987年9月8日,深圳市以协商议标形式出让有偿使用的第一块国有土地,揭开了我国国有土地有偿使用制度改革的序幕。可见,土地财政的源头不在于分税制,而且土地出让收入的快速增长也是在2000年之后的事情。

分税制改革并不是一蹴而就,而是属于一项长期的历史任务。当时抓住了主要矛盾,也遗留了一些问题,如地方税种缺乏、事权和支出责任划分、公有制条件下大量国有资源财产如何在中央与地方之间进行划分、省以下财政体制等问题。因此,分税制改革仍处于"进行时"之中,需要随着经济社会形势的发展不断深化。

(三) 公共财政:基于市场化的财政改革目标模式

随着分税制财税体制改革的逐步推进,财政改革重点由收入划分转向预算支出管理。1998年,时任国务院副总理李岚清在全国财政工作会议上明确提出"积极创造条件,逐步建立公共财政基本框架"。此后,公共财政成为基于市场化的预算改革目标模式。

1. 建立公共财政解决政府越位和缺位问题

同建立社会主义市场经济要求相比,传统的财政体制还存在诸多不适应的地方,政府"越位"和"缺位"现象并存,建立公共财政就是要解决此类问题。

1) 市场化改革要求转变财政大包大揽的模式

传统财政供给范围过大,包揽过多,几乎覆盖社会再生产的各个领域,特别是向竞争性领域的过多延伸,远远超出了政府职能范围。在建立社会主义市场经济体制过程中,如果继续延续政府过多干预竞争性领域的老路,必然导致投资决策失误、投资效果低下等问题,造成资源的浪费。因此,要按照市场化改革的要求,逐步发挥市场在资源配置中的基础性作用,在一般竞争性领域通过市场而非政府来配置资源,财政不能再大包大揽,以有效解决财政职能"越位"问题。国企改革也要解决政府"越位"的问题,实行政企分开,财政不再直接干预国企的生产经营,以重塑社会主义市场经济体制的微观基础。

2) 日益增长的社会公共需要要求财政支出结构调整与优化

满足社会公共需要是公共财政最基本的功能,在市场化改革过程中,许多关乎社会公平和民生的问题凸现出来,公共服务和基础设施供给不足、收入分配差距扩大、弱势群体保障薄弱等成为民生领域"短板"。政府在通过退出竞争性领域解决"越位"的同时,也要通过加大对科技、教育、文化、卫生、环保、社会保障、扶贫等领域的扶持力度来解决财政职能"缺位"问题。

2. 预算制度成为财政改革的重点

1994年税制与分税制改革建立了财政收入稳定增长机制,但支出管理领域的问题仍然突出:财政支出分配方法落后,管理不严,监督不力,资金使用分散,效益不高,甚至滋生腐败。为增强预算管理的规范性和透明度,也是为了配合中纪委反腐倡廉的需要,财政改革重点转向支出管理,预算制度成为财政改革的重点。

1)首部《预算法》的出台

在推进分税制改革的同时,国家也在推进预算制度改革。1994年3月,八届人大二次会议颁布《预算法》,针对预算管理职权、预算收支范围、具体编制方法、执行审查和决算监督以及各级政府的责任都做了法律层面的规定。首部《预算法》是在税制分税制财税体制改革的背景下出台的,虽然没有体现预算与国家治理、预算绩效等内容,但初步形成了公共财政的基本框架。

2)从一本预算到四本预算

1995年《预算法实施条例》将复式预算分为政府公共预算、国有资产经营预算、社会保障预算和其他预算,为预算制度改革指明了方向。国务院《关于加强预算外资金管理的决定》(国发〔1996〕29号)要求从1996年起,将养路费、车辆购置附加费等13项数额较大的政府性基金(收费)纳入预算管理,政府账本变为两个。2000年前后,国家从建立部门预算开始,推行国库集中收付、政府采购、收支两条线等一系列改革,预算制度改革向纵深推进。随着国有企业利润规模的增大和国有资产管理向国有资本管理的转变,国务院于2007年9月发布《关于试行国有资本经营预算的意见》,正式建立国有资本经营预算制度,预算报告开始拥有了第三个账本。2010年,国务院发布《关于试行社会保险基金预算的意见》,开始编制社保基金预算。2013年,财政部首次正式编制了全国社会保险基金预算,包含社会保险法已明确的各项基金。2014年《预算法》(修正案)第五条规定:"预算包括一般公共预算、政府性基金预算、国有资本经营预算、社会保险基金预算。"这样,我国预算正式由"一本"变为了"四本"。由此可以看出,从一本预算到四本预算是基于当时的历史条件下所做出最大的努力,针对当时资金管理的问题,为各类不同性质的资金打造不同类型的"笼子"。四本预算是各方相互妥协的产物,表明我国这一时期的预算改革具有明显的过渡痕迹。

3)从预算角度看宏观税负和土地收入

我国公共财政是在分税制财政体制改革背景下建立起来的,在此过程中,逐步形成了从一本预算到四本预算的过渡。在四本预算之间有交叉重复的部分,主要体现在社保预算和政府性基金预算。例如,2017年各有5万多亿元,其中社保预算中由各级财政,主要是中央财政补助的有1.2万亿元,这一项不应在社保预算和一般公共预算中重复计算;而政府性基金预算绝大部分是土地出让收入,按照IMF(国际货币基金组织)的数据口径,宏观税负要扣除生地拆迁变熟的成本(目前约占80%)后,用土地出让净收入计算;此外还有一些交叉项也应按可比口径做出调整。因此,按照IMF的口径,2015年我国宏观税负为29%,世界平均水平为36.8%。2016年我国宏观税负是28.2%,2017年是27.2%,连续两年下降。分税制改革以来,我国宏观税负并不高,而且近年来呈下降态势,这一结论非常重要,对于理解我国分税制改革和宏观税负有很重要的意义,也可以正本清源,防止社会上以"死亡税率"为名的民粹主义势力的抬头。

4) 预算外资金的终结

源于放权让利、承包制为基础的改革,产生了越来越多预算外资金,一度相当于甚至超过预算内收入,号称"第二财政"。从历史上看,在计划体制下,预算外资金对于调动各方面积极性、缓解财政资金紧张状况、保证重点专项资金需要等发挥了积极作用,但由于预算外资金游离于人大和公众监管之外,极大地影响了政府收支的透明度和资金使用效率,特别是"乱摊派、乱罚款、乱收费"加重企业和农民负担,也滋生了腐败现象。

为解决这些问题,国务院于1986年印发《关于加强预算外资金管理的通知》指出,在"所有权不变、使用权不变、收支渠道不变"的前提下,实行同级财政专户储存、计划管理、财政审批、银行监督。我国1993年以前的预算外资金包括国有企业及其主管部门集中的各种专项基金与地方中央主管部门管理的预算外资金。1993年以后,对预算外收入的范围进行了调整,将拥有法人财产权的企业及其主管部门集中的资金不再列作预算外收入,1993—1995年预算外资金收入项目只包括行政事业性收费和地方财政收入两项。从1996年开始,电力建设基金、铁路建设基金等中央政府性基金(收费)纳入预算管理,加入乡镇自筹、统筹资金。同年,国务院颁发《关于加强预算外资金管理的决定》,提出"预算外资金是国家财政性资金,不是单位和部门自有资金,必须纳入财政管理"。2001年,我国以"收支两条线"改革为契机,打破了部门和单位"自收自支、收支一体"的利益链条,预算外资金成为清理的对象。财税和国有企业改革后,国有企业应缴利润自2007年统一纳入国有资本经营预算,国有企业预算外资金成为历史。到2010年,财政部印发《关于将按预算外资金管理的收入纳入预算管理的通知》,要求从2011年开始将预算外资金管理的收入全部纳入预算管理,至此预算外资金时代正式终结。

3. 扩大社会性支出促进基本公共服务均等化

2006年党的十六届六中全会提出,要逐步实现基本公共服务均等化。为此,财政逐步扩大社会性支出,补齐民生短板,推动社会全面进步,促进城乡一体化和基本公共服务均等化,形成经济与社会良性循环新格局。

1) 公共财政的阳光照耀农村

进入新世纪后,党中央先后提出"建设社会主义新农村""五个统筹"、落实"科学发展观"等目标,着力破解深层次的体制机制桎梏。加大"三农"投入,优化公共支出结构,促进农村基本公共服务均等化就是在此背景下实施的。

2003年政府将解决"三农"问题提升到统筹城乡发展的高度加以重视,财政部门提出"让公共财政的阳光照耀农村"的理念。2004年,中共中央国务院在《关于促进农民增加收入若干政策的意见》中提出坚持"多予、少取、放活"的方针,深化农村改革,增加农业投入,强化对农业支持保护,为公共财政支持"三农"指明了方向。2004年时任总理温家宝在政府工作报告中提出要采取更直接、更有力的政策措施,加强农业,支持农业,保护农业,努力增加农民收入。2004年国家改革粮食流通体制,对农民实行直接补贴。2005年12月29日,十届全国人大常委会第十九次会议决定自2006年1月1日起正式废止《农业税条例》,标志着我国延续2600年的农业税从此退出历史舞台。在国家与农民分配关系发生根本性变革的背后,是中央财政每年给予的超过千亿规模的财力性转移支付的有力支撑。

公共财政改革不仅惠及农业生产,还包括教育、卫生、社会保障、基层治理等农村社会事业。2003年实施新型农村合作医疗制度,2005年农村义务教育"两免一补"改革,缓解县乡财政困难转移支付,2007年建立农村最低生活保障制度,2009年建立农村新型养老保险制度,2011年实施农村"一事一议"财政奖补政策等强农惠农政策相继出台,涉农基本公共服务保障有了质的提升。基于满足"三农"公共需要目标的涉农支出改革成为公共财政框架下财政支出结构优化进程中富有成效的改革。

2)"非典"后大幅增加公共卫生支出

2003年"非典"后,中央和地方政府开始认识到公共卫生支出的重要性,逐步采取措施增加投入着手补齐公共卫生体系短板,2003年全国卫生总费用6 584.10亿元,其中政府、社会和个人卫生支出分别占17.0%、27.2%和55.9%。到2006年,全国卫生总费用达9 843.34亿元,政府、社会和个人卫生支出分别占18.1%、32.6%和49.3%。2007年,中央财政医疗卫生支出达到631亿元,比2006年增长277%。

3)社会保障制度逐步覆盖城市和乡村

我国长期存在城乡二元结构,社保体系发展很不均衡。为此,我国于1998年正式成立劳动和社会保障部,社会保障制度逐步走向法制化、统一化。在公共财政的支撑下,社会保障制度逐步覆盖城市和乡村。

城市社会保障力度覆盖范围不断扩大,从覆盖国有企业员工发展到覆盖各类用人单位和灵活就业人员,全面建立企业职工基本养老保险省级统筹规划制度,建立并全面实施城镇基本医疗保险制度、完善职工基本医疗保险制度,着手探索建立以城市低保制度为主体,以优惠政策和临时救助制度为补充,以医疗救助、教育救助、住房救助等相配套的综合性社会救助体系。

农村社会保障制度逐步建立和完善,养老保险制度、新型农村合作医疗制度等推向全国。截至2007年国家用于社会保障社会保险的支出为7 888亿元,占GDP的3.2%。到2008年,有8.15亿农民参加了新农合,1 000多万被征地农民被纳入基本保障制度,6 600多万居民享受城乡低保。至此,覆盖城乡居民的社会保障体系基本形成。

4. 公共财政参与和支撑关键领域市场化改革

随着我国社会主义市场经济体系逐步建立,一些关键领域的市场化改革趋势日益明显,国有银行商业化改革,国有企业"政企分开"改革,加入WTO后国际贸易体系改革等提上改革日程。公共财政参与并支撑了市场经济体系建立过程中一些关键领域的市场化改革。

1)支撑完成国有企业改革三年脱困,塑造成熟市场经济主体

在建立社会主义市场经济体制过程中,许多国有企业不适应市场规则变化,纷纷陷入经营困境,国有企业摊子大、职工多、经营状况差等问题十分突出。1998年,全国国有企业盈亏相抵后利润只有213.7亿元,集体企业盈亏相抵更是净亏损。时任总理朱镕基明确提出要利用三年时间完成国有企业改革脱困任务,将国有企业塑造为成熟市场经济主体。

1998年,国有企业改革脱困工作全面展开,而同期社会保障制度建设刚刚起步,远远不能满足下岗分流人员的社会保障需要。在非常困难的特殊时期,财政大幅增加社会保障和再就业方面的资金投入支持社保体系建立,与国有企业改革同步完善"三条保障线"。

1998—2003年,国有企业下岗职工达到2 700多万人,先后有1 800多万人在财政的支持下通过多种渠道和方式实现了再就业。2002年中央财政用于"两个确保"和"低保"的资金就达到594亿元,是1998年的6.2倍,2003年中央财政支出700亿元,同比继续大幅增长19.9%,全国2 235万城市居民得到最低生活保障。在财政"真金白银"有力支撑下,国有企业改革逐步走向成功。

2) 财政支撑金融改革破局

东南亚金融危机爆发后,全面改革提升金融风险防范能力迫在眉睫,提高国有商业银行自身抵御风险能力就成为防范金融风险的重中之重。时任总理朱镕基在1997年中央经济工作会议上曾一针见血地指出:在东南亚金融危机中,问题普遍出在银行上,都是从银行开始垮的。商业银行本身资本金、准备金也不足,大量的投资形成不良贷款,最后一垮台就不得了。

为支撑国有商业银行市场化改革,1998年8月17日财政部发布《关于1998年特别国债的有关事宜公告》,发行总额2 700亿元的记账式附息国债,面向四大国有商业银行定向发行,所筹资金专项用于拨补资本金,使四大行的资本充足率达到"巴塞尔协议"和国家商业银行法规定的8%的水平。1999年4月20日,经国务院批准,中国信达资产管理公司正式挂牌,处理中国建设银行(6.650,0.03,0.45%)高达2 000亿的不良资产。此后长城、东方、华融相继成立,累计剥离四大国有商业银行1.4万亿不良资产。这为国有商业银行建立现代公司治理结构、引进战略投资者、进行股份制改革奠定了坚实基础。

2007年9月,为实现国家外汇资金多元化投资,通过财政发债购汇方式成立中国投资有限责任公司,同时理顺汇金管理关系,改进外汇管理方式,有效推动了财政政策和货币政策协调。

3) 推动建立公平的市场竞争环境

党的十六届三中全会提出,完善社会主义市场经济体制要分步实施税收制度改革。财税部门按照"简税制、宽税基、低税率、严征管"的原则,推动建立有利于各类市场主体公平竞争的税收环境,为推动经济发展方式转变提供了有力支撑和体制保障。

1994年税制改革后,内资企业和外资企业分别实行两套不同的企业所得税制:内资企业税率33%,外资企业税率为15%。2001年11月我国加入WTO之后,两套所得税制体系带来的外资企业"超国民待遇"引起了社会的普遍关注。2002年起改革按隶属关系分享企业所得税体制,2003年起实行中央与地方统一按照6:4比例分享,解决了1994年分税制遗留问题。2007年,在经过充分论证后,国家启动了企业所得税修法进程。2008年1月1日修订后的《中华人民共和国企业所得税法》颁布施行,实现了"四统一",即内资、外资企业使用统一的企业所得税法;统一企业所得税税率;统一和规范税前扣除办法和标准;统一税收优惠政策。实践证明,打破税制改革中的利益割据问题,有利于我国市场经济体制下全国统一市场体系建设,有利于营造公平的市场竞争环境。

出口退税财政负担机制也进行了改革与完善。在2003年以前,出口退税由中央财政全额负担。从2004年开始,对超基数部分的应退税额由中央和地方财政按照75:25的比例共同负担,2005年起负担比例改为92.5:7.5。2015年之后,在不改变政府对企业的出口退税政策的基础上,出口退税全部由中央财政负担。出口退税负担机制多次调整后,回归中央财政全额负担,不仅有利于出口退税及时、足额进行,也解决了地区间出口退税负担不匹配,对于理顺中央与地方的关系,建设公平统一的市场竞争环境具有重要意义。

5. 首次实施积极财政政策

在市场经济体制下,利用财政政策进行宏观管理,是基于市场经济要求,与计划经济体制下的"四大平衡"具有本质性差别。1998年实施的积极财政政策,充分显示出财政政策的积极作用。

1) 启动积极财政政策,应对东南亚金融危机

1997年7月,泰国首先爆发的金融危机迅速波及东南亚国家和中国香港,我国也受到这场危机的冲击。1998年初,宏观经济下行压力引发了对财政政策取向的讨论。1998年8月29日九届全国人大第四次常委会审议通过了国务院提交的《关于增发1998年国债和调整中央财政预算方案》,同意财政部增发1 000亿元国债用于加快基础设施建设。按照1995年颁布实施的《预算法》第二十八条规定:地方各级预算按照量入为出、收支平衡的原则编制,不列赤字。除法律和国务院另有规定外,地方政府不得发行地方政府债券。由于预算法对地方政府发债的限制,当时采取了适应性变通举措,1 000亿元统一计入中央财政增发国债,其中500亿元由中央财政转贷给地方使用,通过在预算平衡表下列示的办法顺应《预算法》的监管要求。以增发国债为标志,我国正式启动了积极财政政策。

从内容上看,积极财政政策主要包括三个方面。首先,国家财政向国有商业银行增发1 000亿元长期建设国债,同时配套增加1 000亿元银行贷款,全部用于高速公路、铁路、机场、粮库、农村电网、水利设施等基础设施建设;其次,向四大原国有独资商业银行发行30年期的2 700亿元特别国债,用于充实四大国有商业银行资本金,以达到"巴塞尔协议"对商业银行8%的资本金比率要求;第三,提高部分商品出口退税率,使出口商品综合退税率达到15%以上。

从1998年到2003年实施的积极财政政策,是我国为应对经济下行压力首次主动采取的逆周期调节。截至2003年,累计发行6 600亿元长期建设国债,带动银行贷款和其他社会资金形成3.28万亿的投资规模。扣除价格变动因素,五年间全国水利建设投资3 562亿元,相当于1950年到1997年全国水利建设投资的总和;五年间全国公路建设投资12 343亿元,环境保护和生态建设投入5 800亿元,都达到1950年到1997年全国公路建设投资总和、环境保护和生态建设投入总和的1.7倍;五年间高速公路由4 771公里增加到2.52万公里,从居世界第三十九位跃升到第二位。青藏铁路、西气东输、西电东送等重大国计民生建设项目相继开工建设。

2) 从积极到稳健、再到积极,积极财政政策退出受阻

进入新世纪,我国经济基本摆脱通货紧缩、有效需求不足的困扰,经济发展方式粗放、结构性问题、体制性问题等日益突显。鉴于此,财政政策取向调整被提上日程。事实上,在2001年编制2002年预算时就准备压缩赤字规模,积极财政政策计划逐步退出。2003年全国财政工作会议提出既要治"冷",又要治"热",向社会传递调整财政政策取向的信号。

2004年5月27日,时任财政部部长金人庆在上海全球扶贫大会上提出中国将采取中性的财政政策,由此展开关于财政政策由"积极"转向"中性"的讨论。2005年,时任总理温家宝在政府工作报告中提出,加强和改善宏观调控,实施稳健的财政政策。这标志着对财政政

策做出新的调整,从此进入为期三年的稳健财政政策实施阶段。

稳健的财政政策并非对原有积极财政政策彻底转向,而是保留原有政策惯性基础上适当减少财政赤字,适度控制长期建设国债发行规模。中央财政赤字从2004年积极财政政策时的3 192亿元减少到2005年稳健财政政策的3 000亿元,并没有做大幅度削减。主要还是担心国债投资项目投资立即停下来,会对经济增长造成负面冲击。其结果积极财政政策本应加大力度退出,但退出力度不够,导致2006年宏观经济出现过热苗头。

过热持续时间不长,2007年下半年我国经济逐渐出现不稳迹象,2008年国际金融危机爆发拖累全球经济增长,中国也未能独善其身。原本要退出的积极财政政策不得不转向更加积极。2008年11月5日,时任总理温家宝公布了扩大内需、加快基建投资等十项政策举措,并提出到2010年前将实施4万亿政府公共投资计划。由此开启了新一轮更为积极的财政政策周期,财政赤字率从2008年的0.11%逐步提升到2017年的3%。

我国基于市场经济的财政政策实践,先后经历了从被动转向主动,从直接转向间接,从单一方式转向多种方式综合施策,从调控国内到国际与国内联动等多维度转变。这些转变一方面反映出市场经济下宏观经济运行环境日益复杂多变,对财政政策施策提出了更高的要求,另一方面也反映出财政政策作为宏观调控的重要组成部分,只有在市场经济基础上正确理解政府与市场的边界,才能够在实施财政政策中做到政府"到位"、不"缺位"、不"越位"。1998年首次实施积极财政政策为2008年后实施力度更大、时间更长的积极财政政策积累了丰富的实践经验。

(四) 新时代财税改革推动国家治理的现代化

党的十八大之后,我国进入全面深化改革的新时代。过去,财税改革围绕市场解决"缺位"和"越位"问题,任务较为单纯;现在,则需要综合考虑各方面,统筹推进经济建设、政治建设、文化建设、社会建设、生态文明建设,协调推进全面建成小康社会、全面深化改革、全面依法治国、全面从严治党,财税改革面临的形势更复杂,任务更艰巨。

1. 财税改革成为全面深化改革的重点

党的十八届三中全会要求,到2020年,在重要领域和关键环节改革上取得决定性成果,形成系统完备、科学规范、运行有效的制度体系,使各方面制度更加成熟、更加定型。财税改革成为全面深化改革的重点和开创新时代的突破口。

1) 国家治理的现代化要求财政发挥基础性和支柱性作用

改革开放以来,我国坚持以经济建设为中心,经过数十年努力,"四个现代化"的目标已经实现。生产力层面的现代化,客观上要求提升经济、政治、文化、社会、生态文明、国防军队和党的建设等各个领域的治理能力。党的十八届三中全会提出实现国家治理体系与治理能力现代化的总目标,并以前所未有的高度对财政进行新定位,赋予财政"国家治理的基础和重要支柱"的地位和作用。

国家治理现代化必然要求和决定着财政现代化,财税改革也随之从经济体制的组成部分跃升到国家治理体系的组成部分,要求财政在国家治理中有效发挥基础性和支柱性作用。"财政制度安排体现政府与市场、政府与社会、中央与地方关系,涉及政治、经济、社会、文化和生态文明等各个方面。"财政收入筹措、支出拨付及政策实施,是最具综合性的基本政府职能,是实现国家治理的重要物质基础。各项政府职能得以顺利履行、国家治理相关活动得以顺畅运行,依赖于清晰界定、科学划分与妥当配置事权、支出责任及财力。以财税体制改革作为突破口,加快转变政府职能,遇到的阻力和难度相对较小。通过政府预算,可以形成对政府支出规模和国家治理活动成本的有效控制。税制、预算及财政体制构成了国家治理体系的重要支柱。

2) 市场在资源配置中起决定性作用要求财政主动改革和更好发挥政府作用

改革开放以来,从承认和引入市场作用,到"使市场在国家宏观调控下对资源配置起基础性作用",到"在更大程度上发挥市场在资源配置中的基础性作用",到"从制度上更好发挥市场在资源配置中的基础性作用",再到"更大程度更广范围发挥市场在资源配置中的基础性作用",政府职能的越位、缺位问题逐步得到解决。基于此,党的十八届三中全会提出"使市场在资源配置中起决定性作用和更好发挥政府的作用"。

经济社会发展所面临的问题,不都是财政能够解决的,但或多或少都与财政有关联。财税改革主动带头,有助于加快要素市场改革,让市场机制在土地、资源、能源等要素市场上真正发挥决定性作用;有助于加快转变政府职能,减少政府对企业投资活动的行政性干预,落实企业投资的自主权;有助于让政府肩负起市场经济体制下应有的职责和更好发挥自身作用,即保持宏观经济稳定,加强和优化公共服务,保障公平竞争,加强市场监管,维护市场秩序,弥补市场失灵。

3) 新常态背景下我国经济转向高质量发展要求财政全面推进供给侧结构性改革

在成为世界第二大经济体之后,我国消费结构升级向行业产业结构转型升级提出新要求,经济发展的条件和环境发生诸多重大转变。2014年5月,习近平总书记在河南考察工作时首次提出经济新常态。为适应新常态,2015年中央提出推进供给侧结构性改革。

"财税改革的实施离不开中国经济和社会的大环境,不同阶段的财税改革重点有着明显的时代烙印。"在新常态背景下,经济从高速增长转向中高速增长,要求保持财税体系运转稳定,提高财税政策对经济社会的调控能力;经济发展从粗放型转向高效型模式,要求建立健全促进增长方式转变和产业结构升级的财税制度和政策;经济发展动力从传统增长点转向新模式、新业态、新动力,要求深化财税制度改革,推动实施创新驱动发展战略。财政妥善应对收支压力增长等现实困难,通过减税和增加财政支出,更多采取改革的办法推进供给侧结构性改革。

2. 建立现代财政制度,打造国家治理现代化的基础和重要支柱

2014年6月,中共中央政治局审议通过《深化财税体制改革总体方案》,为新一轮财税体制改革确立了时间表和路线图。党的十九大进一步提出加快建立现代财政制度,重点推进三大重点改革,打造国家治理现代化的基础和重要支柱。

1) 以"营改增"为重点完善税收制度

"营改增"是此轮税制改革的重点。为消除增值税重复征税等问题,从2004至2009年逐步推进生产型增值税向消费型转变的改革试点。2004年7月1日,先从东北3省的装备制造业等6个行业和军品、高新技术产品开始扩大进项税额抵扣范围。到2009年,全国普遍推行增值税转型改革。

为实现增值税全覆盖、抵扣链条完整及减轻税负,从2012年1月1日起开始推行"营改增",先是在上海市交通运输业和部分现代服务业领域开展试点,2013年8月后扩大到全国。

2016年5月1日,营业税走下历史舞台。"营改增"进一步减轻企业税负,促进服务业尤其是科技等高端服务业的发展,促进产业和消费升级、培育新动能、深化供给侧结构性改革,是我国税制走向完善的关键一步。

消费税方面,调整征收范围、环节、税率,将高耗能、高污染产品及部分高档消费品纳入征收范围。个人所得税方面,第十三届全国人大第五次会议表决通过了关于对个人所得税法修改的决定,朝着综合与分类相结合的改革方向迈出关键一步。资源税方面,由从量征收改为从价征收,定额征收改为比例征收,进一步扩大征收范围和改革税收收入归属。环保税方面,已于2018年1月1日起开始征收。地方税方面,调整税制结构,培育地方税源,加强地方税权,理顺税费关系。税收征管方面,出台《深化国税、地税征管体制改革方案》,提出6大类31项具体举措,以期到2020年建成与国家治理现代化相匹配的现代税收征管体制。

2) 修订《预算法》现代预算制度起步

预算始终是财政收支管理的核心。我国首部《预算法》于1994年3月22日在八届全国人大二次会议上通过,1995年1月1日正式实施。尽管在加强预算制度建设方面取得长足进展,但离现代预算制度还有一定差距。在实施两年后,1997年全国人大即动议修改。但直到2004年修法才正式启动。2006年,全国人大预算工委牵头起草预算法修正案第一稿。2012年6月,迎来二审。2013年8月,原定三审的预算法修正案草案"缺席"十二届全国人大常委会第四次会议。党的十八届三中全会后,四审稿于2014年8月经十二届全国人大常委会第十次会议顺利审议并表决通过。历经三届人大、四易其稿、征求30余万条意见后,跨越十年的修法终于尘埃落定。

新《预算法》为我国现代预算制度改革开始起步奠定了法律基础。新《预算法》将一般公共预算、政府性基金预算、国有资本经营预算、社会保险基金预算均纳入预算范畴,完善了政府预算体系。同时扩大预算公开的内容,除涉及国防安全的事项外,所有政府预算都要向社会公开。建立跨年度预算平衡机制,厘清了对赤字的性质和规模的认识。推行三年财政规划,收入实施预期管理,规范结转结余资金管理,允许地方政府发行政府债务,建立起跨年度弥补超预算赤字的机制,确保财政的可持续性,促进经济和社会的健康持续发展。

建立科学、规范的地方政府债务管理体系,是现代预算制度改革的一项重要内容。2014年10月,国务院出台《关于加强地方政府性债务管理的意见》,在解决了"怎么借""怎么管""怎么还"问题的同时,明确提出妥善处理存量债务的一系列举措,加强地方债务管理,清理规范融资平台,逐步建立规范的举债制度和置换债制度。

实施预算绩效管理是现代预算制度改革的根本目标。在过去十多年开展财政资金绩效评价的基础上,各级财政部门加快建立健全预算绩效管理机制,全面推进预算绩效管理工作,强化支出责任和绩效意识,加强绩效评价结果应用,将评价结果作为编制年度预算草案、调整支出结构、完善财政政策和科学安排预算的重要依据。2018年9月,《中共中央国务院关于全面实施预算绩效管理的意见》颁布,预算绩效管理改革进入新的更高的发展阶段。

3) 启动事权与支出责任划分改革

事权与支出责任划分改革早在1993年已被提出,但受当时条件限制,最终未能推行。对于事权与支出责任划分改革的思考,却并没有停止,从"事权和财权相一致",到"事权和财力相一致",再到"事权和支出责任相匹配",事权与支出责任划分改革正式启动。

财政事权实际反映中央、地方政府职能,具有高阶属性,不是纯粹的财政问题,而是复杂的政治问题。2016年,国务院发布《关于推进中央与地方财政事权和支出责任划分改革的指导意见》,提出划分中央与地方事权和支出责任的原则和主要内容。2018年,国务院发布《基本公共服务领域中央与地方共同财政事权和支出责任划分改革方案》,对基本公共服务领域中央与地方共同财政事权和支出责任划分改革进行了部署,中央财政事权由中央承担支出责任,地方财政事权由地方承担支出责任,中央与地方共同财政事权分情况划分支出责任。这项改革是一项基础性系统性工程,涉及各个部门、领域,有大量的具体事务需要协调处理,未来仍需要进一步攻坚克难,以实体化、法制化、高阶化为重点着力推进改革。

3. 保障和改善民生,满足人民美好生活需要

改革开放以来,随着我国经济高速增长,民生也开始逐步改善和发展,人民的需求逐渐从对物质文化的需要转向对民主、法治、公平正义、安全等美好生活的需要。财政配合民生领域改革,致力于花钱买机制,在幼有所育、学有所教、劳有所得、病有所医、老有所养、住有所居、弱有所扶上不断取得新进展。

1) 初步实现全民医保

在医疗保障方面,全国基本医疗保险已覆盖13亿多人,基本实现全民医保。从2012年到2017年,城乡居民基本医保财政补贴标准从每人每年240元增加到450元,职工医保和城乡居民医保政策范围内报销比例分别达到80%以上和75%左右。城乡居民大病保险参保人员实现全覆盖。对城乡参保居民因患大病发生的经基本医疗保险补偿后需个人负担的合规高额医疗费用给予不低于50%的进一步补偿,患者的医药费用实际报销比例在基本医保报销比例的基础上再提高10~15个百分点。

在医疗服务方面,推行公立医院综合改革,破除运行60多年的"以药补医"机制。支持医联体建设和家庭医生签约服务,推动医疗卫生工作重心下移、医疗卫生资源下沉,支持基层医疗卫生机构和村卫生室实施基本药物制度,推动各地加快基本药物采购配送、使用监管等方面改革。

在公共卫生服务体系建设方面,基本公共卫生服务年人均财政补助标准从2012年的25元提高到2017年的50元,服务项目扩大到12类,均等化水平进一步提高。

2) 完善社会保障和就业

在养老保障方面,企业退休人员月人均基本养老金从2012年的1 721元增加到2016年的2 400元左右,城乡居民基础养老金最低标准从2012年的每人每月55元提高到2018年1月1日的88元。

在促进就业创业方面,出台求职创业补贴、高校毕业生灵活就业社会保险补贴、就业创业服务补助等扶持政策,探索开展新型学徒制、一次性创业补贴等试点,允许有条件的地方通过财政出资引导社会资本投入设立高校毕业生就业创业基金。实施支持和促进重点群体就业创业的税收政策,企业安置残疾人员就业实际支付的工资,可按100%在税前加计扣除。出台失业保险稳定岗位补贴政策和失业保险职业技能提升补贴政策。

在社会救助和优抚安置方面,构建起以最低生活保障、特困人员救助供养、受灾人员救助、医疗救助、教育救助、住房救助、就业救助和临时救助等制度为主体,社会力量参与为补充的"8+1"社会救助制度体系框架。完善救灾补助政策,提高中央财政补助标准。建立优

抚对象等抚恤和生活补助标准正常调整机制,保障抚恤优待对象生活不低于当地平均生活水平。

3）推进劳动力自由流动

在鼓励人口、劳动力自由流动方面,政府预算将中央财政的义务教育资源和农民进城流动相挂钩,以鼓励农民进城就业。从2012年到2017年,我国常住人口城镇化率从52.6%提高到58.52%,8 000多万农业转移人口成为城镇居民。

在城镇化建设方面,稳步推进城镇基本公共服务常住人口全覆盖,把进城落户农民纳入城镇住房和社会保障体系,在农村参加的养老保险和医疗保险规范接入城镇社保体系,建立财政转移支付同农业转移人口市民化挂钩机制。

在支持农业转移人口市民化方面,将农业转移人口及其他常住人口随迁子女义务教育纳入公共财政保障范围,落实中等职业教育免学杂费和普惠性学前教育的政策；加快落实医疗保险关系转移接续办法和异地就医结算办法；加快实施统一规范的城乡社会保障制度；支持进城落户农业转移人口中的失业人员进行失业登记,并享受职业指导、介绍、培训及技能鉴定等公共就业服务和扶持政策；在根据户籍人口测算分配均衡性转移支付的基础上,充分考虑向持有居住证人口提供基本公共服务的支出需求；县级基本财力保障机制考虑持有居住证人口因素；加大对农业转移人口市民化的财政支持力度并建立动态调整机制。

4）加强基本住房保障

自住房市场化改革以来,我国居民住房条件得到了很大改善,但房价也开始节节攀升,出现"住房难"等问题。在保障人民基本住房需求方面,建立市场配置和政府保障相结合的住房制度,加强保障性住房建设和管理。党的十九大进一步提出"坚持房子是用来住的、不是用来炒的定位,加快建立多主体供给、多渠道保障、租购并举的住房制度,让全体人民住有所居。"

在推进城镇保障性安居工程建设方面,相应财政支出从2012年的4 319.49亿元增加到2017年的7 841.88亿元。将城市和国有工矿棚户区改造的税收优惠范围扩大到国有林区、垦区棚户区改造,将廉租住房统一纳入公共租赁住房管理,将300多万户城镇住房困难家庭纳入租赁补贴享受范围。通过棚户区改造安置住房、公共租赁住房等多种方式,帮助近3 000万户城镇住房困难家庭圆了安居梦。

在支持农村危房改造方面,2013—2016年中央财政支持完成危房改造任务1 278万户,2017年完成4类重点对象危房改造任务190.6万户。单独安排国家确定的集中连片特殊困难地区县和国家扶贫开发工作重点县等贫困地区危房改造任务,对每户增加1 000元补助。支持地震设防地区结合危房改造统筹实施农房抗震改造,研究制定贷款贴息等支持政策。

5）支持生态环境建设

改革开放以来,我国经济增长取得举世瞩目的成就,但是粗放的经济发展方式对生态环境造成很大破坏。党的十八届五中全会将绿色发展上升到"五大发展理念"的高度,生态文明建设成为关系中华民族永续发展的根本大计。财政为支持生态环境建设做出了积极努力,取得了显著成效。

在生态保护及环境整治方面,持续加大国家重点生态功能区转移支付力度,逐步将限制开发区和禁止开发区全部纳入支持范围。设立大气、水、土壤污染防治专项资金,实施退耕还林还草、天然林保护全覆盖、草原生态保护补助奖励等政策。以产业低碳化、交通清洁化、建筑绿色化、现代服务业集约化、主要污染物减量化、可再生能源利用规模化等"六化"为目标,分3批选择30个城市深入推进节能减排财政政策综合示范。启动实施中央财政支持北方地区冬季清洁取暖试点,开展建立国家公园体制试点、山水林田湖生态保护修复工程试点,以及蓝色海湾整治行动。在制度建设方面,推动建立流域横向生态补偿机制。扩大跨省流域上下游横向生态保护补偿试点范围。推动建立排污权有偿使用和交易机制。

在倡导绿色生活方式方面,建立起覆盖新能源汽车消费、运营、基础设施建设研发等全方位的财政补贴体系。推动可再生能源发电政策改革,支持农村水电增效扩容改造,提高煤层气补助标准,以及落实页岩气、燃料乙醇补贴政策。制定发布节能、环保产品政府采购清单,对清单内产品实施优先采购和强制采购。

4. 建立现代财政制度任重道远

建立现代财政制度是一项长期任务,既要应对当前国际"百年未遇之变局",又要妥善解决国内经济下行带来的现实难题,防控重大财政风险,实现财政可持续发展,维护好改革、发展、稳定之间的良性循环关系。

1) 防控重大财政风险

国际上,欧美民粹主义抬头,逆全球化浪潮兴起,局部冲突和动荡频发,而经济复苏乏力,全球性问题加剧。从国内看,"我们现在所处的,是一个船到中流浪更急、人到半山路更陡的时候,是一个愈进愈难、愈进愈险而又不进则退、非进不可的时候。"在财政领域,面临的重大风险有:政府的功能过度,大量产业补贴,效率不高,浪费严重;过分超前的基础设施建设,长期难以收回成本;社会保险效率低,没有精算,不可持续。

为防控重大财政风险,一是坚定不移地全面深化改革,以改革促进发展和化解风险;二是发挥好减税降费、调整支出结构等政策的作用,维持国内经济增速,稳住就业;三是支持民生改革,加大民生支出,运用再分配手段缩小收入差距,缓解社会矛盾;四是强化预算约束作用,防止和纠正地方脱离实际出台支出政策;五是推动社会保险基金精算平衡,提升社会保险基金和财政的可持续性。

2) 夯实国家治理的基础

党的十八届三中全会以来,现代财政的基本理念得到确立,预算制度改革、税收制度改革、事权与支出责任划分改革都在有序推行,但尚未取得根本性、彻底性的成功,国家治理体系与治理能力的财税基础仍然需要加强和巩固。

为夯实国家治理的基础,一是完善税收体系,比如加快地方主体税种建设,推进个人所得税改革,尽快出台相关法律法规妥善解决增值税"留抵"问题,按照税收中性的原则改革完善增值税制度等;二是规范预算管理,实施好跨年度预算平衡和中期财政规划管理,推进预算绩效管理,硬化预算约束作用;三是总结事权与支出责任划分改革的经验与教训,尽快出台高阶法律法规文件,以实体化、法制化、高阶化为重点着力推进改革,同时要配套相应的转移支付制度。

3) 推动实现"四个全面"

党的十八大之后,我国改革进入攻坚期和深水区,扩展到经济以外的全部领域,"四个全面"战略布局就是在这一背景下提出的。财政与"四个全面"的各个领域都密切相关,需要肩负的任务繁重,责任重大。

为推动实现"四个全面",一是运用财政政策促进经济增长,使经济增速保持在合理区间,提高经济发展质量,全面建成小康社会;二是加快建立现代财政制度,推动国家治理体系与治理能力现代化,实现全面深化改革的总体目标;三是加快财税法治化进程,推动其他领域的法治化,全面实现依法治国;四是通过财税法制化、预算公开和透明化、加强预算审查和监督,促进反腐制度建设,为全面从严治党筑牢财税制度屏障。

4) 协调改革、发展和稳定之间的关系

改革开放以来,正确处理改革、发展和稳定之间的关系,一直是党和国家工作的主旋律。改革是发展的动力,是实现长期稳定的基础;发展是改革的目的,是稳定最可靠的保证;稳定则是改革、发展的前提条件,也是发展的必然要求,而财政则是巩固、稳定三者关系的粘合剂、联结剂,须臾不可缺少。习近平总书记在庆祝改革开放40周年大会上的讲话指出,"必须坚持辩证唯物主义和历史唯物主义世界观和方法论,正确处理改革发展稳定关系。"党的十八大以来,国内改革剩下的都是难啃的硬骨头,改革、发展、稳定三者之间的关系发生了新变化。

为适应新形势下协调改革、发展、稳定之间的关系,一是坚持深化改革,把顶层设计和基层探索紧密结合起来,注重改革的系统性、整体性、协同性;二是加快建立现代财政制度,优化要素配置和调整产业结构,提高供给体系质量和效率,激发市场活力,促进协调发展;三是通过税收、转移支付等再分配政策工具,保障和改善民生,缩小贫富差距,维护社会稳定;四是树立大国财政战略意识,积极参与塑造国际政治经济新秩序,推动建立人类命运共同体。

参考资料来源:楼继伟:《40年重大财税改革的回顾》,《财政研究》2019第2期,第3-29页。

案例点评

财税体制改革牵一发而动全身,是重大而关键的基础性改革。我国财税体制改革的一大特点,就是它始终作为整体改革的一个重要组成部分,始终与整体改革捆绑在一起并服从、服务于整体改革的需要。在经济体制改革阶段如此,进入到全面深化改革新阶段也是这样。

40年来,财税体制改革事实上存在着一条上下贯通的主线索,这就是伴随着由经济体制改革走向全面深化改革的历史进程,不断地对财税体制及其运行机制进行适应性变革:以"财政公共化"匹配"经济市场化",以"财政现代化"匹配"国家治理现代化",以"公共财政体制"匹配"社会主义市场经济体制",以"现代财政制度"匹配"现代国家治理体系和治理能力"。这是我们从这一适应性改革历程中可以获得的基本经验。

我国财税体制改革实践之所以总体上是成功的,从根本上说,是我们在立足我国国情的基础上,深刻认知并严格遵从了财税体制及其运行机制的客观规律,按照客观规律的要求谋划并推进改革。这些客观规律可以概括为:经济市场化必然带来财政公共化,国家治理现代化必然要求和决定着财政现代化;搞市场经济,就必须搞公共财政;推进国家治理现代化,就必须以建立现代财政制度作为基础和重要支柱。

随着中国特色社会主义进入新时代,全面推进以建立现代财政制度为标志的新时代财税体制改革更加紧迫。围绕新时代财税体制改革的焦点、难点和痛点打一场攻坚战势在必行。

站在新时代的历史起点上,以习近平新时代中国特色社会主义思想为指导,深入理解党的十八届三中全会和十九大关于财政与财税体制的全新定位以及深化财税体制改革的系统部署,可以将现代财政制度的基本特征作如下归结:财政成为国家治理的基础和重要支柱,财税体制成为国家治理体系的基础性和支撑性要素。引申一步说,财税职能要覆盖国家治理活动的全过程和各领域。以此对照当下的中国财税职能和作用格局,可以确认,进入新时代的中国财税体制改革任重而道远。

讨论题

1. 试述分税制的弊端。
2. 试分析新一轮财税体制改革的焦点、难点和痛点。

案例 12-3　房地产税争议重重

2019 年博鳌论坛,房地产税已经连续好几天牢牢占据了热点议题榜榜首,这个当前中国人最为关心的税种,还引发了人民大学副校长吴晓求和财政部财政科学研究所原所长贾康一场大 PK。这两位,在博鳌上整整大战了六回合,而我们也可以借此来一窥征收房地产税的真实桎梏。

(一) 吴晓求:无论从经济理论还是从法律的层面,找不到开征该税种的逻辑和理由

第一,世界上所有的减税都是逆周期的。当经济处在下行的时候,企业有各种的困难,包括税收的困难,这时候财政的政策要做出积极的效果。"我欣喜地看到在克强总理的督促下,减税真的开始了,我们的财政非常少有的看到它在发挥宏观经济稳定的作用,我们过去的宏观政策在这一方面的作用非常的有限。"吴晓求说。

吴晓求回复贾康,他表示,贾康做了很多年的财政科学研究所的所长,只是说如何最大限度地增加财政收入,确保我们国家的各项支出都可以很好地完成,基本是如何保证财政收入快速增长的政策。但实际上,财政政策的核心含义是维护整个宏观经济的稳定。

吴晓求认为,经济处在上行的时候是要加税的,平移经济周期的财政政策很少出现。这次出现了,所以基于宏观经济稳定,宏观经济调节的减税,他是特别的支持,特别的喜欢。

"学者一般全心地支持一项政策很少,我在 2018 年的七八月份时候,我那时候对当时的财政政策就提出了批评,因为当时的税收增长了 14.4%,经济这么下行,怎么税收还增长了 14.4,我当时就特别的呼吁,财政政策不应该成为一个不顾整个经济增长,因为它逆周期了,企业市场主题是有压的。"吴晓求说。

第二,这还了财政政策本来的面貌,本来中国的经济都是在独轮车的情况下发展,这回整个中国的宏观经济恢复了财政政策和货币政策共同起作用的架构,而且世界各国对一个国家的经济稳定要大于货币政策,所以现在财政政策起了作用,恢复了财政政策本来的面貌。

第三，要正确地理解税基和税收收入的关系，企业的利润增大了，企业的活力增大了，经济就是有活力了，开始培育税基，所以在特定的期限内它会减少，作为长期来说，是使我们的税收收入有更加稳定的微观基础，不要考虑短期的收益。

最后，减税降费，它是改革再出发的重要表现。

（二）贾康回应：市场活力是最关键问题

贾康表示，这个主题是税收的逻辑，他觉得至少要说六个层次。

第一个层次，客观地看，不能没有税。古老的时候流传的谚语就是只有死亡和税收不可逃避，道理是说没有政府当然就没有政府收的税，但是无政府主义只能是一种空想，假设没有政府，人的本能里的丛林法则会生出一大堆的黑社会让你更难受。更不可预测什么负担落到你的头上，这是第一层。

第二个层次，这个税怎么优化，如果是有一个合理的结构以后，负担体现的税率是可以寻找最优税率的。虽然从来没有人说清楚最优税率是什么量值，通过立法把税制的结构尽可能地合理化，把每一个阶段的税率向最优的方面靠近，实际上税率的优化，往往会形成不对称，管理部门有税收任务的情况下，他愿意尽可能地把这个任务体现为他的政绩，多收税他就比较光彩。很多的时候可能这个税负实际的平衡点是偏向于多收一点税更好的。

刚才吴晓求校长的批评可能过分了一点。要跳出财政看财政，要服务全局，但是怎么样服务好全局，还有待探讨，尽量地降税是什么效应？供给侧它怎么样合理化呢，是放松供给约束释放供给潜力，一个宏观的财政政策回落到微观上，让它更好地发挥市场作用，搞中国特色的市场经济，它的市场活力是不是可以发挥，这是最关键的问题。

第三个层次，这个减税确实是要对应于周期，所以没有绝对固定的自由税率。在经济高涨的时候，一般税率可以抬的高一点，政府拿了钱公共服务可以做得更好；但是经济低迷的时候，一定要减税。美国的税是直接税为主的，在典型的个人所得税方面，设计了超额累计，普遍的收入上升的高涨期，增加了税负了以后，就可以给经济降温；收入下降了，又给经济升温。

中国也是往下调的，最主要的就是间接税，增值税占了中国整个税收收入的40%左右，就是为了释放供给侧的活力，在反周期的方面，就有了更明显的现实意义。

第四个层面，我刚才说到了中国和美国的不同，美国在减税方面，不用加一个说法还降负；中国的话，必须是减税降负一起说。在五险一金上，我们是全世界的最高水平，另外还有300多项的行政性的收费，带来了很多的成本。有关管理部门说必须要进行监督，这些事情到底怎么减这也是中国不能回避的问题。此外，还有隐性的成本。

所以现在中国的正税要降，正税和其他的税外负担合在一起，30%多似乎也不是特别的高，但是这种不合理的成分更明显的各种各样的负担怎么降，这是中国改革的一个硬骨头。

第五层意思，我们大家要理解，现在企业降负是直接的感受。流转税在企业这里有压力，但是企业在竞争中，流转税的税负跟着流转额的负担，他是可以想办法加在价格中往后传递的，这是转嫁，或多或少大部分无可再转的那个环节，就是最终消费者的环节，中国看起来这么多的流转税，最后的是落在了中国消费者的头上。中国总体来说还是一个金字塔型，上有巨富，中间有越来越多的中产阶级，还有更大的低收入阶层，总体的判断，中国仍然是以中低收入为主的消费大众，不断地给国库做贡献，这是实际分配中的真实情况。

首先企业感觉轻装上阵了,最后的结果是造福消费中的中低消费,他们减轻了这个负担,现在他们也可以感觉到这么一个结果,是使更多的低收入阶层更好地享受改革开放的成果。

最后一层,中国企业的成本还有融资成本。一个企业不是说减了税以后,一个月少交几百块钱,他可能不是说要减少这一千块的负担,他想得到一笔 50 万的贷款,那融资的成本是不是过得去?还有物流的成本怎么降低?还有其他的各种各样的挑战性的降低成本的问题。

政府牵头最主要的是要降低制度性的成本,至于企业努力可以降低的成本,政府不要操这个心,要通过配套改革真正的往下降,所以从减税到降负,我们不能拖延着不给企业办,到了道路上这一个关卡,那一个关卡,物流的成本一方面说很多都是运费造成的,在实际的生活中往下降运费,这么多年没有真正的降下来,不超载的话,似乎整个供应链就无法运转。

到底怎么解决问题,一定是要联系到整个配套改革,把中国的自由裁量权得到社会的监督,不能让它随意地加码,这些问题要放到改革的层面上。

(三)吴晓求发问贾康:中国的税收水平,以及重复征税的问题

吴晓求表示,想问贾康二个问题。

第一,我们国家税收的福利水平怎么样?在全球,我们的税收处在怎么样的水平,是不是可以达到相匹配的福利水平?

第二,很多的企业家告诉我,按照原来不降税的做法,要赚钱是非常困难的,言下之意就是税收成本高。他们的一个共同的说法是重复征税,我就在想,一个国家的税收体系的逻辑是什么?

(四)贾康:一视同仁均等化还有待时日

针对第一个问题,贾康说,公共福利最大化,如果从税收拿到手里以后,解决了收入侧基本的问题,但是还要配上非税收入。支出的问题现在要放一起考虑,才能形成一个所谓财政进效的概念。

这个考核起来是非常复杂的,中央已经明确地说要建立全面的考核体系,现在还没有量化地说中国的收支量化体系,在公共福利上和其他的国家比是高多少,或者是低多少,老百姓认为公共福利的综合水平是比较低的。这里面可以有很多的案例来佐证,比如说中国现在虽然在努力地发展社会保障体系,但是社会保障还是有差异化的,中国有很多弱势群体的保障,是明显的低于所谓的强势群体的。

把基本公共服务做到一视同仁、均等化,把城市,农村各种不同类型的人的基本公共服务,都放在一个相对高的水平下,还要待以时日。我们的行政成本还是相当高的。我们现在努力的发展减税工程就是要从技术上降低征税的成本。

还有国税地税合并以后,有利于降低征税的成本。从老百姓来说,按照诚信纳税来交税金,这一方面还大的距离,现在我们就是在慢慢磨合,国民的素质要提高,让老百姓更认可的公信力,减少这种遵从成本产生的社会上的矛盾摩擦。

(五)吴晓求:不关心征税多难,老百姓关心公共服务

吴晓求表示,纳税是每一个公民的义务,只要你达到了纳税的条件,就必须纳税。我不关心征税多么的难,社会部门关心的是怎么样把税收上来,老百姓关心的是交了这些税以后,可以得到一些什么公共服务,这个很重要。

(六)贾康:欠缴是中国的难题,公共福利水平不能高估

贾康表示,中国的企业和纳税人交税也好,交费也好,大家总体的感觉就是我能够逃避的就尽量地逃避。税务机关发现基本养老缴费 3/4 是不足的,总理表态原则上不能再提高负担了,后面的原则上不提高负担,这个就比较难办了,有欠缴 10%的,有欠缴 90%的,这些都是中国的难题。

你在花钱的方面,能不能有事前事中事后的考评,老百姓阳光化的监督,这是可以提高公共服务水平的,这在中国也是需要很长的历史阶段。

中国总体来说,收了税提高公共福利,虽然是我们的原则和大家都认可的基本逻辑,但是我们现在还是发展中国家,我们相关的公共福利水平不能高估。

参考资料来源:《房地产税话题热点不断 业内称落地预期持续加快》(http://news.cctv.com/2019/06/08/ARTIFIoFJM2obeE5Ih8jvLAT190608.shtml);《博鳌论坛专家智囊隔空 PK,房地产税争议重重,到底何去何从?》(http://www.yidianzixun.com/article/0Ld2Yk5q/amp)。

▶ 案例点评

房地产税立法已经提了好多年,但是目前来说,依旧处于一个讨论的阶段,不少专家学者支持并呼吁房地产税尽快落地实施,也有无数反对的声音,对它进行过批判。

支持者认为,房产税能增加持有环节税负,是楼市调控的重要武器,将是地方财政收入的重要来源。

而反对者认为,吴晓求的话是有道理的,我国开征房地产税有法理上的硬障碍,如果征收房地产税将如何保证社会公平,很多问题还没有形成一定的社会共识和社会基础。从上海和重庆房产税试点的经验看,房产税在财政上的收入所占的比例也是微乎其微,对财政收入的影响基本上可以忽略不计。

房地产税立法一直是社会普遍关注的热点问题,也是关乎各方利益的难点问题。人们一方面期待房地产税的到来,另一方面也很担心房地产税如果真的来了,会面临什么样的状况。房子是我们当今大部分家庭最主要的资产,可以说,房地产立法事关到每一个家庭,甚至几代人的根本利益。

▶ 讨论题

1. 房地产税到底该不该征?怎么征?
2. 试述未来开征房地产税对楼市的影响。

案例 12-4 减税降费入选 2019 国内十大新闻

人民日报社评选出 2019 年国内十大新闻,"大规模减税降费助企业轻装上阵"入选,相关内容在公布后,迅速成为网友关注的热点话题。

2019 年 1 月 1 日起,新修订的《中华人民共和国个人所得税法实施条例》正式实施,百姓如期享受到减税红利。今年国家实施了更大规模的减税降费。今年前 10 个月,全国实现减

税降费 19 688.94 亿元,其中减税 16 473.26 亿元,降低社会保险费 3 215.68 亿元。预计全年减税降费数额将超过 2 万亿元,占 GDP 的比重超过 2%。减税降费是应对复杂形势、顶住经济下行压力的关键之举,在稳定经济增长、激发创新创业活力等方面发挥了重要作用。

减税降费,无疑是 2019 年纳税人最关注的高频词之一。这一年,一系列更大规模减税降费"大餐"陆续上桌,细细数来,有一道"大菜"、三道"辅菜"、多道"小菜"。这些"菜肴",您享受到了吗?

(一) 一道"大菜"

聚焦实体经济,降低市场主体负担——深化增值税改革,降低税率,扩大抵扣,加计抵减,留抵退税,着力为制造业减负。

政策依据

《财政部 税务总局 海关总署关于深化增值税改革有关政策的公告》(财政部 税务总局 海关总署公告 2019 年第 39 号)

《国家税务总局关于国内旅客运输服务进项税抵扣等增值税征管问题的公告》(国家税务总局公告 2019 年第 31 号)

《财政部 税务总局关于明确生活性服务业增值税加计抵减政策的公告》(财政部 税务总局公告 2019 年第 87 号)

《财政部 税务总局关于明确部分先进制造业增值税期末留抵退税政策的公告》(财政部 税务总局公告 2019 年第 84 号)

政策要点

自 2019 年 4 月 1 日起,增值税一般纳税人发生增值税应税销售行为或者进口货物,原适用 16% 税率的,税率调整为 13%;原适用 10% 税率的,税率调整为 9%。

自 2019 年 4 月 1 日起,纳税人取得不动产或者不动产在建工程的进项税额不再分 2 年抵扣;纳税人购进国内旅客运输服务,其进项税额允许从销项税额中抵扣。

自 2019 年 4 月 1 日至 2021 年 12 月 31 日,允许生产、生活性服务业纳税人按照当期可抵扣进项税额加计 10%,抵减应纳税额;自 2019 年 10 月 1 日至 2021 年 12 月 31 日,允许生活性服务业纳税人按照当期可抵扣进项税额加计 15%,抵减应纳税额。

自 2019 年 4 月 1 日起,同时符合自 2019 年 4 月税款所属期起,连续 6 个月(按季度纳税的,连续两个季度)增量留抵税额均大于零,且第六个月增量留抵税额不低于 50 万元等 5 个条件的纳税人,可以向主管税务机关申请退还增量留抵税额,允许退还的增量留抵税额=增量留抵税额×进项构成比例×60%。

自 2019 年 6 月 1 日起,同时符合增量留抵税额大于零等 5 个条件的部分先进制造业纳税人,可以自 2019 年 7 月及以后纳税申报期向主管税务机关申请退还增量留抵税额。允许退还的增量留抵税额=增量留抵税额×进项构成比例。

(二) 三道"辅菜"

提振发展信心,激发市场主体活力——支持小微企业发展,促进民营经济壮大,优化国民收入分配,促进居民收入增长。

政策依据

《财政部 税务总局关于实施小微企业普惠性税收减免政策的通知》(财税〔2019〕13号)

《国家税务总局关于小规模纳税人免征增值税政策有关征管问题的公告》(国家税务总局公告2019年第4号)

《国家税务总局关于发布〈个人所得税专项附加扣除操作办法(试行)〉的公告》(国家税务总局公告2018年第60号)

《国务院办公厅关于印发降低社会保险费率综合方案的通知》(国办发〔2019〕13号)

政策要点

自2019年1月1日至2021年12月31日,小规模纳税人发生增值税应税销售行为,合计月销售额未超过10万元(以1个季度为1个纳税期的,季度销售额未超过30万元)的,免征增值税。

自2019年1月1日至2021年12月31日,对小型微利企业年应纳税所得额不超过100万元的部分,减按25%计入应纳税所得额,按20%的税率缴纳企业所得税;对年应纳税所得额超过100万元但不超过300万元的部分,减按50%计入应纳税所得额,按20%的税率缴纳企业所得税。

自2019年1月1日起,纳税人享受子女教育、继续教育、大病医疗、住房贷款利息或者住房租金、赡养老人专项附加扣除的,依照本办法规定办理。

自2019年5月1日起,降低城镇职工基本养老保险(包括企业和机关事业单位基本养老保险)单位缴费比例,继续阶段性降低失业保险、工伤保险费率。

(三) 多道"小菜"

创新增长动力,促进经济高质量发展——鼓励加大研发投入,促进创新能力提升,关注民生改善,构建绿色税制。

政策依据

《财政部 税务总局关于集成电路设计和软件产业企业所得税政策的公告》(财政部 税务总局公告2019年第68号)

《财政部 税务总局 证监会关于创新企业境内发行存托凭证试点阶段有关税收政策的公告》(财政部 税务总局 证监会公告2019年第52号)

《财政部 商务部 税务总局关于继续执行研发机构采购设备增值税政策的公告》(财政部 商务部 税务总局公告2019年第91号)

《财政部 海关总署 税务总局 药监局关于罕见病药品增值税政策的通知》(财税〔2019〕24号)

《财政部 税务总局 国务院扶贫办关于企业扶贫捐赠所得税税前扣除政策的公告》（财政部 税务总局 国务院扶贫办公告2019年第49号）

《财政部 税务总局 国家发展改革委 生态环境部关于从事污染防治的第三方企业所得税政策问题的公告》（财政部 税务总局 国家发展改革委 生态环境部公告2019年第60号）

《中华人民共和国车辆购置税法》

政策要点

依法成立且符合条件的集成电路设计企业和软件企业，在2018年12月31日前自获利年度起计算优惠期，第一年至第二年免征企业所得税，第三年至第五年按照25%的法定税率减半征收企业所得税，并享受至期满为止。

自首只创新企业CDR（境内发行存托凭证）取得国务院证券监督管理机构的发行批文之日起3年内，对投资者取得的符合条件的创新企业CDR转让收入，暂免征个人所得税、企业所得税和增值税。

自2019年1月1日至2020年12月31日，符合条件的内资研发机构和外资研发中心采购国产设备全额退还增值税。

自2019年3月1日起，增值税一般纳税人生产销售和批发、零售罕见病药品，可选择按照简易办法依照3%征收率计算缴纳增值税；对进口罕见病药品，减按3%征收进口环节增值税。

自2019年1月1日至2022年12月31日，企业通过公益性社会组织或者县级（含县级）以上人民政府及其组成部门和直属机构，用于目标脱贫地区的扶贫捐赠支出，准予在计算企业所得税应纳税所得额时据实扣除。

自2019年1月1日起至2021年12月31日，对符合条件的从事污染防治的第三方企业减按15%的税率征收企业所得税。

自2019年7月1日起，城市公交企业购置的公共汽电车辆免征车辆购置税。

参考资料来源：《减税降费入选2019国内十大新闻》（https://www.sohu.com/a/364331025_120207611）。

案例点评

2019年，中国实施了有史以来力度最大、规模空前的减税降费政策，减税降费总额超过2万亿元，把更多资源让渡给了市场主体，企业减轻负担，宏观经济运行总体平稳，经济结构调整稳步推进，新兴产业发展持续加快。

2019年减税降费不同以往。第一，它是经济高质量发展阶段的减税降费。第二，它是以供给侧结构性改革为主线的减税降费。第三，它是在新时代中国特色宏观调控制度体系框架下的减税降费。

从2013年党的十八届三中全会至今，经过多年的艰苦探索，一个与高质量发展阶段相匹配、以供给侧结构性改革为主线的宏观调控制度体系的基本框架已大体确立。减税降费的操作当然要与这个制度体系衔接，在它所规定的环境中实施。可以认为，2019年减税降费是将供给侧结构性改革主线贯穿于宏观调控全过程的集中体现；也可以预期，2020年，减税降费将循着供给侧结构性改革主线，取得巩固和更大的拓展。

讨论题

1. 减税降费效果几何？
2. 如何理解减税、增支和赤字的关系？
3. 试述疫情冲击之下的中国税收政策如何更加积极有为。

案例 12-5 国税地税征管体制改革

24 年前国税、地税的分家，源自分税制改革。伴随着"营改增"等财税改革，税收体制有了较大的变化，如今两者合并是水到渠成。

（一）国税地税征管体制改革方案

2018 年 7 月 20 日，中共中央办公厅、国务院办公厅印发了《国税地税征管体制改革方案》（以下简称《改革方案》）。国税地税征管体制改革是以习近平同志为核心的党中央着眼全局作出的重大决策。《改革方案》认真贯彻落实党中央、国务院决策部署，是保证国税地税征管体制改革平稳有序推进的指导性文件。

《改革方案》明确了国税地税征管体制改革的指导思想、基本原则和主要目标，提出了改革的主要任务及实施步骤、保障措施，并就抓好组织实施提出工作要求。

《改革方案》强调全面贯彻党的十九大和十九届二中、三中全会精神，以习近平新时代中国特色社会主义思想为指导，以加强党的全面领导为统领，改革国税地税征管体制，合并省级和省级以下国税地税机构，划转社会保险费和非税收入征管职责，构建优化高效统一的税收征管体系，为高质量推进新时代税收现代化提供有力制度保证，更好发挥税收在国家治理中的基础性、支柱性、保障性作用，更好服务决胜全面建成小康社会、开启全面建设社会主义现代化国家新征程、实现中华民族伟大复兴的中国梦。

《改革方案》提出了国税地税征管体制改革的 4 条原则，即：坚持党的全面领导。坚决维护习近平总书记的核心地位，坚决维护以习近平同志为核心的党中央权威和集中统一领导，把加强党的全面领导贯穿国税地税征管体制改革各方面和全过程，确保改革始终沿着正确方向推进。坚持为民便民利民。以纳税人和缴费人为中心，推进办税和缴费便利化改革，从根本上解决"两头跑""两头查"等问题，切实维护纳税人和缴费人合法权益，降低纳税和缴费成本，促进优化营商环境，建设人民满意的服务型税务机关，使人民有更多获得感。坚持优化高效统一。调整优化税务机构职能和资源配置，增强政策透明度和执法统一性，统一税收、社会保险费、非税收入征管服务标准，促进现代化经济体系建设和经济高质量发展。坚持依法协同稳妥。深入贯彻全面依法治国要求，坚持改革和法治相统一、相促进，更好发挥中央和地方两个积极性，实现国税地税机构事合、人合、力合、心合，做到干部队伍稳定、职责平稳划转、工作稳妥推进、社会效应良好。

《改革方案》强调，通过改革，逐步构建起优化高效统一的税收征管体系，为纳税人和缴费人提供更加优质高效便利服务，提高税法遵从度和社会满意度，提高征管效率，降低征纳成本，增强税费治理能力，确保税收职能作用充分发挥，夯实国家治理的重要基础。

《改革方案》提出，按照先立后破、不立不破的要求，坚持统一领导、分级管理、整体设计、分步实施,采取先挂牌再落实"三定"规定,先合并国税地税机构再接收社会保险费和非税收入征管职责,先把省(区、市以及计划单列市,以下统称省)税务局改革做稳妥再扎实推进市(地、州、盟,以下统称市)税务局、县(市、区、旗,以下统称县)税务局改革的步骤,逐项重点工作、逐个时间节点抓好落实,确保2018年年底前完成各项改革任务。

《改革方案》要求,加强税务系统党的领导,完善加强党对税收工作全面领导的制度安排,确保税务系统党的领导更加坚强有力。优化税务系统党的领导组织架构,完善税务系统纪检监察体制,进一步加强纪检监察工作。健全党建工作机制,税务总局承担税务系统党的建设、全面从严治党主体责任,地方党委负责指导加强各地税务部门党的基层组织建设和党员教育管理监督、群团组织建设、精神文明创建等工作,形成各级税务局党委与地方党委及其工作部门共抓党建的合力。

《改革方案》对税务部门领导管理体制作了规定,明确国税地税机构合并后实行以税务总局为主、与省区市党委和政府双重领导的管理体制,并着眼建立健全职责清晰、运行顺畅、保障有力的制度机制,在干部管理、机构编制管理、业务和收入管理、构建税收共治格局、服务经济社会发展等方面提出了具体要求,明晰了税务总局及各级税务部门与地方党委和政府在税收工作中的职责分工,有利于进一步加强对税收工作的统一管理,理顺统一税制和分级财政的关系,充分调动中央和地方两个积极性。

《改革方案》还就完成新税务机构挂牌、制定新税务机构"三定"规定、开展社会保险费和非税收入征管职责划转、推进税费业务和信息系统整合优化、强化经费保障和资产管理、清理修改相关法律法规等重点改革任务进行了具体部署,并明确了相关保障措施。要求各省、市、县税务局按期逐级分步完成集中办公、新机构挂牌并以新机构名义开展工作。从严从紧控制机构数量,进一步优化各层级税务组织体系和征管职责,完善结构布局和力量配置,做到机构设置科学、职能职责清晰、资源配置合理。同时,明确从2019年1月1日起,将基本养老保险费、基本医疗保险费、失业保险费、工伤保险费、生育保险费等各项社会保险费交由税务部门统一征收。按照便民、高效的原则,合理确定非税收入征管职责划转到税务部门的范围,对依法保留、适宜划转的非税收入项目成熟一批划转一批,逐步推进。要求整合纳税服务和税收征管等方面业务,优化完善税收和缴费管理信息系统,更好便利纳税人和缴费人。

《改革方案》强调税务总局要抓好统筹,各省区市党委和政府要全力支持,各相关部门要积极配合,各省税务局要精心组织实施,并从提高政治站位、严明纪律要求、开展督促检查、加强宣传引导等4个方面提出了工作要求,确保各项任务平稳落地。

(二)专家解读

1. 胡怡建:改革国税地税征管体制,全面提升治理能力

根据国务院机构改革方案,将改革国税地税征管体制,省级和省级以下国税地税机构合并,具体承担所辖区域内各项税收、非税收入征管等职责。国税地税机构合并后,实行以国家税务总局为主与省(区、市)人民政府双重领导管理体制。这次由顶层设计、自上而下推进,国税地税协同落实的税务机构改革,是顺应新时代发展要求的重要制度变革,是全面提升税收治理能力和治理水平的制度保障,是进一步理顺税收体制机制的重要制度基石。

1) 国税地税征管体制改革是顺应新时代发展要求的重要变革

国税地税征管体制改革作为国务院机构改革的重要组成部分，是顺应新时代转变政府职能、优化机构设置、提升运行效率，构建职责明确、依法行政的税收治理体系要求而进行的税收征管体制的重要变革。

征管体制的重大改革。这次改革涉及两套税务机构合并、税费管理制度和中央与地方税务行政管理体制三大改革，其中，最为重要的是国税地税机构合并改革。1994年，适应分税制财政体制改革要求，在地方层面将税务征收机构分设为国家税务局和地方税务局，分别履行中央税、中央与地方共享税和地方税征收管理任务和职责。在历经24年后的今天，顺应新时代经济和社会发展对政府职能转变和机构设置要求，中央作出了国税地税机构合并改革的战略部署，将两大独立运行的税务征收管理机构合并为单一税务机构，统一履行税收征收管理任务和职责。国税地税机构合并作为战略性、全面性、系统性改革，涉及国家与企业、中央与地方、国税与地税、征税与收费等复杂利益关系调整，是一项力度大、涉及面广、情况复杂、推进异常艰难的税收征管体制重大变革。

从顶层设计推进的改革。国家税务总局要根据中央顶层设计的战略决策、步骤，从实际出发，制定具有可操作性的实施方案，精心做好组织实施工作，确保改革具体落实、平稳推进和顺利实施。

顺应时代要求的改革。国税地税征管体制改革是国税地税机构由分设向合并的第二步改革。2015年10月，中央全面深化改革领导小组审议通过了《深化国税、地税征管体制改革方案》，提出了发挥国税、地税各自优势，推动服务深度融合、执法适度整合、信息高度聚合的合作不合并改革思路。以合作降低征纳成本，提高征管效率，增强税法遵从度和纳税人满意度，确保税收职能作用有效发挥。通过两年多推进国地税协同合作改革，以及简政放权上做"减法"、后续管理上做"加法"、优化服务上做"乘法"的"放管服"改革，税收征管和纳税服务质量得以明显提升。这次国税地税征管体制改革是顺应新时代新任务提出的新要求，是为进一步提升税务管理效率、优化纳税服务、促进公平公正作出的重要战略部署，是与时俱进地由国税地税合作走向合并，进一步向更高目标、更深层次推进的一次改革。

2) 国税地税征管体制改革是提升税收治理能力的重要制度保障

当前，我国全面提升国家治理能力和治理体系发展要求十分紧迫。而以合理机构设置、优化职能配置、提高运行效率为主旨的国税地税征管体制改革，目标是构建系统完备、科学规范、运行高效的税务管理机构职能体系，为全面提升国家治理能力和治理水平提供重要制度保障。

有利于合理机构设置。我国现行国税地税机构是基于1994年分税制改革对机构要求而设置在实行分税制改革前提下，在地方层面将国税地税机构分设分管，各司其职，分别履行中央税、中央与地方共享税和地方税的征收管理职责，能在保障地方税收利益，调动地方政府税收征收管理积极性前提下，维护中央收入的统一性和完整性，增强中央财政收入配置和调控能力，使分税制改革得以顺利实施。然而，随着经济向纵深发展，全面深化改革推进，国税地税分设的背景条件发生变化。一方面，国税地税机构分设所产生的增加征纳成本、降低征管效率、影响公平竞争等弊端逐渐显现；另一方面，进入信息化时代税收征收管理手段和方式也发生重要变化，在互联网和大数据支持下，税收征管信息系统能够自动生成国地税收入归属，国税地税部门分设的必要性下降。从合理机构设置，提高组织体系运行效率出发,国税地税机构合并改革为大势所趋。

有利于优化职能配置。我国现行政府收入体系以税收为主,同时包括各种类型基金、费等形式收入。在这些收入项目当中,除了税收由国地税部门征收外,非税的基金、收费等其他各类收入,主要由各基金和收费主管部门自行征收和管理,部分委托税务部门代理征收管理。由各部门自收自支,自行管理的非税收入征收方式虽然具有适应各类收入不同特点管理要求的优势,但征管机构会存在增加征收成本、降低征收效率问题。同时,由于大量非税收入没有纳入统一预算,不公开、不透明、不规范的矛盾也较突出。从优化职能配置考虑,国税地税机构合并改革除了有利于优化国地税机构职能配置外,将现有非税收入主要由非税收入部门分别征收管理改为税务部门统一征收管理,也有利于降低非税收入征管成本、提高征管效率、规范征收管理、有效运营使用。

有利于提高运行效率。主要体现在以下几个方面：首先,降低征纳成本。从征税主体的税务征收成本来看,由两套独立机构改为单一机构,会减少征收机构办公场所、设备配置等固定成本,以及人员成本和运行成本。从纳税主体的纳税成本来看,可避免分别向两个税务机关报送财务报表、纳税申报表,接受两个税务机关的征收、管理和检查,减少纳税人的纳税遵从成本。其次,提升征管效率。国税地税机构合并不仅可以避免纳税人向两个税务机关申报纳税、接受检查,而且可以消除因两大机构在征收管理中,存在对同一税基认定标准不一致、税种归属口径不统一、信息不互通从而影响征管效率等诸多问题。最后,促进公平竞争。国税地税机构合并后,使涉税信息互通、征管统一、处理一致、优惠透明,促进企业在地区间的正常、合理流动,资源得到更为有效合理配置。

3) 国税地税征管体制改革是理顺税收体制机制的重要制度基石

国税地税征管体制改革,注重解决事关长远的体制机制问题,为理顺税收体制机制,构建更为有序、合理、完善的税收制度、财政体制提供重要制度基石。

推进税制改革。我国经济正处于经济转型发展、全面深化改革的关键时期。深化税收制度改革,对于更好发挥市场在资源配置中的决定性作用,优化营商环境,激发各类市场主体活力和创新潜力,推动高质量发展具有重要意义。首先,有利于推进税制改革,在全面实施营改增后,个人所得税制由分类向综合与分类相结合方向改革,以及择机推出房地产税制改革等直接税改革,相对于以往以增值税为主体的间接税改革,对征管能力提出了更高要求。而国地税机构合并有利于提升税收征管能力,更能顺应税制改革对征管能力提升的要求。其次,在国税地税机构合并改革后,税务机构在征税以外还将承担征收非税收入的职责和任务,这不但有利于提高征管效率,也为未来统一税费制度改革创造了条件。最后,在我国经济转型时期,为支持企业转型、升级和发展,出台了一系列税收优惠激励政策,国税地税机构合并也有利于税收优惠政策得以统一、规范实施,更好发挥其应有的激励作用。

推进财政体制改革。1994年,在分税制改革时实施的国税地税机构分设,以及国税系统实施垂直管理,在很大程度上激发和调动了中央与地方双方在征收管理上的积极性。但由于国税地税分设,导致国地税之间在税收征管流程、执行标准上存在一定差异。另外,游离于国家预算的税外收费、基金增长较快,地方之间差异大。深化分税制改革,不但要合理确定中央与地方政府间事权和支出责任划分,也要在全国范围统一税收征管流程、执行标准,确保税收执行中的统一、规范和公平,并将税收和非税收入统一纳入分税制财政体制。

国税地税机构合并改革,将为未来税收上的集中管理,财政上的分级管理提供基础性条件。

推进税收法治建设。国务院机构改革的目的在于着力推进重点领域、关键环节的机构职能优化和调整,构建起职责明确、依法行政的政府治理体系。国税地税机构改革不但有利于加快推进税收立法进程,更为重要的是通过合理机构设置,整合征管资源、统一执法标准、完善执法程序、严格执法责任、完善办税流程、规范税务行政、共享社会信息,使税法体系更完备规范、税制体系更成熟定型、服务体系更优质便捷、征管体系更科学严密、信息体系更稳固强大。推进税收法治建设,可避免或减少无序税收竞争,保障税法的统一性、权威性和严肃性,建立公平、公正、法治的营商环境,确保全面推进依法治国的实施。

2. 朱青:税务部门征收非税收入有多重意义

税务部门征收非税收入是非税收入财政资金属性的要求。非税收入应尽可能实行"税务收、财政管、部门支、审计查"的多部门共管模式。

目前,国税地税征管体制改革正向逐级接收社会保险费和非税收入征管职责划转等领域纵深推进。近日,本报记者就此专访中国人民大学财政金融学院教授朱青。朱青认为,税务部门征收非税收入是非税收入财政资金属性的要求,具有提高非税收入征管效率,保障非税收入安全性等多重重要意义。

记者:如何理解《深化党和国家机构改革方案》作出的由税务部门"承担所辖区域内各项税收、非税收入征管等职责"的部署?

朱青:税务部门征收非税收入是非税收入财政资金属性的要求。众所周知,税务部门是政府财政收入的主要征收机构。在国外,它不仅收税,而且征收非税收入。正因为如此,很多国家的"税务局"不叫"税务局",而叫"收入局"。比如美国叫"国内收入局",加拿大叫"加拿大收入局",英国叫"皇家收入与关税局"。也有国家征收机构叫税务局,如澳大利亚税务局,但负责征收一部分非税收入。

根据国际货币基金组织(IMF)对政府财政收入的分类,财政收入包括税收收入、社会保险缴费、赠予和其他收入。其中,其他收入又分为政府的财产收入、商品和服务收入、罚没收入。从性质上分,财政收入大致可以分为税、捐、费三类:税是政府凭借政治权力强制、无偿地取得财政收入的手段;捐是政府专门为了某项计划,如社会保险,而强制征收的缴费,又称为目的税;费是政府向企业或个人提供某些资源或服务时收取的对价或报酬。不同的国家这三类财政收入比例不尽相同,但总的来看,税收都占大头,社会保险缴费的比重有大有小,这主要是各国采取的社会保障计划方式不同造成的。例如,德国、奥地利和法国等倚重社会保险方式举办社会保障计划的国家,其社会保险缴费在财政收入中占的比重就大,而瑞典、丹麦和澳大利亚等国的社会保障计划主要用一般税收筹资的普遍津贴或社会扶助,所以社会保险缴费的比重就很低。各国政府在筹集财政收入时对费的依赖也不尽相同,捐税高的国家往往轻费,即很多服务都由政府免费提供,而捐税负担较轻的国家往往倚重收费。尽管各国税、捐、费之间的比例不同,但都有一个共同特点,就是统筹考虑税、捐、费三者之间的数量关系。特别是税和捐,因为这两类收入都是政府强制征收的,它们加到一起的规模要能够被社会所承受,不能给企业和个人造成过重的负担。为此,在很多国家这两类收入都要纳入国家预算并统一由税务部门负责征收。非税收入是捐和费的统称,有些收费是企业和个人在享受政府服务时支付的成本,所以并不一定要由税务部门统一征收,有些收费具有捐的性质,交由税务部门负责征收就有一定的合理性。由于各国政府提供服务收费的规模不同,所以税务部门征收上来的捐税收入占全部财政收入的比重也有很大的差距。例如,爱沙尼亚、拉脱维亚、秘鲁和瑞典等国家税务部门课征的收入占财政收入的比重都在80%以上,荷兰、匈牙利、爱尔兰、罗马尼亚和丹麦等国家这个比重在70%以上;韩国、斯洛伐克、印度尼西亚、波兰、瑞士和日本这一比重却不到40%。

从中国的情况来看,《政府非税收入管理办法》第四条指出,"非税收入是政府财政收入的重要组成部分",其中,既有强制性的捐的形式,也有收费的形式。实际上,目前税务部门负责征收的教育费附加、城市维护建设费和文化事业建设费等就具有捐的属性,而社会保险费作为一种目的税(捐),理应由税务部门征收。

记者:非税收入征收模式怎样更合理?

朱青:目前很多非税收入是各部门自收、自支,这不符合公共资金多部门共管、相互监督的原则。现代政府组织理论和规制经济学理论都主张对一种经济活动要由多个政府部门进行管理,认为这种管理模式有利于抑制腐败行为的发生。法国著名经济学家拉丰在他的"分散规制者以对付共谋行为"一文中提出,要防止规制者和被规制的利益集团结成联盟,这是分权理论的基础。分权理论的假设前提是政府管理部门存在着一些不能洁身自好者,他们可能会利用手中的权力来追求个人利益,损坏公众的利益。如果将一项事业的管理部门分散化,让不同的部门或不同的规制者只能从中获得部分信息,那么就会减小各个部门或规制者的权力,从而有利于抑制以权谋私,使社会福利最大化。非税收入的征收也是如此,如果让非税收入的使用者自己征收,没有一定的外部监督和相互制约,那么很容易出现多征或漏征的状况。

本着这个原则,非税收入应尽可能地实行"税务收、财政管、部门支、审计查"的多部门共管模式,即:由税务部门征收非税收入,并纳入财政预算管理,再由相关部门或单位将这笔收入支付给用款单位或个人,整个非税收入的"收、支、管"全过程都要接受审计的监督。从这个意义上来说,税务征收有利于保障非税收入的安全性。

记者:税务部门征收非税收入有哪些优势?

朱青:税务部门征收非税收入有其自身优势。一是税务部门有一支专业的征收队伍,包括税(费)源分析、评估和稽查等专业人员,这些人员都经过多年的培训,有丰富的实战经验,完全能胜任征收非税收入的工作。二是税务部门的征收手段先进,金税工程三期早已上线,税务与工商、公安、海关和社保等部门已经或即将联网,通过大数据、云计算等科技手段,可以大大提高非税收入的征管效率。三是税务部门与缴费单位常年打交道,在征税的过程中对这些单位的基本情况早已了如指掌,比如社会保险费的缴费基数是职工工资总额,税务部门在征收企业所得税和个人所得税时都需要掌握这个数据,这样在征收社会保险费时就十分便利和精准。

税务部门的自身优势有利于提高非税收入的征管效率。此外,目前非税收入由多部门分散征收,这些部门势必要投入一定的人力、物力和财力。一部分非税收入划到税务部门统一征收后,其他部门就可能拿出更多的人力、物力来尽职尽责,从而提高这些部门的工作效率。

记者:下一步应如何推进税务部门征收非税收入工作?

朱青：就社会保险费而言，目前全国只有24个省是由税务部门征收，其中多数省还只是停留在税务代征阶段，离全责征收还有一定的差距。《国税地税征管体制改革方案》明确从2019年1月1日起，将基本养老保险费、基本医疗保险费、失业保险费、工伤保险费、生育保险费等各项社会保险费交由税务部门统一征收。这是社会保险费的属性所要求的。我理解这种征收应当是全责征收，即税务部门要核定各单位的社会保险缴费基数，而不是被动地去"收钱"。

根据《国税地税征管体制改革方案》中的部署，按照便民、高效的原则，合理确定非税收入征管职责划转到税务部门的范围，对依法保留、适宜划转的非税收入项目成熟一批划转一批，逐步推进。我认为，下一步应当交由税务部门征收的非税收入主要是捐以及具有捐的属性的各类收费，纯费性质的收入，例如公立学校收取的学费还应当由教育部门收取并纳入预算。

3. 蔡昌：税务管理更规范更高效更统一

国税地税合并并非机构的简单整合，而是一次资源优化配置的重大变革，有利于税务系统的规范、高效、统一管理。

国税地税合并，我国自1994年以来运行了24年的国税地税机构分设状况发生了根本性改变，这是一次资源优化配置的重大变革，是政府整合税收征管资源的重大举措，带有鲜明的政策性导向，将更好地实现税务系统规范、高效、统一管理。

为进一步正确理解国税地税合并的深远影响，笔者认为，须多维度、深层次分析促使国税地税合并的关键因素。首先，2016年营改增试点全面完成，营业税退出历史舞台，国税局和地税局的工作任务出现失衡。其次，支撑地方财政收入的地方税种减少，须大力培育和扶持地方新税源。虽然2017年实施的环境保护税由地税机关征收，但是在营业税取消、房地产税没有大范围开征的情况下，现有地方税种还难以改变国税地税财政收入的失衡状况。实施国税地税合并、优化配置税收资源变得非常必要。再次，一些地方政府为了完成本地区经济增长目标和各类社会目标，往往在招商引资中承诺一些税收优惠。这不仅破坏税收的公平性，而且扭曲企业的投资行为。国税地税合并后，这些问题将得到解决，体现横向公平，符合民众期待。

这次国税地税合并，并非税务机构的简单整合，而是一次巨大的制度变革，将对我国未来中央与地方的财政关系产生深远影响。

有利于中央与地方关系重新定位与调整。笔者认为，国税地税合并会对未来中央与地方的财权划分产生深远影响。国税地税合并意味着税收征管权归属中央，有利于从根本上解决地方政府干预税收征管的问题。当然地方政府在分税制框架下拥有一定的对地方税种立法和征管的决策权。

有利于建立税费互动、可持续性的社保基金制度。国税地税合并后，税务机关将负责辖区的税收和非税收入的征收，这里的非税收入主要限定于一般公共预算中的非税收入、社保基金等政府收入。以社保基金为例，不同省份社保基金的征收机构有很大差异，有的省份设立了专门的经办机构，有的省份则直接交由地税机关代征。国税地税合并之后由税务机关统一征收的做法有利于建立税费互动、可持续性的社保基金制度。

有利于形成规范、高效的税收治理机制。税收作为国家治理的重要组成部分，必须形成科学有效的制度规范。国税地税合并之前,由于地方政府的干预等因素,税收的应征尽征面临诸多困难。国税地税合并之后,新的管理体制将在很大程度上规范国家税收治理,在一定程度上增强财政收入预期的准确性与税法的严肃性。

有利于完善我国的税制结构,增强减税政策的调节效应,使退税制度进一步落到实处。国税地税合并将重新梳理现行税收政策,增强税收的调节功能,使纳税人权益得到更好的保障,从而在全社会弘扬纳税信用,形成良好的税收征纳关系。

4. 丛屹:国地税合并是深化财税体制改革的重要举措

今年3月13日《国务院机构改革方案》提出"将省级和省级以下国税地税机构合并",6月15日省级国税地税合并挂牌完成,这标志着我国税收征管体制迈出了实质性、关键性一步,体现了党中央和国家深化财税体制改革的坚定决心。

对于税务机构改革,天津财经大学教授、博士生导师,天津市中特中心特聘研究员丛屹提出了自己的看法,他认为,改革开放四十年,我国经历了多次税制改革。无论是1983年的财政、税务分家,还是1994年分税制改革的国税、地税分家,再到当下的国税、地税机构合并,每次变革都是顺应发展条件和社会经济结构调整所需。2015年,中央出台了"深化国税地税合作"的《深化国税、地税征管体制改革方案》,目的在于解决国税、地税两套税务机构的征管体制暴露的职责不够明晰、执法不够统一、办税不够便利等问题,但由于体制上"合作不合并",并未彻底解决问题,且不利于财税体制改革的纵深推进。

丛屹表示,此次国税、地税机构合并,是解决现行体制问题的有效方法,首先,税收机构合并,从体制上解决了过去国税和地税两套系统信息不畅、标准不一的问题,可以从根本上解决社会反映多年的诸如纳税人"两头跑"的"遵从成本"过高的问题,合并后的税收部门,应按照"瘦身"与"健身"的原则,降低税务部门的征管成本、提高征管效率;其次,合并后,非税收入统一纳入征管范畴,有利于消除不同地区间的非税收入征管差异,有利于强化非税收入的规范和统一征管,同时,有利于统一和规范地方政府的税收优惠行为,减少地方财政对税收优惠政策使用的随意性;最后,税收机构合并,也有利于为进一步改革税制,尤其是推动"减轻税负""简化税种""将间接税为主的税制向直接税为主的税制转换"奠定体制性基础,有利于在后续改革进程中,保持中央和地方行动一致,稳定财政收入,从而保障改革的顺利、深入推进。

5. 方红生:国地税合并意义重大

国家税务总局浙江省税务局正式挂牌,标志着我省国税地税征管体制改革迈出阶段性关键一步。新税务局挂牌的消息一经发布,就在浙江财税界的专家学者中引发了热烈讨论。

1)"这是利国、利民、利企、利税的好事"

3月17日,全国人大以2 966票赞成的高票通过了国务院机构改革方案。十三届全国人大代表、天健会计师事务所首席合伙人胡少先表示:"这反映出的就是民生愿望,就是人民意志。"

而在仅仅3个月后的6月15日,全国各省(自治区、直辖市)级以及计划单列市国税局、地税局合并且统一挂牌,标志着国税地税征管体制改革迈出阶段性关键一步。"这次的机构改革力度之大,税务部门的反应之快、调整力度前所未有""长远来看提升了我国全球竞争力,是利国、利民、利企、利税的好事。"胡少先对此次机构改革给予高度评价。

"国地税的分合顺应时代的呼唤。"胡少先表示,1994年起我国实行税制改革,将国税与地税机构分设。在特定的历史时期,"分税制"在明晰中央和地方财权、调动地方政府理财的积极性、促进国民经济的健康发展方面起到了积极作用。同时,胡少先也指出,在当前发展背景下,为了进一步理顺统一税制和分级财政的关系,提高服务效能和征管效率,国地税合并势在必行。

浙江财经大学司言武教授同样认为,税务机构改革是一项利国利民利企利税的改革,"涉税业务规范统一,税务资源整合升级,征管能力有效提升,征纳成本稳步降低,是实现税收现代化的必然要求。税务机构改革体现了顶层设计,是实现国家治理体系和治理能力现代化的重大战略部署,对优化税收营商环境,促进国民经济发展必将起到重要推动作用。"

2)构建规范、高效、统一的税收征管体系

"国地税合并是中国政府构建一个规范、高效、统一的税收征管体系和纳税服务体系的前提和基础,意义重大。"浙江大学经济学院副院长、财政学教授、博士生导师方红生告诉记者,国地税合并通过资源的优化配置和"互联网+税务"一体化的信息化建设,不仅有利于降低税务机关的税收征管成本,提高税收征管效率,更有助于降低纳税人的纳税成本,提高纳税服务质量,增强纳税人的满意度和获得感。

浙江省方立税务师事务所所长施勇进认为,国税地税机构合并不仅是响应纳税人呼声的及时举措,更是顺应新时代发展要求的制度变革。新税务局成立后,无论是大厅业务的"一窗通办"、网络业务的"一网通办",还是12366的"一键咨询",都使纳税人彻底告别了以往办理涉税业务时存在的"来回跑、多头跑"等问题;办税资料减少,办税流程简化,也势必大大降低企业的纳税成本,进一步提高纳税人的满意度。"希望广大纳税人能够尽早享受到国税地税合并后标准更统一、更优质便捷的纳税服务。"施勇进表示。

6. 沈开举:国地税合并意义重大

6月15日,国家税务总局河南省税务局挂牌成立,原河南省国家税务局、河南省地方税务局正式合并,标志着我省国税地税征管体制改革迈出阶段性关键一步。近日,记者就税收征管体制改革相关事项采访了河南省的部分专家学者,学者们普遍认为改革现行国地税征管体制,将省级和省级以下国地税机构合并,在新时代背景下,具有非常重要的现实意义。

"把国地税两套机构合二为一,实行以国家税务总局主与省级政府双重领导管理体制,具有历史必然性。这是中国特色社会主义进入新时代对财税体制建设的必然要求。"郑州大学法学院常务副院长、教授、博士生导师、全国政协委员、中国行政法学研究会副会长、河南省法学会行政法学研究会会长沈开举谈到。

"党中央决定自1994年起实施分税制财政体制,同时简并税种,简化税制,把省以下税务机构分设为国家税务局和地方税务局。在特定的历史时期,分税制促进了央地财政关系的规范化发展,为我国约20年的经济社会持续快速发展、为我国体制改革的顺利推进提供了有力的财力保障。"河南财经政法大学税务系主任、硕士研究生导师徐茂中告诉记者。他同时指出在当前新时代发展背景下,为进一步理顺统一税制和分级财政的关系,构建优化高效统一的税收征管体系,国地税合并势在必行。

"国地税合并是响应纳税人呼声的及时举措,是利国、利民、利企、利税的好事"。河南财政金融学院财税系党总支书记、经济学副教授全胜奇感慨地说,国地税合并后,纳税人办税避免了"两头跑",不需要接受两头管、两头查,这必然减轻纳税人的间接税收负担,直接降低纳税人的纳税成本。纳税人接受纳税服务时也可以听到一个声音、采纳一个标准,就不会出现标准打架、无所适从。

徐茂中同样认为,税务机构改革是一项利国利民利企利税的改革。"国税地税合并,有望从根本上解决税收征收上的'两头跑''两头查'问题,维护纳税人和缴费人的合法权益,减轻办税和缴费负担。通过国地税机构的合并,调整优化税务机构职能和资源配置,切实减轻纳税人负担,为纳税人提供更加优质高效和公平便利的服务,增强纳税人的获得感。"

"改革国税地税征管体制有助于构建优化高效统一的税收征管体系。"徐茂中给记者讲述其中道理:国税地税合并后,通过合理设置机构,整合征管资源、统一执法标准、完善执法程序、严格执法责任、完善办税流程、规范税务行政、共享社会信息,走向一个规范、高效、统一的税收征管体系。管理链条缩短,税费收入的规范性和执行上更加刚性,其意义不仅在于税收征管和筹集财政收入,更在于为财税体制改革的深入推进"铺路",为国家治理体系和治理能力现代化助力。

专家学者均表示,本次国地税机构合并,是对我国现有税收征管力量进行有效整合,必将促进税务干部队伍的凝聚力、战斗力,从而为下一步的财税改革做好征管的组织准备。

7. 樊勇:推进国税地税征管体制改革 实现"双重红利"效应

国税地税征管体制改革降低征纳成本,有利于增强纳税人遵从意识,实现税收管理上"双重红利"效应。为构建优化高效统一的税收征管体系,建议充分发挥和调动各级政府部门的能动性和积极性,进一步调整优化税务机构职能和资源配置。

1)国税地税机构合并,能有效降低税收征纳成本,提高税收征管效率

征税成本与纳税成本是影响税收征管效率的关键因素。征税成本指税务机关为了获得税收收入而支付的各种费用,包括税务人员的薪酬、办公基础设施以及用于纳税服务的相关支出。纳税成本也称为税收遵从成本,指纳税人按照税制要求计算缴纳税款过程中所支付的各项费用,广义的纳税成本不仅仅包括纳税人的货币支出,还包括相关的时间成本与心理成本。

从征税成本来看,国税地税机构合并有利于降低由于职能相同、机构分设而产生的重复性行政支出,进一步促进资源的优化配置,减少国家税收征收成本。

从纳税成本来看,国地税合并能够消除纳税人"两头跑"现象,纳税人只向一个税务机关办理涉税事宜,可以节省纳税支出费用,能将更多的时间与精力投入到生产经营中去。很多研究表明,纳税成本与税收遵从存在高度相关性,较低的纳税成本能促进纳税人遵从意识的增强,而较高的纳税成本会增强纳税人的遵从意识,甚至逃税行为的发生。因此,国税地税合并能够降低纳税人的人力成本、时间成本甚至心理成本,间接有利于增强纳税人的遵从意识,减少税收流失,实现税收管理上"双重红利"效应。

2)非税征管职责划转,能减轻企业负担,优化政府行政管理资源配置

经济合作与发展组织一项针对52个样本国家和地区的税收征管比较报告显示,大多数政府税务机关都存在税收职能和非税职能。常见的税务职能包括直接税、间接税和社会保障税(费)的征收。常见的非税职能包括管理海关、支付给公民各类福利性款项、征收非税政府贷款、实施政府退休金政策、征收儿童抚养费、评估房产和统计人口等。这份报告的统计

数据表明,出于优化政府资源配置,提高政府行政效率的考虑,越来越多的国家和地区政府税务管理部门的职能日益增加。

与其他发达国家相比,中国政府的收入结构存在特殊性,主要是收入来源较多样,除税收收入外,还有一定数量的隶属于不同层级政府的非税收入。对于这些非税收入的征收管理职责划分,长期以来各地区做法都不相同,如社会保障费的征收,多数是由税务机关负责征收,但也有一部分是由当地社会保障机构负责征收,一定范围内存在征收主体不一、执法标准不一和缴纳主体"多头跑"的弊端,无法根本解决。将非税征收职责明确纳入税务机关的职责,从体制上彻底解决了上述问题,降低了企业缴纳成本,优化了政府管理资源的配置。

3) 采取多项措施确保国税地税征管体制改革圆满完成

推进国税地税征管体制改革应以完善和发展中国特色社会主义制度、推进国家治理体系和治理能力现代化为总目标,同统筹推进"五位一体"总体布局、协调推进"四个全面"战略布局的要求相适应,按照《深化党和国家机构改革方案》和《国税地税征管体制改革方案》要求,确保国税地税征管体制改革圆满完成。

一是做好组织领导,协调处理好中央与地方政府关系。国税地税机构合并之后,实行以国家税务总局为主与省(区、市)人民政府双重领导的管理体制。应明确中央与地方各级政府在人事管理、经费管理和资产管理方面的权责划分,在保证有效实施党中央方针政策和国家法律法规前提下,充分发挥和调动各级政府部门构建优化高效统一的税收征管体系的能动性和积极性,为构建现代税收征管体系而共同努力,确保上下贯通、执行有力。

二是按照"瘦身"与"健身"相结合原则,调整优化税务机构职能和资源配置,凸显改革红利。原承担相同工作性质的机构和人员合并后,可以进一步减并,实现"瘦身"。按现代税收征体系要求原来亟须加强的职能部门,在这次机构改革中可以进一步得到加强,实现"健身",如纳税服务、税收风险管理、税收经济分析和涉税信息管理等工作。通过"瘦身"与"健身",实现税务行政管理资源的优化配置。

三是结合新的时代条件和实践要求,以建设人民满意的服务型政府为工作目标,着力推进税收重点领域和关键环节的机构职能优化和调整。主要包括:继续减少税收微观管理事务和具体审批事项,强化涉税事务的事中事后监管,改变重审批轻监管的行政管理方式,把更多税务行政资源从事前审批转到加强事中事后监管上来。整合现有机构的信息资源,全面推进"双随机、一公开"和"互联网 + 税务",推进政府监管信息共享,切实提高办税透明度,通过创新纳税服务和税收风险管理方式,进一步提升税收征管水平。

四是充分体现以人民为中心的改革思想,通过完善征管制度与提升纳税服务水平,让纳税人有更多获得感。首先,加快税收征管法及相关制度的修订工作,将纳税人权利与义务相结合这一原则充分体现在税收征管程序法律制度设计中,建立起权责清晰、责罚相当、公开透明、便于操作的税收征管法律体系。其次,税务机关应该通过多渠道提供便捷、多元、高效的纳税服务,切实提高纳税人遵从税法和自我防范税收风险的能力。

8. 李林木:国税地税机构合并,影响深远

各级国税地税机构合并后,通过优化服务和强化执法,纳税人税法遵从度和满意度将不断提高。

国税地税机构合并是继全面营改增之后党中央和国务院着眼全局,作出的税收征管体

制上的重大改革,其意义主要体现在以下几个方面。

降低征纳成本,改善营商环境。从税收征管成本看,机构合并后,国税地税之间的协调成本不再存在。随着征管技术水平的提高,税务系统的规模将"瘦身",从而降低征管成本。从纳税人的遵从成本看,国税地税机构合并后,纳税人将不再受到"多头管、多头跑、资料重复报"等问题的困扰,大大节省税法遵从成本。

拓展职能范围,规范收入管理。国税地税机构合并后,税务局不仅负责征税,而且承担所辖区域内非税收入征管等职责,实质上成为政府的"国内收入局"。国税地税机构合并可有效避免税费收入尤其是非税收入的征管受地方政府或部门干预的问题,增强管理上尤其是执法上的规范性和刚性,保证政府收入法规在各地得到公平统一的贯彻。

统一征管标准,提高管理效率。近年来,国家税务总局发挥国税地税各自优势,推动服务深度融合、执法适度整合、信息高度聚合,在全国范围内实现国税地税服务一个标准、征管一个流程、执法一把尺子。国税地税从合作变成合并之后,由于使用同一套税收征管系统和征管标准,这些目标更容易实现。

优化资源配置,促进税法遵从。国税地税机构合并后,主要面向税务系统内部的部门人员可合并精简,把更多的人力、财力、技术等资源配置到纳税服务、风险管理等主要面向纳税人的部门。这样,一方面提高纳税服务的质量和层次,尽可能使纳税人免受办税复杂性的烦恼,如税务机关为纳税人提供预填(自动生成)纳税申报表服务,为纳税人建立发票管理、会计核算与申报纳税一体化系统等;另一方面,通过开发新的税收风险管理工具,提高对逃骗税等不遵从行为的治理水平,努力保障精准执法、公正执法。通过优化服务和强化执法,全面提高税法遵从度和纳税人满意度。

此外,国税地税机构合并,设立一套国家税务机构,统筹征收中央税、共享税与地方税,再按分税制规定分别划缴入库,这对于当前实施分税制又分设税务机构的国家,起到一种示范作用。

参考资料来源:国税地税征管体制改革专家评论(http://www.chinatax.gov.cn/n810219/n810744/n3414560/n3580218/n3580255/index.html)。

▶▶ 案例点评

自1994年实行分税制后,国地税时隔24年,再次合并意义重大。《改革方案》指出了此次改革的目的:降低征纳成本,理顺职责关系,提高征管效率,为纳税人提供更加优质高效便利的服务。

国税地税机构合并是继全面营改增之后党中央和国务院着眼全局,做出的税收征管体制上的重大改革,对提高税收征管能力建设水平,为国家财政收入的可持续增长奠定良好的体制机制基础,为进一步深化税制改革提供强有力的征管保障。

国地税合并后,纳税人办税体验得到优化,纳税人办税成本在减少,办税效率在提高;税法遵从度和满意度不断提高;办税流程更简,税务服务更优,有效避免了重复的税务检查,减少了企业的税收合规成本,降低了制度性交易成本,增强了执法的统一性,切实维护了纳税人的合法权益。

> 讨论题

1. 分立 24 年后，国地税为什么又要合并？
2. 国地税合并能给纳税人带来什么便利？
3. 国地税合并对社保有什么影响？

案例 12-6　建立现代财税体制

党的十九届五中全会通过的《中共中央关于制定国民经济和社会发展第十四个五年规划和二〇三五年远景目标的建议》（以下简称《建议》），明确提出了建立现代财税体制的目标要求、主要任务和实现路径。这是以习近平同志为核心的党中央深刻把握国内外形势发展变化以及党和国家事业发展需要，从战略和全局高度作出的重大部署。我们要坚持以习近平新时代中国特色社会主义思想为指导，增强"四个意识"、坚定"四个自信"、做到"两个维护"，把建立现代财税体制的各项任务落到实处。

（一）建立现代财税体制，是我国进入新发展阶段抓住新机遇、应对新挑战的必然要求

建立现代财税体制是全面建设社会主义现代化国家的重要保障。习近平总书记强调，从全面建成小康社会到基本实现现代化，再到全面建成社会主义现代化强国，是新时代中国特色社会主义发展的战略安排。《建议》科学分析了今后一个时期我国发展面临的国内外环境，提出了"十四五"经济社会发展主要目标和二〇三五年远景目标。建立现代财税体制，既是全面建设社会主义现代化国家的重要举措，也是重要保障。必须服从服务于党中央确定的战略目标，统筹中华民族伟大复兴战略全局和世界百年未有之大变局，持续深化改革，更好发挥现代财税体制在资源配置、财力保障和宏观调控等方面的基础作用，为深化供给侧结构性改革和加快形成新发展格局提供有效支撑，为 2035 年基本实现社会主义现代化奠定坚实基础。

建立现代财税体制是推进国家治理体系和治理能力现代化的应有之义。习近平总书记指出，随着我国迈入新发展阶段，改革也面临新的任务，必须拿出更大的勇气、更多的举措破除深层次体制机制障碍，坚持和完善中国特色社会主义制度，推进国家治理体系和治理能力现代化。《建议》提出今后 5 年经济社会发展的目标之一是国家治理效能得到新提升，到 2035 年基本实现国家治理体系和治理能力现代化。财政是国家治理的基础和重要支柱。必须建立现代财税体制，更加彰显统一完整、权责对等、高效公平、公开透明等特征，为科学规范政府与市场、政府与社会、中央与地方关系进一步夯实制度基础，推动国家治理体系和治理能力现代化不断取得新成效。

建立现代财税体制是深化财税体制改革成果的巩固拓展。习近平总书记强调，科学的财税体制是优化资源配置、维护市场统一、促进社会公平、实现国家长治久安的制度保障。党的十八届三中全会以来，按照党中央决策部署，财税体制改革全面发力、多点突破、纵深推进，预算管理制度更加完善，财政体制进一步健全，税收制度改革取得重大进展，现代财政制度框架基本确立。必须坚持一张蓝图绘到底，按照系统集成、协同高效的要求，既巩固已取得的制度建设成果，又在此基础上进一步深化和拓展，建立现代财税体制，提升预算配置财

政资源的科学性、规范性和有效性,更好推进中央和地方各级政府分工协作、有序运转、有效履职,增强税制促进高质量发展、社会公平和市场统一的作用。

(二)进一步深化预算管理制度改革,更好贯彻国家战略和体现政策导向

政府预算体现国家的战略和政策,反映政府的活动范围和方向。"十四五"时期,进一步完善预算管理制度,要在挖掘潜力、规范管理、提高效率、释放活力上下更大工夫。

强化对预算编制的宏观指导,加强财政资源统筹。将坚持和加强党的全面领导贯穿预算编制的全过程,服从服务于党和国家发展大局,按照经济社会发展目标和宏观调控总体要求,指导地方和部门在预算编制中落实好党中央、国务院决策部署,统筹各类资源,集中力量办大事。完善政府预算体系,加强政府性基金预算、国有资本经营预算、社会保险基金预算与一般公共预算统筹衔接。加强公共资源综合管理,将依托行政权力和国有资源(资产)获取的收入以及特许经营权拍卖收入等按规定全面纳入预算管理。加强部门和单位对各类资源的统一管理,依法依规将取得的各类收入纳入部门或单位预算。

推进财政支出标准化,更好发挥标准在预算管理中的基础性作用。注重加强普惠性、基础性、兜底性民生建设,健全基本公共服务保障标准,建立国家基础标准和地方标准相结合的基本公共服务保障标准体系。探索基本公共服务项目清单化管理,根据经济和财力状况逐步提高保障标准、扩大清单范围。加快建设项目支出标准体系,强化标准应用,建立标准动态调整机制。

强化预算约束和绩效管理,不断提升财政资源配置效率和资金使用效益。坚决贯彻落实党中央、国务院决策部署,按照预算管理要求和程序编制预算和安排重点支出。严格执行人大批准的预算,强化预算对执行的控制。严格规范预算调剂行为。进一步加大预算公开力度,提高财政透明度,强化对权力运行的制约监督。深化绩效管理改革,将绩效理念和方法融入预算编制、执行和监督全过程,推进预算和绩效管理一体化。推进绩效指标体系建设,完善预算绩效管理考核,层层传导压实绩效责任。健全以绩效为导向的预算分配体系,加强事前绩效评估,严格绩效目标管理,提高绩效评价质量,健全预算安排与绩效结果挂钩的激励约束机制。

加强中期财政规划管理,增强国家重大战略任务财力保障。紧紧围绕党中央重大决策部署,加强对重大战略、重要任务、重点改革的财力保障研究,优化财政支出结构,推动国家重大战略、重点改革和重要政策落实落地。进一步完善跨年度预算平衡机制,增强中期财政规划对年度预算编制的指导性和约束性。聚焦应对重大挑战、抵御重大风险,加强政府债务和中长期支出责任管理。

(三)进一步理顺中央和地方财政关系,充分发挥中央和地方两个积极性

中央和地方财政关系是政府间权责划分的基本组成部分,是现代国家治理的重要方面。"十四五"时期,要着力建立权责清晰、财力协调、区域均衡的中央和地方财政关系,推动形成稳定的各级政府事权、支出责任和财力相适应的制度。

明确中央和地方政府事权与支出责任。适当上移并强化中央财政事权和支出责任,重点将涉及生产要素全国流动和市场统一的事务,以及跨区域外部性强的事务明确为中央财政事权,减少委托事务,加强中央直接履行的事权和支出责任;按照地方优先的原则,将涉及区域性公共产品和服务的事务明确为地方财政事权。合理确定中央和地方共同财政事权,

由中央和地方按照规范的办法共同承担支出责任,进一步明晰中央和地方职责范围。

健全省以下财政体制。考虑税种属性,进一步理顺中央和地方收入划分,稳定地方预期。指导各地按照分税制原则科学确定地方各级政府收入划分。推进省以下财政事权和支出责任划分改革,适度加强省级在维护本地经济社会协调发展、防范化解债务风险等方面的责任。督促省级政府切实担负起保基本民生、保工资、保运转"三保"主体责任,加快完善省以下转移支付制度,推动财力向困难地区和基层倾斜,逐步建立基层"三保"长效保障机制。

增强基层公共服务保障能力。根据财政事权属性,厘清各类转移支付的功能定位,加大对财力薄弱地区的支持力度,健全转移支付定期评估机制。结合落实政策需要与财力可能,合理安排共同财政事权转移支付和专项转移支付规模,重点加强对基本民生、脱贫攻坚、污染防治、基层"三保"等重点领域的资金保障,支持地方落实中央重大决策部署。完善地区间支出成本差异体系,转移支付资金分配与政府提供公共服务的成本相衔接,加大常住人口因素的权重,增强资金分配的科学性、合理性。

(四)进一步完善现代税收制度,切实发挥税收功能作用

税收是国家实施宏观调控、调节收入分配的重要工具。"十四五"时期,要建立健全有利于高质量发展、社会公平、市场统一的税收制度体系,优化税制结构,同时提高税收征管效能。

健全地方税体系,培育地方税源。完善地方税税制,培育地方主体税种,合理配置地方税权,理顺税费关系。按照中央与地方收入划分改革方案,后移消费税征收环节并稳步下划地方,结合消费税立法统筹研究推进改革。在中央统一立法和税种开征权的前提下,通过立法授权,适当扩大省级税收管理权限。统筹推进非税收入改革。

健全直接税体系,逐步提高直接税比重。健全以所得税和财产税为主体的直接税体系,逐步提高其占税收收入比重。进一步完善综合与分类相结合的个人所得税制度。适时推进个人所得税改革修法,合理扩大纳入综合征税的所得范围,完善专项附加扣除项目,完善吸引境外高端人才政策体系。按照"立法先行、充分授权、分步推进"的原则,积极稳妥推进房地产税立法和改革。建立健全个人收入和财产信息系统。

深化税收征管制度改革。坚持依法治税理念,提高政府税收和非税收入规范化、协调化、法治化水平。建立权责清晰、规范统一的征管制度。分步推进建成全国统一的新一代智能化电子税务局,建设标准统一、数据集中的全国税收征管信息库,持续推进涉税信息共享平台建设,促进各部门信息共享。

(五)进一步健全政府债务管理制度,完善规范、安全、高效的政府举债融资机制

政府债务管理制度是现代财税体制的重要内容。"十四五"时期,要进一步健全政府债务管理制度,既有效发挥政府债务融资的积极作用,又坚决防范化解风险,增强财政可持续性。

完善政府债务管理体制机制。根据财政政策逆周期调节的需要以及财政可持续的要求,合理确定政府债务规模。依法构建管理规范、责任清晰、公开透明、风险可控的地方政府举债融资机制。完善地方政府债务限额确定机制,一般债务限额与税收等一般公共预算收入相匹配,专项债务限额与政府性基金预算收入及项目收益相匹配。完善以债务率为主的

地方政府债务风险评估指标体系,健全地方政府偿债能力评估机制。加强风险评估预警结果应用,有效前移风险防控关口。

防范化解地方政府隐性债务风险。完善常态化监控机制,决不允许通过新增隐性债务上新项目、铺新摊子。硬化预算约束,全面加强项目财政承受能力论证和预算评审,涉及财政支出的全部依法纳入预算管理。强化国有企事业单位监管,依法健全地方政府及其部门向企事业单位拨款机制,严禁地方政府以企业债务形式增加隐性债务。开发性、政策性金融机构等必须审慎合规经营,严禁向地方政府违规提供融资或配合地方政府变相举债。清理规范地方融资平台公司,剥离其政府融资职能。健全市场化、法治化的债务违约处置机制,坚决防止风险累积形成系统性风险。加强督查审计问责,严格落实政府举债终身问责制和债务问题倒查机制。

完善政府债券发行管理机制。优化国债和地方政府债券品种结构和期限结构。持续推动国债市场健康发展和对外开放,健全及时反映市场供求关系的国债收益率曲线,更好发挥国债利率的市场定价基准作用。健全政府债务信息公开机制,促进形成市场化、法治化融资自律约束机制。

参考资料来源:《建立现代财税体制(深入学习贯彻党的十九届五中全会精神)》(https://baijiahao.baidu.com/s? id=1686819443418965158)。

▶▶ 案例点评

围绕"收、支、管、调、防"加快建立现代财税体制。在收入方面,重点是有效发挥收入政策作用,进一步完善现代税收制度,保持宏观税负总体稳定,持续优化税制结构。健全地方税体系,培育地方税源,健全直接税体系,逐步提高直接税比重,完善减税降费让企业有更多获得感;在支出方面,重点是在保持合理支出强度的同时,做到有保有压、突出重点,加强在保障和改善民生、推动科技创新等方面的投入。优化支出结构,就要在坚持政府过紧日子、严控一般性支出的同时,加大对欠发达地区和困难地区的政策倾斜,加强对基层的保障,加力保障和改善民生,发挥财政职能作用,扎实推进全体人民共同富裕;在管理方面,重点是持续深化预算管理制度改革,提升财政资源配置效率和资金使用效益;在调节方面,充分发挥财政调控和收入分配职能,推进经济社会健康发展;在防风险方面,统筹发展和安全,增强财政的可持续性。

▶▶ 讨论题

1. "十四五"时期,如何加快建立现代财税体制,为推动高质量发展提供有力支撑?
2. 试分析我国税制改革的宏观背景及影响税制变迁的因素。

案例 12-7 西藏税收发展路上的"变"与"不变"

新中国成立 70 年、西藏民主改革 60 年来,特别是党的十八大以来,西藏的每一天都发生着不同的变化,点滴变化绘成了今天经济发展、社会进步、民族团结的幸福西藏画面。这背后是党中央的亲切关怀,是全国人民的无私支援,是西藏各族人民的艰苦奋斗。在西藏经济社会全面发展进步的路上,税收作为调节经济的重要元素也在"变"与"不变"中努力贡献着自己的力量。

(一) 西藏地方税制改革

70年来,西藏税制的每一次变化都见证着西藏经济发展的关键时期,西藏社会主义市场经济的跨越式发展离不开每一次税收制度改革的精准定位。从1959年西藏进行民主改革开始建立社会主义新税制的探索,1980年中央召开第一次西藏工作座谈会后暂免征农业税、牧业税,1994年西藏同全国一道开展分税制改革,2016年全面推进地方税制改革实行营改增,2018年完成国地税征管体制改革,再到2019年大规模实施减税降费,税制改革始终与西藏经济社会整体发展融为一体,更好契合了西藏经济高质量发展的轨道。

(二) 西藏多措并举确保政策红利应享尽享

2018年以来,西藏税务部门不断加大各项税收优惠政策落实力度,释放税收"政策红利",让纳税人了解政策、掌握政策,努力做到应减尽减、应免尽免、应退尽退,积极支持新经济、新业态、新模式发展,促进各类市场主体健康发展。据自治区税务局统计数据显示,2018年减免税收超200亿元,2019年上半年累计新增减税21.04亿元,减税降费政策红利在西藏得到充分释放。

"保障就业和民生,必须稳住上亿市场主体,尽力帮助企业特别是中小微企业、个体工商户渡过难关"。西藏自治区税务局局长郭顺明表示,作为税务部门就是执行中央优惠税费政策不打折扣,放水养鱼、涵养税源,将税费便民服务落到企业,让企业享受到实实在在的政策红利,更好生存发展。

(三) 不断提升纳税人的"获得感"和"满意度"

西藏税务部门依托大数据平台,逐步打造"实名办税+分类分级+信用积分+风险管理"的闭环管理新模式,将固定管户模式转变为团队化、专业化"管事制"模式,曾经马背上的税收管理员变成了指尖上的税收管理员,传统征纳交互方式正在潜移默化发生改变。从"排长队"到不见面的电子智能服务,从"多头跑"到"最多跑一次",从广场粗放式的宣传到新媒体一对一的精准辅导,对于纳税人和税务人而言这都是质的飞越。通过应用电子税务局,优化网上办税功能,全区纳税人网上办理申报业务量已提升至76.41%,大大缩短了纳税人办税时间,减轻了纳税人办税负担。

2020年,西藏全区大力推广"网上办""预约办""延期办"等行之有效措施,不断提升网上办事效率和服务水平,自助办税等非接触式办税方式成为西藏税务部门服务广大纳税人的主要渠道。郭顺明指出,西藏各级税务部门应该不断锤炼和提升工作能力,加大信息化建设力度,以"四力"更好地服务好纳税人缴费人,服务好地方经济发展。

在党的领导下,这70年西藏税收事业与西藏经济社会协同发展与变化,其中很多的"变"都源于一代又一代税务人"全心全意为纳税人服务"的初心和"为国聚财、为民收税"使命的不变,更源于西藏各级税务机关主动服务西藏经济社会发展和长治久安职责的不变。

参考资料来源:《新中国成立70年:西藏税收发展路上的"变"与"不变"》(https://xizang.chinatax.gov.cn/art/2019/9/17/art_110_229436.html)。

案例点评

在党的领导下,这 70 年西藏税收事业与西藏经济社会协同发展与变化。1994 年,西藏与全国同步进行了税制改革,实现了与全国税制并轨。中央对西藏在税收管理权限上实行特殊政策,西藏自治区政府拥有税收立法权,从西藏实际出发,贯彻"从轻从简、合理负担、放宽搞活"的原则,体现中央对西藏各族人民的关怀和社会主义税收本质。

2016 年 5 月 1 日起,西藏与全国同步全面推开了营业税改征增值税试点。税制改革和减税降费政策除了带来直接减税效应之外,更重要的是"外溢效应"和"长远效益"。税收"政策红利"不仅直接降低了企业税收负担,共享了政策红利,而且助推了国家西部大开发战略、供给侧结构性改革和企业转型升级,税收服务经济发展职能作用得到有效发挥,开创携手共进的新局面,有效地促进了西藏特色经济的发展。通过应用电子税务局,推出便民办税服务措施,多方式、多渠道把减税降费优惠政策送到纳税人手上,确保了纳税人应知尽知、应享尽享,有力支持了西藏大众创业、万众创新。

讨论题

1. 试述西藏地方税制概况及特点。
2. 西藏注册公司有哪些的优惠政策?

第十三章

预算收支管理体制——中央与地方财政关系

一、习 题

(一) 单项选择题

1. 预算管理体制类型划分的主要标志是(　　)。
   A. 收入划分方法
   B. 支出划分方法
   C. 各级预算主体的独立自主程度
   D. 收支划分方法

2. 1994年1月1日起我国开始实行的财政管理体制模式是(　　)。
   A. 总额分成　　　　　　　　　　B. 总额分成加增长分成
   C. 包干制　　　　　　　　　　　D. 分税制

3. 财政收支划分的政治标准是(　　)。
   A. 公共物品的层次性
   B. 公共物品的外部性
   C. 集权与分权关系
   D. 公共物品的非排他性和非竞争性

4. 集权和分权关系在预算管理体制上主要体现为(　　)。
   A. 中央与地方收支的划分
   B. 地方是否构成一级独立的预算主体
   C. 地方政府是否有税收立法权、税率调整权和减免权
   D. 各税种在中央和地方的划分

5. 政府间分权的核心问题是(　　)，又是进一步完善分税制的基本前提。
   A. 事权与支出责任相适应
   B. 政府间收入的划分
   C. 转移支付制度的完善
   D. 省以下各级预算管理体制改革

6. 我国实行一级政府一级预算，目前的预算管理级次分为(　　)。
   A. 一级预算管理　　B. 三级预算管理　　C. 四级预算管理　　D. 五级预算管理

7. 我国现行财政管理体制的类型属于(　　)。

A. 以分税制为基础的分级财政体制
B. 以地方实行多种形式的财政包干
C. 高度集中的财政管理体制
D. 以中央集权为主,适当下放财权的体制

(二) 多项选择题

1. 我国预算管理体制大体上可以划分为(　　)几个类型。
   A. "统收统支"体制　　　　　　　B. "统一领导、分级管理"体制
   C. "财政包干"体制　　　　　　　D. 分税制

2. 政府间转移支付的目标包括(　　)。
   A. 解决纵向财政不平衡问题
   B. 解决横向财政不平衡问题
   C. 解决外溢问题
   D. 解决落后地区经济困难

3. 下列说法正确的是(　　)。
   A. 我国实行一级政府一级预算,分中央、省、市、县、乡五级预算
   B. 专项拨款是转移支付的主要形式
   C. 各国的分级分税预算管理体制的构建应立足本国国情
   D. 转移支付制度的设计是预算管理体制中政策性最强和最为复杂的问题

4. 分税制财政管理体制中的中央和地方共享税包括(　　)。
   A. 增值税　　　　B. 资源税　　　　C. 关税　　　　D. 房产税

(三) 判断题

1. 我国一般是以横向转移支付为主,辅之以纵向转移。　　　　　　　　　　(　　)
2. 一般性转移支付主要功能是缓解地方财力紧张,推进地方间基本公共服务均等化。
   　　　　　　　　　　　　　　　　　　　　　　　　　　　　　　　(　　)
3. 财政事权的划分应由中央政府和地方政府共同决定。　　　　　　　　　(　　)
4. 根据税种属性特点,收入周期性波动较大、易转嫁的税种应划为中央税或中央分成比例大一些。　　　　　　　　　　　　　　　　　　　　　　　　　　　(　　)
5. 在明确政府间事权划分和界定各级政府间支出责任的基础上,划分政府间收入,再通过转移支付手段调节政府间财力余缺,是建立科学的预算管理体制的合理逻辑和主要内容。　　　　　　　　　　　　　　　　　　　　　　　　　　　　(　　)
6. 调整国民经济结构、协调地区发展,实施宏观调控所必需的支出应主要由地方财政承担。　　　　　　　　　　　　　　　　　　　　　　　　　　　　　　(　　)

(四) 名词解释

1. 预算收支管理体制
2. 政府间转移支付制度
3. 纵向财政缺口
4. 横向财政缺口
5. 无条件均衡拨款

6. 专项拨款

(五) 简答题

1. 简述分级分税预算管理体制的要点。
2. 分级分税预算管理体制中财政收支划分的基本理论依据是什么?
3. 简述政府间转移支付制度的功能。

(六) 论述题

1. 试论述我国 1994 年分税制改革的指导思想及主要内容。
2. 试论述现行分税制改革的运行情况、存在的问题及其进一步完善的方向。

二、习题解答

(一) 单项选择题

1. C 2. D 3. C 4. A 5. A 6. D 7. A

(二) 多项选择题

1. ABCD 2. ABCD 3. ACD 4. AB

(三) 判断题

1. × 2. √ 3. × 4. √ 5. √ 6. ×

(四) 名词解释

略。

(五) 简答题

略。

(六) 论述题

略。

三、案例分析

案例 13-1 我国的中央和地方财政关系

委员长、各位副委员长、秘书长、各位委员:

全国人大常委会专门安排中央和地方财政关系专题讲座,体现了对财政工作的高度重视和关心。下面,我汇报四个方面的内容:一是中央和地方财政关系的基本理论和通行做法;二是我国中央和地方财政关系的发展变化;三是我国中央和地方财政关系改革发展的成效;四是进一步理顺我国中央和地方财政关系的基本考虑。

(一) 中央和地方财政关系的基本理论和通行做法

中央和地方财政关系是政府间权责划分的基本组成部分,是现代国家治理的重要方面。以习近平同志为核心的党中央高度重视中央和地方财政关系问题,作出了一系列重大判断,提出了一系列明确要求。习近平总书记在党的十八届三中全会上指出："财政是国家治理的基础和重要支柱，科学的财税体制是优化资源配置、维护市场统一、促进社会公平、实现国家长治久安的制度保障"，要求"加快形成有利于转变经济发展方式、有利于建立公平统一市场、有利于推进基本公共服务均等化的现代财政制度，形成中央和地方财力与事权相匹配的财税体制，更好发挥中央和地方两个积极性。"习近平总书记在党的十九大报告中强调："加快建立现代财政制度，建立权责清晰、财力协调、区域均衡的中央和地方财政关系。"党的十九届四中全会进一步要求："优化政府间事权和财权划分，建立权责清晰、财力协调、区域均衡的中央和地方财政关系，形成稳定的各级政府事权、支出责任和财力相适应的制度。"习近平总书记关于中央和地方财政关系的重要指示，高屋建瓴、内涵丰富、意义深远，是习近平新时代中国特色社会主义思想在经济领域的重要内容，也是在财税领域的具体体现，为我们加快完善中央和地方财政关系指明了方向，提供了根本遵循。

一般来讲，中央和地方财政关系包括三个方面：一是收入划分，也就是以税收为主体的政府收入在政府之间如何安排；二是财政事权和支出责任划分，也就是事该由哪级政府干，钱该由哪级政府出；三是转移支付制度，事和钱都分清楚之后，政府间的财力盈缺如何调节，如果地方收入不能满足干事的需求，如何通过科学规范的转移支付得到弥补。在此基础上，通过建立预算管理制度，明确财政收支活动的基本规则，保障财政发挥职能作用，促进中央和地方各级政府分工协作、有序运转、有效履职。在现代财政制度形成过程中，中央和地方财政关系的改革发展打下了明显的时代烙印。世界各国的实践，也为我们提供了可供借鉴的经验。

1. 关于收入划分

为避免扭曲市场并调动地方积极性，主要按照税种属性划分各级政府收入。通常将体现国家主权的税种划为中央收入，如关税、进口环节税收等；将税基较为稳定和地域化属性明显的税种划为地方收入，如房产税、市政税等；将税基流动性较强、地区间分布不均衡的税种划为中央收入或中央按照较高的比例分享，如增值税、企业所得税等。主要税种通常作为中央收入或共享收入，共享时中央占比一般较高。

2. 关于财政事权和支出责任划分

政府间财政事权主要按照三个原则进行划分。一是受益范围原则。如果某项支出对区域外的其他地方产生影响，具有一定外部性，就应当由更高级次的政府承担。二是信息复杂程度原则。信息获取和处理越复杂、越可能造成信息不对称的事务，越应由地方特别是基层政府负责。三是调动积极性原则。财政事权划分要充分体现权责匹配，有利于各级政府积极主动履行职责和激励相容，实现总体利益最大化。

具体实践中，多数国家中央（联邦）政府通常承担国防、外交、国家安全、出入境管理、跨域生态环境保护、反垄断和知识产权保护等方面的职能，地方政府主要承担基础教育、社会救助、社会治安、市政交通等方面事务，一般由中央和地方共同承担跨区域基础设施、高等教育、科技研发、公共文化以及基本医疗和公共卫生等外部性较强的事务。

3. 关于转移支付

按照收入和财政事权划分基本规则，通常形成中央财政事权有限但财力相对集中、地方财政事权较多但收入有限的格局，产生纵向的财政不平衡。同时，地区间经济发展差异较大,按统一规则划分收入后,地区间财政收入苦乐不均,形成横向的财政不平衡。为此,需要运用政府间转移支付加以调节。从国际通行做法看,转移支付通常包括一般性转移支付和专项转移支付两类,前者属于无条件拨款,后者需要按规定用途使用。一般性转移支付主要用于对地方事务的补助,专项转移支付主要用于中央委托事务、中央和地方共同事务以及需要引导和鼓励的地方事务。也有国家对教育、卫生等涉及基本民生的中央和地方共同事务,实施介于一般性和专项转移支付之间的分类转移支付模式。总体上看,各国转移支付制度和转移支付方式的选择,与本国历史、经济、政治、文化等具体国情紧密关联,既有共同遵循,也有个体差异。

(二) 我国中央和地方财政关系的发展变化

新中国成立后,我国中央和地方财政关系大体经历了统收统支、包干制、分税制三个阶段。其中,1994年实施的分税制财政体制改革,是我国政府间财政关系领域一次具有深远影响的制度变革,为建立符合社会主义市场经济基本要求的政府间财政关系制度框架奠定了基础。

1. 收入划分方面

分税制改革将关税、进口环节增值税和消费税、国内消费税等维护国家权益、实施宏观调控所必需的税种划为中央税;将国内增值税、企业所得税等同经济发展直接相关的主要税种划为中央与地方共享税,其中企业所得税按企业隶属关系划分;将营业税、契税等适合地方征管的税种划为地方税,并充实地方税税种,增加地方税收入。

此后,根据经济形势发展变化和宏观调控需要,不断调整完善相关收入划分。其中,2002年实施的所得税收入分享改革,打破了按企业隶属关系划分收入的做法,企业所得税和个人所得税统一由中央与地方按60∶40的比例分享,并明确中央因改革集中的收入全部用于对地方主要是中西部地区的均衡性转移支付,这有利于推进政企分开和地区间基本公共服务均等化。党的十八大特别是十八届三中全会以来,结合全面推开营业税改征增值税改革,对中央和地方收入划分又作了一些重大调整。主要是实施增值税五五分享改革,将原属地方收入的营业税(目前已改为增值税)以及中央和地方按75∶25比例分享的增值税,统一调整为中央和地方按50∶50的比例分享。将环境保护税作为地方固定收入,调动地方加大生态环境保护积极性,支持打好污染防治攻坚战。完善增值税留抵退税分担机制,均衡地区间负担水平,确保对企业应退尽退,落实好更大规模减税降费政策。

经过上述调整完善,逐渐形成了目前的中央与地方收入划分格局:中央固定收入包括进口环节增值税和消费税、关税、国内消费税、车辆购置税、船舶吨税、海洋石油资源税、证券交易印花税等。中央与地方共享收入包括国内增值税、企业所得税、个人所得税。地方固定收入包括环境保护税、房产税、城镇土地使用税、城市维护建设税、土地增值税、资源税、印花税、车船税、耕地占用税、契税、烟叶税、教育费附加等。

2. 财政事权和支出责任划分方面

在分税制改革中,中央与地方财政事权和支出责任划分基本沿袭了改革前的格局,除国防、外交、重大基本建设外,主要按照隶属关系确定支出范围。随着公共财政体制的确立和不断完善,基本养老保险、义务教育、医疗卫生等领域中央和地方财政事权和支出责任划分改革方案相继出台,采取"一事一议"的方式,划定支出责任,并主要根据各地区财政状况实行不同补助比例,东部地区多自行承担,中西部地区中央补助较多。

党的十八届三中全会对全面深化改革作出部署,明确提出要深化财税体制改革、建立现代财政制度。2014年6月30日,中央政治局会议审议通过的《深化财税体制改革总体方案》,确定了财政事权和支出责任划分改革的基本原则和总体要求。2016年8月,国务院印发《关于推进中央与地方财政事权和支出责任划分改革的指导意见》;2018年1月,国务院办公厅印发《基本公共服务领域中央与地方共同财政事权和支出责任划分改革方案》;此后,教育、医疗卫生等分领域改革也相继展开,初步形成了中央和地方财政事权和支出责任划分框架。

3. 转移支付方面

分税制财政体制改革后,逐步建立健全了较为规范的转移支付制度。在一般性转移支付和专项转移支付基础上,为与财政事权和支出责任划分改革相衔接,2019年新设共同财政事权转移支付,暂列一般性转移支付项下,待今后修订预算法时再作调整。

一是一般性转移支付。其包括均衡性转移支付、老少边穷地区转移支付、重点生态功能区转移支付、资源枯竭城市转移支付、县级基本财力保障机制奖补资金等,主要用于均衡地区间财力配置,保障地方日常运转和加快区域协调发展。2019年,一般性转移支付占转移支付总额的47%。

二是共同财政事权转移支付。其包括城乡义务教育补助经费、学生资助补助经费、就业补助资金、困难群众救助补助资金、基本公共卫生服务补助资金、城镇保障性安居工程资金等,主要是配合财政事权和支出责任划分改革,用于履行中央承担的共同财政事权的支出责任,保障地方落实相关政策所需财力,提高地方履行共同财政事权的能力。2019年,共同财政事权转移支付占转移支付总额的43%。

三是专项转移支付。其包括文化产业发展专项资金、可再生能源发展专项资金、城市管网及污水治理补助资金、农村环境整治资金等,主要用于保障中央决策部署的有效落实,引导地方干事创业。2019年,专项转移支付占转移支付总额的10%。

为贯彻党中央、国务院决策部署,今年中央财政建立了特殊转移支付机制。纳入特殊转移支付机制管理的资金包括中央财政通过新增赤字1万亿元和抗疫特别国债1万亿元安排的预算资金。这部分资金属于一次性支出,在保持现行财政管理体制不变、地方保障主体责任不变、资金分配权限不变的前提下,按照"中央切块、省级细化、备案同意、快速直达"原则进行分配,确保资金直达市县基层、直接惠企利民,支持基层政府做好"六稳"工作,落实"六保"任务。

经过上述收支划分和转移支付调节,以2019年数据测算,中央和地方收支情况如下:全国财政收入中,中央本级收入占46.9%,地方本级收入占53.1%。全国财政支出中,中央本级支出占14.7%,地方本级支出占85.3%。中央财政可支配收入中,用于对地方转移支付的部分占67.9%,用于安排中央本级支出的部分占32.1%。地方财政总支出中,来源于本级收入的占63.5%,来源于中央转移支付的占36.5%。

需要说明的是,省以下财政体制是中央和地方财政关系的延伸,是政府间财政关系的重要组成部分。单一制国家的省以下财政体制多由中央政府直接管理,以巩固中央权威,确保政令畅通;联邦制国家由于实行财政分权,州和地方政府的财政关系通常由各地自行确定。

根据国情需要,我国省以下财政体制实行统一领导、分级管理的基本原则,由省级政府在中央指导下,结合本地实际自行确定。

上述中央和地方财政关系主要是指一般公共预算。从全口径政府收支看,政府性基金预算、国有资本经营预算、社会保险基金预算由于具有不同的功能定位和收支属性,"专款专用"的特征明显,主要是根据各本预算管理现状和特定事业发展需要,明确中央和地方的权责范围,从而形成了各具特色的体制模式。政府性基金方面,地方收支占大头。其中,国有土地出让收入大部分为地方收入,中央主要通过分享计提的农田水利建设资金和新增建设用地土地有偿使用费获得部分收入;彩票公益金由中央和地方按照50∶50的比例分享。国有资本经营预算方面,主要按照企业隶属关系划分收支。社会保险基金预算方面,主要是按照参保人员的征缴关系划分中央和地方保障范围。

(三) 我国中央和地方财政关系改革发展的成效

分税制改革以来,我国中央和地方财政关系的改革发展取得了明显成效,特别是党的十八大以来,从国家治理的高度将其作为全面深化改革的一项重点工作加快推进,调动了各方面积极性,为我国经济社会发展营造了更加公平有效的环境,为决胜全面建成小康社会提供了坚实的财力保障。

1. 财政收入稳步增长,有力支撑和推动经济社会发展

一是财政实力显著增强。分税制改革奠定了财政收入的稳定增长机制。1994—2019年,全国财政收入增长了36倍,目前1个月的收入比2000年全年收入(13 395亿元)还要多;国内生产总值(GDP)增长了28倍,从世界第10位上升到第2位;财政收入占当年GDP的比重由15%提高到19%,实现了经济快速发展与政府财力增强的良性循环,为落实党和国家各项决策部署、推进经济社会事业发展、应对错综复杂的国内外形势提供了坚实保障,也为现阶段应对经济下行压力、实施大规模减税降费创造了条件。

二是中央收入比重明显提高。分税制改革扭转了中央收入比重逐步下滑的局面。1993年,中央财政收入占全国财政收入比重仅为22%。分税制改革提高到55.7%后,经过多次分配格局调整,目前中央财政收入占比47%左右,基本保持在合理区间,为充分发挥我国集中力量办大事的社会主义制度优势提供了有力保障。

三是地方发展经济的积极性有效调动。增值税、所得税等主体税种由企业所在地政府按比例分享,提高了地方政府服务企业的积极性,推动了经济发展。

从中央与地方财政收入分享方面看,我国共享收入占比较高,主要是立足于地区间差异较大的国情。从财政收入分布上看,税收收入主要集中在东部地区。以2019年为例,东部地区九省市占国土面积8.8%,占总人口的35.6%,税收收入占全国税收收入的比重为58.4%,增值税、企业所得税、个人所得税占全国三个税种收入的比重高达62%。实施中央和地方大规模共享收入的做法,既体现了应对地区间发展不平衡的客观需要,也通过共同做大"蛋糕",实现中央与地方"共赢"、东部地区与中西部地区"共赢"。这与传统市场经济国家的安排有所不同,具有中国特色社会主义的分配特点,是中国特色政府间财政关系的成功实践。

2. 财政事权和支出责任划分逐步清晰,事权与支出责任相适应的制度基本建立

一是主要领域的责任划分基本明确。按照党的十八届三中全会确定的改革方向,首先将义务教育、基本就业服务、基本养老保险等涉及人民群众基本生活和发展需要、需要优先

和重点保障的八大类18项基本公共服务事项,纳入事权和支出责任划分改革范围,逐项明确中央与地方的支出责任分担方式和具体比例。同时,结合政府支出分类,按照统一的原则和标准加快明确分领域财政事权和支出责任划分。截至目前,医疗卫生、科技、教育、交通运输、生态环境等分领域改革方案已经出台。以往中央与地方财政事权和支出责任划分不够清晰的局面,得到了明显改变。

二是共同财政事权的功能作用有效发挥。推进财政事权和支出责任划分改革过程中,合理确定共同财政事权范围,确立以基本公共服务为主体的中央和地方共同财政事权框架,并以共同财政事权转移支付作为支撑,符合我国实际情况和国家治理需要,有利于发挥中央和地方两个积极性,保障相关政策的落实。

三是基本公共服务保障标准体系初步建立。逐步明确主要基本公共服务项目的支出标准以及中央与地方分担办法,建立健全中央与地方共同财政事权清单管理制度。制定了义务教育公用经费保障、城乡居民基本养老保险补助、基本公共卫生服务等9项统一的国家基础标准,并引入合理增长机制,确保共同财政事权落实和财政可持续。同时,还注意加强对地方标准的管理和控制,明确各地在确保国家基础标准落实到位的前提下,按程序报备后可因地制宜实施高于国家基础标准的地区标准,高出部分所需资金自行负担。

在各级财政之间,界定较多的共同财政事权,也是为了应对发展不平衡不充分的需要。考虑到我国各地人均一般公共预算收入在区域间分布严重不平衡,以财政事权为基础,形成共同负担机制,对具体共同财政事权事项可以分地区实行差异化区分,弥补均衡性转移支付计算方式上的不足,更有利于基本公共服务均等化,更有利于满足人民日益增长的美好生活需要。2019年,共同财政事权转移支付占转移支付的比重为43%,纳入共同财政事权的支出责任,在全国范围内得到了更高水平的均等化。总体上看,各地人均一般公共预算支出得到较好平衡。

3. 转移支付制度逐步完善,基本公共服务均等化加快推进

一是转移支付力度不断加大。1994—2019年,中央对地方转移支付增加了125倍,年均增长21.3%,高出同期中央财政支出增幅4.7个百分点,占地方财政支出的比重从15%提高到36.5%,有效均衡了地区间财力差异。

二是转移支付体系基本健全。总体上形成了以财政事权和支出责任划分为依据,以一般性转移支付为主体,共同财政事权转移支付和专项转移支付有效组合、协调配套、结构合理的转移支付体系。特别是设立共同财政事权转移支付,按照各地财力状况确定转移支付比例,既保障了相关领域政策有效落实,又体现了财力均等化的导向;既维持了中央和地方财力格局基本稳定、保护了东部地区增加收入的积极性,又促进了区域协调发展,实现了多元政策目标的有机统一。

三是专项转移支付制度逐步完善。分税制改革以来,专项转移支付的作用总体上是积极有效的。但专项转移支付项目多,立项随意性强,部门自由裁量权大,负面反映也不少。近年来,我们立足于完成党中央部署的重要工作任务,增强国家重大战略任务财力保障,调整专项转移支付的使用范围和方向,并压减不符合上述目标的专项转移支付项目,效果逐步显现。从实践情况看,支持打好三大攻坚战,进一步加大对山水林田湖草生态保护修复、黑臭水体治理以及雄安新区建设、海南全面深化改革开放、东北振兴等方面的投入力度,集中

财力解决重点地区的突出问题,都取得了显著成效。

4. 省以下财政体制初步规范,基层财政保障能力有所增强

分税制改革以来,各地参照中央做法逐步建立健全省以下财政体制。明确划分地方各级政府收入范围,注重调动基层政府发展经济的积极性。规范省以下政府间财政事权和支出责任划分,将部分适合更高一级政府承担的财政事权和支出责任上移,强化省级政府在义务教育、医疗卫生、社会保障等基本公共服务领域的支出责任,提高民生支出保障水平。建立较为规范的省对下转移支付制度,引导财力向下倾斜,着力增强县乡政府提供基本公共服务能力,促进省内地区间基本公共服务均等化。在注意处理好与现行行政管理体制和其他经济管理权限关系的基础上,积极推进"省直管县"和"乡财县管"财政管理方式改革,减少财政管理层级,提高财政资金使用效率。

5. 预算管理制度日益健全,科学化、规范化水平逐步提升

在通过分税制改革理顺中央和地方财政关系基础上,我们着力推进预算管理改革。全面取消预算外资金,将所有政府性收支纳入预算管理。建立由一般公共预算、政府性基金预算、国有资本经营预算、社会保险基金预算组成的政府预算体系。改进预算管理和控制,建立跨年度预算平衡机制。建立部门预算管理制度,实现一个部门一本预算,完整反映部门收支状况。清理规范重点支出挂钩事项,促进财政资金统筹使用。健全预算标准体系,推进预决算公开,不断加大"三公"经费公开力度。加强预算绩效管理制度建设,有序推进预算支出绩效评价工作。实行国库集中收付制度改革,将所有财政资金纳入国库单一账户体系管理。建立健全以政府债券为主体的地方举债融资机制,妥善化解地方政府债务风险。经过努力,初步建立了与社会主义市场经济体制和公共财政相适应的预算管理制度体系,预算管理科学化、规范化水平不断提高。

同时,随着经济社会发展和国内外形势变化,特别是与新时代发挥财政在国家治理中的基础和重要支柱作用相比,与推进国家治理体系和治理能力现代化的要求相比,现行中央和地方财政关系仍存在一些不相适应的方面。主要是:地方税和直接税体系有待健全;部分领域中央与地方财政事权划分还不够清晰,共同财政事权需要进一步规范,中央财政事权和支出责任需要加强;转移支付结构不尽完善,转移支付管理的有效性仍需提高;部分地区省以下财政事权和支出责任划分改革进展偏慢,符合"三保"要求的制度保障还不够健全;有利于基本公共服务均等化、可及性的体制机制仍需完善;地方政府债务管理和风险防范工作需要加强等。对此,我们将高度重视,认真研究谋划并努力加以解决。

(四)进一步理顺我国中央和地方财政关系的基本考虑

解决好政府间财政关系问题需要长期不懈地努力。我们要在以习近平同志为核心的党中央坚强领导下,以习近平新时代中国特色社会主义思想为指导,增强"四个意识"、坚定"四个自信"、做到"两个维护",按照党中央、国务院决策部署,不断调整完善中央和地方财政关系,加快建立现代财政制度。进一步理顺中央和地方财政关系,我们将贯彻以下基本要求:一是坚持党对财政工作的领导和以人民为中心的发展思想;二是坚持有利于调动中央和地方两个积极性,推动基本公共服务均等化;三是坚持我国政府间财政关系改革的成功经验和做法,体现权责清晰、财力协调、区域均衡的改革方向。

按照上述要求,重点从以下七个方面予以推进:一是健全地方税、直接税体系,完善以

共享税为主体的收入划分模式。二是完善共同财政事权体系,强化中央财政事权和支出责任。三是进一步完善转移支付,推动财力下沉,提升基层公共服务保障能力。四是规范省以下财政体制,构建从中央到地方权责清晰、运行顺畅、充满活力的财政保障体系。五是健全基本公共服务保障标准,推进基本公共服务均等化和可及性。六是健全风险预警机制,确保不发生系统性风险。七是积极配合立法监督,提高中央和地方财政关系规范化、法治化水平。

委员长、各位副委员长、秘书长、各位委员,全国人大及其常委会长期以来高度重视关心财政工作,为我们深化财税体制改革、加快建立现代财政制度、做好财政改革发展各项工作提供了有力支持。财政部将一如既往地认真贯彻落实党中央、国务院决策部署,坚决服务好全国人大及其常委会立法监督和履职需要,努力推动各方面工作迈上新的台阶。谢谢。

参考资料来源:刘昆:《我国的中央和地方财政关系——十三届全国人大常委会专题讲座第十八讲》,《预算管理与会计》2020年第9期,第4-8+17页。

▶ 案例点评

本文系财政部部长、党组书记刘昆同志在十三届全国人大常委会专题讲座第十八讲的讲稿。当前财税改革中央和地方财政关系改革最难,进度相对来说滞后,而本次讲座详细阐述了当前我国中央和地方财政关系现状及未来改革方向,具体介绍了四个方面的内容:一是中央和地方财政关系的基本理论和通行做法;二是我国中央和地方财政关系的发展变化;三是我国中央和地方财政关系改革发展的成效;四是进一步理顺我国中央和地方财政关系的基本考虑。刘昆部长最后提出下一步将重点从七个方面推进央地关系改革,包括健全地方税体系,完善共同财政事权体系,完善转移支付体制,规范省以下财政体制,健全风险预警机制,提高中央和地方财政关系规范化、法治化水平等。

▶ 讨论题

1. 阐述中央和地方财政关系的基本理论和通行做法。
2. 阐述我国中央和地方财政关系的发展变化情况。
3. 我国中央和地方财政关系改革发展取得了哪些成效?还存在哪些问题?
4. 我国中央和地方财政关系下一步改革的重点是什么?

案例 13-2　坚持现代财政制度主线　完善中央地方财政关系

2019年10月末,中共十九届四中全会通过了《关于坚持和完善中国特色社会主义制度 推进国家治理体系和治理能力现代化若干重大问题的决定》(以下简称《决定》),进一步以制度为主线,完善和推进国家治理现代化。11月26日,习近平总书记在中央全面深化改革委员会第十一次会议上强调,"党的十九届四中全会和党的十八届三中全会历史逻辑一脉相承、理论逻辑相互支撑、实践逻辑环环相扣,目标指向一以贯之,重大部署接续递进"。财政是国家治理的基础和重要支柱,这是党的十八届三中全会提出的重大命题,也是十九届四中全会需要接续递进的重大部署。

通过学习十九届四中全会相关论述,我们应理清事权、财权、财力、支出责任之间的关系(以下简称"四者关系")。事权、财权、财力、支出责任是财政的专业用语,它们之间的关系可以从以下四个方面来阐述。

(一)事权与财权相匹配的观点存在理论和逻辑上的不足

学界近年来对"四者关系"在不同层面有多种表述,很多都成为财政界、学术界的热点,有些表述也被党和政府高层级文件采用。但是在表述上存在过度简化的情况,这实际上无法表达复杂的协同关系,降低了科学性,如"事权与财权相匹配"这种表述最不符合财政学的基本原理。事权就是各级政府在各类公共服务中的职责(function 或 responsibility),我国用"事权"代替"职责",有我国的文化传统。例如"父母官"的意识大于"人民公仆"的意识,这样将"职责"表述为"事权"就属于顺理成章的事情。当前这种意识正在转化过程中,出于习惯,我们可以继续用"事权"来表述,但必须清楚"事权"在财政学上的意义就是各级政府的职责。

确定中央和地方事权划分的原则,在财政学上有明确的阐述。中央事权一般应包括经济宏观调控、国家安全、统一市场、跨区域事务。党的十九届四中全会《决定》对中央事权提出了应遵循的原则,"加强中央宏观事务管理,维护国家法制统一、政令统一、市场统一"。同时就需要加强的重点事项做了列举:"适当加强中央在知识产权保护、养老保险、跨区域生态环境保护等方面事权"。中央和地方的共同事权比较复杂,需要根据不同的国情而定。例如义务教育是基本性的、普惠性的,在城市型国家这类的小型经济体往往划定为中央事权,由国家按照公平性、一致性的原则提供直接的公共服务;但在大型经济体,由于地区间情况多样,个人信息的复杂性高,保障服务的监督难度大,义务教育往往列为共同事权。在大型经济体中,一般是中央(联邦)定标准、保接续,进行监督并给予资金补助支持,具体的职责划给市县,由其保障具体服务提供,我国就是这样一种体制。地方事权的范围较共同事权的划分要简单一些,如市政建设运营等政府责任,主要着力于改善当地营商居住环境,且相关事务的项目数量众多、信息复杂性更高、监管难度更大,公共服务属性具有典型的区域性,适合于作为地方事权。

以上对事权进行了简洁的阐述,接下来谈一下财权。财政意义上的财权是指各级政府征集某类财政收入的权力,而财权划分则强调各类财政收入有其自身的属性,与事权并不一一对应。进出口环节的税收,包括关税、进口增值税和进口消费税,以及增值税出口退税,有关全国统一大市场形成,不能列为地方财权;国内增值税在生产、流通、消费全链条按增加值征收,实际税负由最终消费者来承担,原则上应列为中央税;消费税在生产环节征收,按属性也应该作为中央税;房地产税体现当地的公共服务价值,各国无一例外都作为市县税。而在行政性收费层面,对特定居民的专项服务,由相对人受益,不应由其他纳税人负担,服务的成本应当由收费解决,这类收费一般在地方政府比较多,应列为地方财权。当然也有例外,如护照由中央部门统一制作,收取的工本费应作为中央收入。

上述情况表明,事权划分的原则和财权划分的原则有一致性的特点,但不一致之处更多。财权和事权相统一是做不到的,事权和财权相匹配更做不到,因为在相统一的基础之上还要求相应形成的财力与事权的匹配。

一个非常有说服力的事例,表明了税收必须按其属性确定收入分级。2019年10月,国务院出台的"实施更大规模减税降费后调整中央地方收入划分改革推进方案"(以下简称"推进方案")提出,消费税征收环节后移,并稳步下放地方。消费税并不是一个普遍实施的税种,而是仅把部分高耗能、高污染产品和高档消费品纳入征收范围,并通过增加税负的形式,影响消费者的消费行为和消费决策。为使得税收征管简单有效,现行国内消费税基本安排在生产环节征收,并确定为中央税——如果生产环节的消费税税权划归为地方,会鼓励各地大上炼油厂、酒厂、卷烟厂及奢侈品生产,导致消费税政策目标的扭曲或落空。而根据改革方案,征收环节后移,如移到消费环节后并稳步下放地方,则可以有效克服上述弊端。当然,后移之后征管的复杂性大幅度提高,如成品油消费税,目前是在炼油厂征收,简单、规范、易行、高效,但是后移到流通环节,在加油站售油环节征收,征管的难度明显提高。

"推进方案"中一个无奈的选择是维持了增值税的"五五分享",按照税收原理,增值税应作为中央税,保持"五五分享"主要是因为可划分给地方的税种太少,相关配套改革推进速度太慢,如房地产税立法进程过慢。"五五分享"带来一系列复杂问题,比如期末留抵退税就很难按照"五五"进行分担——五五分享收入易,五五分担退税难,导致该项政策事实上无法长期持续。"推进方案"规定,在留抵退税中,中央分享的50%的部分当然就对应分担50%的退税,另外50%属于地方分享的部分。但难点就在地方这50%的退税安排,目前的方案是,属地先就地分担15%的退税,其余35%先在属地退税,再按各地分享收入占全部地方分享收入的比重,逐月分担到各地,年底再做汇算,这种管理模式操作起来难度不小。

如果按照"事权和财权相统一",则会形成如下的操作:一是对消费税,不需要把征收环节后移,而是直接把现行的消费税划分给地方;二是对增值税,在确立了"五五分享"的同时,也按照"五五"的比例就地分担留抵退税。这种简单化的操作,不仅不会解决问题,而且会导致矛盾更加复杂,问题也更加突出。国务院的"推进方案"应是在做了很多的比较后,才做出现在的方案选择,比按"事权和财权相统一"的逻辑,不顾税种属性乱分一气强得多。"事权与财权相统一"从来就没有进入中央的正式文件,但令人惊讶的是,却流传很广,好像天经地义,其实这是一个完全错误的观点和逻辑。

(二)"四者关系"是一个与时俱进、发展扬弃的过程

这一点可以从中央全会和文件中找到清晰的脉络。我分四个关键节点进行梳理:第一,1994年的分税制改革是起点。本次改革所遵循的原则集中体现在1993年党的十四届三中全会的《中共中央关于建立社会主义市场经济体制若干问题的决定》之中,特别是集中体现在"关于积极推进财税体制改革"的章节。此章节提出"把现行地方财政包干制改为在合理划分中央和地方事权基础上的分税制,建立中央税收和地方税收体系",明确了以下原则:将"维护国家权益和实施宏观调控所必需的税种列为中央税;同经济发展直接相关的主要税种列为共享税;充实地方税种,增加地方税收入"。

除了上述税收制度改革的内容外,党的十四届三中全会的《决定》还提出了提高财政收入在国民生产总值中的比重,合理确定中央财政收入和地方财政收入的比例,实行中央财政对地方的返还和转移支付制度等目标要求,以调节收入分配和平衡地区差距,特别是支持不发达地区发展。

上述要求对税收制度和税种属性的划分,作出了明确的规定,即哪一种税可以作为主体税种,哪一种税由中央所独享,哪一种税可以作为地方税,规定明确、标准清晰。此外,提出了实行中央财政对地方的税收返还和转移支付制度,指出了在当时体制下做到事权与财力相匹配的实现途径。文件中没有明确合理划分中央和地方事权应遵循的原则，但是第一次把划分事权提出来。

当时的改革任务是用分税制取代分级包干制，以及大力推进改革，按税种的属性明确收入级次，并第一次提出合理划分事权，这成为逐步规范"四者关系"的起点。当然，党的十四届三中全会的《决定》还提出理顺国家和国有企业的利润分配关系，改进和规范复式预算制度，中央赤字不再向银行透支而靠发行长短期国债解决，统一管理政府的国内外债务等一系列近期改革任务。说是"近期"，实际上相当程度上确定了中长期改革的方向。但这些跟"四者关系"关联性不大，就不再赘述了。

第二个重要节点是党的十六届五中全会。这次中央全会审议通过了第十一个五年规划的"建议"，提出了"建立健全与事权相匹配的财税体制"的要求，在1994年分税制之后，进一步把事权划分突出表达出来，抓住了"牛鼻子"，提出了进一步深化财税改革须坚持的重点。

第三个重要节点是党的十七大报告。十七大报告在十六届五中全会基础上，进一步明确提出"健全中央和地方财力与事权相匹配的体制"的要求，表达科学，包容性强。但在实际工作中，"四者关系"被表述为"财力与事权相匹配"，则过于简化，许多重要的原则未及表述。履行事权必须有对应的财力匹配，而财力则可以由税费征收形成，也可由转移支付形成，甚至可以由债务形成。也就是说，在现行的分税制体制下，不仅仅是税费收入，均衡性转移支付、专项转移支付，以及中央和地方列支赤字，取得发债收入都可以成为财力的来源。但是，只谈财力与事权，有点像起点与结果，对于属于"过程"的事权、财权、财力、支出责任之间的匹配关系没有细化。

第四个重要节点就是党的十八届三中全会的《决定》。党的十八届三中全会《决定》对财税体制给予高度的定位，指出"财政是国家治理的基础和重要支柱，科学的财税体制是优化资源配置、维护市场统一、促进社会公平、实现国家长治久安的制度保障"。全会确立的改革总目标是完善和发展中国特色社会主义制度，推进国家治理体系和治理能力现代化。围绕这一总目标，对财税体制首次提出建立事权与支出责任相适应的制度。并对事权划分加以列举，对事权划分原则和方式做出明确的规定。

这四个主要节点，从党的十四届三中全会到党的十八届三中全会，都是把国家统一、经济宏观调控、跨区事务等等这些原则性的事项进行原则性的表达，然后再列举，提出中央和地方按照事权划分，相应承担和分担支出责任。中央可以通过安排转移支付将部分事权、支出责任委托地方来承担，对于跨区域，且对其他地区影响较大的公共事务，中央通过转移支付承担一部分地方支出的责任。

上述四个阶段"四者关系"的发展历程有四个方面的重要作用：第一，明确了事权与支出责任之间的关系，特别是明确了不同的事权划分之下，支出责任分担如何行使。第二，通过上述规定补上了以往简化表述成"健全中央与地方财力与事权相匹配的体制"所带来的操作规则不清晰的短板。党的十八届三中全会《决定》对支出责任和事权之间关系的基本结构，对如何能够使得支出责任适应事权，采用怎样的方法，如何配置合理的财力，都给出了具体要求。第三，适应了国情，并为进一步深化改革留下广阔的空间。通常在财政学上事权属于哪级政府就由其承担支出责任，至于共同事权，就由各级政府共同承担支出责任。目前，我国事权划分不清，共同事权和委托事权太多，相应的支出责任划分就比较复杂。党的十八届三中全会对中央对地方委托事权的支出责任划分,对跨区域事务中地方基于效率和信息优势而替中央承担的支出责任该如何补偿和分担,都提出了目标要求和基本原则。同时,党的十八届三中全会提出了"逐步理顺事权关系"的要求,这说明我国的事权划分准确性不高、法制性不强、稳定性不好,甚至有的事权划分存在根本性的不足,对事权的划分、确立和发展要进一步持续深化改革。第四,党的十八届三中全会还有一个重要的提法,就是"保持现有中央和地方财力格局总体稳定,结合税制改革,考虑税种属性,进一步理顺中央和地方收入划分"。这一重要部署,提出了进一步推进分税制改革应遵循的原则,同时也明确了不顾税种属性,片面强调事权与财权相统一或相匹配是不正确的。党的十八届三中全会的《决定》是第一次强调须在考虑税种属性的基础上,进一步理顺中央和地方收入划分的中央重要文件。

(三)对十九届四中全会就"四者关系"表述的进一步思考

如前所述,理顺"四者关系"的改革探索可以追溯到党的十四大,特别是建立中国特色社会主义市场经济基础框架为目标的党的十四届三中全会,以及按照全会精神在1994年推出的全面配套改革。在此之后,历次党的代表大会和全会都做出了相关的表述,虽然都是强调了"四者关系"的某一方面,但都是针对当时及近期急迫解决的问题提出来的,都是正确的,还为下一步发展留下了拓展的空间。这些会议精神和要求都是目标导向和问题导向的有效结合,体现了追求真理、实事求是的思想方法和工作方式,但真正系统全面的阐述是十九届四中全会对"四者关系"做出的全面表述。这个全面表述强调"优化政府间事权和财权划分,建立权责清晰、财力协调、区域均衡的中央和地方财政关系,形成稳定的各级政府事权、支出责任和财力相适应的制度"。当然,党的十九届四中全会《决定》的形成是对我国改革开放以来重大经济社会实践和改革经验的总结,对这段话的表述理解也要结合历次中央文件表述来贯通性地继承创新。如优化政府间事权和财权划分,要结合十八届三中全会对事权划分所做出的规定,遵循的原则来展开;保持中央和地方财力格局总体稳定,要结合税制改革,考虑税种属性,根据社会主义市场经济体制的发展,根据进一步理顺中央和地方收入划分的财权分配原则去理解;对财力协调、区域均衡等要求要结合历次全会及十八届三中全会的事权与财力相匹配,事权与支出责任相适应的规定去理解,如此等等。我对十九届四中全会的《决定》对"四者关系"的重大战略部署和重点表述进行总结如下。

第一,《决定》明确要理顺中央和地方的权责关系。这项内容在党的十八届三中全会相关任务规定的基础上进一步发展,原则更加明确,进一步用列举的方式来规范事权划分。《决定》又增加了一些列举,更加符合国家治理现代化的要求和理论上的逻辑。如适当加强中央在知识产权保护、养老保险、跨区域生态环境保护等方面的事权,全球主要经济体中,社会基本养老保险几乎没有按属地原则缴纳和管理的。我国当前正在从省级统筹的基础上向中央统筹过渡,推进进程相对加快。基本养老保险是一个典型的中央事权,牵涉到劳动力市场的统一,牵涉到公平正义。知识产权保护显然应该是全国统一大市场的核心工作主题,既要保证知识产权保护的有效性和经济性,又不能各自为政、分割市场,必须由中央统一承担、统一管理。

《决定》提出,要"减少并规范中央和地方共同事权"。原来的中央文件都是要求"规范"共同事权,而《决定》明确为"减少",就是明确指出目前的共同事权种类、数量都太多了,与之相适应的支出责任要求也太大了。这一条针砭时弊，就是共同事权过头，大量公共事务由中央下发指导文件，地方各级层层转发，并出台有关文件贯彻落实具体文件，也即以文件来落实文件，形成了执行上的形式主义。在形式主义之外，还会导致公共事务提供的质量不高、规模不足、包容性差。如有些跨区域事务，本应属于中央事权，而错划成共同事权，地方贯彻时往往走样，因为利益不相关甚至利益相悖；有些本应属于地区事务，结果错划成共同事权后中央直接指导和干预过多，地方也会抱怨上级的文件不合实际。减少共同事权，明确中央和地方事权，这一点对"四者关系"来说是基础性的，非常重要。解决共同事权过多，首先要做的是把该上收中央的要上收中央，该下放地方的就坚决下放地方（如"厕所革命"），这样，把共同事权的范围和领域制度性地、规范性地减少。其次，把共同事权的要求和职责划分说清楚，规范和提升共同事权的执行效率。如义务教育作为共同事权，地方要把信息掌握全，把基本公共服务质和量提供到位，把资金按要求保障到位；中央财政根据教育事业的发展、新型城镇化的发展和区域平衡发展的要求予以支持和保障一部分财力，并强调教育覆盖农民工随迁子女、外地迁入人口子女，"费随人走"，确保高质量的教育公平成为我们国家治理现代化的基础和标志。再次，把专项转移支付管好用好，以此来保证共同事权得到长期稳定的资金保障，并体现中央支出责任的规范性和持续性。2015年《预算法》规定，国务院可以按特定事务设立专项转移支付。这里面的关键是特定事务，要按照十八届三中全会、十九届四中全会的精神，限定什么事务国务院无需设立"特定"，什么事务必须设立"特定"，使事权和支出责任相适应。

第二，《决定》提出按照权责一致的原则规范垂直管理体制和地方分级管理体制，这条任务聚焦于清晰合理划分的中央地方事权，并确保执行落地。这个要求比只要求划分难得多，因为一要求划分要清晰、明确、合理，二要求实际能规范、有效执行。如海域管理应是中央事权，我国同绝大多数国家一样，不划分海域的地方管理边界，海域管理关系国家的整体利益，由中央直接管理。但长期以来实际情况是九龙治海，中央部门涉及海防、缉私、交通、环境、渔业、灾害应对、水利等等，这些领域大都有地方相关部门参与，各有各的队伍，各有各的文件，管理冲突、低效率是常态，甚至有害国家安全的情况也有发生。历届国务院分管领导都想解决这一难题，由于相关的部门太多，找不到对口的领导负责，协调起来很麻烦。财政部是坚持主张海域管理是中央事权，有些具体事务也需要地方参与，提出由一家部门主导，大家配合。但由谁主导，同相关部门和沿海省市之间关系如何协调很复杂，分管领导几经换届，问题还没有解决。直到十八届三中全会后，党中央、国务院重新组建国家海洋局，统一指挥调度海警部队开展海上维权活动，才有了解决问题的基础，当然仍有大量复杂事务的处理协调需要不断突破。2018年将海警部队整体划归武警部队，成立中国海警局，统一履行海上维权执法职责，并同有关行政部门建立执法协作机制和指导地方海上执法工作，这一中央事权才算真正落地。"知易行难"，此事，我们足足经历了20年的时间。这项改革任务艰巨，意义重大，体现了以习近平同志为核心的党中央的责任担当。这一事例说明建立科学合理的中央地方事权划分执行体制的重要性，也说明中央地方事权划分和执行体制绝不仅是一个财政问题，更是高阶政治问题。

第三，《决定》总结性地提出"构建中央到地方权责清晰、运行顺畅、充满活力的工作体系"。按照《决定》的原则要求，明确中央和地方事权划分，处理好"四者关系"和相应的行政体制,包括分级行政管理体制,最终实现充满活力的工作体系,是环环相扣的整体任务。财政是国家治理的基础和重要支柱,科学的财税体制是优化资源配置,维护市场统一,促进社会公平,实现长治久安的制度保证。

党的十八届三中全会全面部署了各项财税改革任务,党的十九届四中全会着重细化明确了发挥中央和地方两个积极性的相关内容。两个全会都以坚持和完善中国特色社会主义制度,推进国家治理体系和治理能力现代化作为改革的总目标,所不同的是,党的十八届三中全会定位在全面深化改革,从而对财税体制各个方面做出全面的改革任务要求;党的十九届四中全会定位在国家治理体系和治理能力现代化,从而突出健全发挥中央和地方两个积极性的体制机制,对"四者关系"做出全面的论述。财政由于在国家治理中负有关键性使命,在实现总体目标中发挥基础性作用,财政部门推进落实相关任务,财政学会研究探索任务实现途径,均责任重大。

(四)当前及今后一个时期需加强研究的几个关键问题

财政部副部长余蔚平代表财政部党组致辞中,对财政学会提出理论研究的重点领域和核心要求,这是财政学会下一步要研究的主要问题。当前和今后一个时期,财政学界应着力加强以下五个问题的研究工作:

第一,将党的十九届四中全会确定的中央和地方政府间财政关系与新中国财政70年的政府间财政关系的改革主线相衔接,并在制度演进上寻求规律,找到动力,形成权威观点和理论。

第二,从现代财政制度的建设和完善出发,将中央和地方政府间财政关系的研究纳入框架,也即政府间财政关系不仅仅是"划分"层面的改革,也是"相适应"层面的制度构成和保障。

第三,对事权与财权之间的关系按照社会主义市场经济体制的要求进行更加深入的分析,为"优化政府间事权和财权划分","形成稳定的各级政府事权"两项内容,在理论上和实践上的进一步突破准备基础。

第四,对支出责任与财力之间的关系进行梳理,以此来作为我国财力充裕度和合意度的重要判定标准,并成为政府与市场关系的调整基础和更好发挥政府作用的前提。

第五,对财力与财权之间的关系进行明确,坚持以广义的口径和规范化的标准来分析和对待财力,也坚持用符合市场经济要求的稳定性、机制化的制度来明确财权,使财力与财权在规模上、结构上和功能上相匹配,并争取建立起较为确定的指标关联。

参考资料来源: 楼继伟:《坚持现代财政制度主线　完善中央地方财政关系》,《财政研究》2020年第2期,第3—8页。

▶ 案例点评

本案例系时任中国财政学会会长、十三届全国政协外事委员会主任楼继伟,2019年12月18日在第四届财政与国家治理论坛的讲稿。理清事权、财权、财力、支出责任之间的关系是完善中央地方财政关系的基础和关键。作者首先阐明事权与财权相匹配的观点存在理论和逻辑上的不足,然后分1994年的分税制改革、十六届五中全会、党的十七大报告、十八届三中全会的《决定》四个关键节点对"四者关系"进行梳理,指出"四者关系"的发展历程对于完善我国中央与地方财政关系发挥了重要作用。作者指出十九届四中全会对"四者关系"做出了系统全面的阐述,强调"优化政府间事权和财权划分,建立权责清晰、财力协调、区域均衡的中央和地方财政关系,形成稳定的各级政府事权、支出责任和财力相适应的制度",并对十九届四中全会的《决定》对"四者关系"的重大战略部署和重点表述总结如下:《决定》明确要理顺中央和地方的权责关系;《决定》提出按照权责一致的原则规范垂直管理体制和地方分级管理体制;《决定》总结性地提出"构建中央到地方权责清晰、运行顺畅、充满活力的工作体系"。最后,作者给出了当前及今后一个时期财政学界需加强研究的五个关键问题。

▶ 讨论题

1. 谈谈你对"事权与财权相匹配"这一观点的认识。
2. 阐述文献中四个阶段"四者关系"的发展历程的重要作用。
3. 阐述十九届四中全会的《决定》对"四者关系"的重大战略部署和重点表述。
4. 谈谈你对完善中央地方财政关系的认识。

第十四章

国债和国债市场

一、习 题

(一) 单项选择题

1. 国债与私债的本质区别是( )。
   A. 发行的依据或担保物不同   B. 发行的利率不同
   C. 发行的机构不同   D. 发行的方式不同

2. 当今世界各国国债的主导发行方式是( )。
   A. 直接发行方式   B. "随买"方式
   C. 承购包销方式   D. 公募招标方式

3. 各国政府偿还国债的基本手段是( )。
   A. 通过预算设置"偿债基金"   B. 通过预算列支
   C. 发新债还旧债   D. 市场购销偿还

4. 我国目前国债规模的具体情况是( )。
   A. 国债负担率高,国债依存度高
   B. 国债负担率高,国债依存度低
   C. 国债负担率低,国债依存度高
   D. 国债负担率低,国债依存度低

5. 弥补财政赤字的最佳选择是( )。
   A. 扩大内需   B. 增加出口   C. 发行国债   D. 减少公共支出

6. 国债依存度是指( )。
   A. 当年国债发行额占当年财政收入的比重
   B. 当年国债累计余额占当年财政支出的比重
   C. 当年国债发行额占当年中央财政支出的比重
   D. 当年国债累计余额占当年 GDP 的比重

7. 国债偿还率是指( )。
   A. 当年国债累计还本付息额占国民收入的比重
   B. 当年国债还本付息额占当年国民收入的比重
   C. 当年国债还本付息额占当年中央财政收入的比重
   D. 当年国债还本付息额占偿债资金的比重

8. 下列反映政府偿债能力的是(　　)。
   A. 当年国债发行额
   B. 当年国债还本付息额占当年中央财政收入的比重
   C. 历年累计债务总额
   D. 当年国债还本付息额

9. 具有政府信用性质的财政收入是(　　)。
   A. 税收　　　　B. 利润　　　　C. 公债　　　　D. 罚没收入

10. 通常认为,地方政府发行的债券属于(　　)。
    A. 直接隐性债务　　　　　　　B. 直接显性债务
    C. 或有隐性债务　　　　　　　D. 或有显性债务

11. 目前我国公债发行主要采用(　　)方式。
    A. 直接发行　　　　　　　　　B. 代销发行
    C. 承购包销与招标发行相结合　D. 私募定向发行

(二) 多项选择题

1. 国债的特点包括(　　)。
   A. 自愿性　　　B. 有偿性　　　C. 强制性　　　D. 灵活性

2. 以国家举债的形式为标准,国债可分为(　　)。
   A. 国家借款　　B. 发行债券　　C. 内债　　　　D. 外债

3. 如何衡量和处理国债负担是财政理论与实践的重要内容,对国债负担的分析可以包括(　　)方面。
   A. 认购者负担　B. 纳税人负担　C. 代际负担　　D. 政府负担

4. 世界各国通用的国债发行方式有(　　)。
   A. 直接发行方式　　　　　　　B. "随买"方式
   C. 承购包销方式　　　　　　　D. 公募招标方式

5. 控制国债债务率的基本途径包括(　　)。
   A. 控制基本财政赤字
   B. 国债利率要适度
   C. 强调国债投资效益,保持适度的经济增长率
   D. 控制银行利率

6. 下列指标中,反映国债规模的是(　　)。
   A. 当年发行债务总额
   B. 当年到期需要还本付息的债务总额
   C. 国债偿还率
   D. 国债负担率

7. 以债券的流动性为标准,国债可分为(　　)。
   A. 可转让国债　　　　　　　　B. 不可转让国债
   C. 凭证式国债　　　　　　　　D. 记账式国债

8. 下列所述属于国债产生的必要条件的是(　　)。

A. 国家财政上的需要 B. 有平等对立的经济关系
C. 有大量闲置的货币资本 D. 有货币信用制度的发展

(三) 判断题

1. 在今天,不管社会制度怎样,不论经济发展水平如何,几乎所有国家都将国债作为政府筹集财政资金的重要形式和发展经济的重要手段。( )
2. 合理的国债期限结构应该是以短期国债为主的期限结构。( )
3. 从 2006 年开始,参照国际通行做法,我国改为实行国债余额管理制度,国债余额管理制度对加强国债管理和提高国债效率发挥了重要作用。( )
4. 国债的产生离不开商品经济和信用经济的发展。( )
5. 《马约》的参考值是约束和防范债务危机的措施,是治理债务危机的根本措施。( )
6. 隐性债务和或有债务是一种世界性现象。( )
7. 国债的运行成为财政政策与货币政策的连接点和结合点。( )
8. 国债发行是为了弥补财政赤字,然而国债发行也可以导致财政赤字的出现。( )
9. 国债发行得越多,生产建设资金就越多,也越有利于经济发展。( )
10. 国债的发行是国债运行的起点和基础环节,核心是确定国债发行的方式。( )
11. 我国地方政府债务应当分门别类纳入全口径预算管理。( )

(四) 名词解释

1. 国债
2. 直接债务、或有债务
3. 显性债务、隐性债务
4. 国债市场
5. 国债负担率
6. 国债收益率曲线
7. 地方政府专项债券

(五) 简答题

1. 简述衡量国债规模的指标。
2. 简述国债的政策功能有哪些。
3. 简述国债市场的功能。
4. 简述并评价李嘉图等价定理。
5. 什么是国债结构？通过哪些方式反映？

(六) 论述题

1. 试论述我国地方债的形成及治理。
2. 试述什么是我国的国债余额管理制度,为何说国债余额管理制度对加强国债管理和提高国债效率发挥了重要作用。
3. 试论述国债的经济效应。

二、习题解答

（一）单项选择题

1. A   2. D   3. C   4. C   5. C   6. C
7. C   8. B   9. C   10. B   11. C

（二）多项选择题

1. ABD   2. AB   3. ABCD   4. ABCD
5. ABC   6. ABCD   7. AB   8. ABCD

（三）判断题

1. √   2. ×   3. √   4. √   5. ×   6. √   7. √   8. √   9. ×   10. √
11. √

（四）名词解释

略。

（五）简答题

略。

（六）论述题

略。

三、案例分析

案例 14-1　独山县高额负债的反思：县域经济如何寻找特色发展之路

贵州省独山县负债不是新鲜话题。随着一个媒体给出的负债资金用途更为直观的视频的热播，独山 400 亿债务问题又一次引起关注。由于今年地方财政普遍较为困难，人们不禁担心，独山县财政能挺过来吗？独山全县地区生产总值 2019 年完成 125.74 亿元（初步统计数），这样小的经济体量，能应对 400 亿元的债务吗？

2019 年 8 月 7 日，《中国纪检监察报》刊文披露了独山县委原书记潘志立的案情。报道中披露，潘志立被免职时，独山县债务高达 400 多亿元，绝大多数融资成本超过 10%。

实力弱靠外部输血的独山县财政

我们先来看独山县的财政收支情况。公开渠道可以获取的较为系统的最新年度财政收支数据来自 2019 年 10 月 10 日公布的 2018 年决算［独山县人民政府政府信息公开网所提供的政府预决算信息（http://www.dushan.gov.cn/zfxxgk/fdzdgknr/ysjs/zfyjs/）］。据此，2018 年独山县的一般公共预算收入 4.77 亿元，其中税收收入和非税收入分别为 3.38 亿元和 1.39 亿元，分别占 70.85% 和 29.15%。一般公共支出 27.31 亿元，其中债务付息支出 1.84 亿元，均为地方政府一般债务付息支出。不到 5 亿的县级一般公共预算收入，显然无法满足超过 27 亿的支出需要。缺口主要靠省级补助（20.58 亿元）、地方政府债券转贷资金收入

（12.26亿元）、其他资金（基金）调入（2.36亿元）来弥补，州级财政也提供了0.15亿元的补助。可见，独山县财政主要依靠外部资金的输入来得以维持运行。

2018年独山县政府性基金收入12.27亿元，支出12.27亿元，其中，本年政府性基金收入10.02亿元，本年支出10.02亿元。本年支出中，债务付息支出0.48亿元。2018年债务（转贷）收入1.51亿元；债务还本支出1.98亿元，这说明当年政府性基金中的实际可支配债务收入是负数。政府性基金收入主要来自土地收入，2018年国有土地使用权出让收入9.76亿元。2018年独山县国有资本经营预算决算收入仅为686万元，决算支出也是686万元，与较大的支出盘子相比，这样的收支规模几乎可以忽略不计。社会保险基金预算的专门性决定了它同样无法为地方财政运行提供财力。

根据决算，2018年年末独山县地方政府债务余额79.56亿元，其中一般债务余额64.67亿元，专项债务余额14.89亿元，均未突破本年地方政府债务余额限额。2019年独山县地方一般公共预算收入完成4.7亿元，同比下降1.4%。其中：税收收入完成3.29亿元，同比下降2.5%。这样的财力，要应对80亿元的地方政府债务余额都有难度，更不用说400亿的负债了。

高额负债问题的严重性

政府预决算数据表明，400亿元的负债如果存在，那么大部分就不是地方政府直接负债，但这样问题就显得更加严重了。众所周知，这些年来，地方债一直在规范管理，地方政府债务余额基本上等于地方政府实际应负担的债务余额，才是应该看到的结果。但是，独山县政府的各种违规担保以及利用地方融资平台举债，导致地方债管理中问题丛生，并积聚起较大的地方债风险。因此，要解决独山的地方债务问题，需要有更加准确的债务信息发布。仅仅依靠独山县是无法化解这些债务风险的。既然要更多的外部资金输入才能解决，那么重要的是全面掌握独山县政府的负债信息。这是解决问题的第一步。债务问题仍然需要直面。防范化解重大风险，容不得半点马虎。官员落马了，不是将问题归咎于落马官员就了事，重要的是分析问题，找到有效防范化解未来同类风险的路径。

独山地方债问题的严重性不言而喻。如果不是上级财政资金的注入，那么独山的财政就会停摆。短期内，上级对独山的地方财政救助是不可或缺的。在积极防范化解风险的同时，我们需要进一步反思一些问题：地方债风险，全国上下已经多次提示要加以防范，但独山县为什么还是出了这么大的问题？地方政府担保早已不允许，为什么独山县还会有各种形式的担保？为什么地方债务管理制度的相关规定流于形式？为什么既有的内部控制制度失效？为什么地方债务风险累积到难以为继的时候，问题才最终暴露出来？

高额负债反映地方治理的落后

从现有的新闻报道来看，地方债的累积与前任县委书记有密切关系。问题是，当地干部不可能不了解中央的有关地方债务管理的规定。2014年，预算法修正之后，已经赋予省级地方政府发债权限，"开前门，关后门"的机制早已形成，但为什么独山县还能在新预算法生效之后依然如此？前任县委书记力排众议，做到了这一点？

多年来，我们已经习惯了粗放式的经济增长，并以增长后的收益，来补偿损失。官员的既往从政经验，在很大程度上支持了独山县的债务融资做法。但是，时代早已不一样了。在过去，具体制度还不够健全的时候，确实存在各种漏洞，确实有各种擦边球可以打，但现在地方债管理制度已经非常明确,怎么还有这种类型的地方政府担保呢?

事实上,即使是在发达地区曾经行之有效的做法,时过境迁,现在也不一样有效。当把这样的做法移植到落后地区时,失效的可能性就更大了。抛开债务融资的制度约束,一个地方的应债能力是债务融资决策最应该考虑的因素。而这要看当地经济的发展水平和发展潜力。西部地方经济相对落后,经济发展空间的确很大,但在短期内,增长潜力未必能够转换为经济实际增长率。

独山负债融资多为大项目,大项目融资风险在不同的阶段有不同的表现。在项目进行阶段,项目建设资金不足可能导致项目不能建成,并进而影响后续的项目运作,债务偿还就会出现问题。项目建成后,项目运作未达到预期效果,收益不能弥补成本,也会导致债务偿还的困难。

地方政府债务融资,就是在加杠杆。杠杆率过高,意味着债务利息负担过重。独山县政府已经走到这一步了。债多了,就希望债滚债,希望能有新项目的收益,来解决旧项目的问题,这很自然。但新项目真的就有利可图吗?遇到债务问题,就想着靠"发展"来解决。这样的思路不能说是错的。但"发展"是有前提条件的。不是想发展就一定会发展的。经济增长需要看约束条件。在高质量发展背景下,生态文明建设比什么时候都重要,牺牲生态环境搞发展,或实现所谓的跨越式发展是做不到的。经济增长还受制于市场条件,受制于当地的各种硬环境和软环境。

就事论事,要在一个偏僻的山区县,发展大学城,至少在当下的中国,有相当的难度。事实上,就是东部一些地方的地级市,在发展大学城上,都遇到很多难题。大学城对优质高等教育资源的吸引力不足,最后只能是当地的一些学校的搬迁。说实在的,大学城建设的背后多与房地产经济有着密切关系,但是,人气不足的大学城,甚至对市场主体的吸引力还不如一些地方重点中学(现实中,我们看到一些地方,隔上几年,就设法让重点中学搬迁或设立新校区或设立分校,这样的"借力"或许可以让房地产经济上受益,但对于教育来说,这不能不说是一种折腾)。独山县的地理位置以及先天条件,决定了在短期内要发展大学城,基本上是很难做到的,后来的事实也充分说明了这一点。

寻找适应落后地区的特色发展之路

平心而论,从几个大项目来看,独山县的"天下第一水司楼""世界最高琉璃陶建筑"等旅游项目设计也费了心思,但项目建设和运作风险,应该说独山县有关方面的考虑还是不够充分。政府与市场的关系虽是个老问题,但总是在不同场合以不同方式表现出来。怎么发展地方经济?是不是就一定需要地方政府亲自上?营商环境的优化,让更多的市场主体积极性得到更充分的发挥,效果好过政府亲自上场。诚然,在经济发展的起步阶段,基础设施建设需要政府的投入,但政府还是要守住底线,只做市场不能做或做得不如政府的事,否则,市场在资源配置中的决定性作用不能有效发挥,而且政府还可能因此背上沉重的负担。

这也让我想起了各种不规范的PPP项目。PPP项目设置的初衷不能说不好。PPP具有的两大优势:弥补政府资金的不足;发挥市场机制作用。只要充分发挥,这就可以收获到PPP的好处。但关键是,PPP需要的是政府和社会合作,合作的前提下,合作各方根据各自承担的风险获得相应的收益。试想,如果项目前景不明,那么市场主体凭什么愿意投资?于是，地方政府作出各种承诺，试图补偿可能的风险损失，于是，出现了不规范的PPP。天下没有免费的午餐。在风险承担上给补偿，在收益上给补偿，结果这些都变成了地方政府沉重的隐性债务负担。

独山县负债，前任县委书记倒了，问题才得到充分地暴露。地方治理体系和治理能力现代化的迫切性，更是凸显。独山县干部群众当真不明白举债的风险？或许是因为对未来的承诺太迷惑人，或许是因为过于相信能人，或许还能找到其他原因。但无论如何，这样的远超当地承债能力的举债，一定与地方治理的落后有关。地方政府内部缺少监督，社会舆论监督同样缺位。

独山的问题也再次说明基层政府信息公开的重要性和迫切性。基层政府涉及秘密的事项少，有更充分的条件实现信息公开。但现实中，越是基层政府，总体上信息公开程度都较为有限，无论在信息公开的广度、深度还是在公开信息的获取上，都有相当的难度，这就阻碍了可能的各种监督。

面对已经发生的问题，短期内，应该采取有效措施，将损失降到最小限度。一些有前景的项目还是应该继续，但怎么做，应更多借助市场力量，让市场来判断。同时，地方政府应积极自救，通过必要的资产处置，为债务清偿提供现金流。考虑到独山的经济体量，上级对地方的财政救助可能更加重要，但这不应该等同于软预算约束，而是要在救助的同时，探索规范的地方财政救助机制。

从中长期来看，独山作为西部县，应探索不同于东部发达地区的特色发展之路，需要动脑筋，而不是简单地照抄照搬；需要发动当地干部群众的积极性和创造性，群策群力；需要在生态环境有效保护的前提下，走出一条可持续发展之路。

参考资料来源：杨志勇：《独山县高额负债的反思：县域经济如何寻找特色发展之路》，《21世纪经济报道》2020年7月15日。

案例点评

独山县虽小，却是地方疯狂举债的一个典型地区。这个县名不见经传，人口30多万，2020年才退出贫困县序列，但却举债400亿元造了一堆形象工程、政绩工程烂尾，每年需承担40多亿元的利息，远超全县一年财政收入，这些大肆修建的宏伟建筑和景区，说一句"令人瞠目结舌"也不为过。疯狂举债的主推者已经落马，与其搭班子的多名官员也陆续被查。但在追责之外，如何遏制地方债务失控，如何解决地方融资平台泛滥的问题，显然更值得关注。独山县大搞形象工程、政绩工程背上巨额债务事件着实令人痛心，而这背后暴露的地方政府立项草率、缺乏监督等制度问题，务必要在加大地方债额度稳投资的时代彻底纠偏。

独山县只是一个典型，绝不是唯一。只有让监管穿透到每个重大项目的决策中，才能对类似这样的疯狂举债、寅吃卯粮的行为，形成"釜底抽薪"之效。

讨论题

1. 试结合资料谈谈你对独山县高额负债事件的认识。
2. 谈谈独山县高额负债反映出的地方治理问题。
3. 思考如何加强地方政府债务管理，防范和化解债务风险。

案例 14-2　地方债未来五年改革方向　财政部划出两项重点

为应对经济增速放缓以及今年突如其来的疫情，近些年地方政府发行政府债券规模快速攀升，今年底债务余额近 26 万亿元，地方政府债务率逼近国际警戒区间下限（100%），地方债风险有所加大。

"十四五"时期地方债管理有何新趋势？如何防范地方债风险？对此，财政部部长刘昆在近期发表的《建立现代财税体制》一文中给出答案。他强调，"十四五"时期要合理确定政府债务规模，尤其是地方政府债务限额要与相应的收入等相匹配。另外，他还着重谈到防范化解地方政府隐性债务风险，尤其是遏制地方政府隐性债务增长。

多位财税专家告诉第一财经记者，在"十四五"时期财政收入和债务率约束下，基于前期的债务高基数，未来地方政府债务扩张速度会放缓。而遏制地方政府隐性债务增长，依然是地方债监管重要任务。地方债监管依然遵循"开前门、堵后门"思路，完善现有地方债管理体制机制，确保不发生系统性风险。

"十四五"时期地方债难以高增长

2015 年新预算法赋予了地方政府举债权限，打开地方举债"前门"。2015 年以来，地方政府债券发行规模维持在高位，年增长率平均达到 48.1%，远远高于同期经济增速和财政收入增速。

根据财政部数据，截至 2020 年 10 月末，全国地方政府债务余额约 25.8 万亿元，控制在全国人大批准的限额之内。财政部官员预计，今年底全国地方政府债务余额将达到 26 万亿元，债务率接近警戒区间（100%~120%）下限。如果地方按今年规模继续发债，明年可能要进入警戒区间。

在这一形势下，如何确定未来一个时期内政府债务规模，尤其是地方政府债务规模，备受关注。

刘昆在上述文章中谈及"十四五"时期完善政府债务管理体制机制时，首先就强调了，要根据财政政策逆周期调节的需要以及财政可持续的要求，合理确定政府债务规模。他表示，要完善地方政府债务限额确定机制，一般债务限额与税收等一般公共预算收入相匹配，专项债务限额与政府性基金预算收入及项目收益相匹配。

中央财经大学公共财政与政策研究院院长乔宝云告诉第一财经，近些年为应对经济增速放缓压力，再加上今年的新冠肺炎疫情，地方政府举债规模大幅增加有必要，这促进了经济的恢复。不过地方政府未来举债是要靠未来的税收收入、卖地收入、项目收入等来偿还，因此需要举债规模与相应的收入相匹配。随着经济逐步恢复，"十四五"时期及未来一段时间，财政再平衡是大方向，地方政府债务扩张速度会下降。

中国社会科学院大学经济学院吉富星教授告诉第一财经，未来总体上还是遵循举债与偿债能力相匹配，确保债务使用有效率，并将债务杠杆收敛在合理区间。"十四五"债务仍需保持一定规模以对冲内外部风险，但增速由于债务存量累积等因素可能适度降低或适时调整。

地方政府债券细分为一般债券和专项债券，前者是地方为没有收益的公益性项目筹资，靠一般公共预算收入来偿还，列入财政赤字。后者则为有一定收益的公益性项目筹资，靠以卖地收入为主的政府性基金收入或项目专项收入来偿债,不列入赤字。近些年,地方一般债券发行规模相对较小,增速平缓,而专项债券发行规模较大,增速高。

对外经济贸易大学毛捷教授告诉第一财经,地方政府一般债券纳入赤字,如果政府负债率维持不变,经济名义增速保持较高增速,那相应举债规模可以相应扩大,否则举债规模难以增长。而地方政府专项债券不纳入赤字,举债规模更多地受卖地收入及项目收益情况影响,因此各地专项债举债规模存在较大差异。

财政部一位官员近日也公开表示,为了实现地方政府债券长期可持续发展,需要根据财政政策逆周期调节的需要,以及财政可持续发展的要求,科学分析政府举债空间,合理确定地方政府举债规模,保持政府总体杠杆率稳定。在宏观经济好转后,法定债务特别是专项债务规模要逐步"退坡",防止形成路径依赖和债务风险持续累积。

中央财经大学温来成教授告诉第一财经,"十四五"时期地方政府债务既要兼顾经济社会发展需要,也要把债务风险控制在一定范围内。目前财政部设了100%债务率红线,未来地方政府债务率大体上需要控制在这个红线范围内。

遏制隐性债务增长

前述26万亿元地方政府债务属于显性债务,专家普遍认为目前这部分显性债务风险安全可控。但由于一些地方前些年违法违规举债,导致地方政府隐性债务快速增长,规模较大,隐性债务风险备受关注。

财政部原副部长张弘力在近日新格局下政府债可持续发展研讨会上表示,地方隐性债务规模较大,缺乏透明度,防范和化解难度和成本更大。由于统计口径等因素,各方对地方政府隐性债务的测算差异较大。据IMF(国际货币基金组织)测算,2018年末,我国地方政府隐性债务规模达30.9万亿。

这一风险早已引起高层重视,此前相关部门对隐性债务规模进行摸底和整治,2018年中央发文防范化解地方政府隐性债务风险,各地相继出台方案用5至10年来化解存量隐性债务。

刘昆在上述文章里,专门用一段谈及"十四五"时期防范化解地方政府隐性债务风险。

他表示,完善常态化监控机制,决不允许通过新增隐性债务上新项目、铺新摊子。强化国有企事业单位监管,依法健全地方政府及其部门向企事业单位拨款机制,严禁地方政府以企业债形式增加隐性债务。开发性、政策性金融机构等必须审慎合规经营,综合考虑项目现金流、抵质押物等审慎授信,严禁向地方政府违规提供融资或配合地方政府变相举债。清理规范地方融资平台公司,剥离其政府融资职能。

乔宝云表示,财长大篇幅谈隐性债务风险防范,说明未来一个时期中央将花大气力来解决这一问题。而且未来工作的重点仍是优先遏制隐性债务增长,而这除了重点监管违规举债需求方的地方政府及融资平台外,还同时强调了重点监管违规举债资金供给方,这就包括开发性、政策性金融机构。

毛捷认为,遏制地方政府违法违规举债形成隐性债务,除了需要强化对国有企业事业单位、地方政府融资平台、开发性等金融机构监管外,还需促进地方政府职能转变,从大包大揽搞建设转为以公共服务为主,减少举债动机。

除了遏制隐性债务增长,化解巨额存量隐性债务也是各地一大挑战。目前地方化解存量隐性债务的方式中,包括安排财政资金偿还;出让政府股权以及经营性国有资产权益偿还;利用项目结转资金、经营收入偿还;合规转化为企业经营性债务;通过借新还旧、展期等方式偿还和采取破产重整或清算方式化解。

刘昆在上述文章中表示,"十四五"时期要健全市场化、法治化的债务违约处置机制,坚决防止风险累积形成系统性风险。

吉富星认为,由于经济下行、财政运行"紧平衡",导致存量隐性债务如期化解难度大,新增支出刚性增长较快、融资平衡难。未来需要打破城投信仰、预算软约束和刚性兑付,中央不替地方兜底债务、地方不替企业兜底债务。

乔宝云认为,存量隐性债务化解很复杂,未来化解债务需要按照市场规则来办,不少地方政府现在也没有能力来兜底。

毛捷表示,要从根源上化解存量隐性债务,就必须推动地方政府融资平台公司市场化转型,成为独立运营的国有企业,隔离平台公司信用和政府信用。

温来成表示,当前需要统一地方政府隐性债务认定口径,然后建立相应的统计、监测和发布制度,这样才能达到依法、有效治理隐性债务的目的。

参考资料来源:陈益刊:《地方债未来五年改革方向 财政部划出两项重点》,《第一财经》2020年12月13日。

案例点评

为对冲疫情影响,财政政策大幅发力,2020年政府债务发行规模创新高,稳妥处理地方政府债务风险,成为打赢防范化解重大风险攻坚战的重点之一。刘昆在2020年年底发表的《建立现代财税体制》一文中提出,进一步健全政府债务管理制度,完善规范、安全、高效的政府举债融资机制。其中强调"十四五"时期要合理确定政府债务规模,尤其是地方政府债务限额要与相应的收入等相匹配。另外,他还着重谈到防范化解地方政府隐性债务风险,尤其是遏制地方政府隐性债务增长。本文作者采访多位财税专家得出:在"十四五"时期财政收入和债务率约束下,基于前期的债务高基数,未来地方政府债务扩张速度会放缓。而遏制地方政府隐性债务增长,依然是地方债监管重要任务。地方债监管依然遵循"开前门、堵后门"思路,完善现有地方债管理体制机制,确保不发生系统性风险。

讨论题

1. 结合资料思考当前我国地方债发行和管理中存在的问题及未来改革方向。
2. 如何确定地方政府债务规模?
3. 如何防范化解地方政府隐性债务风险?

第十五章

财政平衡和财政赤字

一、习　题

（一）单项选择题

1. 在弥补财政赤字的方式中，最易引起通货膨胀的方式是（　　）。
   A. 动用财政结余　　B. 发行政府债券　　C. 向银行透支　　D. 增税
2. 财政平衡追求的目标是（　　）。
   A. 收支数量绝对相等　　　　　　　B. 收大于支，大量结余
   C. 收支大体平衡　　　　　　　　　D. 支大于收，举债弥补
3. 我国实行年度滚动预算，建立跨年度预算平衡机制，是从（　　）出发的。
   A. 动态平衡观　　B. 静态平衡观　　C. 全局平衡观　　D. 局部平衡观
4. 财政的局部平衡与全局平衡是按（　　）划分的。
   A. 时间因素　　　　　　　　　　　B. 研究范围
   C. 财政体制　　　　　　　　　　　D. 中央与地方的关系
5. 在我国弥补财政赤字的最佳方式是（　　）。
   A. 动用历年财政结余　　　　　　　B. 向银行借款
   C. 向银行透支　　　　　　　　　　D. 发行政府债券
6. 被看作外生变量，且主要体现财政政策变量对经济的影响的财政赤字被称为（　　）。
   A. 结构性赤字　　B. 预算赤字　　C. 周期性赤字　　D. 非充分就业赤字
7. 财政赤字率是指（　　）。
   A. 财政赤字占国内生产总值的比重
   B. 财政赤字占财政支出的比重
   C. 财政赤字占当年财政收入的比重
   D. 财政赤字占政府收入的比重

（二）多项选择题

1. 下列有关财政平衡观点正确的是（　　）。
   A. 财政平衡不是绝对平衡　　　　　B. 要用动态平衡的观点
   C. 要有全局平衡的观点　　　　　　D. 注意平衡的真实性
2. 为了达到抑制社会总需求的目的，应该（　　）。
   A. 增加税收　　B. 增加财政支出　　C. 增加财政补贴　　D. 减少财政补贴

3. 财政平衡和社会总供求的关系是（　　）。

　　A. 财政平衡是社会总供求平衡的一个组成部分

　　B. 就社会总供求平衡来说，财政平衡只是一种手段

　　C. 财政平衡可以直接调节社会总需求，间接调节社会总供给

　　D. 就社会总供求平衡来说，财政平衡是一种目标

4. 财政赤字的弥补方式有（　　）。

　　A. 发行国债　　　　　　　　　　B. 向银行借款或透支

　　C. 财政性货币发行　　　　　　　D. 动用上年财政结余

5. 按财政赤字产生的原因和经济背景可将赤字划分为（　　）。

　　A. 预算赤字　　B. 决算赤字　　C. 结构性赤字　　D. 周期性赤字

（三）判断题

1. 就现代市场经济国家而言，财政赤字已经是一种世界性经济现象。　　（　　）

2. 虚假平衡比公开的赤字有更大的危害性。　　（　　）

3. 预算赤字或决算赤字，不是个别年度或少数年度存在赤字，它的主要标志是连续多年安排预算赤字，甚至是巨额赤字。　　（　　）

4. 赤字债务化一定不会导致通货膨胀。　　（　　）

5. 赤字货币化一定会导致通货膨胀。　　（　　）

6. 财政平衡可以间接调节社会总需求，直接调节社会总供给。　　（　　）

7. 财政赤字和信用膨胀是造成通货膨胀的重要原因。　　（　　）

（四）名词解释

1. 财政平衡
2. 预算赤字
3. 决算赤字
4. 赤字政策
5. 赤字债务化
6. 赤字货币化
7. 结构性赤字
8. 周期性赤字

（五）简答题

1. 简述弥补财政赤字的融资机制有哪些。
2. 简述我国财政赤字的计量方式。

（六）论述题

1. 试分析我国当前财政赤字动态。
2. 试运用国民收入决定模型分析简单的财政赤字与社会总量平衡的关系和财政赤字的经济影响。
3. 试论述财政赤字的弥补方式及其经济效应。

二、习题解答

（一）单项选择题
1．C 2．C 3．A 4．B 5．D 6．A 7．A

（二）多项选择题
1．ABCD 2．AD 3．ABC 4．ABCD 5．CD

（三）判断题
1．√ 2．√ 3．× 4．× 5．× 6．× 7．√

（四）名词解释
略。

（五）简答题
略。

（六）论述题
略。

三、案例分析

案例 15-1　增强全局意识 更多发挥财政的综合平衡功能——访中国财政科学研究院院长刘尚希研究员

日前，中国财政科学研究院院长、研究员刘尚希提出，财政应实现从收支平衡转向综合平衡，把财政管理融入整体的国家治理之中，以国家治理的要求完善财政制度、设计财政政策，发挥财政的综合平衡功能。就这一重要观点，记者日前对他进行了专访。

财政综合平衡属于国家治理范畴

所谓财政收支平衡是指在一定时期内（通常为一个财政年度）财政收入与财政支出之间的等量对比关系。长期以来，收支平衡一直是各国，包括中国在内，实施财政管理的基本原则，一般以一个年度为周期，或是跨年度、周期性的。

但刘尚希认为，随着我国市场经济的不断拓展深化和全球化影响的深入，随着财政职能的提升拓展，单纯讲财政的收支平衡已远远不够。总体上说，收支平衡属于较为传统的财政管理或者财务管理的范畴，实际上是把财政职能狭隘地局限于经济学视角来理解。传统的财政管理重收支、轻政策；收支管理规范、细化，政策管理偏弱；重经济意义上的供需平衡，轻整个社会意义上的风险利益平衡。在财政成为国家治理的基础和重要支柱、财税体制作为优化资源配置、维护市场统一、促进社会公平、实现国家长治久安的制度保障的前提下，在当前社会公共风险凸显并不断扩大的背景下，财政政策作为国家治理的重要工具，应把财政收支管理融入
整体的国家治理之中，以国家治理的要求完善财政制度、设计财政政策，更好地发挥财政的

社会综合平衡功能,而不只是经济的平衡。

"财政收支平衡属于财政管理或财务范畴的概念,是管理层面的,相对较窄,是局部平衡;财政综合平衡立足于国家治理,通过法律、制度、政策寻求化解各种公共风险,并实现社会整体的各类风险平衡、利益平衡,是治理层面的,属于整体平衡。"刘尚希表示。

财政的综合平衡功能如何体现

刘尚希提到,最近习近平总书记就防范化解7大领域的重大风险作出深刻分析并提出明确要求。实际上,我们所处的世界的本质就是不确定性,不确定性就会产生风险,从不确定性中寻求确定性、化解风险则是人类行为的宗旨。从政府层面而言,就要应对各种具有公共性的不确定性,防范化解公共风险。

他强调,财政在防范化解公共风险中具有无可替代的作用。这是由于政府的所有活动都与财政收支相关,所有的财政收支都体现为公共政策。作为联接政府所有部门和社会所有领域的公共机构,财政所关注的不只是传统的经济领域的公共风险,而且还要重视包括社会领域和环境领域等所有具有公共性的风险。因为只有这些风险可控,才能避免公共危机,才能保障整个经济社会的可持续发展。

财政通过什么手段化解公共风险?刘尚希指出,财政主要通过自身的平衡器、转换器和稳定器功能发挥作用。

一方面,财政是国家发展的平衡器和增强国家综合实力的"转换器"。社会各个领域均离不开财政,财政也会通过预算、税收、投资、补贴政策等制度和政策工具,推动经济社会发展。

"财政就像人身上的血液,它来自身体自身,又滋养人体的每一个脏器和细胞。人每时每刻都离不开血液,血液一出问题,意味着身体也出了问题。"刘尚希比喻道。

刘尚希认为,财政综合平衡追求的不仅仅是经济平衡,还有社会领域中各方利益的平衡、生态平衡。从其实质来看,这些平衡就是风险的平衡,各领域的平衡实际上也就是各领域风险的平衡。从财政自身来看,其实也有风险,倘若将财政风险与经济、社会、环境领域风险的整体平衡同时考虑,那就是讲求综合平衡。实现公共风险与财政风险的平衡,就是财政综合平衡的目标。

他具体分析,财政风险有两层含义:一层是微观意义上的,财政收支的缺口不能太大,资产负债要匹配,比如把政府的收支、资产负债像公司一样来看待,它有微观上的财务风险。另一层是从宏观意义角度说,经济领域、社会领域、环境领域的公共风险都有可能由财政兜底,最终结果是扩大了财政风险,但实现的效果是公共风险缩小了,等于把公共风险转化为财政风险。所以,财政综合平衡的最终目标不是财政风险最小化,而是公共风险的最小化。财政收支平衡追求的是财政风险最小化,而财政综合平衡追求的是公共风险最小化。这是两个不同层次的目标,当两者组合在一起时,财政风险通常作为公共风险最小化这个目标函数的约束条件而存在。

因此,综合平衡不是一个传统意义的财政收支管理乃至财务管理观念,而是国家治理的一种机制、途径或工具。全面、长远地看,其中也包括了财政自身的收支平衡和财政的可持续。但财政自身的平衡不是现代财政管理所追求的目标。"如果从公共风险的角度做到了社会的整体平衡,财政自身也就可持续了。"刘尚希指出。

对于增强国家综合实力的"转换器"角色,刘尚希表示,一个国家的 GDP 和综合实力并非总是划等号,也因此对国际竞争产生巨大影响。能否将 GDP 顺利转化为国家的综合实力和国际竞争力,财政制度在其中起着重要的转换作用。他举例说,从鸦片战争一直到 19 世纪末,中国的 GDP 在世界上长期居于前列,但是综合国力很弱,屡战屡败,其中重要原因就是财政制度无法较好发挥"转换器"的作用。

另一方面,财政还是国家发展的稳定器。刘尚希表示,财政是社会各种利益关系的交汇点,既关系到百姓的钱包,也涉及国家的钱袋子。国家政权的巩固、社会的稳定等治国安邦的重大问题都与财政制度是否完善,是否能够发挥综合平衡功能,合理调节社会利益关系具有内在关联。

纵观古今中外的历史和现实,这一观点也是成立的——中国历史上一些王朝横征暴敛,导致社会利益关系严重失衡,政权出现不稳定乃至灭亡;轻徭薄赋,休养生息,经济得以发展,国家也得以安定。近期法国发生的"黄马甲运动"也是财政问题引发的。

其中,政府预算制度的建立是财政制度完善的历史过程中极为重要的一步。通过预算制度能够约束政府活动的范围和方向,民众也能够通过预算来监督政府。因此,预算制度常常被视为一国政府法治化的集中体现。从历史角度来看,财政制度的完善及其法治化,是实现社会整体长期平衡的根本途径,而政策往往只能解决一些短期平衡问题。

如何发挥财政的综合平衡功能

如何增强财政的综合平衡功能?刘尚希指出,首先要明白,财政综合平衡是一个涉及国家治理的重要概念,是制定财政政策的指导性理念,并非财政管理过程中的具体要求。"不应只考虑将财政的日子过好,财政作为公共主体,要及时对冲和有效化解社会面临的公共风险或危机。"刘尚希表示。

因此,综合平衡与作为预算编制和执行当中所要求的收支平衡理念并不冲突,也并不违背预算法当中所要求的财政收支平衡原则。同时,按照综合平衡的思路,预算编制可以不拘泥于一年一度的收支差额,而是要着眼于整体、全面、长远。

"财政的综合平衡和收支平衡不是对立关系,而是包容关系。"刘尚希解释道,前者放在更大范围、更高层面,属于国家治理结构的内容,包含了制度的完善和政策的制定,属于社会整体的长期平衡;而后者是在既定治理框架下,发生在具体的财政管理过程中,属于社会局部的短期平衡。

但同时,这并不意味着财政赤字越大越好、债务越多越好。相反,"财政收支的长期不平衡最终将破坏总体平衡。"因为财政的稳定可持续,是其发挥国家治理的基础和支柱作用的前提条件。

刘尚希强调,增强财政的综合平衡功能要跳出部门思维。不单要财政部门自己在制定政策和措施时秉持综合平衡的原则,更要引导各级政府领导干部,乃至全社会跳出部门思维,从国家治理的角度看财政。"财政改革本质上是国家治理的改革,需要政府整体乃至全社会的共同推动,不能仅靠财政部门自己孤军深入。"刘尚希说。

财政综合平衡理念的提出也对财政学理论提出了新的挑战。刘尚希表示,在国内传统的学科分类中,财政一直作为经济学的分支,这是由于偏重财政的经济职能,忽视了其社会政治职能。目前看,财政理论面临着巨大的创新需求。

参考资料来源：任焱，刘国旺：《增强全局意识　更多发挥财政的综合平衡功能》，《中国财经报》2019年2月19日。

▶▶ 案例点评

　　财政是国家治理的基础和重要支柱，财税体制是优化资源配置、维护市场统一、促进社会公平、实现国家长治久安的制度保障，由此应把财政收支管理融入整体的国家治理之中。中国财政科学研究院院长、研究员刘尚希提出，财政应实现从收支平衡转向综合平衡，把财政管理融入整体的国家治理之中，以国家治理的要求完善财政制度、设计财政政策，发挥财政的综合平衡功能。本文详细介绍了财政的综合平衡功能如何体现以及如何发挥财政的综合平衡功能，说明研究财政平衡要有全局观念，不能就财政平衡论财政平衡。

▶▶ 讨论题

1. 结合资料分析什么是财政收支平衡、财政综合平衡。
2. 谈谈财政的综合平衡功能如何体现。
3. 思考如何发挥财政的综合平衡功能。

案例 15-2　中国财政赤字未来走势及管控

　　在历经了四十多年的改革开放后，我国经济社会发展格局发生了根本性变化。未来的财政运行是这一变化继续深化。原有的改革思路和发展模式将更加激烈地撞击现行财政制度安排，最终促使财政赤字持续增加，极有可能出现如下几个因果链条。

基本公共服务支出增势不减

　　目前我国虽为世界第二大经济体，但人均GDP刚到1万美元，不仅远低于发达经济体，而且低于一些新兴经济体。同时，我国的基尼系数值又超过了发达经济体平均水平，人均基本公共服务保障支出更是低于发达经济体乃至部分新兴经济体。因此，我国未来最艰巨的任务是如何优化公共福利体系，然而要看到提高14亿人的基本公共服务水平是史无前例的难题。

　　具体分析，财政支出势必形成如下扩张点。

　　一是财政对社会保险基金补助支出高速增长。21世纪初起我国进入老龄化社会，目前60岁以上人口已达2.7亿，其中1.7亿为65岁以上人口。未来五年老龄人口数将突破3亿，其后还将加速增长。我国属于养老金替代率较高国家，且又建立了退休人员基础养老金逐年增长机制。这些因素对养老保障构成了强劲支出增长压力。近年来一般公共预算支出中养老保障支出快速增长，2019年已突破1.8万亿元，年增加额近2 000亿元。从人口老龄化加速趋势和养老保障制度情况看，今后年度增加额应在2 500亿元以上。特别是降低企业养老保险缴费率之后，养老保障水平又不得降低，这实际上形成了新的收支缺口，要求加大一般公共预算对社会保险预算的补助力度。

　　二是医疗卫生支出将高增长。保证14亿人享受基本医疗和公共卫生服务是中国特色社会主义制度优越性的突出表现。这要求财政持续加大投入。2013—2018年医疗卫生与计划生育支出从 8 279.9 亿元增至 15 699.7 亿元,增幅 90%,分别超出教育 44 个百分点、科技 27 个百分点、交通运输 72 个百分点、社会保障和就业 3 个百分点。未来人口老龄化加速、公共卫生体系优化、医疗保障水平抬升和医疗保险缴费增速下调四大因素将迫使医疗卫生支出高速增长。近年来财政对城乡居民基本医疗保险基金的补助跳跃式增长,已近 5 000 亿元。今后增长强度不会减弱,因为在适龄人口数量增加的条件下保障水平还要提升。2020 年新冠肺炎疫情席卷全球,对我国公共卫生体系建设提出了更高要求。因此,未来一段时间内公共卫生支出投入增长率将高于近几年 8%的平均水平。

三是教育、节能环保、扶贫等支出仍将持续扩张。目前我国各类在校生 2 亿多人(含学前教育)。从 20 世纪 90 年代起教育支出进入高增长时期,近十年年均增速超过 8%,占 GDP 比重已达 4%。未来我国青少年人口数增速会下调,但绝对数还会增加。2 亿多的在校生数短期内不会跌破。按占 GDP 比重 4%推算,今后年度教育支出将在 4 万亿元以上。如果考虑到要加大学前教育和职业教育投入因素,未来五年教育支出要突破 4.5 万亿元。同时,节能环保压力和扶贫压力不会减弱。如按年均 10%增速推算,两项支出合计未来五年将突破 1.5 万亿元。

上述几项刚性必保支出之和未来五年将超过 13 万亿元。如果把城乡社区事务、农林水、公共安全、交通运输中与人的生存密切相关部分考虑进来,必保支出将超过 25 万亿元,如果再把国防支出、经济调控所需的投资支出、推动创新能力提升的科技支出等的增长率考虑进来,一般公共预算的支出需求基本盘将超过 30 万亿元。如果收入跟不上,必须靠发债融资弥补支出。

财政收入增长乏力

截至 2020 年 8 月,全国一般公共预算收入同比下降 7.5%,其中全国税收收入同比下降 7.6%,非税收入同比下降 7%,税收收入中的增值税下降 15.2%,企业所得税下降 5.3%,国内消费税下降 5.7%。就此趋势看,全年税收同比将下降 5%~7%。从国内外经济运行格局和税收政策取向看,与 2019 年相比,2021 年税收或仍将负增长。因此,税收总额基本盘将回落到 15 万亿元左右。未来五年一般公共预算收入总额将呈低水平平稳运行势态。

原因主要有三点:一是税制改革把增值税和个人所得税两个主体税种的收入增长制度空间大大压缩。二是经济增长下行压力渐强将抑制总体税源扩张,即便大宗商品价格深度下调后回到平稳上涨轨道,也不会大幅推高税收增长率。因为产业结构转变持续推进已改变了中国的税收行业分布格局。三是政府行政事业性收费改革极大地规范了非税收入制度,相应瓦解了收费收入增长的制度基础。近年来一般公共预算收入中的国有资本经营收入持续高增长,累计已达数万亿元。这实际上是国有企业留利充顶当期收入,但这些留利有限,加之后续留利增长后劲渐弱。由此可见,今后非税收入增长空间将大大收缩。

综合看,一般公共预算收入未来将在 16 万亿元左右。把从政府性基金预算和预算稳定调节基金和结转结余调入收入考虑进来,一般公共预算收入总量将在 18 万亿元左右。

赤字自循环压力

所谓赤字自循环是指发债弥补赤字后,债务还本付息列入财政支出引起的增支反过来又形成赤字增加。我国为弥补赤字,发债产生的利息列入一般公共预算支出。从 2009 年起实行积极的财政政策至 2020 年已 11 年,此间财政赤字不断增长债务规模相应急剧扩张。

我国弥补赤字的政府债务十年内品种占主导地位,还本付息压力近年来渐强。因此,一般公共预算中支出债务付息比重不断上升,增速远超支出总额增速。2017年为23.6%,2018年为18%,分别超出当年支出总额增速16和10个百分点。2019年中央财政债务付息支出占中央本级支出比重为13%。2020年已升至15%,支出绝对额达5 399.4亿元,在中央本级各项支出中排位第二。在付息支出规模扩张过程中,其他刚性支出又不能减少,只能靠增加赤字来解决问题,结果是债务规模和付息规模越来越大,形成赤字扩张自循环。上述情况表明,未来我国赤字将呈长期化趋势,如何管控赤字相应成为必须认真研究的重大问题。管控赤字涉及认识和操作两大层面的多方面问题。在认识层面有两个问题需要讨论解决。

  首先,如何看待赤字的性质。改革过程中我国学术界曾开展过赤字有害还是有益的讨论。实践中赤字常态化的客观存在使人们不再担心赤字会发生多大破坏作用,特别是当前经济下行压力增强,增加赤字反周期更是成为主流观点。事实上从赤字的形成过程看,赤字本质上就是政府收入筹措的有偿化,赤字越多,国家财政支出的债务化程度越高。可见,使用赤字解决支出问题理应慎重,其关键原因是有偿化筹措政府收入人为加大了公共产品供给成本,实际上是加大了当代人和后代人的负担。所以,不要把赤字看作是"良药",赤字只能说是困难时期的高成本解困手段。事实上,即便说赤字是良药,是药三分毒,最好不用药。既然如此,采用赤字手段时,就要权衡利弊和承受力时间分布,寻求成本收益最大化之策。

  其次,不要夸大赤字的作用。凯恩斯主义强调可运用赤字手段刺激经济。这一观点确实丰富了宏观经济学,但对经济理论和决策理念的影响也已显现出过度化倾向。从经济增长拉动角度看,财政赤字形成的财政支出占总需求比重各国实践上说至多不会超过10%,大部分情况是在5%以内,由此可说财政赤字只能说是小幅助推经济增长。如果从结构角度分析问题,假如财政赤字派生的财政支出大部分是流向消费而不是投资,那么,经济增长拉动力就更低。发达经济体经济增长率从20世纪末至现在普遍低于3%。在赤字高峰期时,赤字率普遍超过3%,同期年均经济增长率反而低于2%。究其原因,主要是赤字规模持续扩张源于公共福利支出需求特别是社会保障支出需求扩张。我国的统计数据也表明赤字增长率高的时期经济增长率反而低。其主要原因也是赤字形成的支出大头流向消费。可见,凯恩斯主义提出的政策主张有效性同各个经济流派的政策主张一样,都是有限的。凯恩斯主义的政策主张是在公共福利制度改革尚未推进条件下提出的,只能说是应对工业化条件下经济波动的短期措施,没有理由被奉为可长期坚持的金科玉律。

三方面入手管控赤字

  第一,优化一般公共预算和政府性基金预算的宏观经济调控功能定位。我国的预算体系包括四本功能各异的预算。《预算法》明确规定一般公共预算是对以税收为主体的财政收入安排用于保障和改善民生、推动经济社会发展维护国家安全、维持国家机构正常运转等方面的预算且可以列赤字。关于政府性基金预算,预算法则规定是对依照法律、行政法规的规定在一定期限内向特定对象征收、收取或者以其他方式筹集的资金,专项用于特定公共事业发展的收支预算且该项预算须以收定支。这种功能定位实质上是要求一般公共预算以保障基本公共服务供给为首任兼顾反周期,或说反周期可以体现在基本公共服务供给支出规模变动上。同时也要求政府性基金预算资金只能用于投资性支出。因此,一般公共支出预算赤字规模的变动首先依基本公共服务供给制度安排的需求而定。当经济处于低迷状态时,可以通过扩大基本公共服务供给、抬升供给标准来反周期。此时的赤字扩张本质上属于公共福利改善,具有反推经济增长作用。但任何一项公共福利水平一旦抬升都会居高不下。可见,如果把赤字扩张当作反周期的主要政策工具,最后势必把财政支出推向无度扩张轨道。所以,在宏观经济调控方面,一般公共预算应定位在适度协同上。相比较而言,政府性基金预算可以更多发挥反周期作用。

首先,政府性基金预算支出的投资性支出具有需求扩张拉动率高特征。因为投资前通过购进原材料带动上游产业发展后可通过增加就业带动消费扩张。其次,政府性基金预算支出规模变动弹性大。因为特定公共事业发展时间弹性强。在经济低迷时,可通过举债融资超前发展拉动经济增长。当前大幅扩大专项债规模发展相关事业充分体现了这点。再次,政府性基金预算以收支定实际上比一般公共预算支出更具内敛性、风险更低。比如当前扩大专项债规模搞项目,专项债要市场化发行,如果发不出去就不能搞且指标不结转下年,这实际上就是一种风险控制机制,体现出了政府性基金支出的内敛性。鉴此,今后反周期,似应坚持主要依靠扩张政府性基金支出来拉动经济增长,以一般公共预算适度扩张刺激消费反推供给扩张的原则来定调财政政策。

第二,在预算编制环节明确列示赤字资金流向。目前我国的赤字管理可以说相当粗放。突出表现是预算管理的顶层法规就没有明确规定赤字使用方向。《预算法》第三十四条规定中央一般公共预算中必需的部分资金可以通过举借国内外债务等方式筹措,其暗含的意思是可以列赤字,但未界定什么是必需的资金,具体到地方各级预算也只是说部分建设性资金可举债融资,含义是可列赤字。但《预算法》通篇没有解释什么是财政赤字,更没有说什么情况下可以列赤字。与之相对应,预算法实施条例也就无从谈起如何管理赤字。这种制度安排实际上表明赤字增长没有明确的约束机制。必须看到,这不符合现代财政制度所强调的预算管理规范,理应改革。现在应该明确一个原则:列赤字不违法但要说明理由列示资金流向,否则就等于承认列赤字可随性。为此,今后列赤字似应区分不同情况说明赤字成因。对支出不减但收入下降引起的赤字要具体说明收入下降程度和减收的理由。对支出增长收入下降或增量不够引起的赤字,应具体说明支出增长的依据和结构。具体讲,就是要说明支出增长究竟是发生在部门预算还是在政府预算上(如转移支付增长)。这些增长究竟有哪些政策和制度变革依据。这实际上就是要通过讲清资金流向来说明赤字的必要性和合理性。

第三,加强支出宏观预测。《预算法》明确规定收支预测是各级预算编制的依据之一,但现状是各级政府编制预算时往往重视收入预测轻视支出预测。因此,支出预算总是走不出基数加增长的怪圈。这使得赤字额度的确定失去了具体支出核算基础,因而也就无法向公众解释清楚赤字的成因和资金流向。长此以往,公共财政的公信力难免受影响。显然,必须加强财政支出预测,做到这点似应从支出总体格局变动分析。具体讲,就是要先从客观因素约束出发对各类支出需求作出合理判断。其后以此为依据,对支出总额和支出结构作出推断。在这方面,中央财政应率先探索。因为中央财政是总体支出政策的制定者和评价者。目前我国即将进入"十四五"时期,总体看支出结构有必要作出战略性调整。但这首先要以科学预测支出为依据,政策取向则是第二位的依据。为此,中央财政应站位全局和长期采用因素法对各项民生支出需求进行预测分析。比如教育,可选取适龄人口数、适龄人口区域分布、劳动力成本、教学设施维护价格等因素进行支出预测。再如医疗卫生,可选取人口总量、人口结构、各类疾病发生率、医疗费用价格、疾病发生区域分布等因素进行支出预测。其他类支出如养老保障、环境保护、交通运输、农林水事务等可依此模式开展支出预测。当这些类别支出预测做完后,就可找出支出总额变动底线,而这一底线恰好也是推测赤字变动的基本依据之一。总之,我们要通过加强支出预测来找寻赤字变动的必然性和客观性,以避免盲目列赤字。

参考资料来源:白景明:《中国财政赤字未来走势及管》,《中国经济时报》2020 年 11 月 3 日。

▶ 案例点评

当前我国经济社会发展格局发生了根本性变化,这必然会带来财政运行的深刻变化。在本文中,作者结合我国经济改革思路和发展模式,深入理论探讨,对我国财政赤字持续增加的未来走势给出三个因果链条:基本公共服务支出增势不减、财政收入增长乏力、赤字自循环压力。随后,作者提出从三方面入手管控赤字:优化一般公共预算和政府性基金预算的宏观经济调控功能定位,在预算编制环节明确列示赤字资金流向,加强支出宏观预测。就现代市场经济国家而言,财政赤字虽然是一种世界性经济现象,但财政赤字带来的财政风险应引起足够重视。

▶ 讨论题

1. 结合资料谈谈中国财政赤字未来走势。
2. 结合资料谈谈如何管控财政赤字。

第十六章

财 政 政 策

一、习 题

(一) 单项选择题

1. 当总需求大于总供给,经济呈剧烈波动时,应采用(   )。
   A. "双松"政策　　　B. "双紧"政策　　　C. 财政平衡政策　　　D. 财政盈余政策
2. 下列不属于扩张性财政政策手段的是(   )。
   A. 增加财政支出　　B. 减少税收　　　　C. 增加国债发行　　　D. 减少国债发行
3. 奉行"供给创造自己的需求"的是(   )。
   A. 古典学派　　　　B. 供给学派　　　　C. 凯恩斯主义　　　　D. 货币学派
4. 下列不属于财政政策工具的是(   )。
   A. 税收　　　　　　B. 公共支出　　　　C. 国家预算　　　　　D. 贴现政策
5. 能够调节货币供求,协调财政与金融关系的财政政策工具是(   )。
   A. 税收　　　　　　B. 公共支出　　　　C. 政府投资　　　　　D. 国债

(二) 多项选择题

1. 现代财政政策的手段有(   )。
   A. 税收　　　　　　B. 国家预算　　　　C. 公债　　　　　　　D. 公共支出
2. 通过财政收支规模的变动来调节社会总需求和总供给的财政政策分类包括(   )。
   A. 扩张性财政政策　　　　　　　　　　B. 紧缩性财政政策
   C. 需求侧财政政策　　　　　　　　　　D. 供给侧财政政策
3. 下列是紧缩性财政政策特点的是(   )。
   A. 增税　　　　　　B. 减税　　　　　　C. 减支　　　　　　　D. 增支
4. 保持经济适度增长的同时尽可能地避免通货膨胀,需要采取的政策组合为(   )。
   A. 松的财政政策　　B. 紧的财政政策　　C. 松的货币政策　　　D. 紧的货币政策
5. 西方经济发达国家财政政策的目标通常被定为(   )。
   A. 充分就业　　　　B. 物价稳定　　　　C. 经济稳定　　　　　D. 经济全球化

(三) 判断题

1. 财政政策的主体只能是各级政府,主要是中央政府。　　　　　　　　　　　　(　　)
2. 财政政策有自身单独的目标,有时候与政府的目标不一致。　　　　　　　　　(　　)
3. 需求侧财政政策即为西方凯恩斯主义的需求型财政政策,供给侧财政政策即为西方

供给学派的供给型财政政策。　　　　　　　　　　　　　　（　）
4. 预算收支平衡或均衡财政政策就是中性财政政策。　　　　　　（　）
5. 基于我国处于社会主义初级阶段,当前我国财政政策的目标应为追求尽可能快的经济增长速度。　　　　　　　　　　　　　　　　　　　　　（　）
6. 松的财政政策和松的货币政策,可以刺激经济的增长,扩大就业,但却可能带来通货膨胀的风险。　　　　　　　　　　　　　　　　　　　　　（　）
7. 财政政策传导机制的主要媒介是货币供给、收入分配与价格。　　（　）
8. 我国货币政策的基本目标是稳定货币。　　　　　　　　　　　（　）

(四) 名词解释

1. 财政政策
2. 财政政策乘数
3. 财政政策传导机制
4. 中性财政政策
5. 扩张性财政政策
6. 紧缩性财政政策
7. 货币政策

(五) 简答题

1. 结合公式阐述各财政政策乘数的特点和作用。
2. 简述财政政策工具体系及其运用。

(六) 论述题

1. 试分析我国供给侧结构性改革中的积极财政政策。
2. 试分析财政政策与货币政策相互配合的必要性。
3. 试分析我国积极财政政策与稳健货币政策的配合。

二、习题解答

(一) 单项选择题

1. B　2. D　3. B　4. D　5. D

(二) 多项选择题

1. ABCD　2. AB　3. AC　4. AD　5. ABC

(三) 判断题

1. √　2. ×　3. ×　4. ×　5. ×　6. √　7. √　8. √

(四) 名词解释

略。

(五) 简答题

略。

(六) 论述题

略。

三、案例分析

案例 16-1　积极财政政策"不急转弯"助力构建新发展格局

（一）当前经济社会形势要求积极财政保持连续性、稳定性、可持续性

2020年各项财政政策在扩大总需求、助力脱贫攻坚、缓解基层财政困难、落实"六稳""六保"中发挥了至关重要的作用。可以说，在统筹疫情防控和经济社会发展中，财政政策有力地护航中国经济、守护生命安全和维护社会秩序稳定，真正发挥了作为国家治理的基础和重要支柱的作用。

2020年中央经济工作会议和李克强总理今年在全国两会上做的《政府工作报告》都强调，要保持政策的连续性、稳定性和可持续性，不急转弯。政策不急转弯有两层含义，即"不急"+"转弯"。第一，要根据经济社会形势的变化适时适度调整政策，非常时期和应急状态推出的非常规、大规模的刺激政策要逐步回归正常化，积极的财政政策要有利于推动高质量发展，同时为未来政策留出空间，而不能搞大水漫灌。第二，经济和市场信心的完全恢复有个过程，稳定的预期需要政策的连续性和稳定性，仍需要积极的财政政策。

一是当前经济持续恢复，经济社会风险下降，客观上要求政策力度要有所调整，为未来不确定性留足政策空间，政策要有可持续性。随着疫情得到控制，经济逐季恢复，2020年四季度GDP达到6.5%，增速基本回到疫情前的水平。就业形势超预期，2020年年末城镇调查失业率下降并稳定在5.2%的水平，与疫情前基本相当。2021年1~2月制造业PMI指数为51.3%和50.6%，其中，生产指数为53.5%和51.9%，经营预期指数为57.9%和59.2%，均处在扩张区间。2020年四季度工业产能利用率已达到78%，为供给侧结构性改革以来的高点，在PPI环比上升及同比转正的情况下，产能周期上升（制造业投资增速上升），成为2021年中国经济的重要支撑力量。伴随居民收入上升以及预防性储蓄必要性的下降，消费将扭转2020年负增长的局面。消费将与制造业投资成为支撑经济持续恢复的两大内生动力。国家之间的较量既是改革力度的较量，也是制度体系和政策空间的较量。上述经济指标均表明应急状态以及经济社会风险攀升时期的政策有必要适度调整，留足政策空间。

二是疫情反复仍有不确定性，世界经济形势复杂多变，经济恢复的基础不牢，政策要有连续性和稳定性。具有传染性的疫情在全球的终结不取决于控制程度最好、速度最快的国家，而取决于控制程度最差、速度最慢的国家，疫苗接种仍需时间，疫情仍存在不确定性。逆全球化和民粹主义在全球仍沉渣泛起，部分国家推动的产业链"去中国化"进程仍在延续，中美贸易摩擦形势的严峻性也并未改变。国内经济恢复的基础不牢，2020年四季度GDP增速达到6.5%，但房地产投资和出口贡献较大，产业间仍不均衡；大中小企业分化严重，小企业的PMI整体指数和新订单指数均连续3个月处于收缩区间；全球通胀预期推升美债利率，全球权益资产大幅下挫，外溢效应可能影响国内市场稳定。

三是财政收支形势为紧平衡状态，基层"三保"需积极的财政政策支撑。经济恢复叠加价格上行，对财政收入增速上行有一定支撑作用；但是各项重大战略目标落实及刚性支出导

致支出端压力仍然较大,财政形势难言轻松。基层财政运行的顺畅程度直接影响政府职能的发挥及老百姓的切身感受,必须确保"三保"正常运转。

四是加快构建新发展格局要求财政要有所作为并大有作为。财政既影响国内循环的供需两端以及生产、分配、流通和消费各环节,又影响国内国际双循环。2021年经济工作要围绕构建新发展格局来展开,财政职能要积极发挥作用。第一,以国内大循环为主体,要在需求端激发消费和有效投资需求,财政既要直接促进投资,又要带动市场投资并提振消费,尤其是要通过推动乡村振兴、加快农业农村现代化和新型城镇化释放需求,培育完整的内需体系。第二,要在供给端形成高端供给,牵引和满足需求,促进产业链升级,财政加大支持,加快科技自立自强、推动产业链、供应链优化升级。第三,要坚持国内国际双循环相互促进,财政必须支持改善营商环境引进外资、合理降低关税增加进口改善人民生活、支持企业走出去。总之,财政必须在围绕加快培育完整内需体系、加快科技自立自强、推动产业链、供应链优化升级、加快农业农村现代化、改善人民生活品质、牢牢守住安全发展底线等方面积极作为。

(二)积极的财政政策体现系统观念,致力于实现多重目标平衡

党的十八届三中全会以来,对财政的认知上升到国家治理的基础和重要支柱,财政职能从经济层面扩展到社会治理等层面。形势越复杂,财政越要在多重目标间平衡。今年是"十四五"开局之年和全面建设社会主义现代化国家新征程起步之年,今年的预算报告充分体现出财政站在治国理政的高度,统筹兼顾,坚持系统观念。

一是体现了发展与安全、稳增长与防风险的平衡。发展的安全性日益突出,2021年预算支出增速和结构一方面保持了对经济恢复必要的支持力度,另一方面有力支持产业链补短板、促进社会稳定、防范财政金融风险等。

二是体现了减税降费与财政可持续性的平衡。近年来减税降费规模持续扩大,"十三五"期间累计减税降费约7.6万亿元,市场活力增强。但是,不能简单地依靠减税降费的政策去解决一切问题,垄断造成的资源能源高成本和隐性行政成本都可能对冲减税降费的效果。要从根本上营造公平的竞争环境以及确定和可预期的制度环境。减税降费规模不能无限地扩大,2021年的减税降费政策从2020年的"落实"转变到"完善",重点应在调整结构、提高效率。

三是体现了当前与长远的平衡。当前的债务就是未来的税收,当前怎样的决策意味着留下什么给子孙后代。绝不能过早地透支财政,2035年和2049年的中国需要更多的财政空间。2021年赤字率和专项债规模适当下调,抗疫特别国债不再发行,既是立足现实需要,更体现了财政工作所秉持的深厚的历史责任感。

四是体现了政策与制度的平衡。政策解决短期问题,制度才能管长远。从预算报告可以看出,2021年在推出一系列积极财政政策的同时,建立现代财税制度的理念始终高悬。解决财政收支矛盾、地方"三保"以及区域协调发展等问题,都必须依靠制度。2020年探索建立的资金直达基层机制缓解了基层财政困难,并且提高了资金拨付和使用效率;2021年预算报告提出将直达机制上升为常态化制度,并解决存在的问题。另外,健全地方税体系,推进消费税征收环节后移改革并下划地方,积极推动省以下财政体制改革,大力推进财政支出标准化建设,强化标准应用和调整机制等都将推动现代财税体制向着理想的方向前进。

（三）2021年积极的财政政策特征：提质增效、更可持续，保障国家重大战略落实

从2009年国际金融危机以来，中国连续12年实施积极的财政政策，但积极的财政政策的内涵也在相应拓展。政策的积极与否要结合经济社会形势分析，也要看同等财政资金是否发挥了更大的效能。总体上看，2021年的赤字、专项债仍有较大规模，但比去年都有所下降，体现了"提质增效、更可持续"的要求，也更加聚焦保障国家重大战略尤其是加快构建新发展格局。

一是财政政策更加务实，因时因势而动，既顺应经济形势需要，又不搞大水漫灌，侧重高质量发展。赤字率下调符合经济社会风险降低的形势。即使赤字率下调，但名义GDP增速大幅反弹，赤字规模总量仍较大，达到3.57万亿元，比2020年减少1 900亿元，从历史上看仍属于较高水平。专项债规模下调至3.65万亿元，较去年下降1 000亿元。一方面源于前期发行的部分专项债在今年将投入到项目；另一方面专项债余额在2020年底首次超过地方政府一般债务，考虑到专项债最终要通过专项债项目收益偿还以及收益率边际下行的特征，下调后能与项目更好匹配，有利于实事求是地反映债务风险、提前防范风险。抗疫特别国债不再发行。一方面源于公共卫生、抗疫支出已能通过正常渠道满足，2020年的结转资金可继续在2021年使用；另一方面，发行特别国债的特殊因素已逐步消退，特别之"特"即不是常态，1998年和2007年发行的特别国债均与特定目标相关，使命完成后也不再常态化发行，常态化收支不足通过赤字弥补。

二是提质增效主要体现在统筹财力、优化支出结构和加强管理上，保重点的同时提高投入产出比。强化了财力统筹和四本预算的衔接，充分发挥每一笔财政资金的使用效率。其中，从国有资本经营预算收入调入一般公共预算1 961.84亿元。继续优化政府与市场关系，优化支出结构，政府过紧日子让市场主体过好日子。继续落实"党政机关要坚持过紧日子"的要求，大力压减非急需非刚性支出，重点项目和政策性补贴也按照从严从紧、能压则压的原则审核安排。地方财政也要进一步压减一般性支出，用于改善基本民生和支持市场主体发展。持续推进减税降费，保持政策连续性；同时要求各地要加大各类违规涉企收费整治力度，坚决防止弱化减税降费政策红利。落实以人民为中心的发展理念，改善民生福利。大力支持科技创新，科技创新事关经济安全、经济结构优化和新发展格局构建。中央本级基础研究支出增长10.6%。建立实施常态化的财政资金直达机制，提高财政支出效率。今年将继续压减中央本级支出，增加对地方的转移支付力度，通过直达机制提高效率和效果。更加突出绩效导向，加快建立全方位全过程全覆盖的预算绩效管理体系，切实做到花钱要问效、无效要问责。

三是"更可持续"体现在支出规模和政策力度上，保持政府部门杠杆率基本稳定，珍惜政策空间。预算报告提出，2021年全国一般公共预算支出安排超过25万亿元，增长1.8%，财政支出总规模比去年增加。近年来我国一般公共预算/名义GDP基本在24%左右。中国的财政政策空间相对其他经济体仍有优势，但杠杆率快速上行容易推升风险。2020年全球主要经济体纷纷采取扩张的政策对冲疫情暴发产生的风险，结果是杠杆率大幅攀升。2020年底，中国政府债务为46.55万亿元，较上年增加8.6万亿元，负债率为45.8%，较上年增加7.5个百分点，低于国际通行的60%警戒线，风险总体可控。今年的支出和债务规模安排有利于保持政府部门杠杆率基本稳定。相对充裕的财政政策空间更可持续，有利于中国从容应对

风险和不确定性攀升的未来。但需要注意的是,我们仍要做好重点领域风险防范化解工作,确保财政经济稳健运行、可持续。抓实化解地方政府隐性债务风险工作,坚决防范基层"三保"风险。在制定和落实民生政策过程中,各地要进一步增强民生政策措施有效性和可持续性,使民生支出建立在更有效、更可持续的基础上。加强财政可承受能力评估,对拟出台的民生政策和项目,全面分析对财政支出的短期和长远影响,对评估认定财政难以承受的,一律不得实施。

四是保障国家重大战略的落实,助力加快构建新发展格局,推动改革、发展与稳定。从预算报告的各项重点任务看,主要集中于稳定经济(扩大内需)、科技创新、保民生、保基层财政运转、化解风险、污染防治和乡村振兴,均指向新发展格局。实施扩大内需战略,通过中央基建投资、地方政府债券投资重点投向补短板、强弱项的"两新一重"领域;同时,通过乡村振兴、农业农村现代化、保民生改善人民生活水平,有利于缩小收入分配差距,激发消费潜力,构建内需体系。同时,科技创新和产业链升级是财政支出的重中之重。综上,财政规模和支出方向的调整,反映了财政在紧平衡时更聚焦国家重大战略的财力保障,既发挥财政逆周期调节的总量调节功能,更发挥结构性改革的作用。

参考资料来源:罗志恒:《积极财政政策"不急转弯"助力构建新发展格局》,《中国财政》2021年3月17日。

▶ 案例点评

本文作者首先通过对当前经济社会形势进行分析,提出积极财政政策保持连续性、稳定性和可持续性,政策不急转弯。财政是国家治理的基础和重要支柱,站在治国理政的高度,积极的财政政策应体现系统观念,致力于实现多重目标平衡。2021年的财政政策体现了"提质增效、更可持续"的要求,也更加聚焦保障国家重大战略尤其是加快构建新发展格局。

▶ 讨论题

1. 结合资料,从当前经济社会形势角度,分析为什么要求我国积极财政政策保持连续性、稳定性、可持续性。
2. 结合资料分析2021年的预算报告体现出的系统观念。
3. 结合资料阐述2021年积极财政政策的特征。

案例 16-2　财政政策与货币政策的有效协同模式:赤字货币化

20世纪70年代以来,来自不同思想流派的许多经济学家提出各种形式的赤字货币化建议。面临突如其来的新冠肺炎疫情冲击,如何促进财政与货币等政策协同发力,为经济社会发展构建更大的确定性,在国内外学界和业界,赤字货币化问题再次引发热议。近年来,各国已经采取了大规模的量化宽松货币政策刺激经济,但美日欧等主要经济体经济仍处于严重的停滞状态,并伴有通货紧缩风险。新冠肺炎疫情的冲击加剧了世界经济的下行压力,使各国经济陷入通货紧缩甚至更为明显的严重衰退,尤其是对居民和企业而言,陷入了失业和生产经营困境。国外学界和业界有一个强烈的共识,即迫切需要政府采取大力度的救助政策,并需要财政政策与货币政策的有效协同。在全球债务高企与通货紧缩的背景下,许多国家传统的财政政策与货币政策协同又很难有效缓解当前面临的困境,赤字货币化被认为是特殊时期财政政策与货币政策协同发力的路径之一。

(一)赤字货币化是财政政策与货币政策的协同模式

赤字货币化和直升机撒钱常被作为同义词使用,但严格来说是有区别的。此外,两者与量化宽松之间的关系也容易产生混同,有必要梳理概念,厘清区别。

1. 赤字货币化

赤字货币化又称为债务货币化,是指中央银行通过发行货币直接购买政府债券从而填补国家财政赤字的行为。在中央银行负责管理货币政策过程中,作为其典型运作方式的一部分,向市场提供资金时,不断买卖政府债券和其他证券,以确保经济有足够(但不过多)的流动性,确保流动性成本达到一定水平或朝某些希望的方向发生变化。赤字货币化的特征是当预算支出超过收入时,产生的财政赤字将由中央银行新发行的货币来融资,且不需要在未来某个日期偿还,是一种"非债务融资"的形式。

赤字货币化通过两种方式实现。第一种方式是直接的赤字货币化。主权国家(政府)印刷自己的货币并资助其开支。财政赤字由中央银行新发行的货币来融资并转入国库,不需要未来进行偿还。中央银行发行的货币或者贷记入国库账户,或者允许透支安排。不同于财政部向中央银行借钱,赤字立即、直接和永久地货币化,没有新的债务产生。第二种方式是间接的赤字货币化。第二种方式不同于第一种方式,能否称为赤字货币化尚存争议,姑且称之为间接的赤字货币化,即政府在一级市场发行债券,而中央银行从二级市场购买同等规模的政府债券并承诺永久持有,对所有已购买到期的债券进行展期,并将所购买债券的利息返还给政府。

2. 与直升机撒钱的区别

直升机撒钱(helicopter money)最初由米尔顿·弗里德曼(Milton Friedman)提出。1948年,米尔顿·弗里德曼就在其文章中论证过,如果问题只是名义总需求不足,政府和中央银行可以通过印钱和花钱来克服。1969年,他在《最优货币数量》一文中正式提出"直升机撒钱"这一概念。自从本·伯南克作为美联储主席在2002年11月发表直升机撒钱演讲,支持将其作为克服通货紧缩的一种手段以来,世界就一直在朝着这个方向发展,且有关这一问题的辩论一直在继续。

直升机撒钱和赤字货币化的最主要区别在于,直升机撒钱是在不增加政府债务的同时由中央银行直接发行货币,用于实施财政政策,发行的货币没有规模限制。在赤字货币化情况下,中央银行提供的货币是以赤字规模为限的,这点和直升机撒钱明确不同。通俗而言,直升机撒钱是大水漫灌式的"撒钱"。从中央银行的角度看,资产负债表上的负债扩大,货币量增加,而持有的国债等资产并未增加,很可能导致损害政府信用,是一剂猛药。本·伯南克曾提到,直升机撒钱是政策的"终极手段",一方面存在如何保持中央银行的独立性和财政纪律的问题;另一方面,在货币政策失效,债务余额高企的情况下,也是能发挥作用的传家宝刀(Bernanke,2016)。

3. 与量化宽松的区别

随着量化宽松规模的扩大,将量化宽松和赤字货币化混同讨论的人也越来越多,但从中央银行并非直接承接政府债券并承诺进行永久性持有这一点而言,量化宽松并不能称为赤字货币化。

不可否认,两者之间的界线并不明显。正因如此,有些学者认为,由中央银行购入政府债券,或多或少都有赤字货币化的意味。但究竟能否称为赤字货币化,关键要看这种财政资金的供给是否是永久性的措施,如果中央银行资产负债表的规模未减少,并一直持有量化宽松时买入的政府债券,被偿还时又转入购买新的政府债券,此时就和永久性提供财政资金几乎没有区别。不管形式如何,实质上它都应被视为赤字货币化。如在日本,过去20年已经出现了巨额财政赤字,日本中央银行持续购买大量日本国债,且未来将其出售的可能性也极低,从这种意义上说,已经是实质上的赤字货币化。这也就是说,美欧的量化宽松政策未来至少一部分将是赤字货币化。

多年来,国外已有不少学者对货币、财政和汇率等宏观经济政策各自为战,即将面临弹尽粮绝提出警告,并进行了各种政策协同的探索。赤字货币化是其中的一种,其支持者认为,正确实施可以将财政政策与货币政策工具耦合在一起,有效发挥协同作用,永久性缓解政府的预算线,在公共债务高企背景下,保留或扩大政府的财政空间,从而达到较好的政策效果。在发生严重的经济紧急情况(如我们正在经历的紧急情况)以及其潜在的通货膨胀后果不大(如今天的情况)时,赤字货币化的好处将超过相关的成本(Bossone,2020)。通过中央银行货币的财政刺激政策,与一般的财政刺激政策相比,乘数效果压倒性的大(Gali,2020)。"李嘉图等价定理"理论认为,即使通过财政刺激经济,如果因此而增加公共债务,政府今天发行的国债就是企业明天需要缴纳的税收。也就是说,人们对未来税收增加的预期会导致消费需求受到抑制,最终经济效果为零。赤字货币化规避了"李嘉图等价定理",既不增加国家的债务,也不会抑制消费,提振经济的效果明显。

(二)赤字货币化是特殊时期的重要政策选项

需要说明的是,赤字货币化并非一项常规的政策措施,而是特殊时期的特殊举措。从新冠肺炎疫情造成的经济冲击来看,在许多国家损失可能已与战争相当,至少自1929年的经济危机以来,和平时期从未出现过GDP两位数的下滑。家庭和企业收入受到严重影响,私营部门债务攀升,银行体系面临明显的系统性风险。许多国家债务占GDP的比重升高,严重威胁公共债务的可持续性。对于大多数国家而言,在当下这种微妙的经济阶段,没有谁有资源购买庞大的政府债券。此外,还本付息及其未来还款将对该国的经济复苏能力造成巨大影响,在此情况下,中央银行直接参与赤字货币化是重要的政策选项。从宏观经济角度看,赤字货币化是唯一可以减少非通货紧缩类型债务(所谓的去杠杆化)的干预形式。所有其他政策或增加债务,或引发通货紧缩,因此在当前债务过多和通货紧缩为特征的经济危机中是首选措施。为了避免经济的螺旋式下降,各国中央银行需要跳出常规思维思考问题。

1. 赤字货币化是无最优政策情况下的次优选择

新冠肺炎疫情使得经济社会发展的条件发生了巨大的变化,带来巨大的不确定性和公共风险,疫情防控进入常态化,经济风险管理也将进入常态化,这既是形势所迫,也是理念革新。在风险管理框架下,财政政策、货币政策等宏观政策都有一个共同的目标,就是协同起来对冲风险、隔离风险、平衡风险。正在这种形势下,需要的是赤字货币化政策而非量化宽松。那些判断中央银行不会实施赤字货币化,量化宽松早晚会卷土重来的人们,预想到未来税收会增加,势必会抑制现在的消费或投资。在不久的将来,通过直接的赤字货币化来填补财政赤字几乎是一定的。

如果实施赤字货币化,即使负债累累的国家也无须违约,在当今的经济环境中,货币政策显然没有足够的动能,没有人相信降息将充分刺激投资和消费。非正常时期赤字货币化既不会改变游戏规则,也不会引发灾难。政府应关注保护经济的健康,并支出必需的资金。赤字货币化不应成为当下政府支出的限制因素。通过中央银行的量化宽松大量购买债券有助于吸收新发行的政府债券,但会导致政府债务不可持续,现在是时候由中央银行直接承担政府债务了(Buiter, 2020)。

在当前和未来一段时间内,一些国家形势异常严峻,冲击前所未有。只靠财政政策或只靠货币政策单打独斗,是无法起到风险对冲的作用的,甚至有可能会进一步扩大风险。在实践中,部分发展中国家已先行一步探索赤字货币化。在印度,20世纪80年代即实施过由中央银行直接购买国债的赤字货币化政策。近期,印度中央银行的前高层又表示,"由于财政支出的扩大和收入的减少,部分的赤字货币化应该是不可避免的"。印度尼西亚中央银行已于2020年4月28日直接购买了政府债券伊斯兰债券。根据彭博社的计算,到2021年2月底,印尼中央银行可能持有11%的政府债券(不包括短期证券)。另外,新西兰中央银行对赤字货币化也表现出积极的姿态,"虽然有风险,但也提供了机会",并表示"不排除作为政策选项之一"。

2. 特殊情况下不会引发通货膨胀

赤字货币化被诟病的最大问题是被指有引发通货膨胀的风险,并在绝大多数国家为法律所禁止。长期以来,赤字货币化一直处于政策禁区,理由是它常常导致危险的超级通货膨胀,一旦启动,就会造成破坏性的、难以遏制的后果。但当前的情况是,几乎所有发达经济体都一直未能实现自己的通货膨胀目标。从理论上看,货币是非同质的,而且货币不只是用做交易的支付手段。既然是非同质的,仅看流通中的货币数量,并不能得出通货膨胀的结论。

从当前一些国家的现实情况来看,不应担心赤字货币化会引发通货膨胀。如果将赤字货币化的实施仅限定在应对新冠病毒疫情的紧急措施的存续期间,是可以防止出现过度的通货膨胀的。赤字货币化会不会立刻产生超级通货膨胀,要视规模而定。如果美国政府发放1 000亿美元,对经济活动以及物价的影响是微乎其微的,但如果狂撒1 000万亿美金,则有可能会引起超级通货膨胀。

3. 制定法律时应充分考虑重大风险

赤字货币化历来被各国视为货币政策最后的禁忌而慎用,通常法律都规定,禁止中央银行直接购买政府债券。如《欧盟运作公约》(TFEU)第123条规定,禁止欧洲中央银行向成员国预算提供货币融资的条款。但实际上,中央银行直接提供货币本身并不存在技术问题,之所以立法禁止多出于政治考量,是为了避免陷入预算软约束。但有些国家法律中也规定了特殊情况下可以特殊处理。如印度《中央银行法》虽然禁止中央银行直接购买政府债券,但规定紧急情况下,可以实施赤字货币化。在实际操作上,各大中央银行已经大规模买入国债,重要的并不是形式上是否采取了赤字货币化的政策,而是实质上是否已经达到了同样的效果,对于赤字货币化问题,结果重于形式。自疫情在全球蔓延以来,各国试图通过大规模的财政支出来应对由新冠病毒问题引起的经济危机。美国政府已经启动了数万亿美元的经济措施,而美联储步履整齐决定购买不限数量的政府债券等。日本政府除了通过以巨额财政支出直接补贴失业者以及增加医疗支出以外,日本银行还提高了政府债券的购买上限。英格兰银行和欧洲中央银行也决定大幅增加政府债券和欧元债券的购买量。2019年,当美联储以新印刷的美元收购美国国债时,美国的联邦赤字超过了10亿美元,这已经是纯粹的赤字货币化。与其关注赤字货币化是否突破法律禁区,不如将重点关注于是否发生过度的赤字货币化以及是否设定了错误的政策目标等。要衡量买入国债是否停留在合理的范围内,中央银行是否脱离了稳定物价和宏观经济的目标(Blanchard,2020)。

在新冠肺炎疫情背景下,整个社会出现了前所未有的需求和供给的双低迷,非正常的货币政策可以正当化,但为了让大家接受被视为禁忌的赤字货币化政策,需要明确具体的实施步骤。如首先由议会通过有关新型病毒的特别法,规定中央银行仅在诸如90天的限定期间内采取赤字货币化政策。此外,还应成立中央银行高层和财政当局高层、外部经济学者组成的特别委员会,负责监督中央银行的独立性和措施的实施期限(Yashiv,2020)。

(三) 以风险思维看待宏观政策创新

国外的理论和实践表明,赤字货币化有利有弊,能否实施适度的赤字货币化,需要立足现实,综合权衡,具体情况具体分析。

第一,实践已经走在理论前面,理论界和政策制定者需要转换思维,不能孤立地看待"赤字货币化",而要从财政与货币政策协同的角度来看。在前所未有的危机面前,赤字货币化在全球的争论愈演愈烈。理论上还在讨论是否可行,事实上的"赤字货币化"已经存在。在"大变局""大冲击"下,GDP崩溃、税收收入暴跌和财政赤字膨胀对经济的影响将远远大于迄今所报道的内容,且未来具有巨大的不确定性。在这种情况下,各国政策制定者需要转换思维,迅速行动。可以预计,为了应对当前的紧急情况,在部分国家,一些严格控制的"赤字货币化"可能成为特殊时期财政货币政策协同的选项之一,财政与货币政策的协同模式创新将会进入前所未有的领域。

第二,赤字货币化并不一定导致通货膨胀率急剧上升。导致通货膨胀需要满足其他先决条件,如当时的经济背景、中央银行购买政府债券的意图等。货币是非同质的,而且货币不只是用做交易的支付手段(刘尚希等,2020)。既然是非同质的,仅看流通中的货币数量,并不能得出通货膨胀的结论。通俗而言,市场中的每一单位货币其价值并不相等,每一单位货币的价值取决于其状态。所以不能只看数量,而要看状态。货币状态并非货币现象,而是实体经济现象,换言之,水流不流不是水本身的问题,而是沟渠是否畅通的问题。经济收缩期,货币流动性降低,是因为在货币存量不变的情况下货币状态发生了改变。另外,通货膨胀并不代表恶性通货膨胀,反对赤字货币化最主要的担心不是通货膨胀而是恶性通货膨胀,而对一些发达国家来说,适度的通货膨胀反而是近年来一直想要实现而未达成的目标。在当前全球低通胀、低增长、低利率大背景下,货币状态相对处于凝固状态,短期内不必过分担忧赤字货币化会引发恶性通货膨胀。只不过仍需注意,"适度"的货币化本质上是主观的,并不适合每个国家,尤其是货币和财政脆弱的新兴市场国家。

第三,紧急情况下很难用货币政策去"购买时间",需要财政货币政策高度协调配合。疫情冲击下,许多国家都采取了一系列遏制疫情扩散的应对措施,但尚不清楚疫情结束需要多长时间。由于主要国家中央银行反应迅速,目前金融市场相对稳定,但认为危机已经过去尚为时过早。今后,各国中央银行依然需要采取紧急货币政策来抑制流动性危机和不稳定的预期,但货币政策能在多大程度上支撑实体经济恢复到原来的状态,目前还很难预测。货币政策被称为经济改革上的"省时政策"。自疫情发生以来,尽管主要国家在货币政策和财政政策两方面都采取了措施,但货币政策的回旋余地并不大,各国经济活动陷入停滞,需求迅速丧失,已经很难用货币政策去"购买时间",于是财政政策被寄予厚望。而由于各国制定了大规模的财政支出计划,将导致全世界公共债务激增,加大全球公共风险。因此,下一步亟须创新货币政策和财政政策的有效协同方式。为解决危机,美联储(Fed)、欧洲中央银行(ECB)、英格兰银行(BoE)、日本银行(BoJ)和加拿大银行(BoC)等中央银行都宣布了不设上限的政府债券购买计划,甚至有些中央银行除了通过二级市场购买政府债券,还直接向政府提供资金。英国央行最近宣布,由英国央行直接为英国政府支出需求提供暂时性资金,政府可以绕过债券市场直至疫情结束。新西兰储备银行(RBNZ)也表示愿意直接购买政府债券,而印度尼西亚银行已经通过一级市场购买政府债券。从这些国家中央银行的举措来看,央行的目标重点正逐渐转移到避免政府债券市场动荡和保持财政可持续性上,完成从价格稳定到利率稳定的角色转变,中央银行通过发行货币来填补政府债务的"财政融资"方面的作用无形中在加强。

第四,法律和政策以化解公共风险为导向,应根据风险变化与时俱进。在国际上,财政纪律或相关法律一般对财政赤字货币化具有明显约束,不允许财政"直接"向央行借款或发债。多数中央银行目前也不太愿意放弃当前的政策设定目标而支持赤字货币化,但今后随着压力的增加,可能会改变方向。尤其是此次疫情可能导致一些国家面临更大的债务负担和财政赤字,理论上,政府可以通过通货膨胀、债务重组、金融抑制、提高税收和财富没收等选择来减少债务,但从公共风险最小化的角度来看,最可行的选择是让赤字货币化导致的通货膨胀吞噬债务,其余选择可能会产生严重的政治影响。在国外实践中,实际已经存在诸多绕过法律的变形的赤字货币化。从实际效果而言,只要央行持有的政府债券数量增加,即使是通过二级市场购入,也应该纳入实质性的赤字货币化。对于当今世界经济,衰退和通缩是最大的风险,疫情冲击加剧了这种风险,赤字货币化有利于刺激总名义需求,不应再被视为禁忌。至于实施赤字货币化如何保证中央银行的独立性,从小的方面而言取决于有没有一个强有力的体制框架以及系统管理效率,从大的方面而言取决于国家治理能力。为了国家安全和经济社会稳定,法律和政策应该根据风险变化与时俱进。

参考资料来源:李成威,景婉博:《财政政策与货币政策的有效协同模式:赤字货币化》,《经济与管理评论》2021年第37卷第2期,第107-113页。

▶ **案例点评**

赤字货币化引发广泛讨论,国外不少知名学者或业界人士对赤字货币化是否可行,及其可能产生的经济和政策影响提出了或赞成、或反对、或中立的观点。在不确定性成为常态下,理论和政策创新需要从实际出发,转换思维,探索财政与货币政策的有效协同模式。赤字货币化的一个主要功能是可以将财政政策与货币政策工具耦合在一起,有效发挥协同作用,永久性缓解政府的预算线,在公共债务高企背景下,保留或扩大政府的财政空间,从而达到较好的政策效果。对于当今世界经济,衰退和通缩是最大的风险,疫情冲击加剧了这种风险，赤字货币化有利于刺激总名义需求，不应再被视为禁忌，在特殊时期赤字货币化应成为重要的政策选项。

▶▶ 讨论题

1. 谈谈赤字货币化与直升机撒钱、量化宽松有何区别。
2. 结合资料谈谈赤字货币化是特殊时期的重要政策选项。
3. 你认为能否实施适度的赤字货币化。

第十七章

开放经济下的财政问题

一、习 题

(一) 单项选择题

1. 目前世界各国普遍采用的减除国际重复征税的一种方法是( )。
   A. 扣除法　　　　B. 低税法　　　　C. 免税法　　　　D. 抵免法
2. ( )我国正式加入世界贸易组织(WTO),成为其第143个成员。
   A. 2001年12月11日　　　　　　B. 1995年1月1日
   C. 2010年1月1日　　　　　　　D. 2005年1月1日
3. 依照某些国际金融组织的统计分析,一个国家的外债偿债率超过( )即为进入债务危机时期。
   A. 20%　　　　　B. 25%　　　　　C. 60%　　　　　D. 100%
4. ( )是一项综合指标,全面反映本国偿债能力和外债规模的对应关系。
   A. 负债率　　　　B. 偿债率　　　　C. 债务率　　　　D. 负担率
5. 国际重复征税带来的消极影响不包括( )。
   A. 给跨国纳税人造成额外的税收负担
   B. 阻碍国际资本、商品、劳务和技术的自由流动
   C. 违背税收负担公平合理的原则
   D. 带来国家间战争风险

(二) 多项选择题

1. 行使税收管辖权的基本原则有( )。
   A. 属地原则　　　B. 属人原则　　　C. 公平原则　　　D. 效率原则
2. 减除国际重复征税的具体方法包括( )。
   A. 扣除法　　　　B. 低税法　　　　C. 免税法　　　　D. 抵免法
3. 一个共同市场的特征包括( )。
   A. 成员国间没有关税和配额　　　　B. 共同的对外关税和配额
   C. 共同的税制结构　　　　　　　　D. 共同的宏观政策
4. 我国外债的种类主要有( )。
   A. 向外国政府借款　　　　　　　　B. 向国际金融组织借款
   C. 出口信贷　　　　　　　　　　　D. 在国外发行外币债券

5. 国际上通用的衡量外债负担和限度的指标有( )。
   A. 负债率   B. 偿债率   C. 债务率   D. 负担率
6. 从总体上看,当前我国外债表现出的特点包括( )。
   A. 形成多角度有选择的债务结构
   B. 短期债务比重下降迅速
   C. 外债来源结构和币种搭配日趋合理
   D. 外债风险指标处于国际公认的安全线以下
7. 我国关税包括( )。
   A. 进口税   B. 出口税   C. 过境税   D. 转口税
8. 特惠贸易安排的类型包括( )。
   A. 自由贸易区   B. 关税同盟   C. 共同市场   D. 关税总协定
9. 在关税保护方面,我们可以利用的例外条款主要有( )。
   A. 保护幼稚工业的例外条款
   B. 保障例外条款
   C. 国际收支平衡例外条款
   D. 对发展中国家政府补贴例外条款

(三) 判断题

1. 国际税收要受各国税制的制约,同时各国税制建设也应遵循国际税收的各种准则和规范。   (   )
2. 国际税收涉及的问题主要是由直接税和间接税的跨国课征引起的。 (   )
3. 各国确立和行使税收管辖权属于国家的内政,这意味着国家可以无限制地行使税收管辖权。   (   )
4. 任何一个国家在选择税收管辖权时都必然从本国的政治经济条件和维护本国民族权益出发。   (   )
5. 世界各国普遍接受居民税收管辖权优先的原则。   (   )
6. 世贸组织的基本原则和宗旨是通过实施市场开放、非歧视和公平贸易等原则,来达到推动实现世界贸易自由化的目标。   (   )
7. 外债的经济调节功能属于"增量型"调节。   (   )
8. 借用外债发展本国经济,在当前几乎成为各国趋之若鹜的乐园。   (   )
9. 按照国际惯例,有关外债风险指标的国际公认安全线是:负债率为25%,偿债率为20%,债务率为100%。   (   )
10. 当前世界上大多数国家都只选择行使一种税收管辖权。   (   )
11. 国际税收是由各国税收机构征收的一个独立的税种。   (   )
12. 税收抵免是税收饶让的延伸或扩展,与税收饶让有着极为密切的联系。 (   )
13. 贸易条件决定着各国分享国际贸易利益的比例,一国贸易条件改善,说明该国所获得的贸易利益比例增大。   (   )
14. 我国的关税是国家对贸易性商品课征的一种税。   (   )
15. 国际税收以一般税收为基础和前期,是一般税收的延伸和派生物。 (   )

16. 各个国家的涉外税收制度是国际税收存在和发展的基础,因此国际税收就是涉外税收。（　　）
17. 对大多数行业来说,有效保护率往往会大大超过名义关税税率。（　　）
18. 就关税保护而言,最终产品的生产者一般比中间产品的销售者得到更高的有效保护率。（　　）
19. 关税的保护率越高越好。（　　）
20. 特惠贸易安排给那些国内市场很小却具有比较优势的国家以及出口商品面临大量关税壁垒的国家带来的潜在利益最大。（　　）

（四）名词解释

1. 国际税收
2. 税收管辖权
3. 税收饶让
4. 关税
5. 贸易条件
6. 特惠贸易安排
7. 自由贸易区
8. 关税同盟
9. 贸易创造
10. 贸易转移
11. 共同市场
12. 出口退税制度
13. 外债负债率
14. 外债偿债率
15. 外债债务率

（五）简答题

1. 简述国际税收的内涵。
2. 简述税收管辖权的内容及交叉或冲突的表现。
3. 简述国际重复征税及其减除方法。
4. 简述国际税收协定应包括的内容。
5. 简述关税对贸易条件的影响。
6. 简述外债的功能。
7. 简述外债管理的内容。
8. 简述特惠贸易安排的类型。

（六）论述题

1. 谈谈你对保护关税的理解。
2. 阐述我国出口退税存在的问题和进一步完善的思路。
3. 阐述世界贸易组织与我国关税政策的协调。

二、习题解答

(一) 单项选择题
1. D 2. A 3. A 4. A 5. D

(二) 多项选择题
1. AB 2. ABCD 3. ABCD 4. ABCD 5. ABC
6. ACD 7. ABCD 8. ABC 9. ABCD

(三) 判断题
1. √ 2. × 3. × 4. √ 5. × 6. √ 7. √ 8. √ 9. √ 10. × 11. ×
12. × 13. √ 14. × 15. √ 16. × 17. √ 18. √ 19. × 20. √

(四) 名词解释
略。

(五) 简答题
略。

(六) 论述题
略。

三、案例分析

案例 17-1　中国与"一带一路"沿线国家税收协调研究

"一带一路"倡议实施以来，中国与"一带一路"沿线国家的双边经贸合作不断加强，在与沿线国家的经济联系日益紧密的同时，国际涉税事项也日益增多。税收争端、国际税收征管与合作等问题制约着双边经贸合作的进一步发展。对此，开展国际税收协调有助于提高中国与"一带一路"沿线国家经贸合作的畅通度与便利化水平，是在提升合作各方整体利益的基础上促进中国与"一带一路"沿线国家区域经济融合发展的重要举措。

一、中国与"一带一路"沿线国家税收协调现状

(一) 关税协调

国家或地区间签署的贸易协定是国际关税协调的主要依据，而关税协调主要可以分为自由贸易区和关税同盟两种形式。目前，中国与"一带一路"沿线国家关税协调的主要表现形式是签署自由贸易协定，即建立自由贸易区。中国自由贸易区服务网的数据显示，截至 2020 年 12 月，中国已与东盟、巴基斯坦、格鲁吉亚和马尔代夫等"一带一路"沿线国家签署了自由贸易协定，涉及"一带一路"沿线国家的且正在谈判的自由贸易协定有中国—斯里兰卡、中国—以色列、中国—摩尔多瓦和中国—巴勒斯坦等，正在研究的自由贸易协定有中国—尼泊尔、中国—孟加拉国和中国—蒙古等。

从中国与"一带一路"沿线国家签署的自由贸易协定来看,目前除中国—马尔代夫和中国—柬埔寨自由贸易协定尚未生效外,中国与东盟、巴基斯坦、格鲁吉亚和新加坡等签署的自由贸易协定均已生效,关税协调也随着自由贸易协定的生效逐步开展。其中,《区域全面经济伙伴关系协定》(RCEP)的正式签署将为中国与"一带一路"沿线国家进行关税协调带来新的发展机遇。

(二)税收协定

国际税收协定从广义上来说是指国家或地区间签署的具有法律效力的税收书面协议,其涵盖了避免所得和财产双重征税协定、双边或多边关税协定、互免空运和海运企业国际运输收入税收协定等多方面内容。对此,鉴于前文已经论述了关税协调的相关内容,以下将从避免所得和财产双重征税协定、互免空运和海运企业国际运输收入税收协定两个方面入手,来研究中国与"一带一路"沿线国家的税收协定现状。

1. 避免所得和财产双重征税协定

由国家税务总局网站发布的《我国签订的避免双重征税协定一览表》可知,截至2020年12月,中国已与56个"一带一路"沿线国家签署了55个避免双重征税协定,这些税收协定均已生效并执行。从地理范围上看,这些国家分属于东亚、东南亚、西亚北非、南亚、中亚、独联体和中东欧等"一带一路"沿线各个国家区域细分范围。其中,"一带一路"沿线各国区域细分范围中的东亚、中亚、独联体和中东欧的所有国家均与中国完成了避免双重征税协定的签署。目前,"一带一路"沿线国家中仅有缅甸、伊拉克、约旦、黎巴嫩、巴勒斯坦、也门、阿富汗、马尔代夫、不丹9个国家未与中国签署避免双重征税协定。在这9个国家中,不丹、缅甸、阿富汗、也门4个国家的经济发展水平较为滞后;伊拉克、约旦、巴勒斯坦、黎巴嫩和也门5个国家的政治社会环境较为动荡;而马尔代夫是亚洲国土面积最小的国家,其经济规模也相对较小。由此,中国尚未与这9个国家签署避免双重征税协定主要是受当地政治社会环境和经济发展水平等的影响。从协定的签署时间上看,最早为1985年与马来西亚签署的避免双重征税协定。55个避免双重征税协定中,36个协定的签署时间为2002年以前。在20世纪80～90年代注重吸引外商直接投资的背景下,中国与中亚、南亚、东南亚、中东欧和非洲地区缺少资金往来和人员流动,因此这些避免双重征税的协定内容也较为单一。在协定的更新修订上,中国已分别于2007年、2014年和2016年与新加坡、俄罗斯和罗马尼亚修订了避免双重征税协定。由此,中国仅与叙利亚、俄罗斯、罗马尼亚和柬埔寨4个国家的协定签署时间晚于2010年。从协定的内容上看,中国与"一带一路"沿线国家签署的避免双重征税协定参照《联合国范本》和《经合组织范本》,内容均包括适用范围、一般规定、对所得的征税、消除双重征税方法、协商程序与税收情报交换等方面。其中,与波黑、保加利亚、科威特、塞浦路斯、白俄罗斯和以色列等17个"一带一路"沿线国家签署的协定中还包含了财产税相关内容。

2. 互免空运和海运企业国际运输收入税收协定

就"一带一路"沿线国家而言,虽然中国与阿富汗、马尔代夫和黎巴嫩3国并未签署避免双重征税协定,但与阿富汗和马尔代夫签署了民用航空运输协定,与黎巴嫩签署了海运协定和民用航空运输协定。从协定签署的时间上看,大多协定签署于20世纪60～80年代,就其性质而言属于特定项目税收协定:互免企业所得税、个人所得税和间接税是民用航空(空运)国际运输收入互免税收协定主要关注的问题,互免企业所得税和间接税是海运国际运输收入互免税收协定的主要方面。

(三) 税收征管与合作

目前,国际税收征管与合作主要有两个法律依据:一是国家或地区间签署的双边税收协定中的相关条款,二是国家或地区加入的多边税收公约或多边专项税收协议等。双边税收协定下的国际税收征管与合作对于涉及两个以上国家或地区的跨国避税等的作用十分有限,这时多边税收征管与合作就显得尤为重要。具体来说,在多边税收公约或多边专项税收协定上,中国与"一带一路"沿线国家主要签署了《多边税收征管互助公约》《金融账户涉税信息自动交换多边主管当局间协议》《关于国别报告信息交换的多边主管税务机关协议》等。

1. 《多边税收征管互助公约》

《多边税收征管互助公约》是国际上影响最为广泛的多边税收合作公约,其对国际税收征管协调具有重要意义。《多边税收征管互助公约》主要包含三种征管合作方式:税收情报交换、税款追缴和文书送达。鉴于其允许缔约国保留对征管合作方式中的税款追缴和文书送达,税收情报交换是最重要和最基础的合作方式。截至2020年12月,中国与43个"一带一路"沿线国家同为《多边税收征管互助公约》的缔约国。

2. 《金融账户涉税信息自动交换多边主管当局间协议》

为了规范税收情报交换的操作要求与程序,经济合作与发展组织(OECD)在《金融账户涉税信息自动交换标准》(AEOI标准)的基础上,发布了《金融账户涉税信息自动交换多边主管当局间协议》(《CRS多边主管当局协议》),旨在明确需要报告的金融账户信息与时间、规范报送金融账户涉税信息的程度等。作为国际税收征管合作的重要多边税收协议,《CRS多边主管当局协议》在国际上得到了推广与执行。中国于2015年12月16日正式签署《CRS多边主管当局协议》,并于2017年7月开始正式执行。截至2020年12月,已有32个"一带一路"沿线国家签署了《CRS多边主管当局协议》。

3. 《关于国别报告信息交换的多边主管税务机关协议》

OECD于2015年公布的BEPS第13项成果中明确提出,进行跨国企业国别报告交换是税基侵蚀和利润转移(BEPS)行动计划中转让定价同期资料的要求。根据BEPS行动计划,主体文档、本地文档和国别报告三份文档属于转让定价同期资料,其中国别报告主要是在国别的基础上披露跨国企业的相关税务信息,如收入、全球分支机构等。对此,出于规范国别信息交换操作与方便各国交换信息等的考虑,OECD在《CRS多边主管当局协议》的基础上公布了《关于国别报告信息交换的多边主管税务机关协议》,中国于2016年5月12日正式签署该协议。截至2020年12月,已有27个"一带一路"沿线国家签署了《关于国别报告信息交换的多边主管税务机关协议》。

此外,2019年4月,中国推动建立了"一带一路"税收征管合作机制,旨在加强税收征管能力建设、加快税收争端解决等,其开启了"一带一路"沿线国家税收合作新篇章。截至2020年12月,已有14个"一带一路"沿线国家成为"一带一路"税收征管合作机制成员国。

二、中国与"一带一路"沿线国家税收协调存在的不足

目前,中国与"一带一路"沿线国家的税收协调已经取得了一定的成效,特别是避免双重征税协定与税收征管协调已经覆盖了大部分"一带一路"沿线国家,这对于中国与"一带一路"沿线国家开展更进一步的贸易与投资合作等奠定了坚实的基础。但是,中国与"一带一路"沿线国家的税收协调仍存在以下不足。

第一,中国与"一带一路"沿线国家间的关税协调不力。中国与"一带一路"沿线国家间的关税协调尚处于起步阶段,目前的关税协调主要集中在东南亚和南亚等与中国地理位置相近的地区。具体来说,一是双边自由贸易协定或多边自由贸易协定从开始研究到正式签署的时间跨度较大,制约了中国与"一带一路"沿线国家间的区域关税协调进程。以《中巴自贸协定第二阶段议定书》为例,其 2011 年开始进行首次升级谈判,但直到 2019 年才正式签署第二阶段议定书。同时,目前根据自由贸易协定实现关税协调的仅有 12 个"一带一路"沿线国家。二是区域经贸往来日益频繁,各国签署的多个自由贸易协定中的关税协调差异性的存在可能会限制关税协调的进一步发展。以东盟成员国中的马来西亚、新加坡和越南等为例,其既是《中国—东盟自由贸易协定》中的重要成员国,也是《跨太平洋伙伴关系协定》(TPP)中的重要参与国,两个协定中关于关税优惠等措施的较大差异,无疑加大了中国与马来西亚、新加坡和越南等国关税协调的复杂性和难度。

第二,中国与"一带一路"沿线国家现有的税收协定协调模式不能很好地适应跨国企业税基侵蚀与利润转移等问题所带来的挑战。双边税收协定作为国际税收征管与合作的重要依据之一,对打击跨国避税行为与防止税收协定滥用等具有十分重要的意义。但中国与"一带一路"沿线国家现有的双边税收协定大多签署时间较早,如今并不能很好地适应不断变化的国际税收规则和应对跨国公司愈加隐蔽的避税手段等。例如,21 世纪以来,中国的税制改革进程不断加快,2007 年已将内外资企业所得税正式合并,2016 年全面实现了营业税改增值税等。但综观中国与"一带一路"沿线国家签署的税收协定,大部分协定内容依旧使用外国企业所得税、地方所得税、中外合资经营企业所得税和外商投资企业所得税等 2007 年税改前的税种名称。对此,以上税改前的税种,是否能够自动适用税改后的企业所得税,还有待进一步明确。这在无形之中加大了企业跨国经营的涉税风险。

第三,从税收征管协调的现状来看,多边税收征管与合作尚未覆盖所有"一带一路"沿线国家。在全球经济一体化进程加快、新经济形态不断丰富、国际税收新规则出台与跨国企业避税手段愈加隐蔽等复杂因素的影响下,更为丰富、更多国家参与的税收征管合作模式愈发重要。此时,多边税收征管合作若未普遍覆盖"一带一路"沿线国家,将会给打击跨越两个以上国家或地区的避税行为带来较大困难,不利于中国与"一带一路"沿线国家的双边贸易与投资等更进一步的开展。同时,部分"一带一路"沿线国家税制体系不够健全且税收征管能力不足,使得国际税收协调特别是税收情报交换效率不高。研究认为,与税制体系还处于建设初期的国家或地区进行税收协调往往比税制现代化建设完善的国家或地区更加困难。"一带一路"沿线国家或地区间的经济发展水平不一,税制体系完善程度和税制复杂程度也不同。税制体系不完善与税收征管能力不足等限制性因素的存在,使得跨国涉税信息交换工作进度较慢,税收情报交换机制受阻。

三、完善中国与"一带一路"沿线国家税收协调的建议

(一) 借助"一带一路"税收征管合作机制推进"一带一路"沿线国家税制体系现代化

"一带一路"沿线国家税制体系的现代化建设,是中国与"一带一路"沿线国家开展税收协调、进行国际税收合作的重要基础。2019年4月设立的"一带一路"税收征管合作机制主要涉及税收法治建设、纳税服务优化、税收征管能力建设等税收合作领域。对此,可以从以下方面入手,借助"一带一路"税收征管合作机制来推动"一带一路"沿线各国的税制体系现代化建设。

第一,深化"一带一路"沿线国家对于国际税收合作的认识,鼓励其尽快加入"一带一路"税收征管合作机制。"一带一路"税收征管合作机制的章程表明,其面向所有支持"一带一路"税收征管合作的国家或国际组织开放。但从目前的实践情况来看,"一带一路"税收征管合作机制在"一带一路"沿线国家中的认可度尚待提升,"一带一路"沿线国家对其的参与度尚显不足。由此,应深化"一带一路"沿线国家对于国际税收合作的认识,国际税收合作特别是国际税收协调对于消除国际经济合作中的贸易壁垒和投资壁垒,加强"一带一路"沿线国家或地区的贸易畅通、资金融通、政策沟通、设施联通和民心相通具有重要意义。可以考虑先从与中国经贸往来密切的东盟国家入手,鼓励更多的东盟国家加入"一带一路"税收征管合作机制,以税收征管合作机制带来的国际税收合作成效吸引并鼓励更多的"一带一路"沿线国家参与其中。

第二,充分借助"一带一路"税收征管合作机制建立的税务学院及定期举办的税务合作交流论坛等税务合作交流机制,助力"一带一路"沿线国家构建一个宽税基、低税率、优税种、简征管的现代化税制体系。积极利用税务学院这一国际税收合作平台,与机制成员国(地区)和观察员国(地区)税务部门就税收法治建设、税收确定性和税收征管能力等问题开展充分的交流与学习,助力"一带一路"沿线国家税收现代化体系建设。同时,积极落实首届"一带一路"税收征管合作论坛的成果——《乌镇行动计划(2019—2021)》,推动"一带一路"沿线国家在税收法治、税收确定性、纳税遵从和税收征管数字化等方面的建设。

(二) 加快关税协调进程,提升自由贸易便利化水平

第一,积极加快双边及区域自由贸易协定的谈签进程,为开展关税协调提供有力依据。从与邻国签署自由贸易协定并实现关税协调入手,充分利用其便利的贸易往来条件,推动双边及区域自由贸易协定谈判。具体来说,在正在谈判的自由贸易协定和正在研究的自由贸易协定中,中国—孟加拉国、中国—蒙古等所涉及的国家大多与中国地理位置相近,可考虑优先签署这些自由贸易协定,以邻国关税协调为基础网络,逐步将关税协调拓展到其余"一带一路"沿线国家。同时,中国—东盟自由贸易区关税协调的成功实现对于中国跨境关税协调的发展具有典范性意义,应在总结其经验、模式并尊重各国税制差异的基础上,积极推进关税协调的发展。此外,中国在推进与其余"一带一路"沿线国家关税协调的同时,还应注意与现有已实现关税协调的"一带一路"沿线国家之间形成良好的沟通机制,借助自由贸易区这一平台,尽量保持各国签署的多个自由贸易协定中关税协调的一致性,减少各关税协调区域间的差异性。

第二,以区域性税收合作论坛为基础,推动区域关税协调合作与交流。借助"一带一路"

税收征管合作机制每年定期举办的税务学习论坛,通过与"一带一路"沿线国家的海关管理机构和税务当局等的磋商与研讨,提高"一带一路"沿线国家对于关税协调等的认同感,改善目前关税协调不力的情况。同时,针对不同区域间多个自由贸易协定中关税协调的差异性,中国应参照 WTO 争端解决机制构建一个覆盖"一带一路"沿线国家的关税争议解决机制,推动"一带一路"沿线各国关税协调的进一步发展。

(三)参照 BEPS 行动计划修订现有税收协定并积极谈签新的税收协定

第一,根据所有 BEPS 行动计划签署国的意向适时更新税收协定。具体来说,BEPS 行动计划表明,签署国应对其已经签署的税收协定中指定进行更新的税收协定进行更新,即当签署的税收协定被缔约双方(此缔约双方亦同为 BEPS 行动计划签署国)同时指定时,需要按照签署的 BEPS 行动计划相关内容对税收协定进行更新。由此,可以在确定需要根据 BEPS 行动计划修改的税收协定的基础上,与同为签署国的双边税收缔约国友好协商需要修订的条款。例如,对于 BEPS 行动计划中的必选条款,缔约税收协定双方必须根据必选条款内容进行修订;但对于可选条款而言,当双方均有意向根据某条可选条款对税收协定进行修订时,修订才生效。

第二,尽快修订早期双边税收协定中不合时宜的条款。前文的分析表明,中国与"一带一路"沿线国家签署的避免所得与双重征税协定中依旧使用外国企业所得税、地方所得税、中外合资经营企业所得税和外商投资企业所得税等税改前的税种,其是否可以自动适用税改后的企业所得税仍有待进一步明确。对此,应尽快修订或补充说明其适用性问题,以免加大企业对外投资中的涉税风险。同时,应适时增加或完善税收协定中的税收饶让条款。例如,适当增加或修改股息、利息和特许权使用费预提所得税税收饶让条款,增加企业对外投资税收饶让条款等。

(四)完善税收情报交换机制,搭建与"一带一路"沿线国家的区域税收情报交换平台

第一,在考虑对外投资现状与涉税信息交换成本等的基础上,优先选择与"一带一路"沿线国家对外投资中的主要目的国进行双边涉税信息交换。未来,随着"一带一路"建设的不断推进与税收征管合作机制的不断完善,可逐步将更多的"一带一路"沿线国家划入税收情报交换范围,适时拓展税收情报交换网络以维护中国的税收权益。

第二,完善双边税收协定中关于税收情报交换的相关内容。参照《多边税收征管互助公约》《CRS 多边主管当局协议》和 BEPS 行动计划等多边税收合作协定中关于税收情报交换的规定,完善早期双边税收协定中关于税收情报交换的相关规定,为开展涉税信息交换打击跨国企业避税行为奠定坚实基础。

参考资料来源:缪慧星,黄惠欣,罗飞:《中国与"一带一路"沿线国家税收协调研究》,《改革与战略》2021 年第 37 卷第 3 期,第 78-84 页。

▶ 案例点评

"一带一路"倡议实施以来,双边经贸往来不断加强的同时,税收问题也日益突出。如何建立一个符合中国与"一带一路"沿线国家客观实际的税收协调机制显得尤为重要。基于此,文章通过分析目前中国与"一带一路"沿线国家在关税协调、税收协定和税收征管与合作等方面的基本情况,发现中国与"一带一路"沿线国家的税收协调仍存在以下不足:中国与

"一带一路"沿线国家间的关税协调不力,中国与"一带一路"沿线国家现有的税收协定协调模式不能很好地适应跨国企业税基侵蚀与利润转移等问题所带来的挑战,多边税收征管与合作尚未覆盖所有"一带一路"沿线国家。最后提出应借助"一带一路"税收征管合作机制来推进沿线国家税收体制现代化,加快各国关税协调进程以提升自由贸易便利化水平,修订现有税收协定条款并明确现有条款中具体税种的适用性与完善税收情报合作机制等建议。

▶ 讨论题

1. 结合资料阐述中国与"一带一路"沿线国家税收协调现状及存在的不足。
2. 阐述完善中国与"一带一路"沿线国家税收协调的建议。

案例 17-2　跨境经济数字化与国际税收规则变局

目前,数字经济基础上的经济数字化趋势对世界经济和税收均产生重要影响。发端于数字经济的税基侵蚀和利润转移(BEPS)对国际税收规则提出了严峻挑战,运行了百年的跨境企业所得税国际征税规则已无法适应经济数字化下新的价值创造方式。因此,寻求基于经济数字化并具有普适价值的跨境企业所得税国际征税新规则,成为全球关注的国际税收核心问题之一。

一、准 BEPS 框架下应对数字经济的国际税收规则挑战

OECD 于 2012 年启动税基侵蚀与利润转移(BEPS)行动计划,因此,2012—2013 年基于 BEPS 第 1 项行动计划的国际税收改革称为"准 BEPS"。

(一) BEPS 行动计划的提出

BEPS 是指利用不同税收管辖区的税制差异和规则错配进行税收筹划的策略,其目的是人为造成应税利润"消失"或将利润转移到没有或几乎没有实质经营活动的低税负国家(地区),从而达到不缴或少缴企业所得税的目的。在经济全球化的背景下,BEPS 问题愈演愈烈。为此,2012 年 6 月,二十国集团(G20)财长和央行行长会议同意通过国际合作应对 BEPS 问题,并委托 OECD 开展研究。2013 年 7 月,OECD 发布《BEPS 行动计划》。

(二) 跨境数字经济对国际税收规则的挑战

联结度和利润分配规则是解决国家间分配跨国活动产生的所得征税权问题的基石。联结度规则用于判断一国居民企业是否需就其部分利润在另一国纳税,利润分配规则用于判断跨国企业需要就多少利润在另一国纳税。

数字经济的出现改变了全球经济中价值被创造、转让及分散的方式,对国际税收核心规则形成巨大挑战。在数字经济时代,消费者通过社交平台展示偏好形成的大数据成为价值创造链的重要因素;互联网与物流行业之间相辅相成,推动彼此创新发展,改变了跨国商品和服务以及国际资本流动的方式。跨国企业不需要设立常设机构,其创造的价值也主要来源于收集和出售大数据。然而,根据现行的联结度和利润分配规则,由于缺乏税收实体存在,产生巨额利润的公司在用户和市场创造了价值的管辖区可能无需或缴纳极少的税收。因此,OECD 的 BEPS 第 1 项行动计划专门应对这一问题。创新利润分配和联结度规则成

为 BEPS 第 1 项行动计划的首要改革要务。

二、BEPS 1.0 框架下应对数字经济的国际反避税规则治理

2014—2018 年,基于 BEPS 第 1 项行动计划最终报告的国际税收规则改革称为"BEPS 1.0"。BEPS 1.0 的核心理念是征税权应与"价值创造地"保持一致。创造了价值的国家可根据一个既定的(强调企业决策和控制职能)框架,对已分得的跨境利润征税。

(一)BEPS 第 1 项行动计划初期成果:应对数字经济的税收挑战

(1) BEPS 第 1 项行动计划的初期成果。2014—2015 年,OECD 发布 BEPS 15 项行动计划的最终报告,其中的《BEPS 行动计划 1:应对数字经济的税收挑战》为未达成全球共识的初期成果,其他的行动计划为全球共识的最终产出成果。第 1 项行动计划报告指出,为数字经济专门设计一套特殊的规则并不可行,数字经济不能因"数字经济日渐成为经济本身"而彻底圈离。第 1 项行动计划报告还总结了影响 BEPS 的不断发展的数字业务模式的主要特征。

(2) BEPS 第 1 项行动计划初期成果留下的深化研究难题。在创新联结度和利润分配规则框架下,还有很多具体的细则需要深化研究。例如:独立交易原则是否仍然适用,价值创造的驱动因素是什么;非实体存在对联结度的挑战问题;数据产生的价值归属问题;无形资产转让定价规则的遵循问题;修改 OECD 授权方法(Authorized OECD Approach, AOA);数据化交付方式产生的付款合理性定性问题。

BEPS 第 1 项行动计划留下的深化经济数字化国际税收规则的研究难题,事实上正是全球数字经济转型对国际税收规则的深刻挑战。

(二)BEPS 第 1 项行动计划的中期成果:数字化带来的税收挑战

2018 年 3 月 16 日,OECD 发布《应对数字化带来的税收挑战——2018 中期成果报告》,为应对经济数字化的国际税收规则改革深化讨论作出了重要贡献。

(1) "数字经济"国际税收治理向"经济数字化"国际税收治理的思维转变。BEPS 第 1 项行动计划的初期成果报告的主题表达为"应对数字经济的税收挑战",2018 年中期成果报告的主题表达转变为"应对数字化的税收挑战"。后者对各种不同数字化商业模式的价值创造进行了深入分析,并描述了数字市场的主要特征:大规模非实体,对无形资产的依赖,数据和用户贡献。从原来将"数字经济"视为更广泛的 BEPS 问题的一个组成部分加以关注,到转变为关注整体经济的数字化的应对方案,BEPS 第 1 项行动计划中期成果报告主题表达的变化反映了对 BEPS 第 1 项行动计划深化研究的思维转变。

(2) 取得的初步共识。①构建一套基于跨境经济数字化的协调一致的国际税收新规则,符合 G20/OECD 包容性框架(Inclusive Framework, IF)的共同利益。IF 是由发起 BEPS 行动计划的 G20 成员与承诺落实 BEPS 项目的非 G20 成员平等参与的组织,在促进全球经济数字化税收治理问题达成全球共识方面起着主导作用。IF 一致认为,要在 2020 年前制定出基于跨境经济数字化的国际税收新规则的全球共识方案。②改变现行跨国企业所得税的国际征税规则是应对经济数字化转型的关键。应对跨境经济数字化转型对国家征税权的挑战,关键是要改变现行企业所得税国际征税规则,而非引入特殊的"数字税"。③基本达成"考量单边或多边短期措施合理性的指标"。IF 大部分成员意识到,在第 1 项行动计划全球

共识方案达成之前,应当允许某些经济体采取单边或多边的短期措施。如果这些短期措施满足以下设计考量因素,可以被判定为合理行动,即符合国际税收协定,标注临时性,针对互联网广告及数字化中介服务,合理设置税率及税基,保护小型企业及初创企业的创新活动,加入一致的"供应地"规则。

(3) 应对 BEPS 第 1 项行动计划初期成果留下的深化研究难题的潜在措施。①2018 年中期成果报告总结了近三年 IF 的三组不同意见。一是某些数字化商业模式导致的利润征税地与价值创造地之间的不匹配问题,可通过有针对性地改变现行跨国企业所得税规则来解决,其中包括重新考虑与联结度和利润分配相关的国际税收规则。二是持续的经济数字化及全球化推进,不断挑战着营业利润的跨国企业所得税现行国际税收规则框架的持续效力。三是 BEPS 一揽子措施已基本解决国际双重不征税问题。前两组意见共同关注经济数字化转型对跨国企业所得税国际征税规则的挑战。第一组意见更深入讨论了变革与联结度及利润分配相关的国际税收规则,以解决经济数字化导致的利润征税地与价值创造地之间的不匹配问题。第三组意见似已超越经济数字化的 BEPS 问题。②需要继续深化研究的问题。其包括:深化研究数据和用户参与在多大程度上被认为有助于创造价值;深化研究不同高度数字化商业模式的价值创造过程;深化研究修改联结度和利润分配规则,以使数字化企业在客户所在地缴纳更多税款。

三、BEPS 2.0 框架下超越经济数字化的国际税收规则变革

2019 年,基于 BEPS 第 1 项行动计划的"双支柱"国际税收新规则通常被称为"BEPS 2.0"。BEPS 2.0 倡议虽然始于经济数字化,但其实际适用范围已经超越了数字化企业,而普遍适用于所有大型跨国企业。

(一) OECD 数字化税收政策说明框架下"双支柱"的提出

2019 年 1 月,OECD 发布《关于解决经济数字化相关税收问题政策说明》。该说明提出跨境数字化国际税收规则的重新研究应聚焦两个核心支柱:支柱 1,新联结度和利润分配规则;支柱 2,防止遗留的税基侵蚀的国际规则。研究前者旨在彻底改革目前基于企业地理位置的国际税收体系,解决经济数字化带来的利润转移的国际企业所得征税权重新分配问题;研究后者则要在全球推出一个最低企业所得税税率,保证各个跨国企业在全球都要根据自己的利润缴纳相关税收,主要解决遗留的 BEPS 的税收风险。

(二) 制定"双支柱"全球共识方案的工作计划

2019 年 5 月 31 日,OECD 发布《工作计划——制定应对经济数字化税收挑战的全球共识方案》。

(1) 明确"双支柱"的研究重点。①支柱 1 的研究重点。从英国、美国和印度的三个提案中优选出其中 1 个方法,修改完善后作为新联结度和利润分配规则。上述三个提案的共同点,都讨论了经济数字化背景下跨境利润转移应税存在的新联结度规则,基于跨国企业总利润分配市场国和用户所在国的所得征税权,以及运用简化方法计算跨境征税权的分配等。寻求政治协议,确定支柱 1 全球共识方案的适用对象范围。IF 基本认同,支柱 1 新联结度和利润分配规则的适用对象不应仅局限于"高度数字化的商业模式",也需要深入研究将对"营销型无形资产"依赖程度较低的跨国企业排除出第一支柱规则的适用对象范围。②支柱 2

的研究重点。针对法国和德国提出的全球最低税提案,支柱 2 规则仍需要重点深化研究以下问题。跨国企业集团中的低税受控外国公司(CFCs)以固定税率缴纳最低税问题。对税基侵蚀规则的设计。设计最低税跨境征收的征管机制,包括跨境征管协调、相关税收信息的国际交换和记录保存规定等。经济影响评估。支柱 2 规则的不同设计对跨境税收收入的分配,以及不同经济类型公司和跨国企业投资的影响。

(2)分别制定"双支柱"提案和解决方案。①OECD 形成支柱 1"统一办法"提案。2019 年 10 月 9 日,OECD 发布了支柱 1"统一办法"提案,创建了不基于实体存在的新征税权,即通过新的联结度概念和公式分配法分配征税权,无论是否构成传统税收规则下的实体存在,跨国企业均需按照规定的计算方式将特定的剩余利润重新分配给市场国。②OECD《支柱 2 全球解决方案》的制定。2019 年 11 月 8 日,OECD 发布了《支柱 2 下防止税基侵蚀的全球解决方案》的咨询文件,该文件提出了统一的全球最低税率规则,将适用于更广泛的跨国企业。

(三)"双支柱"蓝图报告的突破性进展

2020 年 1 月 31 日,OECD 发布《"双支柱"方案的声明》,承诺到 2020 年年底前就新的国际税收规则达成共识。同年 7 月 18 日,OECD 向 G20 财长和央行行长发布了 OECD 秘书长报告,指出有关支柱 2 的研究工作已取得实质性进展,将制定支柱 2 蓝图报告。同年 10 月 12 日,OECD 发布了与 BEPS 2.0 项目有关的系列文件,提出了"双支柱"极为详尽而复杂的国际税收新规则,试图解决"双支柱"国际税收新体系中存在的缺陷。

(1)支柱 1 蓝图报告重新划分各税收管辖区之间跨境数字企业的全球剩余利润征税权。①修改联结度和利润分配规则,包括金额 A、金额 B 以及增强税收确定性的争端预防和解决机制。分配规则的适用范围:金额 A 适用于全球年营业收入超过 7.5 亿欧元,且从事自动化数字服务或面向消费者业务的跨国企业;金额 B 适用于所有跨国企业,且应不限于高度数字化的业务。支柱 1 新联结度规则的设计关注税款的缴纳地点,超越实体存在门槛,旨在通过公式化的方法在各国之间重新分配征税权,并未使用 BEPS 1.0 关注功能、资产和风险的价值创造框架。支柱 1 还包含一些其他的关键要素,如为分销安排的利润归属制定的简化方法,以及新的税收争议解决机制。②支柱 1 研究磋商的关键问题。"双支柱"蓝图研究处于不同的发展阶段,IF 对支柱 1 蓝图的意见相对集中,基本同意强制修改现行转让定价规则,但仍有许多关键问题待进一步商讨,因此研究进展相对缓慢。修改现行转让定价规则需要继续磋商的问题,包括规模门槛的确定,面向消费者业务的规则适用,如何运作联结度和收入来源规则。偏离独立交易原则的美国提案是否应以安全港为基础等。美国中途立场的改变,即要求将支柱 1 视为安全港规则替代强制修改现行转让定价规则的新立场,影响支柱 1 蓝图的全球共识达成。这新增支柱 1 蓝图需要进一步研究的新问题:支柱 1 规则的适用对象范围,是否需要将对"营销型无形资产"依赖程度较低的跨国企业排除出支柱 1 规则的适用对象范围;税收协定的改进与支柱 1 新规则的技术协调机制,如何改进旨在消除双重征税的传统双边税收协定,以满足跨国企业集团总市场利润分配新规则的需求;适用于跨境利润所得税征税权分配新规则的新征管机制构建;等等。

(2)支柱 2 蓝图报告制定了全球最低企业所得税税率规则。①全球最低企业所得税税率规则制度设计,确保了全球业务收入至少按照最低税率缴税,为系统性解决方案提供了坚实基础。它包括全球反税基侵蚀(Global Anti-BaseErosion,GloBE)规则和应征税规则

(Subjectto-Tax Rule, STR)。GloBE 规则适用基于 BEPS 第 13 项行动计划框架下跨国企业转让定价国别报告(Country by Country Reporting, CbCR)规定的定义和机制确定跨国企业集团和实体。豁免实体为位于跨国企业所有权链顶端的部分实体。合并收入阈值为在上一个财务年度的合并集团总收入低于 7.5 亿欧元的跨国企业，则无须遵循 GloBE 规则。实际最低税率计算，居民国适用收入归股东规则(Income InclusionRules, IIR)，来源国适用征税不足付款规则(Undertaxed Payments Rule, UPR)。IIR 指根据母公司对低税率成员实体的直接或间接所有权征收差额税款的机制，UPR 指对不在适用 IIR 范围内的境外利润征收任何剩余差额税款的机制。STR 基于协定的应税规则框架，旨在防范涉及集团内支付的、利用其他缔约管辖区的低税率或名义税率的 BEPS 结构给来源国带来的风险。②支柱 2 蓝图报告的关键问题。支柱 2 蓝图研究进展迅速，目前仅存在少数技术问题尚待研究。需要进一步达成 IF 共识的制度设计。其包括制定示范法规、标准文档和指南，设计必要的多边审查流程，探讨多边公约的使用，等等。其中，就全球最低企业所得税税率达成共识是关键。UPR 可能会导致来源国拒绝向"低"税率管辖区的付款进行税收扣除。因此需要完成：细化具体操作技术，包括协调机制的运作，以决定是否适用 IIR 或 UPR；计算适用于支付款项的有效税率，以确定是否会触发这些规则；等等。需要达成政治协商共识的"美国 GILTI 规则和 GloBE 规则共存"以及两大规则之间协调的技术问题，即还需要将美国全球无形资产最低税(GlobalIntangible Low-Taxed Income, GILTI)规则视为符合支柱 2 IIR 的依据达成全球共识。规则实施的协调性可能带来的税收不确定风险问题。运用 GloBE 规则可能导致双重征税和争议风险，虽然 GloBE 规则提供争端预防和解决机制，但利益相关方也应寻求其他方案降低这些风险，确保通过应用支柱 2 规则实现更大程度的税收确定性。

(3)"双支柱"蓝图报告引发国际税收规则的重大变化。"双支柱"蓝图报告虽然始于经济数字化，但其国际税收规则架构发生了重大变化，实际适用范围已经超越了数字化企业，而普遍适用于所有跨境企业，包括数字化与非数字化的跨境企业。经济数字化不仅给数字企业进入那些它们没有或几乎没有商业实体的国家市场提供便利，也同时给非数字企业采用数字化商业模式提供了可能。经济更快地向数字化转型，数字对经济的渗透性日益加强，经济与数字化融合度不断提升，试图从税收上将数字化企业与非数字化企业的数字化业务加以清晰的区分，不仅非常困难，也没有必要。显然，这将对全球所有企业的跨国数字化商业行为带来广泛而深刻的全球税收治理的影响。

(4)"双支柱"蓝图报告尚未就任何一个支柱达成共识。"双支柱"蓝图报告声明提出，IF 尚未就任何一个支柱达成共识。但是，各成员方已就新规则的一些方面达成了"趋同"观点，为将来的共识提供了坚实基础。IF 已同意继续致力于迅速解决"双支柱"蓝图报告未决问题，以期在 2021 年达成"双支柱"的全球最终共识。

(四)"双支柱"G7 共识达成的历史性突破

(1)"双支柱"蓝图报告终获七国集团(G7)背书。在 2021 年 6 月 5 日召开的 G7 财长会议上，"双支柱"蓝图报告最终获得 G7 的一致同意，以应对日益全球化和数字化经济带来的税收挑战。

(2)"双支柱"G7 共识的意义。"双支柱"G7 共识已就"双支柱"蓝图报告关键议题磋商中一些长期存在的分歧达成共识，为 BEPS 第 1 项行动计划的最终全球共识方案的达成扫除了主要障碍,迈出了历史性一步。

(3) G7共识的主要内容。①确认支柱1的不基于实体存在的新征税权。G7共识提供了全球范围内重新分配剩余利润的量化目标,即跨国企业超过10%利润部分中的至少20%分配给市场国征收企业所得税。②确认支柱2的全球企业所得税15%最低有效税率的解决方案。其计算方法为分国计算出跨国企业集团在每个经营业务管辖区的有效税率,不足最低有效税率标准的适用UPR。③提供适当的协调措施,叫停征收数字服务税等单边措施。

(4) G7共识的前景。一方面,G7共识仍需要取得更广泛的认可。G7共识将对"双支柱"最终全球共识方案达成产生积极影响,但该协议仅代表G7成员国的立场,还需要获得G20和IF139个成员国的共识支持。另一方面,G7共识转化为最终全球共识方案仍要解决诸多政治分歧和技术难点。首先,支柱1新征税权适用企业规模范围的差异及后续协商问题。支柱1蓝图报告明确了企业规模的量化标准为年营业收入超过7.5亿欧元的跨国企业,G7共识虽未确定量化标准,只是指出规模最大且最具盈利能力的企业,但似更倾向于美国的全球头部100家跨国企业的立场。其次,支柱2蓝图报告因欧盟低税国坚持12.5%的低税率和美国坚持更高标准的低税率而没能提出最低税率标准方案,G7共识虽然明确了15%的最低税率标准,但能否获得IF一致支持仍有待观察。再次,"双支柱"蓝图报告提出的诸多技术难点。最后,废除已施行的单边数字服务税等棘手问题。

四、中国的应对策略考量

"双支柱"G7共识改写了运行百年的国际税收规则的历史,是BEPS第1项行动计划取得的最具历史意义的重大成果,将对各经济体的对外开放格局产生难以估量的重大影响。中国进入了高水平高质量对外开放的新阶段,既是国际社会的重要引资国,也是国际社会的重要投资国,更是经济数字化的发展中大国,理当高度重视"双支柱"国际税收新规则的应对工作。

(一)参与"双支柱"国际税收规则持续改革工作策略

"双支柱"国际税收新规则对投资国和引资国、经济数字化程度不同的经济体产生差异巨大的影响力。支柱1的国际税收新规则更有利于经济数字化程度低的数字化输入国或数字化引资国,而支柱2的国际税收新规则更有利于引资国的发展中经济体。中国既是全球数字化大国,也是全球重要的投资国和引资国,因此需要策略参与"双支柱"国际税收规则的持续改革工作。

(1)不主动介入支柱1的国际税收规则持续改革工作。作为仅次于美国的全球第二大数字化企业集中的国家,支柱1的国际税收规则改革显然不利于"走出去"的中国数字化跨国企业,影响中国"走出去"战略、特别是"一带一路"重大倡议的实施。显然,支柱1的国际税收规则改革中,中美国际税收利益和税收立场应当是相近的。但是,如果在支柱1的国际税收规则改革中,中国站在数字化大国的立场发声,则与中国作为IF中发展中国家的重要代表身份和立场不符,会引起发展中国家对中国不必要的误解,不利于"走出去"战略特别是"一带一路"重大倡议的实施,也会引起数字化输入程度较高的欧盟主要经济体的不满,不利于中欧投资协定的推进。因此,中国可选择不主动介入支柱1的国际税收规则持续改革,即不主动发声或提出创造性的改革方案或建议。

（2）积极参与支柱2的国际税收规则持续改革工作。作为全球重要的发展中引资国和投资国，支柱2的国际税收规则改革虽然对中国是利弊参半，但利仍然占据上风。支柱2最低税率新规则，一方面将结束引资国企业所得税低税负逐底恶性竞争的局面，另一方面将极限压缩跨国企业利用低税国避税的空间，实现全球引资的公平税收环境，有利于中国进一步提高引进外资的水平以及"走出去"战略的实施。因此，中国应当积极参与支柱2的国际税收规则持续改革工作，代表发展中国家的立场主动发声，为发展中国家争取更公平的国际投资税收环境，凝聚更多的发展中国家支持中国"走出去"战略和"一带一路"倡议的有效实施。

（二）国内税法策略分类对接"双支柱"国际税收新规则

中国作为IF的重要成员国，有义务履行"双支柱"国际税收新规则。"双支柱"国际税收新规则对于经济数字化大国和投资大国的税收环境毕竟弊大于利，因此，在具体履行"双支柱"国际税收新规则的国内税法对接行动中，应区分其中的"最低标准"项和"最佳实践"项，在实施时间窗口期上作出策略性分类安排，作为中国临时性的国际税收优惠政策工具，即优先安排纳入IF统一监督执行机制的"最低标准"项，适时推进IF推荐使用、约束性较低的"最佳实践"项；在IF规定的各类规则执行时间窗口期的底线上实施国内税法的对接，相当于延展了中国对外开放的国际税收优惠政策期。

（三）密切跟踪调整对接"双支柱"国际税收新规则的国内跨境所得税政策

当下的"双支柱"国际税收新规则并非最优方案，而是利益相关方博弈的次优方案，仍然有许多分项成果及技术需要深化研究产出。"双支柱"国际税收新规则在极艰难的磋商环境中产出，可以想见利益相关方博弈的激烈程度，而且这种博弈不会因取得初步成果而停止，后续仍会持续产出"双支柱"国际税收规则新成果。因此，宜密切跟踪"双支柱"国际税收规则的新变化，及时对接调整国内相关跨境所得税政策，以更高质量服务新阶段中国对外开放。

（四）策略安排国内对外开放所得税优惠政策

支柱2的最低利润税率规则具有普适性，适用于所有跨境企业。如果居民国征税不足，则来源国有权补征。为了不浪费对外开放所得税优惠政策资源，防范跨境税收的不必要流失，宜依据属地所得税收利益最大化原则，对标支柱2的最低利润税率标准，统筹设计国内针对大型跨境企业的企业所得税最低税率等综合所得优惠政策，并相应调整跨境企业所得税优惠政策。中国目前实施全球企业所得税最低税率制度的内部障碍不大，仍然可以维持现状，但宜向高科技行业和企业倾斜，以支持高水平"引进来"战略的实施。在保持全国跨境企业所得税最低税率统一的前提下，赋予国内跨境中小型科技企业以相关的企业所得税优惠政策安排，助力中小型科技企业可持续发展。

（五）强化与已实施单边数字税的中国数字化企业"走出去"重点目标国的税收协调

中国跨境数字化企业对欧盟和东盟的数字投资和数字输出活动较为活跃，而欧盟也是实施单边数字税最密集的区域，这必将冲击中国大型跨境数字化企业海外业务拓展，特别是欧盟业务和东盟业务的拓展。理论上，"双支柱"国际税收新规则达成后，单边数字税当自动中止，并且欧盟主要经济体也作过相应的承诺，但最终能否落地无法预知，外力也无权干预。现实可为的，就是强化中国与已实施单边数字税的中国数字化企业"走出去"重点目标国的税收协调，主要与已实施单边数字税的欧盟和东盟国家的税收协调，尽可能避免跨境数字税收冲突。如果发生税收争端,要依法助力"走出去"企业妥善解决,切实维护"走出去"数字化企业的税收权益。此外,要慎用美国贸易制裁的应对举措,避免引起与欧盟和东盟不必要的贸易争端。

参考资料来源:霍军:《跨境经济数字化与国际税收规则变局》,《税务研究》2021年第8期。

▶ 案例点评

数字经济的迅猛发展对传统经济及其业态带来诸多创新与挑战,特别是对传统的国际税收规则造成较大冲击,发端于数字经济的税基侵蚀和利润转移(BEPS)对国际税收规则提出了严峻挑战。本文详细阐述了准BEPS框架下、BEPS 1.0框架下、BEPS 2.0框架下应对经济数字化的国际税收规则变革,尤其OECD于2019年发布关于数字经济税收规则"支柱1"和"支柱2"的全球共识方案,对数字经济所涉及的市场所在地利润划分以及全球反税基侵蚀等关键问题提出了极具创新性的方案,对传统的常设机构、独立交易原则和全球无形资产安排造成了巨大的挑战。其中,支柱1蓝图报告重新划分各税收管辖区之间跨境数字企业的全球剩余利润征税权,支柱2蓝图报告制定了全球最低企业所得税税率规则,"双支柱"蓝图报告引发国际税收规则的重大变化。

有鉴于此,进入高水平高质量对外开放新阶段的中国,作为国际社会的重要引资国和重要投资国及经济数字化的发展中大国,高度重视"双支柱"国际税收新规则的应对工作,本文结合我国的经济和税制情况,从参与"双支柱"国际税收规则持续改革工作策略、国内税法策略分类对接"双支柱"国际税收新规则、密切跟踪调整对接"双支柱"国际税收新规则的国内跨境所得税政策、策略安排国内对外开放所得税优惠政策、强化与已实施单边数字税的中国数字化企业"走出去"重点目标国的税收协调等方面提出切实有效的政策建议。

▶ 讨论题

1. 结合资料阐述准BEPS框架下应对数字经济的国际税收规则挑战。
2. 结合资料阐述BEPS 1.0框架下应对数字经济的国际反避税规则治理。
3. 结合资料阐述BEPS 2.0框架下超越经济数字化的国际税收规则变革。
4. 结合资料思考中国应对"双支柱"国际税收新规则的策略。

案例17-3 全球治理背景下的大国财政研究

一、引言

当前,处于深度调整中的世界经济,正值新旧动能转换的关键之际,面临着全球性挑战不断增多的问题。作为唯一的超级大国,美国在特朗普上台后采取了一系列反全球化、反对全球多边机制的行动,试图打破现有的全球经济和贸易格局,使美国能在全球市场中获得更多利益。作为全球第二大经济体,中国是名副其实的"大国",要想获得进一步的发展,在国际经济舞台上占据一席之地,"大国财政"的治理思维必不可少。党的十八届三中全会把财政定位为国家治理的基础和重要支柱,意味着财政职能上升到国家长治久安的治理层面。

构建大国财政是我国财税改革的重要思路,同时也是中国顺应世界发展潮流的必然选择。习近平总书记在党的十九大报告中指出"倡导构建人类命运共同体,促进全球治理体系变革。""加强全球税收合作,打击国际逃避税,帮助发展中国家和低收入国家提高税收征管能力。"在全球经济治理背景下,在人类命运共同体理念、中国梦与各国梦共同实现的愿景下,大国财政的建立具有重要的战略意义。中国作为一个"大国",怎样通过"大国财政"解决全球化背景下经济社会的矛盾,以实现持续快速发展、提高国际地位和影响力的目标,是值得深入研究的一个命题。关于大国财政相关理论研究,多数学者认为,大国财政的构建,首先体现为现代财政制度的构建。杨志勇和樊慧霞把现代财政制度的特征归结为与国家现代化建设相适应、体现民主财政和法治化财政理念、有专门财政管理机构、以专门的治理技术为依托和适应动态财政治理需要等五个方面。楼继伟的研究认为,当前我国的经济和社会发展面临着诸多挑战,迫切需要通过形成全球和国家治理结构的理念,为多元化的全球和国内利益主体,乃至为人类社会抵御和防范公共风险。白彦锋和崔芮结合我国经济基本面的分析,认为我国进入"大国财政"格局已是不争的事实,并进一步提出了大国财政的首要特征是"强国财政"的观点。刘尚希指出,随着国际化、全球化进程的不断加快,各国财政政策的联系越来越紧密,大国财政需要不断应对财政主权和税收主权的挑战,在全球治理中提升水平。吕冰洋认为大国财政应该更关注社会治理,大国财政需要保护社会秩序和市场经济稳定,同时也要激发社会的活力。以上的学者对大国财政的内涵和范围,进行了初步说明和界定。

从已有的研究来看,当前关于大国财政的研究,多数停留在理念和特征、必要性、总体要求等方面,但对于大国财政总体框架的构建和具体实施路径,尚缺乏明确的思路,国内关于大国财政的研究,可以说还处于相对早期的起步阶段。而且,即使在特征和要求层面,多数研究并未形成共识,难以真正指导实践。

对于全球治理相关理论研究,研究全球治理的著名学者安东尼·麦克格鲁强调联合国体系、世界贸易组织以及各国政府活动是全球治理的核心因素,而社会运动、非政府组织、区域性的政治组织等同样应包括在全球治理的框架当中。近年来我国学者对全球治理也进行了相关研究。俞可平将全球治理定义为:通过具有约束力的国际规制(regimes)解决全球性的冲突、生态、人权、移民、毒品、走私、传染病等问题,以维持正常的国际政治经济秩序。杨雪冬和王浩认为在人员、资本、信息等资源在全球范围内快速流动的过程中,国内治理与全球治理形成了紧密的联系,国内问题的国际化与国际问题的国内化成为常态。

在全球治理与大国财政关系的理论研究方面,随着我国国际交往的加深,越来越多的学者分析国际公共品的供应模式、供应现状,以及在当前国际环境中我国的供给策略。当前,国内对国际公共品的研究,主要集中在:国际公共品供给模式研究、供应现状研究以及中国参与提供国际公共品的动因分析等。吴志成和李金潼对中国参与供给的利益进行分析,主要是中国国家能力和国家意愿构成了参与供给的坚实基础,以及维护国家利益和树立良好国家形象的供给收益。席艳乐和李新对于中国参与供给的战略选择进行了研究,分别从国际机制、综合国力提升以及量力而行的原则方面提出了建议。

综上所述,尽管不少国内外学者对于大国财政、全球治理的相关问题进行过深入的思考,但是学术界基于全球治理视角,研究大国财政的较少,特别是对大国财政的国际重大战略决策问题还没有明确而深入的研究。想要做好"大国财政",就需要我们有意识地审视在全球化和区域经济一体化中大国财政的作用,突破"国内"的界限,从区域化、全球化的角度来思考问题,从更加宏观的视野去看待财政的职能和政策。本文就是对大国治理之大国财政的重大发展战略问题进行研究,以期为大国治理提供良好的理论与政策基础。

二、大国财政战略

大国财政是大国治理的基础,中国大国财政建设应服从和服务于国家崛起的总体战略,夯实财政硬实力,提升财政软实力。建立大国财政是我国面对外部新环境的重要战略选择,要树立大国理念和全球意识、安全意识;要将财经政策设计置于全球治理的框架之中;要在加快推进由我国主导的国际多边机构组建的同时运筹好与主要发达国家和新兴市场国家的财经关系;要积极参与国际经贸规则制定,积极推动世行、亚行、国际农发基金、国际财务报告准则基金会等国际经济金融组织改革进程。

(一)大国财政和强国财政的关系

财政应当配合中国由大到强的经济发展战略,做好大国财政,实现强国财政,走现代财政之路。现代财政是现代化战略在财政领域的落脚点,强国财政是现代财政的目标与要求。经济大国主要是数量和总量的概念,经济强国则是数量和质量、总量和人均相统一的概念。财政规模做大之后,大国财政更应着眼于向"强国财政"迈进。强国财政的目标是适应国家治理体系和治理能力的现代化需要,努力建设现代财政制度。现代财政制度体现民主财政和法治化财政理念,是一套由专门部门主导,多部门制衡,与国家现代化建设目标统一的财政制度。我国要建立中国特色社会主义的现代财政制度,要将借鉴西方公共财政制度经验与重视我国具体国情相结合:一是做好国家财富管理,尤其针对大量国有企业、土地和资源;二是做好提供公共服务的财政制度安排,在全面深化改革背景下,适应经济社会转型;三要服务于国家治理能力现代化建设的要求,协调经济、政治、文化、社会、生态文明建设。

(二)大国财政需要完善预算制度

近年来,随着经济的快速发展和财政体制改革的推进,我国的预算管理改革取得了巨大的成绩。随着2014年8月《预算法》修正案通过,我国预算管理改革又跨出了重要一步,这次修订坚持现代国家治理的理念,从我国国情出发,并借鉴国际上预算制度发展的经验,实现了向预算管理科学、民主、法制方向迈进的重要跨越,是推进我国预算体系整体建设具有里程碑意义的重要一步。新《预算法》的主旨思想体现了国际上预算管理发展的基本趋势,是我们在下一步改革中要持续加强的重点。

1. 推动实现预算各组成部分的一致性

新《预算法》明确规定,预算包括一般公共预算、政府性基金预算、国有资本经营预算、社会保险基金预算,并对四本预算的功能定位、编制原则及相互关系作出规定,使四本预算成为有机衔接的整体。但实际上,时至今日,我国虽然在形式上实现了预算对全部政府收支的覆盖,将所有的政府收支都关进了预算"笼子",但对于不同预算的政府收支使用的是不同的管理标准和管理规范,因而本属同一性质、名义上都"姓公"的政府收支就有可能被分割为若干块分属于不同政府部门安排的"私房钱"。在这样的基础上建立起来的政府预算,即便是全口径的,也难以做到全面规范和公开透明。在下一步的改革中,在完善四本预算的同时,还要进一步探索他们之间的相互衔接机制,逐渐将他们纳入统一的标准和制度框架中。

2. 推动实现中期滚动预算

中期滚动预算指在"中期"的时间跨度内准备年度预算的制度安排,在国外通常称为"中期支出框架"(MTEF)。中期预算主要着眼于宏观经济和财政发展趋势以及周期性财政收支平衡目标的实现,它以年度预算为起点和基础,促使年度预算更明智有效。二者的结合,使预算的编制更加符合社会经济的发展趋势,能够为推动社会经济的发展做出更大的贡献。我国预算制度至今一直采用传统的年度预算,受限于年度预算固有的制度缺陷,推行中期滚动预算制度,能以此为基础加强预算对各项收支的约束监管,提高透明度,有利于推进全口径预算的实现和发展。

3. 加强预算的绩效管理

从国际上预算管理变革的历程看,对绩效和效率的追求是一以贯之的,在任何社会体制下都是一项重要的原则和标准。在下一步的改革中,从项目编制、到执行、再到结果检验,都要引入绩效管理,从"一拨了之"转为重视资金的使用效率,这有助于解决拨款性财政的弊端,带动整个预算管理模式的转变。

三、全球治理与大国财政

全球化使得世界各国紧密地联系在一起,任何国家不能孤立于国际社会而存在,以往属于一国内部的政治、经济、社会和环境问题已经开始跨越一国边界,成为与整个国际社会利益攸关的全球议题。这就要求中国必须积极投身于国际事务之中,在各领域与其他国家广泛开展国际合作。与此同时,中国也在参与区域性合作和区域组织的过程中,开始获得越来越多的利益,例如,中国—东盟自由贸易区的建立、中日韩三国为成立自由贸易区而进行的谈判等,都有力地推动了中国经济社会各领域的发展。

(一) 大国财政与国际公共产品供给

中国正在发展强大,在国际舞台上发挥自身作用的需要增大,要想成为国际秩序新的倡导者和维护者,就必须在联合国争取拥有更多话语权。近年来,随着中国自身的崛起,在国际社会中开始兴起一种"中国责任论",主张应当由中国在国际事务中承担更多责任,尤其是应当在国际公共产品的供给方面做出更积极的贡献,诸如加强国际合作打击反恐的力度、在反核扩散问题上对朝鲜施加更多压力、更多的承担联合国会费摊派、减少温室气体排放,制定针对气候变化的战略框架并加大节能减排政策实施力度等。

国际公共产品供给增加以及会费大国的地位为中国实现具有中国特色的大国外交提供了重要物质基础和必要条件,有利于中国加强同世界各国的沟通,增强交流与互信,有利于中国为世界各国共同发展谋福利,让世界各国共享中国改革开放的成果。然而联合国会费大幅增长将不可避免地增加中国的财政负担,同时对参与联合国管理的中国籍工作人员的需求上升,也对中国这些人员的专业素质等方面有了更高要求。在国际重大事务决策方面,中国的表现与所期望的还有较大的差距,中国还有很长一段时间才能缩小差距。

(二) 大国财政与政府采购市场开放

政府市场开放,既是大国财政的体现,更是建设大国财政的重要内容之一。从国际范围看,世界贸易组织(WTO)框架下《政府采购协议》(GPA)是大国财政开放政府采购市场的最重要的国际规则,也是覆盖范围最广的实体性国际政府采购市场开放规则。我国于2007

年开始申请加入 GPA,并积极推进政府采购领域的全球化,彰显了大国财政担当。

2013 年习近平总书记提出"一带一路"伟大构想,2017 年党的十九大报告中他又提出,"要以'一带一路'建设为重点,坚持引进来和'走出去'并重,遵循共商共建共享原则,加强创新能力开放合作,形成陆海内外联动、东西双向互济的开放格局"。当前在"一带一路"沿线国家开放政府采购市场已经具备了经济基础、外交基础、共同愿景基础、货币基础和文化基础,可以在借鉴其他区域政府采购共同体(如欧盟)经验的基础上,考虑构建"一带一路"沿线国家政府采购命运共同体。这既为推动经济全球化、促进区域经济发展提供了平台,更为构建区域政府采购命运共同体提供了良机。

(三)大国财政与国家税收治理

伴随全球经济一体化的进程,国际税收领域也出现了一些新特点,如国际避税和跨境税源管理问题愈发突出,互联网技术和数字经济的兴起对国际税收管理提出了前所未有的挑战等。BEPS 行动计划的提出,标志着国际税收规则正进入近百年来最大规模的重塑时期。随着"一带一路"倡议的推进,中国在世界经济舞台中发挥更为重要的作用,国际经贸活动背后的税收利益分享问题不容忽视。中国作为第二大经济体、发展中大国,在国际税收规则重塑过程中应当拥有重大话语权,重视国际税收治理的建设性作用。因此,在大国财政的视角下,以 BEPS 行动计划和"一带一路"倡议作为切入点,深入研究国际税收协调与合作问题,具有重要的现实意义。

从大国财政建设和国际税收治理的角度来看,我国的国内税制改革应侧重于加强国际反避税与促进企业"走出去"这两个战略层面。加强国际反避税的改革,主要体现为完善、制定国内反避税法规等举措,积极参与 BEPS 行动计划合作。促进企业"走出去"的改革,则是从财税支持的角度给予国内企业一定的政策支持,以促进国内过剩产能输出、扶持企业参与国际经济竞争等。

与发达国家的国际反避税治理思路有所不同的是,大国财政框架下我国的国际反避税治理行动,具有一定的特殊性。第一,我国的国际反避税治理受限于发展中国家的税收法制水平和征管水平,在制定具体措施时,应充分考虑我国的现实情况。第二,我国的国际反避税治理,应与我国当前的跨境资本流动变化密切相关。我国刚实现了由资本输入国向资本输出国的转变,处于特殊的国际资本流动变化期,由此带来的跨境税收划分问题也具有一定的特殊性。第三,国际反避税治理行动与我国的财政规模之间的关系有待关注。国际反避税治理通常需要耗费大量的人力、财力,成本收益比有可能较高也可能较低,国际反避税工作面临的财政预算约束不容忽视。

四、国际经验与借鉴

纵观世界上大国的财政治理经验,推行大国财政战略除了在财政政策本身需要发力外,还需要充分发挥财政的引领作用,在货币、投资、贸易和产业政策中一以贯之。除此之外,还需要加强国际财经交流合作,提升国际话语权。

(一)财政建设

1. 经济发展模式

以大国财政的发展形态作为分析标准,对世界主要大国的财政建设经验进行提炼,不难发现,全球的大国财政建设一般分为两种模式。第一种模式是"一枝独秀"型,以瑞士(雀巢公司)、比利时(巧克力)、瑞典(宜家公司)为代表。这些国家具有经济总量不大但某些企业占据行业龙头地位的特点,实现了小国经济下的大国财政"单项冠军",从而在全球经济一体化当中占据了一席之地。第二种模式是"全能型",以美国、日本为主要代表。美国一方面拥有美元的世界霸权,另一方面拥有可口可乐、通用等耳熟能详的全球品牌,日本则同样拥有能够独当一面的本田、丰田全球品牌,因此,这些老牌资本主义国家的大国财政羽翼丰满。

2. 财政政策

一是财政集中。大国建设要求国家在经济与社会中发挥更加突出的作用,因而需要进一步的财政集中。一方面,国家需要从经济中汲取更多的资源;另一方面,国家必须合理地利用这些资源,以促进经济资源配置效率的提升,重建和稳定社会秩序。主要发达国家中央或联邦政府税收收入比重通常都保持在50%以上,英法等国甚至在70%~80%以上。二是合理划分中央与地方财政关系。在各个国家,中央与地方政府之间的财政关系都是大家关注的重点,合理的划分中央与地方之间财权与事权也是解决二者之间矛盾的关键。三是提高财政透明度。我国的财政透明度与发达国家相比,处于比较低的水平。国际上的发达国家,例如美国、英国等国很早就有了与财政透明度相关的法律,美国在1966年颁布了《信息自由法》,1974年颁布了《国会预算法》,同时美国规定联邦政府每个月的预算执行都要在第二个月公布出来,这些都是我国政府所欠缺的,也是我们应该努力的方向。

(二)国际财经交流与合作

国际财经交流与合作主要是指各国之间在涉及经济发展方面的交流与合作。世界各国在国际的财经交流合作中都为我国提供了很多的经验与教训。

1. 积极建立和参与国际经济组织

国际经济组织是为了解决各国以及世界的经济问题而成立的组织,而在国际经济组织中各国可以就双边以至于多边的经济问题协商和解决。可以看到的是,世界上的经济大国都在这些重要的经济组织中占有一席之地。比如美国,在第二次世界大战之后主导建立了世界银行和国际货币基金组织,德国和法国在欧盟中占据着主导的地位,而在如OECD、WTO之中也均能看到这些大国活跃的身影,由此可见,这些大国都把积极参与国际经济组织放在了很重要的位置上。

2. 积极参与国际公共物品的提供

随着近年来国际交流的加深,国际公共物品的提供也越来越引人注意,在这方面的国际合作也越来越多,而各个经济大国也在这些方面做出了自己的贡献。国际公共物品的提供在给世界发展带来好处的同时,也使得本国的国际声望得以提高,由此可见要在国际公共物品的提供上加大国际合作。

3. 积极参与国际税收新规则的制定

在经济全球化的背景下,税基侵蚀和利润转移问题愈演愈烈,这不仅造成了国家财政的税收流失,也严重扰乱了国际经济秩序。为应对这一问题,G20发起并委托OECD组织实施税基侵蚀和利润转移(BEPS)行动计划,对已运行上百年的国际税收治理体系进行重塑。在这一历史契机下,我国积极参与国际税收治理体系的建立,把中国方案融入国际税收新规则,在国际税收规则体系重塑中持续发挥重要作用,为维护发展中国家利益和促进各项成果的顺利完成作出重要贡献。

五、政策建议

近年来，我国的国际影响力随着经济总量的不断增长越来越大。不论在世界政治舞台上，还是经济和文化舞台上，中国从体量上，并更多地从国力、软实力和影响力上不断展示着大国形象，这其中重要的展现便是大国财政。建设大国财政，一方面，要立足国内治理能力的提升，构建完善的现代财政制度体系，根据制度演进的次序有效地推动现代财政制度建设，提升国家财政治理水平；另一方面，立足发展和转型阶段，积极参与国际事务，承担大国国际责任，踊跃投身国际财经治理体系的构建，进一步扩大中国的影响力和话语权。

（一）构建完善财政制度体系，强化财政职能

1. 明确财政转型的目标

构建大国财政，要充分考虑我国发展的历史节点，立足于我国特有的大国国情，明确新阶段大国财政转型的主要目标。当前，我国经济增长仍然处在一个继续换挡减速的长周期，长期存在的不合理经济结构的调整转型还只是处于艰难攻坚阶段，要进一步改善财政宏观调控以应对经济运行中的新问题，依靠改革创新来稳增长、调结构、防风险，在区间调控基础上，加强定向调控、相机调控。我国要建立中国特色社会主义的现代财政制度，要将借鉴西方公共财政制度经验与重视我国具体国情相结合：一是针对大量国有企业、国有土地、国有资源，做好国家财富管理。二是在全面深化改革背景下，适应经济社会转型，做好提供公共服务的财政制度安排。三是服务于国家治理能力现代化建设的要求，协调经济、政治、文化、社会、生态文明建设。

2. 处理好政企、央地以及国内国际公共品供应的关系

构建大国财政，还需要审时度势，注意处理好中央与地方的关系，政府与市场的关系，国内公共服务与参与国际公共品供给的关系等。首先，实现政府职能从经济干预型向经济服务型的转变。其次，实现政府职能从投资主导型向公共服务型的转变。改革政府投资倾向，需要多角度、系统化的改革，不仅需要转变政府职能，更需要改革行政管理体制，减少政府对经济的干预行为；改革财政收入模式，从重GDP总量到重经济发展质量、重科学发展。再次，转变经济发展方式，缩小收入分配差距，实施以农民工市民化为主体的新型城镇化，治理环境污染等问题，是当前和未来一段时期中国全面发展过程中面临的突出问题和挑战，也是公共服务型政府建设的方向。最后，合理地确定中央财政与地方财政的支出范围。健全财权财力与事权相匹配的财政体制，进一步完善中央财政职能，优化中央财政的支出结构。统筹政府"大口径"财力，在此基础上合理界定各级政府间的财力。

3. 提高财政的可持续性

大国财政的可持续性，重点不能忽略地方财政的可持续性，我国尤其如此。摸清地方政府债务的产生根源。当前对于地方财政，尤为关键的是应当寻找到地方财政债务的产生根源，以此找到控制地方财政债务规模的有效治理措施。经济发展过程中，地方政府受到的财政激励、财政体制中地方债务管理的缺失，将最终导致地方政府不断追求基础设施建设和不彻底财政分权体制下地方建设资金不足的矛盾。因此解决地方债务问题、化解地方政府债务风险的对策应主要是构建遏制地方过度投资的决策机制。

（二）加强全球经济治理，提升我国财经话语权

虽然"大国财政"早已经在我国国内外实际政治经济生活中发挥作用，但如何在全球化的视角下全方位构建大国财政尚处于探索阶段。我国大国财政体系建构，应重点围绕经济治理体系进一步改革展开，推进国家治理的现代化、国际化。在国内根据制度演进的次序有效地推动现代财政制度建设，提升国家财政治理水平；对外积极参与国际财经治理体系的构建，进一步扩大中国的影响力和话语权。

1. 积极开展对外交流合作

构建国际经济新秩序。对现存国际组织，要积极推动其改革，构建与中国大国地位相匹配的国际经济新秩序，发挥大国市场和经济优势，为国内企业争取有利的国际环境。更为重要的是要主动作为，构建多边开发机构。推动组建中国主导的多边开发机构，实施我国对外政策主张，体现大国政治意图，如积极推进"一带一路"倡议，推动组建亚洲基础设施投资银行，金砖国家开发银行，上海合作组织银行等。通过主动设置议题，积极参与多边和双边对话，展示中国理念，展现大国风范。

2. 讲好中国财政故事，让更多国家从中国模式和经验中受益

大国财政不仅要有雄厚的基础，还要有内外协调的能力。在实践大国财政理念方面，我国财政已经取得了重要的阶段性成果，这既体现在我国坚持了大国财政构建的中国特色，又体现在构建过程中与时俱进地融合了新时期的时代特征。近年来，在国内财政不断发挥作用的支持下，涉外财政更有效地服务于国家战略，作为财政重要组成部分的税收也提出了"大国税务"口号，即努力把握总体发展趋势，树立大国税收理念。与此同时，金融部门谋划"与大国经济相匹配的大国金融"的发展，已经在实践着"大国金融"的理念。通过总结并宣传这些年的经验，讲好中国财政故事，我们可以让更多的国家从中国模式和中国经验中受益，从而承担起一个大国应有的义务和责任。

3. 推进供给侧结构性改革，做全球财经治理的引领者

推进供给侧改革，树立当今财政改革的新模式。面对经济增长从高速换挡为中高速的新常态，我国经济发展进入了调整结构、转型升级的关键期和阵痛期。积极参与国际税收规则制定，做国际税收治理的引领者。随着"一带一路"倡议的实施，越来越多的中国企业"走出去"，中国逐渐成为净资本输出国，这要求有与此相适应的国际税收规则，过去国际税收管理定位需要作出适当的调整。参与国际金融规则的制定，做金融新秩序的制定者。为了满足亚洲基础设施建设的巨大融资需求，以及推动亚洲的共同发展，中国倡议并建立了亚洲基础设施投资银行（AIIB）。财政部作为我国在亚投行的实际出资人，通过发行特种国债购买外汇储备来筹集所需资金，积极地参与国际金融机构的建立，参与全球规则制定，提升中国的世界话语权。

参考资料来源：马海涛，陈宇：《全球治理背景下的大国财政研究》，《经济研究参考》2019年第24期，第86-93页。

▶ 案例点评

在全球经济治理背景下，在人类命运共同体理念、中国梦与各国梦共同实现的愿景下，大国财政的建设具有重要的战略意义。中国大国财政建设应服从和服务于国家崛起的总体

战略,夯实财政硬实力,提升财政软实力。建设大国财政是中国面对外部新环境的重要战略选择,要树立大国理念和全球意识、安全意识;要把财经政策设计放在全球治理框架下统筹考虑;要立足国内治理能力的提升,构建完善的现代财政制度体系,根据制度演进的次序有效地推动现代财政制度建设,提升国家财政治理水平;要立足中国的发展和转型阶段,积极参与国际事务,承担大国国际责任,踊跃投身国际财经治理体系的构建,进一步扩大中国的影响力和话语权。

▶▶ 讨论题

1. 结合资料阐述大国财政战略。
2. 阐述全球治理背景下大国财政战略中国际公共产品供给、政府采购市场开放、国家税收治理发展要求。
3. 阐述推行大国财政战略的国际经验借鉴。
4. 结合资料阐述建设大国财政的政策建议。